Robert Waldinger & Marc Schulz
The Good Life … und wie es gelingen kann

Robert Waldinger & Marc Schulz

THE GOOD LIFE

... UND WIE ES GELINGEN KANN

Erkenntnisse aus der
weltweit längsten Studie
über ein erfülltes Leben

Aus dem Amerikanischen
von Ulrike Kretschmer

KÖSEL

Wir haben uns bemüht, alle Rechteinhaber an den aufgeführten Zitaten ausfindig zu machen, verlagsüblich zu nennen und zu honorieren.
Sollte uns dies im Einzelfall nicht möglich gewesen sein, bitten wir um Nachricht durch den Rechteinhaber.
Kapiteln vorangestellte Zitate können als Destillat des jeweils nachfolgenden Kapitels gelesen werden.

MIX
Papier | Fördert gute Waldnutzung
FSC® C014496

Penguin Random House Verlagsgruppe FSC® N001967

Die Originalausgabe erschien unter dem Titel *The Good Life. Lessons from the World's Longest Scientific Study of Happiness* bei Simon & Schuster, New York.

3. Auflage 2025

in der Penguin Random House Verlagsgruppe GmbH,
Neumarkter Straße 28, 81673 München
produktsicherheit@penguinrandomhouse.de
(Vorstehende Angaben sind zugleich Pflichtinformationen nach GPSR)

Umschlaggestaltung: Favoritbuero, München, basierend auf dem Penguin Random House UK Cover, gestaltet von Luke Bird
Redaktion: Friederike Moldenhauer
Satz: Uhl + Massopust, Aalen
Druck und Bindung: GGP Media GmbH, Pößneck
Printed in Germany
ISBN 978-3-466-34770-4

www.koesel.de

Für die Familien, in die wir geboren wurden,
und die Familien, die wir mit erschaffen haben

Inhalt

Anmerkung der Autoren

Die an der Harvard Medical School durchgeführte Study of Adult Development begleitete das Leben zweier Generationen von Menschen aus bestimmten Familien mehr als 80 Jahre lang. Eine solche Studie erfordert immenses Vertrauen. Und dieses Vertrauen kann nur entstehen, wenn Vertraulichkeit oberste Priorität hat und das Privatleben der Teilnehmenden geschützt ist. Aus diesem Grund haben wir die Namen und wiedererkennbaren Einzelheiten der betreffenden Personen geändert. Dennoch sind alle Zitate in diesem Buch entweder wörtlich wiedergegeben oder indirekt aus den Befragungen, Tonaufzeichnungen, Beobachtungen und anderen Daten der Studie zitiert.

1
Was macht ein gutes Leben aus?

> »Das Leben ist so kurz, dass keine Zeit bleibt für Gezänk, Entschuldigungen, Sodbrennen, Rufen nach Rechenschaft. Es bleibt nur Zeit, lediglich ein Augenblick sozusagen, für die Liebe.«[1]
>
> MARK TWAIN

Beginnen wir mit einer Frage:

Wenn Sie, hier und jetzt, *eine* Entscheidung treffen müssten, die Ihnen den Weg zu zukünftiger Gesundheit und Zufriedenheit ebnet, welche Entscheidung wäre das?

Würden Sie beschließen, ab sofort jeden Monat mehr Geld auf die hohe Kante zu legen? Den Arbeitsplatz zu wechseln? Mehr zu reisen? Welcher Entschluss könnte am besten sicherstellen, dass Sie, wenn Sie am Ende Ihrer Tage zurückblicken, das Gefühl haben, ein gutes Leben gelebt zu haben?

Bei einer Umfrage im Jahr 2007 wurden Angehörige der Generation Y – in den 1980er- und 1990er-Jahren Geborene – gebeten, ihre wichtigsten Ziele im Leben anzugeben.[2] 76 Prozent der Befragten nannten Reichtum als oberstes Lebensziel. 50 Prozent hätten eines ihrer wichtigsten Lebensziele damit erreicht, berühmt geworden zu sein. Mehr als zehn Jahre später, die Millennials waren älter geworden, wurden in einer Reihe von Erhebungen ähnliche Fragen gestellt. Nun stand die Berühmtheit deutlich weiter unten auf der Liste, zu den obersten Zielen gehörten aber immer noch Dinge wie viel Geld zu haben, im Beruf erfolgreich zu sein und Schulden loszuwerden.

Diese häufigen und praktischen Ziele sind generationenübergreifend und an keine Nationalität gebunden. In vielen Ländern werden Kinder ab einem Alter, in dem sie noch kaum sprechen können, immer wieder gefragt, was sie einmal werden wollen, wenn sie groß sind – womit gemeint ist, welchen Beruf sie einmal ergreifen wollen. Lernen Erwachsene jemand Neues kennen, lautet eine der ersten Fragen: »Was machen Sie beruflich?« Oft wird Erfolg im Leben an Titel, Gehalt und Anerkennung der Leistung gemessen, auch wenn den meisten von uns klar ist, dass diese Dinge allein nicht zwangsläufig glücklich machen. Diejenigen, denen es gelingt, einige oder sogar alle Wünsche im Leben als erfüllt abzuhaken, fühlen sich hinterher in der Regel nicht viel anders als vorher.

In der Zwischenzeit werden wir den ganzen Tag mit Botschaften darüber bombardiert, was uns Glück beschert, was wir wollen sollten, wer was im Leben »richtig« macht. Die Werbung erzählt uns, diese – und nur diese – Joghurtmarke erhalte uns gesund, ein neues Smartphone bringe Freude in unser Leben und mit dieser oder jener Gesichtscreme blieben wir für immer jung.

Daneben gibt es aber auch weniger explizite Botschaften, die zum Alltag dazugehören. Kauft sich ein Freund ein neues Auto, fragen wir uns, ob nicht auch unser Leben mit einem neueren Auto besser wäre. Scrollen wir durch die sozialen Medien mit ihren Bildern von fantastischen Partys und traumhaften Stränden, vermissen wir eben jene Partys und Strände im eigenen Leben. Eher flüchtigen Bekannten, bei der Arbeit etwa oder ganz besonders in den sozialen Netzwerken, zeigen wir im Allgemeinen idealisierte Versionen unserer selbst. Wir präsentieren uns von unserer Schokoladenseite, und die Diskrepanz zwischen dem, was wir *sehen,* und dem, wie wir uns *fühlen,* lässt uns mit dem Gefühl zurück, wir kämen irgendwie zu kurz. Man könnte es auch so ausdrücken: Wir vergleichen unser Inneres mit dem Äußeren anderer Menschen.

Mit der Zeit entwickeln wir die unterschwellige, aber schwer abzuschüttelnde Vorstellung, dass unser Leben *hier und jetzt* stattfindet und das, was wir für ein zufriedenes Leben brauchen, *dort* ist, in der Zukunft, immer gerade außerhalb unserer Reichweite.

Betrachtet man das Leben durch diese Brille, lässt sich leicht glauben, ein gutes, ein zufriedenes Leben gäbe es gar nicht oder sei zumindest nur anderen möglich. Denn schließlich passt unser eigenes Leben kaum je zu dem Bild in unserem Kopf, das wir uns von einem guten Leben gemacht haben. Unser Leben ist immer zu chaotisch und zu kompliziert, um gut sein zu können.

Aber – Achtung, Spoileralarm: Ein zufriedenes Leben *ist* ein kompliziertes Leben. Für jeden.

Ein gutes Leben ist voller Freude … und Herausforderungen. Voller Liebe, aber auch voller Schmerz. Und es *ist nicht plötzlich da,* es *entwickelt sich* im Laufe der Zeit. Es ist ein Prozess, der Tumult, Ruhe, Leichtigkeit, Schwere, Kämpfe, Errungenschaften, Rückschläge, Sprünge nach vorn und schreckliche Stürze beinhaltet. Und natürlich endet ein gutes Leben immer mit dem Tod.[3]

Das klingt jetzt erst mal nicht so toll, das wissen wir.

Trotzdem müssen wir ehrlich sein: Das Leben ist, auch wenn es gut ist, nicht einfach. Es gibt nichts, was das Leben perfekt machen würde, und gäbe es etwas, käme kein gutes Leben dabei heraus.

Warum das so ist? *Weil ein erfüllendes, ein gutes Leben aus genau den Dingen geschmiedet ist, die es schwer machen.*

Dieses Buch basiert auf solider wissenschaftlicher Forschung. Herzstück ist die Harvard Study of Adult Development, ein außergewöhnliches wissenschaftliches Unterfangen, das 1938 begann und entgegen allen Erwartungen heute noch fortgesetzt wird. Bob ist vierter Leiter der Studie, Marc sein Stellvertreter. Die Studie hatte es sich zum Ziel gesetzt, mehr über die Gesundheit des Menschen herauszufinden, und zwar nicht anhand dessen, was ihn krank macht, sondern anhand dessen, was ihm guttut – ein für die damalige Zeit radikaler Ansatz. Im Rahmen dieser Studie wurden die Erfahrungen und Erlebnisse im Leben der Teilnehmenden mehr oder weniger so aufgezeichnet, wie sie gerade geschahen, von Problemen in der Kindheit über die erste Liebe bis zum Tod. Wie das Leben der Teilnehmenden war auch der Weg der Studie selbst lang und voller Wendungen: Die Forschenden verfeinerten ihre Methoden im Laufe der Jahrzehnte und dehnten sich aus, sodass sie heute drei Generationen und mehr als 1300 Kinder der ursprünglichen 724 Mitwirkenden umfasst. Diese Studie entwickelt sich immer noch weiter und ist mittlerweile die längste tiefgehende Längsschnitt- oder Verlaufsstudie zum Leben des Menschen, die je durchgeführt wurde.

Dennoch reicht keine Studie, auch nicht die umfangreichste aus, um umfassende Aussagen über das Leben des Menschen zuzulassen. Deshalb fußt dieses Buch zwar auf der Harvard-Studie, wird aber auf allen Seiten von Hunderten anderer wissenschaftlicher Studien gestützt, an denen Tausende von Menschen aus aller Welt teilnahmen. Zudem macht sich das Buch die Weisheit aus der jüngeren und älteren Vergangenheit zunutze – Ideen, die auch heute noch Bestand haben, die die moderne wissenschaftliche Sichtweise des menschlichen Erlebens spiegeln und bereichern. In diesem Buch geht es in erster Linie um die Macht von Beziehungen, und so ist es nur passend, dass es auch aus der langen und fruchtbaren Freundschaft zwischen den beiden Autoren heraus entstanden ist.

Letzten Endes aber würde es diesen Text nicht ohne die Menschen geben, die an der Harvard-Studie teilgenommen haben und deren Ehrlichkeit und Freigiebigkeit eine solche Studie überhaupt erst möglich machten.

Menschen wie Rosa und Henry Keane.

»Wovor haben Sie am meisten Angst?«

Rosa las die Frage laut vor und sah dann über den Küchentisch hinweg ihren Mann Henry an. Rosa und Henry waren beide über 70 und lebten nun schon seit über 50 Jahren in diesem Haus, hatten schon seit über 50 Jahren an den meisten Tagen zum Frühstück gemeinsam an diesem Tisch gesessen. Zwischen ihnen standen eine Kanne Tee, eine offene Packung Kekse (halb aufgegessen) und ein

Aufnahmegerät. In einer Ecke des Raums stand außerdem eine Videokamera. Neben der Kamera saß eine junge Harvard-Forscherin namens Charlotte, die die beiden still beobachtete und sich dabei Notizen machte.

»Was für eine Frage«, sagte Rosa.

»Wovor habe *ich* am meisten Angst?«, fragte Henry Charlotte. »Oder wovor haben *wir* am meisten Angst?«

Rosa und Henry hielten sich nicht für besonders interessante Studienobjekte. Sie waren beide in bescheidenen Verhältnissen aufgewachsen, hatten Mitte 20 geheiratet und fünf Kinder miteinander großgezogen. Sie hatten die Weltwirtschaftskrise erlebt und viele schwere Zeiten durchgemacht, sicher, aber das hatten alle anderen, die sie kannten, auch. Deshalb hatten sie auch nie verstanden, warum Forscher aus Harvard überhaupt an ihnen interessiert gewesen waren, geschweige denn immer noch waren; warum sie immer noch anriefen, Fragebogen sandten und gelegentlich quer über den Kontinent flogen, um sie zu Hause zu besuchen.

Als Studienmitarbeitende erstmals an die Tür geklopft und seine perplexen Eltern gefragt hatten, ob sie Aufzeichnungen über sein Leben machen durften, war Henry gerade einmal 14 Jahre alt gewesen und hatte im West End von Boston gewohnt, in einer Mietwohnung ohne fließendes Wasser. Als er Rosa im August 1954 geheiratet hatte, war die Studie in vollem Gange gewesen – den Aufzeichnungen zufolge hatte Henry sein Glück kaum fassen können, als sie Ja gesagt hatte –, und jetzt saßen sie hier, im Oktober 2004, zwei Monate nach ihrem 50. Hochzeitstag. Rosa war 2002 gebeten worden, direkter an der Studie teilzunehmen. Das wird ja auch mal Zeit, sagte sie. Harvard hatte Henrys Leben seit 1941 Jahr für Jahr mitverfolgt. Rosa dachte oft, es sei seltsam, dass er auch als älterer Mann noch immer daran teilnahm, weil er sonst doch so viel Wert auf seine Privatsphäre legte. Darauf entgegnete Henry, er fühle sich der Studie verpflichtet und schätze sie inzwischen auch, weil sie den Dingen einen gewissen Zusammenhang verleihe. Seit nun schon 63 Jahren erzählte er dem Forscherteam von seinem Leben. Er hatte den Wissenschaftlerinnen und Wissenschaftlern tatsächlich schon so viel und seit so langer Zeit von sich berichtet, dass er sich nicht mehr daran erinnern konnte, was sie von ihm wussten und was nicht. Sie wussten wahrscheinlich alles, nahm er an, darunter auch das, was er außer Rosa noch nie jemandem erzählt hatte, denn wann immer sie ihm eine Frage stellten, tat er sein Bestes, wahrheitsgetreu darauf zu antworten.

Und sie stellten eine Menge Fragen.

»Mr. Keane fühlte sich sichtlich geschmeichelt, dass ich eigens nach Grand Rapids gekommen war, um sie zu befragen«, schrieb Charlotte im Rahmen ihrer Feldnotizen. »Das schuf von vornherein eine positive Interviewatmosphäre. Mr. Keane stellte sich als sehr kooperativ und interessiert heraus. Seine Antworten waren nie vorschnell, häufig dachte er erst einige Augenblicke nach, bevor er etwas erwiderte. Er war sehr freundlich, in meinen Augen verkörperte er geradezu das Klischee des ruhigen Mannes aus Michigan.«

Bei ihrem zweitägigen Besuch hatte Charlotte eine lange, eine sehr lange Liste an Fragen dabei, die die Gesundheit der Keanes ebenso betrafen wie Rosas, Henrys und ihr gemeinsames Leben. Wie die meisten unserer jungen Wissenschaftlerinnen und Wissenschaftler zu Beginn des Berufslebens hatte sich auch Charlotte ganz persönlich Gedanken darüber gemacht, was ein gutes Leben überhaupt ist und wie sich ihre Entscheidungen von heute auf ihre Zukunft auswirken könnten. Konnte das Leben anderer ihr Aufschluss über ihr eigenes geben? Das konnte sie nur herausfinden, indem sie Fragen stellte und den beiden genau zuhörte. Was war diesem bestimmten Menschen wichtig? Was verlieh seinem Leben Sinn? Was hatte er aus seinen Erfahrungen gelernt? Was bedauerte oder bereute er? Jede Befragung bot Charlotte eine neue Gelegenheit, die Verbindung zu einem Menschen herzustellen, der im Leben schon weiter war als sie selbst, der aus anderen Lebensumständen kam, aus einem anderen Punkt in der Geschichte.

An diesem Tag interviewte sie Henry und Rosa gemeinsam; sie stellte ihnen ihre Fragen und zeichnete dann mit der Videokamera auf, wie die beiden miteinander über ihre größten Ängste sprachen. Zudem befragte sie Rosa und Henry auch getrennt in sogenannten »Attachment Interviews« (Bindungsinterviews). Anschließend wurden die Videoaufzeichnungen und Interviewabschriften in Boston ausgewertet: Die Art und Weise, wie Henry und Rosa übereinander sprachen, ihre nonverbalen Hinweise und viele andere Informationen wurden zu Daten über die Natur ihrer Bindung kodiert. Diese Daten flossen in ihre Akten ein und wurden so zu einem kleinen, aber wichtigen Teil eines gigantischen Datensatzes hinsichtlich dessen, was ein gelebtes Leben tatsächlich ausmacht.

Wovor haben Sie am meisten Angst? Charlotte hatte die jeweiligen Antworten der beiden in getrennten Interviews bereits aufgezeichnet, jetzt war es an der Zeit, miteinander über die Frage zu sprechen.

Und das gestaltete sich so:

»Irgendwie mag ich die schwierigen Fragen«, sagte Rosa.

»Na gut«, entgegnete Henry. »Dann fang du an.«

Rosa schwieg einen Moment und erzählte Henry dann, ihre größte Angst sei es, dass er ernsthaft krank werden oder sie einen weiteren Schlaganfall haben würde. Henry stimmte ihr zu: Das machte auch ihm Angst. Allerdings, fuhr er fort, seien sie jetzt an einem Punkt, an dem das irgendwann unausweichlich wäre. Anschließend sprachen sie ausführlich darüber, wie sich eine ernsthafte Erkrankung auf das Leben ihrer erwachsenen Kinder und auch auf sie selbst auswirken würde. Letztlich gestand Rosa zu, dass man nicht alles vorhersehen kann und dass es sinnlos ist, sich über Unvorhersehbares Gedanken zu machen, bevor es passiert ist.

»Haben Sie noch eine Frage?«, wandte sich Henry an Charlotte.

»Wovor hast *du* denn am meisten Angst, Hank?«, schob Rosa dazwischen.

»Ich hatte gehofft, du würdest vergessen, mich das zu fragen«, antwortete Henry. Beide lachten. Dann goss Henry Rosa noch etwas Tee ein, nahm sich einen weiteren Keks und schwieg eine Zeit lang.

»Die Frage an sich ist nicht schwer«, sagte er schließlich. »Ich will nur nicht darüber nachdenken, um ehrlich zu sein.«

»Die arme Frau ist den ganzen Weg aus Boston hierhergekommen. Du solltest ihr lieber antworten.«

»Es ist aber nicht schön.« Henrys Stimme bebte.

»Nur Mut.«

»Meine größte Angst ist, dass ich nicht als Erster sterben werde. Dass ich ohne dich übrig bleibe.«

An der Ecke des Bulfinch Triangle im West End von Boston, unweit der Stelle, an der Henry Keane als Kind gewohnt hat, steht das Lockhart Building, in dem sich heute das Büro der Forscher und Forscherinnen sowie die Aufzeichnungen der Harvard Study of Adult Development befinden, der längsten Studie zum Leben erwachsener Menschen, die je durchgeführt wurde.

Relativ weit hinten hängen in einem Aktenschrank mit der Aufschrift »KA–KE« die Akten von Henry und Rosa. Darin finden sich auch die vergilbten, am Rand ausgefransten Seiten von Henrys Aufnahmegespräch aus dem Jahr 1941. Die handschriftlichen Aufzeichnungen lassen sich dank der fließenden, geübten Schreibschrift des Fragestellers gut lesen. Wir erfahren, dass Henrys Familie zu den ärmsten in Boston gehörte und dass der 14-Jährige den Eindruck eines »stabilen, beherrschten Jugendlichen mit einem schlüssigen Blick auf die eigene Zukunft« erweckte. Wir erfahren auch, dass der junge Henry seiner Mutter sehr nahestand, seinen Vater aber verabscheute. Dessen Alkoholsucht zwang ihn dazu, Haupternährer der Familie zu sein. Bei einem besonders traumatischen Vorfall – Henry war etwa Anfang 20 – hatte sein Vater Henrys Verlobten erzählt, dass ihr Verlobungsring schuld daran sei, dass der Familie nun 300 Dollar fehlten. Da sie Angst davor gehabt hatte, dieser Familie nie entkommen zu können, hatte sie die Verlobung schließlich gelöst.

1953 sagte sich Henry endgültig von seinem Vater los. Er hatte eine Anstellung bei General Motors bekommen und zog nach Willow Run, Michigan. Dort begegnete er Rosa, dänische Einwanderin und eines von neun Kindern. Ein Jahr später waren die beiden verheiratet, noch später hatten sie selbst fünf Kinder. »Viele, aber nicht genug«, aus Rosas Sicht.

In den darauffolgenden zehn Jahren hatten Henry und Rosa es nicht leicht. 1959 erkrankte ihr fünfjähriger Sohn Robert an Kinderlähmung, was Rosas und Henrys Ehe auf eine harte Probe stellte und in der Familie zu Leid und Sorgen führte. Henry hatte bei GM als Monteur in der Fabrikhalle begonnen. Da er aufgrund von Roberts Erkrankung nicht zur Arbeit erschienen war, war er jedoch erst herabgestuft und dann entlassen worden – arbeitslos, mit drei Kindern, die ernährt werden wollten. Um irgendwie über die Runden zu kommen, nahm Rosa eine Stelle in der Lohnbuchhaltung der Stadt Willow Run an. Doch was zunächst eine Notlösung um der Familie willen gewesen war, entwickelte sich bald zu einer mehr als angenehmen Vollzeitbeschäftigung: Rosa war bei den Kolleginnen und Kollegen sehr beliebt und arbeitete schließlich 30 Jahre in diesem Beruf. Dabei baute sie Beziehungen zu Menschen auf, die sie alsbald als ihre zweite Familie betrachtete. Henry wechselte nach seiner Entlassung dreimal den Arbeitsplatz, bevor er 1963 schließlich zu GM zurückkehrte und zum Hallenaufseher aufstieg. Kurz darauf nahm er wieder Verbindung zu seinem Vater auf, der seine Alkoholsucht mittlerweile überwunden hatte, und verzieh ihm.

Henrys und Rosas Tochter Peggy, selbst schon über 50, ist ebenfalls Teilnehmerin der Studie. Sie weiß nicht, was ihre Eltern erzählt haben, dann wäre sie bei ihren Berichten über das Familienleben möglicherweise voreingenommen. Vielfältige Sichtweisen auf ein und dasselbe familiäre Umfeld sowie auf ein und dieselben Ereignisse helfen dabei, die Studiendaten zu erweitern und zu vertiefen.

Sehen wir uns Peggys Akte an, erfahren wir, dass sie in dem Gefühl aufgewachsen ist, von ihren Eltern verstanden worden zu sein, dass sie immer versuchten, sie aufzumuntern, wenn sie Kummer hatte. Allgemein bewertete sie ihre Eltern als »sehr liebevoll«. Und im Einklang mit Henrys und Rosas Erzählungen über ihre Ehe äußerte auch Peggy, ihre Eltern hätten eine Trennung oder gar Scheidung nie in Erwägung gezogen.

1977 bewertete Henry im Alter von 50 Jahren sein Leben folgendermaßen:

> *Zustand der Ehe:* AUSGEZEICHNET.
> *Stimmung im Laufe des vergangenen Jahres:* AUSGEZEICHNET.
> *Körperliche Gesundheit in den letzten beiden Jahren:* AUSGEZEICHNET.

Allerdings bestimmen wir den Grad von Henrys Gesundheit und Zufriedenheit ebenso wie den aller anderen Teilnehmenden nicht allein dadurch, dass wir sie und die ihnen Nahestehenden fragen, wie sie sich fühlen. Die Teilnehmenden gestatten es uns, durch viele verschiedene Brillen einen Blick auf ihr Wohlbefinden zu werfen, darunter etwa bildgebende Gehirnuntersuchungen, Bluttests oder auch Videoaufzeichnungen, in denen sie über ihre schlimmsten Sorgen sprechen. Wir nehmen Haarproben, um die Ausschüttung von Stresshormonen zu messen, bitten sie, uns ihre wichtigsten Ziele im Leben mitzuteilen, und sehen uns an, wie schnell die Herzfrequenz sinkt, nachdem wir sie mit einer schwierigen Denksportaufgabe konfrontiert haben. Dadurch erhalten wir tiefergehende und umfassendere Informationen darüber, wie jemand im Leben zurechtkommt.

Henry war ein zurückhaltender Mann, der sich jedoch ungeheuer für seine engsten Beziehungen engagierte, vor allem für die Verbindung zu Rosa und zu seinen Kindern, und diese Verbindungen verschafften ihm ein tiefes Gefühl der Sicherheit. Zudem wandte er einige sehr wirkungsvolle Bewältigungsstrategien an, die wir uns auf den nächsten Seiten noch näher ansehen werden. Dieses Fundament aus emotionaler Sicherheit, gepaart mit effektiver Problembewältigung, ermöglichte es Henry, wieder und wieder zu berichten, er sei »zufrieden« oder »glücklich«, selbst in den schwierigsten Zeiten, und das spiegelt sich sowohl in seiner Gesundheit als auch in seiner Lebensdauer wider.

2009, fünf Jahre nach Charlottes Besuch und 68 Jahre nach Henrys Aufnahmegespräch für die Studie, wurde Henrys größte Angst Wirklichkeit: Rosa starb. Weniger als sechs Wochen später folgte Henry ihr nach.

Ihre Tochter Peggy aber führt das Familienerbe fort. Erst vor Kurzem kam sie zu einem Interview in unsere Büros in Boston. Seit dem Alter von 29 Jahren lebt sie in einer glücklichen Beziehung mit ihrer Partnerin Susan, heute, im Alter von 57 Jahren, gibt sie an, weder einsam zu sein noch gesundheitliche Probleme zu haben. Sie ist angesehene Grundschullehrerin und ein aktives Mitglied ihrer Gemeinde. Doch der Pfad, der sie zu dieser glücklichen Zeit in ihrem Leben geführt hat, war qualvoll und verlangte Mut – wir werden später noch einmal zu Peggys Geschichte zurückkehren.

Die Investition im Leben

Was genau hatte es nun mit Henrys und Rosas Einstellung zum Leben auf sich, dass sie es auch in alles andere als rosigen Zeiten genießen konnten? Und womit hat Henrys und Rosas Geschichte oder jede andere Lebensgeschichte der Harvard-Studie Ihre Zeit und Aufmerksamkeit verdient?

Wenn es darum geht zu verstehen, was Menschen in ihrem Leben erleben, ist ein vollständiges Bild – die Entscheidungen, die sie treffen, die Pfade, denen sie folgen, und was das letztlich alles für sie bedeutet – fast nie zu bekommen. Das meiste, was wir über das

Leben einer Person wissen, erfahren wir, wenn wir sie bitten, uns von ihrer Vergangenheit zu erzählen, und Erinnerungen sind leider lückenhaft. Versuchen Sie nur einmal, sich daran zu erinnern, was Sie am letzten Dienstag zu Abend gegessen haben oder mit wem Sie am heutigen Tag im letzten Jahr gesprochen haben. Sie werden schnell sehen, an wie viele Dinge in unserem Leben wir uns *nicht* erinnern. Je mehr Zeit vergeht, desto mehr Einzelheiten vergessen wir; zudem zeigen Experimente, dass sogar der Akt des Erinnerns selbst die Erinnerung verändern kann.[4] Kurzum: Als Werkzeug, vergangene Ereignisse zu studieren, ist das menschliche Gedächtnis bestenfalls unpräzise und schlimmstenfalls erfinderisch.

Doch was, wenn wir ein Leben in seinem gesamten Verlauf betrachten könnten? Was, wenn wir Menschen ihr ganzes Leben lang begleiten könnten, von ihrer Zeit als Teenager bis ins hohe Alter hinein, um herauszufinden, was für die Gesundheit und Zufriedenheit der Betreffenden wirklich eine Rolle spielt, welche Investitionen sich am Ende wirklich bezahlt machen?

Genau das haben wir getan.

Seit nun schon 84 Jahren folgt die Harvard-Studie denselben Teilnehmenden. Es wurden Tausende von Fragen gestellt und Hunderte von Messungen vorgenommen, um festzuhalten, was den Menschen wirklich gesund erhält und glücklich macht. In all den Jahren der Studie hat sich ein Faktor als absolut entscheidend für die körperliche Gesundheit, die psychische Gesundheit und die Lebensdauer erwiesen. Und dieser Faktor ist im Gegensatz zu dem, was wahrscheinlich viele Menschen glauben, nicht der berufliche Erfolg, die regelmäßige Bewegung oder die gesunde Ernährung. Damit wir uns nicht missverstehen: Diese Dinge sind wichtig, sogar sehr wichtig. Doch eines ist noch wichtiger: erfüllende Beziehungen.

Gute, erfüllende Beziehungen sind sogar so wichtig, dass wir die gesamten 84 Studienjahre auf dieses eine Lebensprinzip, diese eine Investition im Leben eindampfen könnten, wenn wir müssten. Diese Erkenntnis wird von ähnlichen Ergebnissen aus einer großen

Vielfalt anderer Studien gestützt: Gute, erfüllende Beziehungen sorgen dafür, dass wir gesünder und zufriedener sind. Punkt.

Wer also die eine Entscheidung treffen will, die die eigene Gesundheit und Zufriedenheit, das eigene Glück, am besten sicherstellt, dann sollte diese Entscheidung wissenschaftlichen Erkenntnissen zufolge darin bestehen, herzliche Beziehungen zu pflegen. Und zwar Beziehungen aller Art. Wie wir noch sehen werden, wird diese Entscheidung nicht nur einmal getroffen, sondern wieder und wieder, Sekunde für Sekunde, Woche für Woche und Jahr für Jahr. Diese Entscheidung, das belegt eine Studie nach der anderen, trägt maßgeblich zu anhaltender Freude und einem gelingenden Leben bei. Allerdings ist sie nicht immer leicht zu treffen. Als Individuum stehen wir uns sogar mit den besten Absichten immer wieder selbst im Weg; wir machen Fehler und werden von den Menschen, die wir lieben, verletzt. Der Weg zu einem guten, erfüllten Leben ist zwar kein leichter, doch ist es absolut möglich, seine Hindernisse und Unebenheiten erfolgreich zu meistern. Die Harvard Study of Adult Development zeigt diesen Weg auf.

Ein Schatz in Bostons West End

Begonnen hat die Harvard Study of Adult Development in Boston, als sich die USA gerade aus der Weltwirtschaftskrise herauskämpften. Als New-Deal-Projekte wie der Social Security Act – die Gesetzesgrundlage zur Sozialversicherung – und die Arbeitslosenversicherung Fahrt aufnahmen, kam allmählich auch ein wachsendes Interesse hinsichtlich der Frage auf, welche Faktoren zum Wohlbefinden des Menschen beitragen und welche sich negativ auswirken. Dieses Interesse führte zwei unabhängig voneinander agierende Gruppen von Wissenschaftlern in Boston dazu, Forschungsprojekte ins Leben zu rufen, die sich mit zwei sehr unterschiedlichen Gruppen von Jungen beschäftigten.

Die erste Gruppe bestand aus 268 Studenten am Harvard College, die man deshalb ausgewählt hatte, weil sie sich aller Wahrscheinlichkeit nach zu gesunden und ausgeglichenen Erwachsenen entwickeln würden. Ganz im Geist der Zeit, seinen Zeitgenossen aus der medizinischen Fachwelt aber weit voraus, wollte Arlie Bock, Harvards neuer Professor für Hygiene und Leiter der Student Health Services, den wissenschaftlichen Fokus nicht mehr darauf richten, was die Menschen krank macht, sondern darauf, was sie gesund erhält. Mindestens die Hälfte der ausgewählten Studienteilnehmer konnte Harvard nur mithilfe eines Stipendiums besuchen und indem sie sich mit Nebenjobs etwas für die Studiengebühr dazuverdiente; andere Teilnehmer kamen aus wohlhabenden Familien. Einige konnten ihre Wurzeln in Amerika bis zur Gründung der Nation zurückverfolgen, während 13 Prozent der Probanden Eltern hatten, die in die USA eingewandert waren.

Die zweite Gruppe bestand aus 456 Jungen aus Boston, darunter auch Henry Keane, für die man sich aus einem anderen Grund entschieden hatte: Sie stammten aus einigen sehr schwierigen Familien und am meisten benachteiligten Vierteln in Boston, hatten es aber im Alter von 14 Jahren größtenteils geschafft, sich von Jugendkriminalität fernzuhalten. Mehr als 60 Prozent dieser Heranwachsenden hatten zumindest einen Elternteil, der in die USA eingewandert war, meist aus armen Ländern Ost- und Westeuropas sowie Regionen des Nahen Ostens, etwa aus Syrien, Jordanien, dem Irak und der Türkei. Durch diese Herkunft und den Status als Einwanderer wurden sie gleich doppelt marginalisiert. Mit der von dem Rechtsanwalt Sheldon Glueck und der Sozialarbeiterin Eleanor Glueck initiierten Studie versuchte man herauszufinden, welche Faktoren eine Laufbahn als Krimineller verhinderten – und zumindest an dieser Front waren die Jungen ja erfolgreich gewesen.

Die beiden Studien begannen getrennt und mit unterschiedlichen Zielsetzungen, wurden später aber miteinander verschmolzen und firmieren heute unter ein und demselben Banner.

Als sie sich zur Teilnahme an ihrer jeweiligen Studie bereit erklärten, wurden alle zu Befragenden einem Aufnahmegespräch sowie einer ärztlichen Untersuchung unterzogen. Die Wissenschaftlerinnen und Wissenschaftler besuchten die Probanden zu Hause und unterhielten sich mit deren Eltern. Dann wurden aus den Teenagern Erwachsene, die allen möglichen Berufen nachgingen. Sie wurden Fabrikarbeiter oder Anwalt, Maurer oder Arzt. Manche wurden alkoholsüchtig, einige wenige entwickelten eine Schizophrenie. Einige erklommen die soziale Leiter von ganz unten bis ganz nach oben, andere traten die Reise genau umgekehrt an.

Die Gründer der Studie wären erstaunt und erfreut, dass sie auch heute noch läuft und einzigartige sowie immens wichtige Ergebnisse hervorbringt, die sie sich nie hätten träumen lassen. Und als derzeitiger Leiter der Studie (Bob) sowie dessen Stellvertreter (Marc) sind wir unendlich stolz darauf, Ihnen einige unserer Ergebnisse näherbringen zu dürfen.

Der lange Blick auf den Menschen

Der Mensch steckt voller Überraschungen und Widersprüche. Er ergibt nicht immer Sinn, noch nicht einmal (oder vielleicht vor allem nicht) für sich selbst. Die Harvard-Studie gibt uns ein einmaliges und ausgesprochen praktisches Werkzeug an die Hand, mit dem wir zumindest einige der natürlichen Rätsel des Menschen lösen können. Warum das so ist, wollen wir mit einem raschen Blick auf den wissenschaftlichen Kontext klären.

Studien zur Gesundheit und zum menschlichen Verhalten kann man in der Regel entweder der Kategorie Querschnitt- oder Längsschnittstudie zuordnen.[5] Querschnittstudien schneiden sich gewissermaßen wie aus einem Kuchen zu einem gegebenen Zeitpunkt ein Stück aus der Welt, um sich dieses anzusehen. Die meisten Psychologie- und Gesundheitsstudien fallen in diese Kategorie, weil sie relativ kosteneffizient durchzuführen sind. Sie sind zeitlich begrenzt, der finanzielle Aufwand ist ebenfalls vorhersagbar. Allerdings kranken sie an einer grundsätzlichen Einschränkung, die Bob immer gern mit einem alten Witz demonstriert: Führte man ausschließlich Querschnittstudien durch, müsste man unweigerlich zu dem Schluss kommen, dass es Menschen in Miami gibt, die als Kubaner geboren wurden und als Juden sterben. Anders ausgedrückt: Querschnittstudien sind »Schnappschüsse« des Lebens, die Verbindungen zwischen zwei zusammenhanglosen Fakten suggerieren, da sie eine entscheidende Variable außen vor lassen: die Zeit.

Längsschnittstudien hingegen sind, wie der Name schon sagt, lang. Sie untersuchen das Leben bestimmter Menschen über einen gewissen Zeitraum hinweg. Dafür gibt es zwei Möglichkeiten: Die erste, häufigere, haben wir bereits erwähnt: Man bittet die Menschen, aus ihrer Vergangenheit zu erzählen. Das wird auch retrospektive Studie genannt.

Doch wie ebenfalls bereits erwähnt, basieren diese Studien auf dem Gedächtnis. Dazu als Beispiel wieder Henry und Rosa. In den getrennten Interviews, die Charlotte 2004 führte, bat sie die beiden zu beschreiben, wie sie einander begegnet waren. Rosa zufolge war sie vor Henrys Truck auf dem Eis ausgerutscht, woraufhin Henry ihr aufgeholfen hatte, und später hatte sie ihn in einem Restaurant wiedergesehen, in das sie mit ihren Freundinnen zum Essen ausgegangen war.

»Es war lustig, wir haben viel gelacht«, so Rosa, »weil er zwei verschiedenfarbige Socken anhatte und ich dachte: ›Junge, der ist aber in einer schlechten Verfassung, er braucht dringend jemanden wie mich!‹«

Henry konnte sich ebenfalls daran erinnern, dass Rosa auf dem Eis ausgerutscht war.

»Irgendwann später habe ich sie dann in einem Café sitzen sehen, und sie hat mich dabei erwischt, wie ich ihr auf die Beine starrte. Ich habe aber nur gestarrt, weil sie zwei verschiedenfarbige Strümpfe anhatte, einen roten und einen schwarzen.«

Diese Art von Unstimmigkeit ist bei Paaren weit verbreitet, vermutlich kennt sie jeder, der schon einmal eine längere Beziehung hatte. Und jedes Mal wenn man sich bezüglich der Fakten des gemeinsamen Lebens nicht einig ist, wird man Zeuge des Versagens einer retrospektiven Studie.

Die Harvard-Studie aber ist nicht *retro-*, sie ist *pro*spektiv. Hier werden die Teilnehmenden nach dem Leben, wie es *ist*, nicht, wie es *war*, gefragt. Wie in Henrys und Rosas Fall fragen wir manchmal zwar auch nach der Vergangenheit, dies aber nur, um zu erfahren, wie Ereignisse verarbeitet und in der Zukunft erinnert werden. Im Allgemeinen jedoch wollen wir ausschließlich etwas über die Gegenwart erfahren. Im genannten Beispiel wissen wir tatsächlich, welche Version der Socken-Strumpf-Geschichte die zutreffende ist, weil wir Henry dieselbe Frage – wie er Rosa kennengelernt hat – im Jahr ihrer Hochzeit gestellt haben.

»Ich hatte verschiedenfarbige Socken an, und das hat sie gemerkt«, lautete Henrys Antwort 1954. »Das würde mir heute dank Rosa nicht mehr passieren.«

Prospektive, lebensumspannende Studien wie die unsere sind extrem selten. Manchmal verlassen Teilnehmer die Studie, sie ändern den Namen oder ziehen um, ohne Bescheid zu sagen. Die finanziellen Mittel versiegen, die Forscherinnen und Forscher verlieren das Interesse. Im Durchschnitt behalten die meisten erfolgreichen prospektiven Längsschnittstudien nur etwa 30 bis 70 Prozent ihrer Teilnehmenden.[6] Und dabei dauern manche dieser Studien nur einige Jahre. Die Harvard-Studie jedoch kann auf eine 84-prozentige Teilnehmerrate und das über 84 Jahre hinweg stolz sein – und sie ist immer noch in einer guten Verfassung.

Sehr viele Fragen

Jede Lebensgeschichte in unserer Längsschnittstudie fußt auf dem gesundheitlichen Zustand und den Gewohnheiten des Teilnehmers oder der Teilnehmerin. Es wird quasi eine Karte erstellt, in der die körperlichen Gegebenheiten sowie die Verhaltensweisen im Verlauf des Lebens verzeichnet sind. Um das gesundheitliche Bild zu vervollständigen, fragen wir regelmäßig Aspekte wie Gewicht, Maß an Bewegung, Nikotin- sowie Alkoholkonsum, Cholesterinspiegel, Operationen und eventuelle Komplikationen dabei ab – im Grunde also die gesamte Patientenakte. Wir halten aber auch andere grundlegende Fakten fest, etwa die berufliche Betätigung, die Anzahl enger Freunde, Hobbys und Freizeitbeschäftigungen. Auf einer tiefergehenden Ebene entwerfen wir zudem Fragen, mit denen wir die subjektive Wahrnehmung der Testpersonen und die weniger quantifizierbaren Aspekte ihres Lebens erforschen. Wir fragen nach der Zufriedenheit bei der Arbeit, in der Ehe, nach Methoden der Konfliktlösung, den psychischen Auswirkungen von Eheschließung und Scheidung, Geburten und Todesfällen. Wir fragen nach den berührendsten Erinnerungen an Mutter und Vater, nach der emotionalen Bindung (oder deren Fehlen) zu Geschwistern. Wir bitten unsere Teilnehmenden, uns detailliert von den schlimmsten Augenblicken in ihrem Leben zu erzählen und uns zu sagen, wen, wenn überhaupt jemanden, sie anrufen könnten, wenn sie mitten in der Nacht voller Angst aufwachen würden.

Wir halten die spirituellen Überzeugungen und politischen Vorlieben der Probandinnen und Probanden fest, wie oft sie in die Kirche gehen und sich an Gemeindeaktivitäten beteiligen, welche Ziele im Leben sie haben und was ihnen Sorgen bereitet. Viele unserer Teilnehmer waren im Krieg, sie kämpften und töteten und mussten mitansehen, wie ihre Kameraden getötet wurden – wir haben ihre Berichte aus erster Hand darüber sowie ihre Gedanken über das Erlebte.

Alle zwei Jahre verschicken wir umfangreiche Fragebogen, die auch Platz für offene, persönliche Antworten lassen, alle fünf Jahre nehmen wir Einsicht in die Patientenakten und etwa alle 15 Jahre treffen wir die Teilnehmenden von Angesicht zu Angesicht, beispielsweise auf einer Veranda in Florida oder in einem Café im nördlichen Wisconsin. Dann machen wir uns Notizen darüber, wie sie aussehen und sich verhalten, ob sie Blickkontakt meiden, was sie anhaben, in welchen Umständen sie leben.

Wir wissen, wer eine Alkoholsucht entwickelte und wer trockener Alkoholiker ist. Wir wissen, wer Reagan, wer Nixon, wer John F. Kennedy gewählt hat. Wir wissen sogar, wen Kennedy gewählt hat, denn er war einer unserer Teilnehmer, bis die Kennedy Library die Aufzeichnungen über ihn übernommen hat.

Wir fragten jedes Mal danach, wie es den Kindern ging, wenn die oder der Teilnehmende welche hatte. Heute fragen wir die Kinder selbst – Babyboomer-Frauen und -Männer –, und eines Tages, so hoffen wir, werden wir auch die Kinder ihrer Kinder fragen.

Wir haben Blutproben, DNA-Proben sowie jede Menge EKGs, MRTs, EEGs und Hirndiagnosen durch bildgebende Verfahren. Wir verfügen sogar über 25 *Gehirne*, in einem letzten Akt der Großzügigkeit von Teilnehmenden gespendet.

Was wir nicht wissen können, ist, wie oder ob diese Dinge in zukünftigen Studien genutzt werden. Die Wissenschaft entwickelt sich ebenso wie die Kultur stetig weiter, und so haben sich die meisten Daten aus der Vergangenheit der Studie zwar als nützlich erwiesen, doch beruhten einige Variablen, die zu Beginn der Studie höchst sorgfältig gemessen worden sind, auf ganz und gar fehlerhaften Annahmen.

1938 beispielsweise galt der Körpertyp als wichtiger Indikator nicht nur für die Intelligenz der betreffenden Person, sondern auch für deren Zufriedenheit im Leben – die mesomorphen, athletisch gebauten Typen hatten angeblich Vorteile in den meisten Lebensbereichen. Anhand der Form und der Wölbungen des Schädels wollte man die Persönlichkeit und geistigen Fähigkeiten eines Probanden erkennen. Eine der Aufnahmefragen lautete, aus welchen Gründen auch immer: »Sind Sie kitzlig?«. Diese Frage haben wir 40 Jahre lang gestellt, nur für den Fall.

Rückblickend können wir nach mehr als 80 Jahren nun sagen, dass derlei Vorstellungen als leicht seltsam bis schlichtweg falsch bezeichnet werden können. Deshalb ist es durchaus möglich, ja sogar wahrscheinlich, dass einige der Daten, die wir heute erheben, in 80 Jahren ähnlich kopfschüttelnd oder ablehnend betrachtet werden.

Der Punkt ist: Jede Studie ist ein Produkt ihrer Zeit und der Menschen, die sie durchführen. Im Fall der Harvard-Studie waren diese Menschen überwiegend weiß, mittleren Alters, gebildet, heterosexuell und männlich. Aufgrund kultureller Voreingenommenheit und aufgrund der Tatsache, dass 1938 sowohl die Stadt Boston als auch das Harvard College fast ausschließlich aus weißen Einwohnern beziehungsweise Studierenden bestand, wählten die Studiengründer den bequemen Weg und befragten nur andere männliche Weiße. Ein damals verbreitetes Vorgehen und eine Geschichte, mit der sich die Harvard-Studie auseinandersetzen muss, auch wenn wir heute nach Kräften bemüht sind, sie zu korrigieren. Und obwohl es Ergebnisse gibt, die *nur* auf eine oder beide der Gruppen zutreffen, mit denen die Studie in den 1930er-Jahren begonnen wurde, so haben diese keinen Eingang in das vorliegende Buch gefunden. Zum Glück können wir die Ergebnisse der ursprünglichen Auswahl der Harvard-Studie heute mit unserer erweiterten Auswahl vergleichen, zu der auch die Frauen, Söhne und Töchter der ursprünglichen Teilnehmer gehören, ebenso wie mit Studien, die Menschen mit diverserem kulturellem und wirtschaftlichem Hintergrund, Geschlechtsidentitäten und Ethnien umfassen. Im Verlauf dieses Buchs werden wir die Ergebnisse, die von anderen Studien gestützt werden, besonders hervorheben – Ergebnisse, die auf Frauen, People of Color, Menschen, die sich als LGBTQ+ identifizieren, und eine ganze Palette sozioökonomischer Gruppen weltweit gleichermaßen zutreffen, auf alle von uns. Mit diesem Buch wollen wir offenlegen, was wir im Rahmen der Harvard-Studie über das Menschsein, über die universelle Erfahrung des Daseins gelernt haben.

Marc war über 25 Jahre lang Dozent an einem Frauencollege, und jedes Jahr boten sich neue intelligente, begeisterte Studentinnen an, zu seinen Forschungen zum Wohlergehen des Menschen und zur Entwicklung des menschlichen Lebens beizutragen. Eine dieser Studentinnen war Ananya aus Indien.[7] Sie war besonders an dem Zusammenhang zwischen erlebtem Unglück und erwachsenem Zufriedensein interessiert. Marc erzählte Ananya von den umfangreichen Daten der Harvard-Studie, die das gesamte Erwachsenenleben Hunderter von Befragten widerspiegelten. Diese aber waren männlich, weiß und mehr als 70 Jahre vor Ananya auf die Welt gekommen. Sie fragte sich laut, was sie wohl aus dem Leben von Menschen lernen könne, die so ganz anders waren als sie selbst – aus dem Leben alter, weißer Männer, die vor langer Zeit geboren worden waren.

Marc schlug ihr vor, über das Wochenende die Akten eines einzigen Teilnehmers an der Harvard-Studie zu lesen, über die sie dann in der darauffolgenden Woche sprechen könnten. Ananya erschien voller Enthusiasmus zum nächsten Treffen und bat Marc, bevor dieser überhaupt den Mund aufmachen konnte, ihre Forschungsarbeit über die Männer der Harvard-Studie schreiben zu dürfen. Ihren Sinneswandel herbeigeführt hatte die Erfülltheit des Lebens, von dem sie in den Akten gelesen hatte. Obwohl sich die Einzelheiten im Leben dieses einzelnen Teilnehmers in so vielerlei Hinsicht von den ihren unterschieden – er war auf einem anderen Kontinent volljährig geworden, hatte weiße, keine braune Haut, war ein Mann, keine Frau, und hatte nie eine Uni besucht –, erkannte Ananya sich in dem seelisch Erlebten und den Herausforderungen dieses Mannes doch selbst wieder.

Ananyas Geschichte hat sich beinahe Jahr für Jahr wiederholt. Gerade in den letzten Jahren beschäftigten sich nicht nur die Psychologie, sondern auch die Medien mit der anhaltenden Ungleichberechtigung im Zusammenhang mit ethnischem und kulturellem Hintergrund. Bob selbst war ähnlich zögerlich, als ihm der Posten des Leiters der Harvard-Studie angeboten wurde. Auch er hatte Zweifel bezüglich der Relevanz der dokumentierten Lebensläufe und der Eignung einiger der angewandten Forschungsmethoden. Doch las auch er sich über das Wochenende ein paar Akten durch und war begeistert – ebenso wie Ananya es war und Sie es hoffentlich sein werden.

Ein ganzes Jahrhundert ist vergangen, seit die Teilnehmenden der ersten Stunde auf die Welt gekommen sind. Die Menschen sind so komplex wie eh und je, und so geht uns die Arbeit nie aus. Während die Harvard-Studie in ein neues Jahrzehnt voranschreitet, verfeinern und erweitern wir unsere Sammlung an Informationen immer mehr. Denn wir wissen, dass jedes einzelne Datenstück, jede persönliche Überlegung, jedes Gefühl im jeweiligen Moment das Bild der Conditio humana vervollständigt und in der Zukunft helfen kann, Fragen zu beantworten, die wir uns jetzt noch gar nicht vorstellen können. Aber natürlich kann kein Bild des menschlichen Lebens je vollständig sein.

Dennoch hoffen wir, dass Sie uns auf unserem Weg begleiten, einige der schwierigsten Fragen zur Entwicklung des Menschen zu beantworten. Warum scheinen Beziehungen der Schlüssel zu einem gelungenen Leben zu sein? Welche Faktoren in der frühen Kindheit tragen zur körperlichen und seelischen Gesundheit in den mittleren und späten Lebensjahren bei? Welche Faktoren sind untrennbar mit einer längeren Lebensdauer verknüpft? Oder mit gesunden Beziehungen? Kurzum:

Was macht ein gutes Leben aus?

Fragt man Menschen, was sie sich im Leben am meisten wünschen, bekommt man vielfach zur Antwort: »Ich möchte einfach nur glücklich sein.« Zugegebenermaßen würde Bob auf diese Frage dieselbe Antwort geben. Sie ist unglaublich vage und sagt doch irgendwie alles. Marc würde wahrscheinlich einen Augenblick nachdenken und dann sagen: »Das kann nicht alles sein.«

Doch was genau bedeutet »glücklich sein«? Wie sähe Ihr Leben aus, wenn Sie vollkommen glücklich wären?

Eine Möglichkeit, das zu klären, könnte darin bestehen, Menschen schlicht danach zu fragen, was sie glücklich machen würde, und sich dann auf die Suche nach Gemeinsamkeiten zu begeben. Wie wir allerdings noch sehen werden, gibt es eine bittere Wahrheit, die wir alle akzeptieren müssen: *Wir sind nämlich unglaublich schlecht darin zu wissen, was gut für uns ist.* Damit werden wir uns später noch befassen.

Wichtiger noch sind die unausgesprochenen, verinnerlichten Mythen darüber, was ein Leben zu einem glücklichen Leben macht. Davon gibt es viele, der größte unter ihnen ist aber wahrscheinlich die Vorstellung, dass Glück etwas ist, das man sich *verdienen* könne – wie eine Auszeichnung, die man sich rahmt und an die Wand hängt. Oder wie ein Ziel, das man erreicht, wenn man alle Hindernisse auf dem Weg dorthin überwunden hat, und wo man sich dann für den Rest seines Lebens ausruhen kann.

So funktioniert das natürlich nicht.

Vor mehr als 2000 Jahren benutzte Aristoteles einen Begriff, der in der Psychologie auch heute noch weit verbreitet ist: *eudaimonia.* Er beschreibt den Zustand tiefsten Wohlbefindens – den Zustand der Glückseligkeit –, in dem der Mensch das Gefühl hat, sein Leben habe einen *Sinn* und ein *Ziel.* Meist steht er im Gegensatz zum Begriff der *hedonia,* aus dem sich der Hedonismus ableitet und der sich auf das flüchtige Glück verschiedener sinnlicher Freuden bezieht.

Man könnte es auch so ausdrücken: Hedonistisches Glück ist, wenn wir es uns *gut gehen* lassen, eudaimonisches Glück ist, wenn wir ein *gutes Leben* leben. Es bezeichnet das Gefühl, dass, unabhängig von diesem Augenblick, wie schön oder schrecklich er auch immer sein mag, das Leben etwas wert ist, dass es kostbar ist. Eudaimonie stellt die Art von Wohlbefinden dar, die sowohl in den Höhen des Lebens als auch in seinen Tiefen Bestand hat.

Doch keine Sorge: Wir werden nicht die ganze Zeit von Ihrem eudaimonischen Glück sprechen. Doch noch kurz dazu, wovon wir sprechen und was es bedeutet.

In der Psychologie gibt es hin und wieder Einwände gegen das Wort »Glück«, weil es im Grunde alles heißen kann, von einer vorübergehenden Freude bis hin zu einem beinahe mystischen Gefühl der eudaimonischen Erfüllung, die in Wirklichkeit nur sehr wenige Menschen erlangen. Deshalb haben sich in der psychologischen Populärliteratur statt Glück nuanciertere Begriffe wie »Gedeihen«, »Aufblühen« oder »Wohlergehen« und »Wohlfühlen« durchgesetzt. Diese Begriffe verwenden wir auch in diesem Buch. Marc spricht besonders gern von *gedeihen* oder *aufblühen,* weil sie ein aktives und konstantes Werden und nicht nur eine Stimmung suggerieren. Gelegentlich sprechen wir aber auch noch von »Glück« – aus dem schlichten Grund, weil die meisten Menschen diesen Begriff benutzen. Niemand fragt Sie nach Ihrem »menschlichen Gedeihen«. Wir fragen: »Bist du glücklich?« In unseren Unterhaltungen sprechen wir genau so über unsere Forschung. Wir reden von Gesundheit, Glück und Zufriedenheit, von Sinn, Zweck und Ziel. Was wir damit jedoch meinen, ist das eudaimonische Glück. Und im Grunde meinen die meisten Menschen das ebenfalls. Spricht ein Paar über das soeben geborene Enkelchen und sagt: »Wir sind sehr glücklich«, oder bezeichnet eine Frau in der Gesprächstherapie ihre Ehe als »unglücklich«, ist klar, dass sich das Wort »Glück« auf eine dauerhafte Lebensqualität bezieht und nicht auf ein vorübergehendes Gefühl. In diesem Sinn verwenden wir das Wort in diesem Buch.

Aus Daten wird ein Leben

Vielleicht fragen Sie sich, warum wir uns so sicher sind, dass Beziehungen eine solch zentrale Rolle für unsere Gesundheit und unsere Zufriedenheit spielen. Wie ist es möglich, Beziehungen von wirtschaftlichen Erwägungen, Glück oder Pech, einer schwierigen Kindheit oder jedem anderen wichtigen Umstand zu trennen, der darüber entscheidet, wie wir uns tagtäglich fühlen? Ist es überhaupt möglich, die Frage *Was macht ein gutes Leben aus?* zu beantworten?

Nachdem wir Hunderte von Menschenleben unter die Lupe genommen haben, können wir bestätigen, was wir alle tief in uns drin bereits wissen: Eine Unmenge von Faktoren tragen zur Zufriedenheit des Menschen bei. Das fragile Gleichgewicht von ökonomischen, sozialen, psychologischen und gesundheitlichen Aspekten ist komplex und ewig im Wandel begriffen. Selten kann man mit absoluter Bestimmtheit sagen, dass dieser oder jener Faktor dieses oder jenes Ergebnis *hervorbringt* – der Mensch steckt wie gesagt voller Überraschungen. Davon abgesehen gibt es jedoch tatsächlich Antworten auf die oben gestellte Frage. Sieht man sich dieselben Arten von Daten im Laufe der Zeit immer wieder an, Daten einer großen Anzahl von Menschen und aus vielen Studien, treten irgendwann Muster hervor und Prädikatoren – Anzeichen, anhand derer eine Vorhersage getroffen werden kann – für das menschliche Gedeihen zeigen sich. Aus den vielen Prädikatoren für Gesundheit und Zufriedenheit, von ausgewogener Ernährung über regelmäßige Bewegung bis zum ausreichenden Einkommen, sticht ein Leben voller erfüllter Beziehungen als besonders wirkungsvoll und nachhaltig hervor.

Die Harvard-Studie ist nicht die einzige Längsschnittstudie zum seelischen Gedeihen des Menschen, die sich über mehrere Jahrzehnte erstreckt. Wir sehen uns bewusst und beständig auch andere Studien an, um zu prüfen, ob die Ergebnisse auf andere Zeiträume und andere Menschen ebenfalls zutreffen. Jede Studie hat ihre ganz spezifischen Eigenheiten. Wiederholen sich die Ergebnisse in einer Vielzahl von Studien, sind sie wissenschaftlich zwingend.

Hier einige repräsentative Beispiele von Längsschnittstudien, die zusammen für zigtausend Menschen stehen:

- *Die British Cohort Studies*[8] (britische Kohortenstudien) umfassen fünf große, landesweit repräsentative Gruppen, die in bestimmten Jahren geboren wurden (beginnend mit einer Gruppe von Babyboomern, die kurz nach dem Zweiten Weltkrieg zur Welt kamen, bis jüngst zu einer Gruppe von Kindern, die Anfang der 2000er-Jahre geboren wurden); die Studien folgten den Probandinnen und Probanden ihr ganzes Leben lang.
- *Die Mills Longitudinal Study* folgte einer Gruppe von Frauen nach ihrem Highschoolabschluss im Jahr 1958.
- *Die Dunedin Multidisciplinary Health and Development Study* begann 1972 damit, 91 Prozent der Kinder aus einer kleinen Stadt in Neuseeland zu beobachten, und beobachtet sie heute noch ins mittlere Alter hinein (beziehungsweise jüngst die Kinder der ursprünglichen Testpersonen).[9]
- *Die Kauai Longitudinal Study* lief drei Jahrzehnte lang und umfasste alle Kinder, die 1955 auf der hawaiianischen Insel Kauai geboren worden waren. Die meisten Befragten hatten japanische, philippinische und/oder hawaiianische Wurzeln.[10]
- *Die Chicago Health, Aging, and Social Relations Study (CHASRS)* begann 2002 und untersuchte eine gemischte Gruppe von Männern und Frauen mittleren Alters über zehn Jahre lang.[11]
- *Die Studie Healthy Aging in Neighborhoods of Diversity Across the Life Span (HANDLS)* widmet sich seit 2004 der Art und des Ursprungs gesundheitlicher Unterschiede Tausender schwarzer und weißer Erwachsener im Alter zwischen 35 und 64 in Baltimore.[12]
- *Die Student Council Study* schließlich folgte ab 1947 Frauen und Männern, die zu Vertretern des Studierendenrats an den Universitäten in Bryn Mawr, Haverford und Swarthmore gewählt

worden waren.[13] Die Studie war teilweise von den Forschern designt worden, die auch die Harvard-Studie entwickelt hatten, und explizit auf Frauen ausgerichtet, da diese in die ursprüngliche Harvard-Studie nicht aufgenommen worden waren. Die Student Council Study wurde über mehr als drei Jahrzehnte hinweg durchgeführt, und das originale Archivmaterial ist erst vor Kurzem wiederentdeckt worden. Aufgrund ihrer Verbindung zur Harvard-Studie werden Sie einigen Probandinnen der Student Council Study auch in diesem Buch begegnen.

Alle diese Studien belegen ebenso wie unsere Harvard-Studie, wie wichtig emotionale Beziehungen für den Menschen sind. Sie zeigen, dass Menschen, die enge Bindungen zu Familie, Freunden und der Gemeinde pflegen, insgesamt zufriedener – glücklicher – und körperlich gesünder sind als weniger gut eingebundene Menschen. Personen, die isolierter sind, als sie es sich wünschen, werden schneller und leichter krank als diejenigen, die sich mit anderen verbunden fühlen. Zudem sterben einsame Menschen früher. Leider nimmt dieses Gefühl der Isolation weltweit zu. Rund jede vierte Person in den USA klagt über Einsamkeit – das sind über 60 Millionen Betroffene. In China ist die Einsamkeit älterer Erwachsener in den vergangenen Jahren drastisch angestiegen[14], in Großbritannien wurde gar ein Ministerium für Einsamkeit gegründet, da sich dieses Thema mittlerweile zu einem erheblichen Problem für die öffentliche Gesundheit entwickelt hat.

Wir sprechen hier von unseren Nachbarn, unseren Kindern, uns selbst. Es gibt unzählige gesellschaftliche, wirtschaftliche und technologische Gründe für die Einsamkeit, doch unabhängig davon könnte die Datenlage nicht eindeutiger sein: In unserer modernen, »vernetzten« Welt geht das Gespenst der Einsamkeit und sozialen Isolation um.

Vielleicht fragen Sie sich in diesem Augenblick, ob Sie etwas an Ihrem eigenen Leben ändern können. Sind die Eigenschaften, die aus uns einen geselligen oder zurückgezogenen Menschen machen, schlicht Bestandteil unserer Persönlichkeit? Ist es vorherbestimmt, ob wir geliebt werden oder einsam sind, glücklich oder unglücklich? Prägen uns die Erfahrungen, die wir in der Kindheit gemacht haben, für immer? Diese Fragen stellt man uns häufig. Und meist sind sie Ausdruck der Angst, dass es schon zu spät sein könnte.

Daran hatte auch die Harvard-Studie schwer zu knabbern. Ihr vorheriger Leiter, George Vaillant, hat einen Großteil seines Berufslebens damit verbracht herauszufinden, ob sich die Art, wie wir auf Schwierigkeiten reagieren – unsere Bewältigungsstrategien –, ändern kann. Dank seiner und der Arbeit anderer können wir auf die Frage *Ist es zu spät für mich?* mit einem klaren Nein antworten.

Es ist nie zu spät. Es stimmt, dass unsere Gene und Erfahrungen unsere Sicht der Dinge prägen, unsere Interaktion mit anderen, die Art und Weise, wie wir auf negative Gefühle reagieren. Ebenso stimmt es sicherlich, dass nicht alle Menschen die gleichen Chancen auf wirtschaftliches Vorankommen und grundlegende menschliche Würde haben; manche werden in eine signifikante Benachteiligung hineingeboren. Dennoch ist die Art, wie sich unser Dasein auf diesem Planeten gestaltet, nicht in Stein gemeißelt – eher in den Sand geschrieben. Unsere Kindheit ist nicht unser Schicksal. Unser Naturell ist nicht unser Schicksal. Das Viertel, in dem wir aufgewachsen sind, besiegelt ebenso wenig unser Schicksal. Das zeigen Forschungen nur allzu deutlich. Nichts, was im Leben geschehen ist, schließt aus, dass wir uns mit anderen verbinden, dass es uns gut geht, dass wir glücklich sind. Wir denken häufig, dass das Leben mit dem Erreichen des Erwachsenenalters stagniere, dass sein weiterer Verlauf und unsere Lebensweise damit vorgezeichnet seien. Die Studien zur Entwicklung Erwachsener sagen jedoch, dass das ganz und gar nicht stimmt.[15] Entscheidende Veränderungen sind nach wie vor möglich.

Kommen wir noch einmal auf eine Formulierung zurück, die wir eben gebraucht haben: Menschen, die isolierter sind, *als sie es sich wünschen.* Diese Formulierung haben wir aus einem bestimmten Grund gewählt, denn bei der Einsamkeit geht es nicht nur um die physische Trennung von anderen. Die Anzahl der Menschen, die wir kennen, bestimmt nicht notwendigerweise über unser Gefühl der Verbundenheit oder der Einsamkeit. Ebenso wenig wie wir wohnen oder ob wir Kinder haben. Man kann auch in einer großen Menschenmenge einsam sein oder in einer Ehe.[16] Tatsächlich wissen wir, dass sich konfliktreiche Ehen mit wenig Zuneigung schlimmer auf die Gesundheit auswirken können als Scheidungen.

Worauf es ankommt, ist die Qualität der Beziehungen. Vereinfacht ausgedrückt könnte man sagen: Wer inmitten herzlicher Beziehungen lebt, schützt damit Geist, Seele und Körper.

Schutz – ein ausgesprochen wichtiges Konzept. Das Leben ist hart und manchmal greift es frontal von vorn an. Herzliche, enge Beziehungen schützen uns vor den Pfeilen und Schleudern des Lebens und Älterwerdens.

Als wir den Probandinnen und Probanden der Harvard-Studie bis ins hohe Alter hinein, 80 Jahre und älter, gefolgt waren, wollten wir sie uns im mittleren Alter noch einmal ansehen, um herauszufinden, ob man vorhersagen konnte, wer sich zu einem zufriedenen, gesunden 80-Jährigen entwickeln würde und wer nicht. Also sammelten wir alles, was wir über sie als 50-Jährige wussten, und siehe da: Es war nicht der Cholesterinspiegel, der darüber entschied, wie sie alt werden würden, es war ihre Zufriedenheit in Beziehungen. *Die Menschen, die mit 50 am zufriedensten in ihren Beziehungen waren, waren mit 80 die sowohl geistig als auch körperlich gesündesten.*[17]

Als wir diesen Zusammenhang näher untersuchten, nahmen die Beweise für die These oben immer mehr zu. Die Männer und Frauen, die in den glücklichsten Partnerschaften lebten, berichteten mit 80, dass sie immer glücklich waren, auch an Tagen, an denen sie vermehrt körperliche Schmerzen hatten.[18] Menschen in unglücklichen Beziehungen hingegen beklagten, dass sich mit körperlichen Schmerzen auch ihre Stimmung verschlechterte, sodass zum körperlichen nun auch noch ein emotionaler Schmerz hinzukam. Andere Studien kommen hinsichtlich der großen Rolle, die Beziehungen spielen, zu ähnlichen Schlüssen. Hier dazu einige deutliche Beispiele aus den oben erwähnten Längsschnittstudien:[19]

Mit einer Kohorte von 3720 schwarzen und weißen Erwachsenen im Alter zwischen 35 und 64 Jahren ergab die Studie Healthy Aging in Neighborhoods of Diversity Across the Life Span (HANDLS), dass Teilnehmende, die eine größere Unterstützung aus dem sozialen Umfeld angaben, auch weniger an Depressionen litten.

Im Rahmen der Chicago Health, Aging, and Social Relations Study (CHASRS), einer repräsentativen Studie mit Einwohnerinnen und Einwohnern von Chicago, gaben die Befragten, die in erfüllenden Beziehungen lebten, an, glücklicher zu sein.

In der Geburtskohortenstudie aus Dunedin, Neuseeland, waren soziale Verbindungen im Jugendalter ein besserer Prädikator für Wohlbefinden im Erwachsenenalter als akademische Leistungen.

Und die Liste setzt sich fort … Doch natürlich ist die Wissenschaft nicht der einzige Bereich menschlicher Erkenntnis, der etwas über das gute Leben aussagen kann. Im Gegenteil – sie ist eher ein Neuling auf diesem Gebiet.

Die Weisheit der Alten

Die Erkenntnis, dass gesunde Beziehungen gut für uns sind, existiert in der Philosophie und in der Religion schon seit Jahrtausenden. Auf gewisse Weise ist es bemerkenswert, dass man im Verlauf der Menschheitsgeschichte hinsichtlich des Lebens immer wieder zu ganz ähnlichen Schlüssen gekommen ist. Andererseits erstaunt uns das auch wieder nicht, denn auch wenn unsere Technologien und Kulturen in stetigem Wandel begriffen sind – schneller als jemals zuvor –, so bleiben fundamentale Aspekte der menschlichen Erfahrung doch bestehen. Als Aristoteles das Konzept der *eudaimonia* entwickelte, stützte er sich zwar auf seine Beobachtungen der Welt, aber auch auf sein eigenes Empfinden – ein Empfinden, das heute noch dasselbe ist wie damals. Als Laozi vor mehr als 2400 Jahren sagte: »Je mehr du anderen gibst, desto mehr wirst du selbst haben«, formulierte er damit ein Paradoxon, das immer noch Bestand hat. Die Weisheit der alten Philosophen und Religionsstifter ist unser Erbe, und das sollten wir nutzen.

Wir greifen auf die Parallelen mit diesem uralten Wissen zurück, um unsere moderne Wissenschaft in einen größeren Zusammenhang zu stellen und die Bedeutung dieser Fragen und Erkenntnisse hervorzuheben. Von wenigen Ausnahmen abgesehen war Wissenschaft an den Altvorderen oder überlieferten Weisheiten nie besonders interessiert. Wie ein stürmischer junger Held hat sie sich nach der Aufklärung auf die eigene Suche nach Wissen und Wahrheit begeben. Auch wenn es Hunderte von Jahren gedauert hat, so schließt sich auf dem Gebiet des menschlichen Wohlbefindens heute doch allmählich der Kreis. Endlich holen wissenschaftliche Erkenntnisse die Weisheit der Alten ein.

Der holprige Weg des Entdeckens

Wir als Wissenschaftler gehen jeden Tag zur Arbeit, um uns mit der Frage auseinanderzusetzen, was ein gutes Leben ausmacht. Im Laufe der Jahre hat uns das eine oder andere Ergebnis immer wieder überrascht. Dinge, die wir für selbstverständlich gehalten haben, waren es in der Tat nicht. Dinge, von denen wir annahmen, sie seien falsch, haben sich als wahr herausgestellt. In den folgenden Kapiteln werden wir unsere Erkenntnisse mit Ihnen teilen.

In den nächsten fünf Kapiteln erkunden wir die elementare Natur von Beziehungen und erläutern, wie Sie die wichtigsten Lektionen aus diesem Buch auf Ihr eigenes Leben anwenden können. Wir sprechen darüber, wie das Erkennen, wo Sie derzeit in Ihrem Leben stehen, wo sie sich innerhalb der menschlichen Lebensspanne derzeit befinden, Ihnen dabei helfen kann, tagtäglich zu Lebenssinn und Zufriedenheit zu gelangen. Wir stellen Ihnen das ungeheuer wichtige Konzept der *sozialen Fitness* vor und warum sie ebenso entscheidend ist wie die körperliche Fitness. Wir erkunden, wie Neugier und Aufmerksamkeit Beziehungen verbessern und das Wohlbefinden steigern können, und bieten Ihnen Strategien an, wie Sie mit der Tatsache umgehen können, dass Beziehungen auch einige der größten Herausforderungen in unserem Leben darstellen.

Danach widmen wir uns bestimmten Arten von Beziehungen und gehen dabei verschiedenen Fragen nach: Was ist in langfristigen intimen Beziehungen wichtig? Welche Auswirkungen haben Erlebnisse aus der frühen Kindheit auf unser Wohlergehen? Wie können wir damit umgehen? Welche Möglichkeiten haben wir, am Arbeitsplatz Beziehungen zu knüpfen? Welche überraschenden Vorteile bieten die verschiedenen Arten von Freundschaften? Bei jedem Thema stützen wir unsere Erkenntnisse mit der dahinterstehenden Wissenschaft. Wir lassen Teilnehmende der Harvard-Studie zu Wort kommen und davon berichten, wie sich all das im echten Leben abspielt – und zwar in Echtzeit, über beinahe ein gesamtes Jahrhundert hinweg.

Als Leiter und stellvertretender Leiter der Harvard Study of Adult Development spielen die Studie und das, was sie uns über das Glücklichsein lehren kann, in unserem Leben eine große Rolle. Wir sind mit der Faszination von der Conditio humana gesegnet (und geschlagen). Der Psychiater und Psychoanalytiker Bob verbringt jeden Tag Stunden damit, sich mit Menschen über ihre zutiefst empfundenen Sorgen und Wünsche zu unterhalten. Zusätzlich zur Leitung der Harvard-Studie unterrichtet er angehende Psychiaterinnen und Psychiater in Psychotherapie. Er ist seit 35 Jahren verheiratet, hat zwei erwachsene Söhne und sitzt in seiner Freizeit oft auf einem Meditationskissen und praktiziert und lehrt Zen-Buddhismus.

Marc ist klinischer Psychologe und bildet als Professor seit 30 Jahren immer neue Generationen von Psychologen und Forscherinnen aus. Auch er ist als Therapeut tätig, schon lange verheiratet und Vater zweier Söhne. Als begeisterter Sportler findet man ihn in seiner Freizeit häufig auf dem Tennisplatz (und früher auf dem Basketballfeld).

Unsere gemeinsame Forschung und unsere Freundschaft haben vor fast 30 Jahren begonnen. Erstmals begegnet sind wir uns am Massachusetts Mental Health Center, einer lokalen gemeinnützigen Einrichtung mit Kultstatus, wo wir beide mit sozial und wirtschaftlich extrem benachteiligten Menschen arbeiteten, die zudem noch mit psychischen Erkrankungen zu kämpfen hatten. Das motivierte uns beide, uns sowohl bei unserer klinischen Arbeit als auch bei unserer Forschung mit Erfahrungen von Menschen zu beschäftigen, die einen ganz anderen Hintergrund hatten als wir.

30 Jahre später sind wir immer noch Freunde, forschen immer noch gemeinsam und tun unser Bestes, um den riesigen Fundus an Lebensgeschichten, auch bekannt als Harvard Study of Adult Development, in ihr zweites Jahrhundert zu führen. Durch die Geschichten der Befragten und ihrer Familien lernen wir auch immer etwas über uns selbst und wie wir unser Leben führen können. Mit diesem Buch versuchen wir, Ihnen diese Lektionen näherzubringen, das unbezahlbare Geschenk, das die Teilnehmenden an der Harvard-Studie der Wissenschaft gemacht haben, auch an Sie weiterzugeben. Schließlich nahmen sie nicht nur uns Forschenden zuliebe an der Studie teil – sie taten es für alle Menschen, überall auf der Welt. Und ihr Leben ist das Herzstück dieses Buchs.

Wir wissen bereits, wie sinnbringend es ist, diese Erkenntnisse einer breiteren Öffentlichkeit zugänglich zu machen. Im Laufe unserer jahrelangen Arbeit an der Studie haben wir Hunderte von Vorlesungen über die Ergebnisse gehalten, die Sie in den kommenden Kapiteln finden werden. Zudem sind sie alle in unsere Lifespan Research Foundation eingeflossen, eine gemeinnützige Organisation mit dem Ziel, die Entwicklungspsychologie der Lebensspanne aus dem rein akademischen Umfeld herauszuholen und sie in Werkzeuge umzuwandeln, mit denen Menschen ihr Leben verbessern können. Wieder und wieder haben uns Zuhörer nach den Vorlesungen und Workshops angesprochen und gesagt, wie erleichtert sie waren, das alles zu hören. Denn eines machen die Lektionen vollkommen klar: Ein erfülltes Leben liegt doch näher als wir meinen. Es ist nicht das Warten auf den traumhaften beruflichen Erfolg in einer fernen Zukunft. Es findet nicht erst statt, wenn uns zufällig eine Riesensumme Geld in den Schoß fällt. Das erfüllte Leben liegt direkt vor Ihnen, manchmal nur eine Armeslänge von Ihnen entfernt. Und es beginnt *jetzt*.

2
Warum Beziehungen so wichtig sind

»Die besten Ideen verbergen sich nicht in dunklen Winkeln. Sie sind direkt vor unseren Augen, versteckt in Sichtweite.«[20]

RICHARD FARSON UND RALPH KEYES

Harvard Study, Tag 6 des Fragebogens »8 Tage«, 2003

```
F: Wie lautet das Geheimnis des guten Alterns?
A: Zufriedenheit, sich kümmern. Darauf achten, was
man isst. Rausgehen und spazieren gehen oder sich
sonst ein wenig bewegen. Freunde haben. Es ist so
schön, Freunde zu haben.
```

Harriet Vaughn, Studienteilnehmerin, 80 Jahre

Denken Sie einmal daran, wie es sich anfühlt, jemanden zu lieben oder zu wissen, wiedergeliebt zu werden. Denken Sie an das Gefühl, das dabei in Ihrem Körper entsteht, das Gefühl der Wärme und Geborgenheit. Denken Sie nun an das ähnliche und doch eigene Gefühl der Verbundenheit, das entsteht, wenn Ihnen ein enger Freund durch eine schwere Zeit hilft. An das anhaltende Hochgefühl, wenn jemand, den Sie respektieren, Ihnen sagt, er sei stolz auf Sie. Denken Sie daran, wie es sich anfühlt, zu Tränen gerührt zu werden. An den kleinen Energieschub, wenn Sie gemeinsam mit einem Kollegen oder einer Kollegin über einen Witz lachen. Vergegenwärtigen Sie sich den körperlichen Schmerz, der sich einstellt, wenn man jemanden verliert, der einem sehr nahesteht. Oder an die kurze Freude, die es bereitet, wenn man dem Postboten zuwinkt.

Diese großen und kleinen Gefühle sind mit biologischen Vorgängen verknüpft. Ebenso wie unser Gehirn auf das Vorhandensein von Nahrung in unserem Magen mit Belohnung in Form von Freudegefühlen reagiert, reagiert es so auch auf den positiven Kontakt mit anderen. Es sagt uns quasi: Ja, mehr davon bitte. Positive Interaktion sagt unserem Körper, dass wir sicher sind; sie beruhigt uns und steigert unser Gefühl des Wohlbefindens. Im Gegensatz dazu erzeugen negative Erfahrungen und Interaktionen in uns das Gefühl, in Gefahr zu sein. Sie regen die Ausschüttung von Stresshormonen wie Adrenalin und Cortisol an. Diese Hormone sind Teil einer ganzen Kaskade an körperlichen Reaktionen, die uns in Alarmbereitschaft versetzen und uns dabei helfen, angemessen auf lebensbedrohliche Situationen zu reagieren – die Kampf-oder-Flucht-Reaktion. Sie sind erheblich daran beteiligt, uns das *Gefühl* von Stress zu vermitteln.[21]

Wir verlassen uns auf die Signale dieser Stresshormone und angenehmen Empfindungen, da sie uns über die Hürden des Alltags hinweghelfen und uns Chancen aufzeigen: Meide Gefahren, suche Verbundenheit.

Die Reaktionen auf angenehme und bedrohliche Situationen haben eine lange Entwicklungsgeschichte. Der *Homo sapiens* wandelt mit diesen eingebauten biologischen Lebenshilfen schon seit zigtausend Jahren auf Erden. Die kleine Freude, die es uns bereitet, wenn ein Baby über etwas Albernes, das wir machen, lacht, ist biologisch mit der Freude verknüpft, die unsere fernen Vorfahren empfunden haben, als sie schon vor 100.000 Jahren ein Baby zum Lachen brachten.

Der vorgeschichtliche Mensch musste sich mit Bedrohungen auseinandersetzen, die wir uns heute kaum mehr vorstellen können. Körperlich unterschied er sich zwar nicht sehr von uns, doch hatte er nur minimalen Schutz vor seiner Umgebung und den darin lauernden Beutegreifern. Außerdem kannte er praktisch keine Heilmittel für Verletzungen und andere gesundheitliche Probleme. So konnten Zahnschmerzen durchaus zum Tod führen. Unsere Vorfahren lebten ein kurzes und mühseliges Leben voller Angst. Und überlebten trotzdem. Warum?

Eine wichtige Antwort auf diese Frage gibt uns ein Merkmal, in dem sich der frühe *Homo sapiens* mit vielen anderen Tierarten ähnelte:

- Sein Gehirn und der Rest seines Körpers hatten sich in Richtung Kooperation entwickelt.
- Unsere Vorfahren überlebten, weil sie sich zu Gemeinschaften zusammentaten.

Das Tier Mensch ist heute nicht viel anders, wenngleich das Projekt Überleben neue Bedeutungen angenommen hat und andere Komplikationen mit sich bringt. Im Vergleich zu vergangenen Jahrhunderten verändert sich das Leben im 21. Jahrhundert schneller als jemals zuvor. Außerdem ist vieles von dem, was unser Leben heute bedroht, hausgemacht. Zusätzlich zu den Herausforderungen, vor die Klimawandel, die immer weiter auseinanderklaffende Einkommensschere und die immer komplexeren neuen Kommunikationstechnologien uns stellen, müssen wir uns auch noch mit ganz neuen Gefahren auseinandersetzen, die unsere Gemütsverfassung bedrohen. Die Einsamkeit greift dramatischer um sich als je zuvor. Diese negative Erfahrung empfindet unser uraltes Gehirn als lebensbedrohlich, denn es ist darauf ausgerichtet, die Sicherheit der Gruppe zu suchen. Es ist kein Wunder, dass das zu Stress und Krankheit führt. Mit jedem Jahr, das vergeht, sieht sich die Zivilisation mit neuen Problemen konfrontiert, die noch vor 50 Jahren absolut unvorstellbar waren. Zudem haben wir immer mehr Wahlmöglichkeiten, sodass heute kaum ein Lebensweg noch einem anderen gleicht. Ungeachtet der Veränderungsgeschwindigkeit und den zahllosen Alternativen, zwischen denen wir uns entscheiden müssen, bleibt es eine Tatsache: Der Mensch ist entwicklungsgeschichtlich dazu vorgesehen, sich mit anderen Menschen zu verbinden.

Die Behauptung, der Mensch brauche herzliche Beziehungen, ist keine Gefühlsduselei, sondern eine unumstößliche Tatsache. Aus wissenschaftlichen Studien geht wieder und wieder hervor, dass der Mensch Nahrung, Bewegung und ein Ziel im Leben braucht – und *dass wir einander brauchen.*

Häufig bittet man uns, die Ergebnisse der Harvard Study kurz zusammenzufassen. Man möchte von uns wissen, was das Wichtigste ist, das wir aus ihr gelernt haben. Da uns beiden von Natur aus simple Antworten widerstreben, fallen die Gespräche, die sich an diese Frage knüpfen, meist nicht so kurz aus, wie sich die Fragesteller das wünschen. Doch wenn wir uns auf eine Botschaft festlegen müssten, die sich nach 84 Jahren der Studie und aus Hunderten von Forschungsarbeiten immer wieder herauskristallisiert, dann diese:

Positive Beziehungen sind für das menschliche Wohlergehen unerlässlich.

Wir riskieren es jetzt einfach mal und gehen davon aus, dass Sie dieses Buch lesen, weil Sie auf der Suche nach Weisheit oder zumindest neugierig sind, was ein gutes Leben ausmacht. Sie wünschen sich ein Leben voller Bedeutung, Sinn und Freude, und Sie wünschen sich Gesundheit. Wenn wir uns noch etwas weiter aus dem Fenster lehnen, könnten wir außerdem davon ausgehen, dass Sie sich bereits mit aller Kraft bemühen, glücklich und gesund zu sein. Sie haben eine gewisse Vorstellung davon, wer Sie sind, was Sie mögen und nicht mögen, zu welchen Emotionen Sie fähig sind und welche Sozialkompetenzen Sie haben. Sie versuchen Tag für

Tag, Ihr Leben so gut es Ihnen gelingt zu leben. Und wenn Sie wie die meisten Menschen sind, glückt Ihnen das nicht immer.

Wir werden uns im Laufe dieses Buchs immer wieder mit den häufigsten Gründen dafür beschäftigen, warum es Menschen so schwerfällt, zu Glück und Zufriedenheit im Leben zu finden. Darüber hinaus gibt es jedoch noch einige allgemeine Wahrheiten, denen wir uns auf der Stelle widmen wollen.

Die erste ist diese: Ein gutes Leben mag das Hauptanliegen der meisten Menschen sein, es ist aber nicht das Hauptanliegen der meisten modernen Gesellschaften. Unser modernes Leben besteht aus einem undurchschaubaren Gemisch aus widerstreitenden sozialen, politischen und kulturellen Prioritäten, die es sich bei Weitem nicht immer zum Ziel gesetzt haben, das Leben der Menschen zu verbessern. Diese Prioritäten passen darüber hinaus nicht immer zur gelebten Erfahrung des Menschen.

Der zweite Grund dafür, warum es dem Menschen so schwerfällt, glücklich und zufrieden zu sein, hängt mit dem ersten zusammen und ist sogar noch grundlegender: Unser Gehirn, das höchstentwickelte und rätselhafteste System im gesamten Universum, führt uns auf unserer Suche nach anhaltender Freude und Zufriedenheit häufig in die Irre. Wir mögen ja recht fähig sein, in außergewöhnlichem Maße klug und kreativ zu sein, wir mögen das menschliche Genom entschlüsselt haben und auf dem Mond gelandet sein, doch wenn es darum geht, Entscheidungen hinsichtlich unseres Lebens zu treffen, dann sind wir außerordentlich schlecht darin. Dann wissen wir nicht, was gut für uns ist. In diesem Bereich des Lebens krankt der gesunde Menschenverstand häufig. Es fällt uns ungeheuer schwer herauszufinden, was wirklich wichtig ist.

Diese beiden Dinge – das undurchschaubare Gemisch namens Kultur und unsere Fehlprognosen hinsichtlich dessen, was uns glücklich macht – sind miteinander verknüpft und spielen an jedem einzelnen Tag eine Rolle in unserem Leben. Im Laufe des Lebens üben sie einen ganz erheblichen Einfluss auf uns aus. Unsere Kultur führt uns in bestimmte Richtungen, manchmal ohne dass wir es überhaupt merken, und wir folgen ihr – wobei wir nach außen hin vorgeben, wir wüssten, was wir da tun, während wir uns innerlich eher im Zustand der leichten Verwirrung befinden.

Bevor wir uns die kulturellen und persönlichen Hindernisse auf unserem Weg zu einem guten Leben näher ansehen, werfen wir einen Blick auf das Leben zweier Harvard-Study-Teilnehmer, die viel durchgemacht haben. Vielleicht können uns ihre Erfahrungen uns bezüglich dessen, was im Leben wichtig ist und was nicht, weiterhelfen.

Reine Glückssache?

Im Jahr 1946 standen John Marsden und Leo DeMarco in ihrem Leben vor einer schwierigen Entscheidung. Beide hatten das Glück gehabt, vor Kurzem ihren Abschluss in Harvard gemacht zu haben, beide hatten sich im Zweiten Weltkrieg freiwillig zum Militärdienst gemeldet: John hatte wegen gesundheitlicher Probleme nicht aktiv dienen können, dafür aber in den Staaten seinen Beitrag geleistet, Leo war mit der Marine im Südpazifik stationiert gewesen. Nach dem Krieg hatten sich beide auf ihr Leben in Zivil gefreut. Und beide waren vom Leben nicht gerade benachteiligt: Johns Familie war wohlhabend, Leo stammte aus der oberen Mittelschicht. Beide Männer hatten beide eine Eliteuniversität besucht und waren männlich und weiß – in einer Gesellschaft, die weiße Männer privilegierte. Darüber hinaus bekamen Veteranen in der Zeit unmittelbar nach dem Krieg aufgrund des Bundesgesetzes G.I. Bill und von ihrer Kommune jede Menge soziale und finanzielle Unterstützung. Das gute Leben schien also nur auf sie zu warten.

Während fast zwei Drittel der ursprünglichen Teilnehmer an der Harvard Study aus den ärmsten und am stärksten benachteiligten Vierteln Bostons kamen, bestand das restliche Drittel aus Harvard-

Studenten. Auf Erfolg getrimmt hätte jeder Einzelne dieser akademischen Elite gewissermaßen das Aushängeschild für »Das gute Leben in Amerika« sein sollen. Manche stammten wie John und Leo aus einer wohlhabenden Familie, die meisten machten Karriere und heirateten, und viele brachten es auch in finanzieller Hinsicht zu etwas.

Allerdings haben wir es hier mit einem Beispiel dafür zu tun, wie uns der gesunde Menschenverstand in die Irre führen kann. Viele Menschen nehmen ohne weiteres Hinterfragen an, materielle Umstände bestimmten darüber, wie glücklich wir sind. Wir gehen automatisch davon aus, dass Personen, die weniger Vorteile im Leben haben, notwendigerweise auch weniger glücklich sind und umgekehrt. Doch zeichnet die Wissenschaft diesbezüglich ein komplexeres Bild. Sieht man sich das Leben Tausender Individuen an, tauchen Muster auf, die nicht immer zu unseren Vorstellungen davon passen, wie die Dinge zu laufen haben. Das Leben von Menschen wie John und Leo zeigt, was wirklich wichtig ist.

John hatte die Wahl: Er konnte in Cleveland bleiben und im Büro des Kurzwarengeschäfts seines Vaters arbeiten, das er irgendwann übernehmen würde. Oder er konnte sich einen Lebenstraum erfüllen und sich an der juristischen Fakultät einschreiben – eine Zusage von der University of Chicago hatte er bereits. Für eine solche Wahl allein würden wahrscheinlich viele Menschen ihren rechten Arm geben. Sieht man sich Johns Leben nur von dieser Warte aus an, sollte man glauben, er wäre auf jeden Fall glücklich geworden.

John entschied sich für das Jurastudium. Er war schon immer ein fleißiger Student gewesen, und so legte er sich auch jetzt mächtig ins Zeug. Laut John hatte er seinen Erfolg eher harter Arbeit als irgendeiner besonderen Begabung zu verdanken. Im Rahmen der Studie erzählte er, seine Hauptmotivation sei die Angst vor dem Versagen gewesen. Er vermied es sogar, sich mit Mädchen zu verabreden, um nicht vom Studieren abgelenkt zu werden. Als er an der University of Chicago seinen Abschluss machte, war er einer der Besten seines

Jahrgangs. Er bekam auch sofort attraktive Jobangebote und entschied sich schließlich für eine Firma, die den öffentlichen Dienst unterstützte. Er beriet die Bundesregierung in entsprechenden Verwaltungsfragen und war zudem als Dozent an der University of Chicago tätig. Sein Vater fand es zwar schade, dass John das Familienunternehmen verlassen hatte, war aber dennoch sehr stolz auf seinen Sohn. Der Junge machte seinen Weg.

Leo dagegen hatte immer davon geträumt, Schriftsteller und Journalist zu werden. Er hatte Geschichte in Harvard studiert und während des Kriegs minutiös Tagebuch geführt – in der Hoffnung, die Aufzeichnungen eines Tages für ein Manuskript verwenden zu können. Seine Erlebnisse im Krieg bestätigten, dass er auf dem richtigen Weg war: Er wollte darüber schreiben, wie die Geschichte eines Landes das Leben ganz gewöhnlicher Menschen beeinflusst. Doch während seines Einsatzes in Übersee war sein Vater gestorben, und kurz nach Leos Heimkehr erkrankte seine Mutter an Parkinson. Als das älteste von drei Kindern entschied er sich dafür, wieder nach Burlington, Vermont, zu ziehen, um sich um seine Mutter zu kümmern. Bald darauf fand er sich als Lehrer an einer Highschool wieder.

Kurz nach der Aufnahme dieser Tätigkeit begegnete Leo Grace, in die er sich bis über beide Ohren verliebte. Sie heirateten auf der Stelle, ein Jahr später war das erste Kind da. Danach verlief Leos Leben in überwiegend ruhigen Bahnen. Er arbeitete auch in den darauffolgenden 40 Jahren als Highschool-Lehrer, seinen Traum, Schriftsteller zu werden, verwirklichte er nie.

Wir machen nun einen Zeitsprung von 29 Jahren, in den Februar 1975. Beide Männer sind jetzt 55 Jahre alt. John hat mit 34 geheiratet und ist nun ein erfolgreicher Anwalt mit einem Jahreseinkommen von 52.000 Dollar. Leo ist wie gesagt immer noch Highschool-Lehrer und verdient 18.000 Dollar im Jahr. Und eines Tages landet bei beiden der gleiche Fragebogen im Briefkasten.

Nehmen wir an, John Marsden sitzt zwischen zwei Terminen an

seinem Schreibtisch in seiner Anwaltskanzlei und Leo DeMarco an seinem Lehrerpult in der Burlington High School, während die Schülerinnen und Schüler seiner neunten Klasse gerade mit einem Geschichtstest kämpfen. Die beiden Männer beantworten Fragen bezüglich ihrer Gesundheit und der jüngsten Familiengeschichte und gelangen schließlich zu 180 Trifft-zu-/trifft-nicht-zu-Fragen, unter denen sich auch diese befindet:

```
Trifft zu oder trifft nicht zu:
Das Leben beinhaltet mehr Schmerz als Freude.
```

Darauf antwortet John (der Anwalt):
Trifft zu.

Und Leo (der Lehrer):
Trifft nicht zu.

Eine weitere Frage aus dieser Kategorie lautet:

```
Trifft zu oder trifft nicht:
Ich sehne mich oft nach Zuneigung.
```

Johns Antwort darauf lautet:
Trifft zu.

Leos lautet:
Trifft nicht zu.

Des Weiteren beantworten John und Leo Fragen zu ihrem Alkoholkonsum (beide gönnen sich einen Drink am Tag), zu ihren Schlafgewohnheiten, ihren politischen Überzeugungen und zu Religion (beide gehen jeden Sonntag in die Kirche). Später stoßen sie dann auf die folgenden beiden Fragen:

```
Vervollständigen Sie die folgenden Sätze …
Der Mensch fühlt sich gut, wenn …
```

John:
… er seinen inneren Trieben folgen kann.

Leo:
… er das Gefühl hat, trotz allem von seiner Familie geliebt zu werden.

Und:

```
Mit anderen zusammen zu sein …
```

John:
… ist schön.

Leo:
… ist schön (bis zu einem gewissen Grad!).

John Marsden war nicht nur einer der beruflich erfolgreicheren Teilnehmer der Studie, sondern auch einer der unglücklichsten. Wie Leo DeMarco wollte auch er anderen nahe sein, wie seine letzte Antwort zeigt, und wie Leo DeMarco liebte auch er seine Familie; dennoch berichtete er im Laufe seines gesamten Lebens immer wieder davon, sich eher allein und traurig zu fühlen. Er hatte massive Probleme in seiner ersten Ehe und entfremdete sich von seinen Kindern. Als er mit 62 erneut heiratete, beschrieb er diese neue Beziehung schon bald als »lieblos« – wenngleich sie bis zum Ende seines Lebens andauern sollte. Wir werden später noch mehr über Johns Weg in die Verzweiflung und über zumindest einige der Faktoren hören, die sein Leiden wahrscheinlich mit geprägt haben. Im Augenblick aber beschäftigt uns eine Einzelheit aus Johns Leben ganz besonders: John bemühte sich zwar sehr, glücklich zu werden, war in jeder Phase seines Lebens aber ausschließlich mit sich selbst und dem beschäftigt, was er als seine »inneren Triebe« bezeichnete. Er begann seine Laufbahn in der Hoffnung, das Leben für andere besser zu machen, konzentrierte sich mit der Zeit aber immer weniger darauf, anderen zu helfen, und immer mehr auf den eigenen beruflichen Erfolg. Da er davon überzeugt war, dass es seine Karriere und seine Leistung sein würden, die ihn glücklich machen sollten, fand er den Weg zum Glück letztendlich nie.

Im Gegensatz dazu sah Leo DeMarco sich in erster Linie in Bezug zu anderen – seine Familie, seine Schule und seine Freunde tauchen in seinen Berichten häufig auf. Gemeinhin gilt er als einer der glücklichsten Teilnehmer der Studie. Als eine der Harvard-Wissenschaftlerinnen Leo jedoch in mittlerem Alter interviewte, schrieb sie anschließend: »Ich hatte nach unserem Besuch den Eindruck, dass der Proband … nun ja … recht durchschnittlich war.«

Nach eigenem Bekunden führte Leo allerdings ein zufriedenes und erfülltes Leben. Er wurde nicht in den Abendnachrichten erwähnt, sein Name war jenseits des Stadtteils, in dem er lebte, nicht bekannt, doch seine vier Töchter und seine Frau beteten ihn geradezu an, Freunde, Kollegen sowie Schülerinnen und Schüler erinnerten sich gern an ihn. In den Studienfragebogen gab er sein gesamtes Leben hindurch an, »sehr glücklich« oder gar »extrem glücklich« zu sein. Im Gegensatz zu John empfand Leo seine Arbeit als bedeutsam, weil er Freude daran hatte, dass andere von dem, was sie bei ihm lernten, profitierten.

Blickt man jetzt auf das Leben der beiden Männer zurück, fällt es leicht, die Zusammenhänge zwischen ihren Überzeugungen, ihren Entscheidungen und der jeweiligen Entwicklung des Lebens zu sehen. Doch die Frage bleibt: Warum ist es im betreffenden Augenblick so schwer, Entscheidungen zu treffen, die unser Wohlergehen fördern? Warum übersehen wir die Möglichkeiten, glücklich zu werden, so oft, auch wenn sie praktisch zum Greifen nahe sind? Ein Experiment, durchgeführt von Wissenschaftlerinnen und Wissenschaftlern der University of Chicago, wirft Licht auf ein entscheidendes Teilchen des Puzzles.

Fremde im Zug

Stellen Sie sich vor, Sie säßen in einem Zug, umgeben von lauter Fremden. Sie wünschen sich eine möglichst angenehme Zugfahrt und haben die Wahl: Sie können entweder ein Gespräch mit einem der Fremden beginnen oder für sich bleiben. Welche Möglichkeit wählen Sie?

Die meisten Menschen würden sich wohl dafür entscheiden, für sich zu bleiben. Wer will sich schon mit irgendeinem wildfremden Menschen abgeben? Der würde uns mit seinem Geplapper wahrscheinlich nur auf die Nerven gehen. Außerdem wollen wir noch ein wenig arbeiten oder einfach nur Musik hören oder einen Podcast genießen.

Diese Art der Vorhersage dessen, womit wir aller Wahrscheinlichkeit nach zufriedener wären, wird in der Psychologie *affective forecasting* genannt – die Vorhersage zukünftiger emotionaler Reaktionen auf bestimmte Ereignisse. Das tun wir ständig: Vorhersagen darüber treffen, wie wir emotional auf alle möglichen Dinge im Leben, seien sie nun wichtig oder nicht, reagieren werden.

Die Wissenschaftlerinnen und Wissenschaftler der University of Chicago haben ihren Regionalzug nun in ein Experiment zum *affective forecasting* verwandelt.[22] Sie baten Pendler darum vorherzusagen, welches der beiden Szenarien – ein Gespräch mit einem Fremden beginnen oder sich um die eigenen Angelegenheiten kümmern – zu einem positiveren Erlebnis führen würde. Dann wiesen sie eine Gruppe an, einen Fremden in der Nähe absichtlich in ein Gespräch zu verwickeln, und die andere, keinen Kontakt aufzunehmen. Anschließend befragten sie beide Gruppen, wie sie die Zugfahrt jeweils erlebt hatten.

Vor der Zugfahrt sagte die Mehrheit der Pendler voraus, mit jemandem zu sprechen, den man nicht kennt, wäre sicherlich keine gute Erfahrung; da sei es bestimmt viel angenehmer, für sich zu bleiben. Die Pendler sagten also voraus, was sie glücklich und was sie unglücklich machen würde. Was dann jedoch tatsächlich passierte, war genau das Gegenteil dessen, was sie erwartet hatten. Aus der Gruppe derjenigen, die einen Fremden in ein Gespräch verwickeln sollten, hatten die meisten ein positives Erlebnis und bewerteten die Fahrt anschließend als besser als gewöhnlich. Diejenigen, die normalerweise im Zug arbeiteten, gaben an, dass die Fahrt nicht weniger produktiv war, als sie sich mit einem Fremden unterhielten.

Viele Forschungen weisen inzwischen darauf hin, dass der Mensch im *affective forecasting* sehr schlecht ist.[23] Und zwar nicht nur hinsichtlich kurzzeitiger Situationen wie der Zugfahrt, sondern auch auf längere Sicht. Ganz besonders schlecht scheinen wir darin zu sein, die positiven Auswirkungen von Beziehungen vorherzusagen. Das ist zum Großteil der offensichtlichen Tatsache geschuldet, dass Beziehungen nun einmal chaotisch und unvorhersagbar sein können. Dieses Chaos ist einer der Gründe dafür, warum viele Menschen es vorziehen, allein zu bleiben. Sie sehnen sich nicht notwendigerweise nach Einsamkeit – sie meiden nur das potenzielle Chaos, das Beziehungen im Allgemeinen mit sich bringen. Allerdings überbewerten wir dieses Chaos, während wir die positiven Auswirkungen der menschlichen Verbundenheit unterschätzen. Dieses Merkmal zeigt sich häufig, wenn wir Entscheidungen treffen: Wir schenken den potenziellen Risiken ungeheuer viel Aufmerksamkeit, während wir die potenziellen Vorteile aus den Augen verlieren.[24]

In einer solchen Situation finden wir uns häufig wieder. Wir meiden Dinge, von denen wir *annehmen,* sie täten uns nicht gut, und widmen uns Dingen, von denen wir *denken,* sie täten uns gut. Nun führen uns unsere Instinkte nicht immer in die Irre, in einigen wichtigen Bereichen aber schon. Wie John Marsden treffen viele Menschen folgenschwere Entscheidungen – etwa welche berufliche Laufbahn sie einschlagen sollen – oder auch weniger folgenschwere Entscheidungen – ob sie sich mit einem Fremden im Zug unterhalten sollen oder nicht – wieder und wieder. Dies geschieht stets auf der Basis einer irrigen Annahme, die ihnen jedoch absolut logisch erscheint. Nur sehr selten bekommen wir Gelegenheit, diese Denkfehler zu erkennen.

Das wäre schon schwierig genug, lebten wir in einem Vakuum, in dem keine äußeren Faktoren unsere Entscheidungen beeinflussten. Noch schwieriger wird es jedoch, wenn wir Entschlüsse unter dem Einfluss der kulturellen Aspekte fassen, denen wir nun einmal ausgesetzt sind und die ihrerseits potenziell irreführende Vorstellungen enthalten. Wir sind nicht die Einzigen, die vorhersagen, was uns glücklich macht – auch die Kultur, in der wir leben, trifft Vorhersagen *für uns.*

Im Bann der Kultur

In seiner Rede vor den Absolventinnen und Absolventen des Kenyon College im Jahr 2005 bediente sich der Schriftsteller David Foster Wallace einer Parabel, um eine unumstößliche Wahrheit aufzuzeigen:

> »Schwimmen zwei junge Fische des Weges und treffen zufällig einen älteren Fisch, der in die Gegenrichtung unterwegs ist. Er nickt ihnen zu und sagt: ›Morgen, Jungs. Wie ist das Wasser?‹ Die zwei jungen Fische schwimmen eine Weile weiter, und schließlich wirft der eine dem anderen einen Blick zu und sagt: ›Was zum Teufel ist Wasser?‹«[25]

Jede Kultur, von der weiter gefassten einer ganzen Nation bis hinunter zur Kultur innerhalb einer Familie, ist für ihre Mitglieder zumindest teilweise unsichtbar. Auch manche der wichtigen Annahmen, Werturteile und Praktiken, die das Wasser, in dem wir schwimmen, ausmachen, sind uns nicht bewusst, geschweige denn, dass wir ihnen zugestimmt hätten. Wir leben schlicht in unserem Milieu und gehen unserer Wege. Allerdings beeinflussen diese Aspekte der Kultur beinahe alles in unserem Leben, häufig auf positive Art und Weise: Sie verbinden uns miteinander, erzeugen eine bestimmte Identität und stiften Sinn. Es gibt jedoch auch eine Kehrseite der Medaille: Manchmal weisen uns kulturelle Botschaften und Praktiken einen Weg, der uns von Zufriedenheit und Glück *weg*führt.

Halten wir also einen Augenblick inne, wozu auch Wallace die kurz vor ihrem Abschluss stehenden Studentinnen und Studenten ermunterte, und machen uns bewusst, dass wir alle in unserem kulturellen Wasser schwimmen.

In den 1940er- und 1950er-Jahren, als John, Leo und andere ursprüngliche Teilnehmer der Harvard-Studie zu jungen Erwachsenen heranwuchsen, sprudelte die amerikanische Kultur geradezu über vor Annahmen hinsichtlich dessen, wie ein gutes Leben aussieht. Das tut sie heute noch und wird es morgen ebenfalls tun. Diese Annahmen sickerten ins Leben der Studienteilnehmer ein und – wichtiger noch – übten erheblichen Einfluss auf wichtige Lebensentscheidungen aus. John beispielsweise war davon überzeugt, dass Jura zu studieren und Anwalt zu werden, zu dieser Zeit ein angesehener Beruf, den Grundstein für sein zukünftiges Glück legen würde. Die Kultur, in der er aufwuchs, schuf die Voraussetzungen dafür, dass ihm seine Überzeugung wie eine Binsenweisheit erschien: John zog gar keine Alternativen in Betracht.

Wir bewegen uns hier auf schwierigem Terrain, weil die Dinge, nach denen zu streben uns unsere jeweilige Kultur einflüstert – sei es Geld, Erfolg, Status oder dergleichen mehr –, selten vollkommen Schimären sind. Mit Geld können wir Sachen erwerben, die für unser Wohlbefinden wichtig sind. Erfolg ist häufig befriedigend, und im Streben danach setzen wir uns meist Ziele, die unserem Leben Sinn verleihen und uns in neue, aufregende Gefilde aufbrechen lassen. Status bringt ein gewisses gesellschaftliches Ansehen mit sich, das uns möglicherweise zu positiven Veränderungen befähigt. Allerdings neigen Geld, Erfolg und Status auch dazu, andere Prioritäten »unterzubuttern«. Auch das haben wir unserem uralten Gehirn zu verdanken: Wir konzentrieren uns immer auf das, was sichtbar und unmittelbar vor uns liegt. Der Wert von Beziehungen ist flüchtig und schwer zu beziffern, ganz im Gegensatz zum Geld, das man zählen kann, ebenso wie Follower in sozialen Medien. Erfolge können im Lebenslauf aufgelistet werden. All das verschafft uns angenehme Gefühle, die Überbleibsel uralter Signale. Wir können dabei zusehen, wie sich diese Dinge im Laufe unseres Lebens anhäufen, und so sammeln wir weiter, manchmal ohne darüber nachzudenken, *warum* wir sammeln. Früher oder später beeinflussen die kulturell anerkannten Dinge, nach denen wir streben, unser Leben oder das anderer Menschen noch nicht einmal mehr positiv – sie werden zum Selbstzweck, zu abstrakten, symbolischen statt greifbaren Dingen. Spätestens dann fühlt sich die Jagd nach einem besseren Leben so an, wie immerzu im Kreis herumzurennen.

Es gäbe noch viel mehr zu sagen über all diese Objekte der Begierde und ihre psychologischen Fundamente, doch lassen Sie uns einen näheren Blick auf eine geradezu emblematische Vorstellung, eine ausgesprochen hartnäckige kulturelle Annahme werfen. Sie ist nicht nur in unserer westlichen Kultur, sondern überall auf der Welt weit verbreitet und scheint nicht, jemals verschwinden zu wollen:

Die Grundlage eines zufriedenen, glücklichen Lebens ist Geld.

Natürlich würden nur sehr wenige Menschen das so stehen lassen, doch zeigt sich überall, wie quicklebendig dieser Glaubenssatz ist: in der Gleichsetzung von gut bezahltem Job mit gutem Job, in der Faszination, die ultrareiche Menschen auf uns ausüben, im zunehmend pragmatischen Bildungssystem (»Du gehst zur Schule, damit du später mal einen ›besseren‹ Job bekommst«) oder in den Versprechungen von Konsumartikeln. Diese Geschichte ist so sehr Teil des kulturellen Wassers, dass sie nicht untergehen will – trotz der Tatsache, dass Philosophen, Schriftsteller und Künstler schon seit Tausenden von Jahren vor den Verführungen des Reichtums warnen.

Aristoteles beispielsweise umriss das Problem vor 2000 Jahren so: »Das Geldverdienen gehört zwangsweise zum Leben dazu«, schrieb er, »doch ist Wohlstand ganz offensichtlich nicht das gute Leben, nach dem wir streben. Wohlstand ist lediglich nützlich und dient etwas anderem.«[26]

Die Liste der Zitate, die in eine ähnliche Richtung gehen, könnte hier endlos fortgesetzt werden, und sie stammen aus allen möglichen Epochen der Geschichte. »Geld hat den Menschen noch nie glücklich gemacht und wird das auch niemals tun«,[27] sagte Benjamin Franklin, während die Schriftstellerin und Bürgerrechtlerin Maya Angelou es so formulierte: »Mach Geld nicht zu deinem Ziel. Tu stattdessen die Dinge, die du gern tust, und tu sie so gut, dass die Menschen begeistert von dir sind.«[28] All diese Zitate lassen sich in folgendem Klischee zusammenfassen: Glück kann man nicht mit Geld kaufen.

Diese Sentenz ist in der Tat so sehr zum Allgemeingut geworden, dass sie sogar Bestandteil kapitalistischer Kulturen überall auf der Welt ist. Die Menschen erzählen sich gegenseitig, dass Geld nicht die Lösung sei, und doch bleibt es in der überwiegenden Mehrheit der Kulturen das zentrale Objekt der Begierde.

Die Vorstellung, Geld mache glücklich, ist deshalb so verlockend, weil wir tagtäglich vor Augen geführt bekommen, wie es sich auf das Leben auswirkt.

In den Vereinigten Staaten von Amerika klafft die Einkommensschere schon seit Jahrzehnten immer weiter auseinander, was einen ganzen Rattenschwanz anderer Ungerechtigkeiten nach sich zieht:

vom ungleichen Zugang zur Gesundheitsversorgung bis zu der Tatsache, dass reiche Menschen kürzere Arbeitswege haben. Der Gesamteffekt ist so signifikant, dass Menschen mit einem hohen Einkommen eine zehn bis fünfzehn Jahre längere Lebenserwartung haben als Menschen mit einem niedrigen Einkommen. Das trifft auch auf die Teilnehmer der Harvard Study zu: Die Universitätsabgänger hatten durchschnittlich ein deutlich höheres Einkommen als die Einwohner der Bostoner Innenstadt und lebten 9,1 Jahre länger.

Die Vorstellung, zwischen Geldhaben und Glücklichsein bestünde ein kausaler Zusammenhang, beruht in gewissem Maße also auf nachvollziehbarer Beobachtung. Und doch spiegelt dies nicht die ganze Wahrheit wider. Um das Ausmaß zu verstehen, in dem Geld Glück und Wohlbefinden beeinflusst, müssen wir ein wenig tiefer graben und uns im Sinne Aristoteles' die Frage stellen:

Wozu ist das Geld gut?

Worüber wir sprechen, wenn wir von Geld sprechen[29]

Im Jahr 2010 versuchten Angus Deaton und Daniel Kahneman von der Princeton University, das Verhältnis von Geld zu Glück in Zahlen auszudrücken.[30] Dazu nutzten sie eine einjährige Meinungsumfrage des Forschungsinstituts Gallup, bei der von einer national repräsentativen Auswahl von 1000 Menschen erstaunliche 450.000 Daten erhoben wurden.

Deaton und Kahneman zeigten, dass zu dieser Zeit in den USA die Zahl 75.000 Dollar irgendwie magisch zu sein schien. Überstieg das Jahreseinkommen eines Haushalts diese 75.000 Dollar – zur Zeit der Studie das annähernde Durchschnittseinkommen einer Familie in den USA[31] –, wies die Menge des verdienten Geldes keine eindeutige Korrelation mit Freude und Lachen im Alltag auf – Indikatoren für emotionales Wohlbefinden.

Dieses Ergebnis scheint die Vorstellung, Geld mache nicht glücklich, zu untermauern, allerdings lieferte die Studie noch eine andere wichtige Erkenntnis: Für diejenigen nämlich, die kein Jahreseinkommen von 75.000 Dollar hatten, stand mehr Geld tatsächlich für mehr Zufriedenheit, wenn auch in moderatem Umfang.

Ist das Geld knapp und können fundamentale Bedürfnisse nicht mit Sicherheit befriedigt werden, kann das Leben extrem belastend sein. In einer solchen Situation kommt es auf jeden einzelnen Dollar an. Ein Grundbetrag ermöglicht es dem Menschen, sich diesen fundamentalen Bedürfnissen zuzuwenden und eine gewisse Kontrolle über sein Leben auszuüben.[32] In vielen Ländern schafft dieser Betrag zudem Zugang zu einer besseren Gesundheitsversorgung und besseren Lebensbedingungen.

Die Studie von Deaton und Kahneman ist wichtig, weil sich in ihr ein ungefährer Dollarbetrag herauskristallisiert, zu dem sich Zufriedenheit eingestellt hat, doch ist dieses Ergebnis alles andere als neu. Es stimmt im Großen und Ganzen mit anderen Forschungsergebnissen überein, die mittels anderer Methoden gewonnen und in Ländern und Kulturen mit unterschiedlichem Wohlstandslevel durchgeführt wurden.[33] Diese Studien hatten sich sowohl darauf konzentriert, welchen Einfluss Geld auf die persönliche Zufriedenheit hat, als auch darauf, ob sich der zunehmende Wohlstand eines ganzen Landes auf die Gesamtzufriedenheit der Bevölkerung auswirkt. Doch ungeachtet ihrer Methoden und Durchführungsorte kommen auch diese Studien zu einem ähnlichen Schluss: Die größte Rolle spielt Geld in niedrigeren Einkommensschichten, wo ein Dollar, ein Euro, eine Rupie oder ein Yuan die Grundbedürfnisse sichert. Oberhalb dieser Schwelle scheint Geld hinsichtlich der Zufriedenheit nicht mehr so wichtig oder gar nicht mehr wichtig zu sein. Oder wie Deaton und Kahneman es in ihrer Studie formulierten: »Mehr Geld heißt nicht zwangsläufig auch mehr Zufriedenheit, wenngleich weniger Geld mit emotionalem Schmerz verbunden ist.«[34]

Auf niedrigeren Einkommensstufen bringt Geld greifbare Vorteile mit sich, die für das Überleben, die Sicherheit und ein Gefühl der Kontrolle notwendig sind. Auf leicht höheren Einkommensstufen jedoch – nicht notwendigerweise ein Jahreseinkommen von 75.000 Dollar – nimmt Geld eine etwas abstraktere Bedeutung an, die sich um andere Dinge wie beispielsweise Status und Stolz dreht.

Vielleicht ist all das wenig überraschend für Sie. Vielleicht geht es für Sie bei Geld gar nicht um Dinge oder um Status, sondern um Freiheit. Vielleicht denken Sie, Geld habe großen Einfluss, und vielleicht gilt für Sie die Gleichung: Mehr Geld ist gleich mehr Entscheidungsfreiheit und mehr Kontrolle.

Diese Sichtweise ist absolut verständlich. Geld ist fest im Fundament moderner Gesellschaften verankert. Es ist an Leistung geknüpft, an Status, an Selbstwert, an das Gefühl der Freiheit und Selbstbestimmung, an unsere Fähigkeit, für unsere Familie zu sorgen und ihr Freude zu schenken, an Spaß und Vergnügen. Im Grunde an alles. Und so ist es nur natürlich, dass wir es als zentrales Mittel sehen, durch das wir mit der Welt interagieren und mit dem wir uns so viele Dinge im Leben aneignen können.

Selbst Leo DeMarco, der sein Leben auf Verbundenheit mit seiner Familie sowie seinen Lernenden aufbaute, war sich des Geldes außerordentlich bewusst. Zusätzlich zu seinen sorgsam geplanten Rücklagen für seinen Ruhestand hatte er jahrelang immer etwas Geld beiseitegelegt. Davon kaufte er sich ein Fischerboot (das seine älteste Tochter *Dolores* taufte). Dieses Boot tauchte in den Erinnerungen all seiner Kinder auf. Leo nutzte Geld als Mittel, um sich etwas leisten zu können, das ihm am Herzen lag und das ihn mit den Menschen verband, die ihm am Herzen lagen.

Wird Geld jedoch statt zum Mittel zum eigentlichen Zweck, gesellt es sich zu anderen Objekten der Begierde, denen die Kultur um uns herum große Bedeutung beimisst. Ruhm und beruflichem Erfolg etwa. Dem, was Richard Sennett und Jonathan Cobb in ihrem Buch *The Hidden Injuries of Class* »Abzeichen der Befähigung« nennen, also persönlichen Verdiensten, die öffentlich anerkannt werden.[35]

Ein Teil unseres Glücks oder unserer Zufriedenheit hängt auch davon ab, was wir sehen, wenn wir zu unseren Nachbarn blicken. Es liegt in der menschlichen Natur, sich mit anderen zu vergleichen. Wie groß ist die Lücke, die zwischen dem Leben der anderen, wie wir es im Alltag, im Fernsehen und in den sozialen Medien sehen, und dem klafft, was wir in unserem eigenen Leben für möglich halten? Studien zeigen: Je mehr wir uns mit anderen vergleichen, desto unzufriedener sind wir – selbst dann, wenn der Vergleich zu unseren Gunsten ausfällt.[36] Je größer die festgestellte Ungleichheit, desto größer die Unzufriedenheit. Wie viele Aspekte, die mit dem Glücklichsein zu tun haben, ist auch der Einfluss, den Geld auf uns ausübt, zugleich simpel und kompliziert. Doch vielleicht ist der Grund dafür, warum wir auf die Frage *Kann Geld glücklich machen?* nie eine Antwort finden, auch der, dass wir die falsche Frage stellen.

Vielleicht lautet die richtige Frage: *Was macht mich glücklich?*

Ein Junge aus Charlestown

Im Alter von 14 Jahren entdeckte Alan Silva das Kino für sich. Im Sommer 1942 nahm er einen Job als Schuhputzer am Thompson Square an, um zweimal in der Woche in ein Kino in Charlestown gehen und den Nachmittag mit Filmstars wie James Cagney oder Susan Hayward verbringen zu können. Manchmal ging er gemeinsam mit Freunden, waren die aber nicht abkömmlich, ging er auch allein. Er sah sich jeden Film zweimal an. Gefiel er ihm nicht, beschwerte er sich beim zweiten Mal beim Kartenabreißer. Auf dem Nachhauseweg machte er hin und wieder einen Abstecher zum Hafen von Charlestown, wo er vielleicht jemanden traf. Er war Mitglied im Community Sailing Club, einem Verein, in dem Kinder das

Segeln lernen konnten. War am Hafen nichts los, ging er weiter zur Chelsea Street und wartete darauf, dass die richtige Art von Lieferwagen vorbeifuhr – einer, der hinten einen Haltegriff hatte, sodass er aufspringen und sich als blinder Passagier nach Hause mitnehmen lassen konnte. Das allerdings behielt er wohlweislich für sich: »Er springt nicht auf Fahrzeuge auf«, erzählte seine Mutter den Harvard-Forschern. »Ich hab ihm gesagt, dass er dabei ein Bein verlieren kann.«

Wie bei den meisten Kindern aus Boston, die an der Harvard-Studie teilnahmen, lebte auch die Familie Silva in Armut. Alans Vater war aus Portugal eingewandert und arbeitete in der Marinewerft, wo er gerade so viel Geld verdiente, dass regelmäßig etwas zu essen auf dem Tisch stand. Alan, ein leicht erregbarer, lebhafter Junge, war sich der finanziellen Sorgen zum Glück nicht bewusst.

Der Forscher, der ihn mit 14 interviewte, beschrieb ihn als »unglaublich abenteuerlustig«.

»Ganz außer Atem kommt er hereingerannt«, so seine Mutter, »und redet, redet, redet.« Sie war geneigt, ihm gewisse Freiheiten zu lassen, worüber sich ihre Schwiegermutter, die bei ihnen in der 3-Zimmer-Wohnung lebte, immer beschwerte. Sie befürchtete, der Junge geriete auf die schiefe Bahn, finge das Stehlen an und mache sich so sein Leben kaputt.

»Ich bin nicht allzu streng«, erzählte seine Mutter. »Ich lasse ihn tun, was die anderen Kinder auch tun. Das ist normal. Meine Mutter war zu streng, deshalb war ich immer schlecht gelaunt. Heute lese ich Bücher über Kinderpsychologie.«

Alan war nicht nur abenteuerlustig, er war auch ehrgeizig. War er nicht gerade im Kino, beim Segeln oder auf dem hinteren Trittbrett eines Lieferwagens, experimentierte er mit einem Baukasten, den ihm sein Vater zu Weihnachten geschenkt hatte. Er wollte alles, was er nur konnte, darüber lernen, wie man etwas bauen konnte. Er glaubte sein Leben im Griff zu haben, was ihn zu einer anderen Überzeugung führte – einer Überzeugung, die viele der befragten

Kinder nicht hatten: Alan war davon überzeugt, auf die Universität gehen zu können.

Die beiden Gruppen der Harvard Study – die Männer aus Boston und die Männer aus Harvard – unterscheiden sich in vielerlei Hinsicht voneinander. Gemeinsam spiegeln sie einige unschöne Tatsachen darüber, wie sich Armut auswirkt und wie unterschiedlich das Leben eines Arbeiters oder das eines Akademikers verlaufen kann.

Dennoch haben bestimmte Vorteile bezüglich zwischenmenschlicher Beziehungen über diese sozioökonomische Kluft hinweg Bestand. In Alan Silvas Fall war es seine Mutter, die ihn liebte, sich für ihn einsetzte, an ihn glaubte und ihn in seinen Bestrebungen unterstützte. Ihrer Ermutigung hatte es Alan zumindest teilweise zu verdanken, dass er einer der wenigen Männer aus der Stadt war, die es auf die Uni schafften. Kurz nachdem er seinen Abschluss als Elektrotechniker gemacht hatte, bekam er eine Anstellung bei der Telefongesellschaft, wo er nach einer langen Karriere mit 56 in Rente ging.

Heute, mit 95, interessiert sich Alan nicht mehr allzu sehr für neue Filme, sieht sich ab und zu aber einige seiner alten Lieblinge im Fernsehen an. Als wir ihn im Jahr 2006 fragten, worauf in seinem Leben er am stolzesten sei, kam in seiner Antwort weder sein Beruf noch sein Hochschulabschluss vor:

»Wir feiern in diesem Jahr unseren 48. Hochzeitstag. Wir haben tolle Kinder und Enkel. Ich bin stolz auf meine Familie.«

Alans Geschichte verdeutlicht die wichtigste Lektion der Harvard Study: Beziehungen spielen in unserem Leben eine sehr große Rolle. Zudem erinnert sie uns an etwas anderes Wichtiges, daran nämlich, dass es Dinge gibt, die wir nicht kontrollieren können, und die wir kontrollieren können. Jeder von uns muss selbst herausfinden, wie er mit dem, was ihm zur Verfügung steht, am besten umgeht.

Wie viel unseres Glücks haben wir selbst in der Hand?

> »Glück und Freiheit beginnen, wenn du eines begriffen hast: Auf einige Dinge hast du Einfluss, auf andere nicht.«
>
> EPIKTET, *LEHRGESPRÄCHE*

Der griechische Philosoph Epiktet wurde als Sklave geboren, weshalb ihn die Frage der Kontrolle über das eigene Leben ganz persönlich betraf. Wir wissen nicht einmal, wie seine Mutter ihn genannt hat – das griechische Wort »epiktetos« bedeutet übersetzt so viel wie »erworben«.

Steigern wir uns in Dinge hinein, auf die wir keinerlei Einfluss haben, so Epiktet, machen wir uns unglücklich. Aus diesem Grund ist es so wichtig zu lernen, was wir beeinflussen können und was nicht.

Eine moderne Version dieses Gedankens findet sich im »Serenity Prayer«[37], dem »Gelassenheitsgebet«, des amerikanischen Theologen Reinhold Niebuhr, das im Allgemeinen so zitiert wird, auch wenn das Original etwas anders lautet:

> Gott, gib mir die Gelassenheit anzunehmen,
> was ich nicht ändern kann,
> den Mut zu ändern, was ich ändern kann,
> und die Weisheit, zwischen beidem zu unterscheiden.

Verständlicherweise glauben die Menschen häufig, wahres Glück läge außerhalb ihrer Reichweite, weil sie vieles, das sie nicht ändern können, in Stein gemeißelt sehen. Sie halten sich für genetisch benachteiligt oder zu introvertiert, glauben, ein vergangenes Trauma stehe ihrem Glück im Weg. Oder sie vermissen Privilegien, die anderen in dieser unausgewogenen und ungerechten Welt anscheinend zum Vorteil gereichen.

In der Lotterie des Lebens spielt vieles eine Rolle. Es mag uns nicht gefallen, doch gibt es Dinge, *mit denen*, oder Umstände, *in die* wir geboren wurden, die Einfluss auf unser Wohlbefinden haben und sich zudem unserer unmittelbaren persönlichen Kontrolle entziehen: Unsere Gene. Das Geschlecht. Die Intelligenz. Eine Behinderung. Die sexuelle Orientierung. Der ethnische Hintergrund. Und natürlich sind all diese Dinge aufgrund unserer kulturellen Vorurteile und Praktiken wichtig. Schwarze Amerikaner beispielsweise gehören zu den am meisten benachteiligten Gruppen in den USA, wenn sie nicht gar *die* am meisten benachteiligte Gruppe sind. Im Durchschnitt verfügen sie über weniger Ersparnisse, kommen häufiger ins Gefängnis und ihr Gesundheitszustand ist schlechter als der jeder anderen ethnischen Gruppe. All das führt zu einer andauernden sozioökonomischen Benachteiligung, aus der schwer auszubrechen ist. Wie die Studie von Deaton und Kahneman sowie viele weitere Untersuchungen gezeigt haben, kann sich der sozioökonomische Status auf das emotionale Wohlbefinden auswirken.

Das bringt uns zur Harvard-Studie und zu einer wichtigen Frage hinsichtlich ihres ethnischen Aufbaus zurück: Wie kann das Leben von weißen Männern wie John, Leo und Henry, Männern, die Mitte des 20. Jahrhunderts in USA aufwuchsen, irgendetwas über moderne Frauen oder People of Color aussagen, über Menschen aus komplett anderen Ländern und Kulturen mit einem vollständig anderen Hintergrund? Sind die Ergebnisse der Harvard-Studie nicht vielleicht doch nur für die Demografie ihrer Teilnehmer relevant?

Stellt man Marc diese Frage, denkt er automatisch an einen alarmierenden und einflussreichen wissenschaftlichen Artikel aus der Fachzeitschrift *Science*.[38] Die Verfasser hatten herauszufinden versucht, ob es eine Verbindung zwischen sozialem Eingebundensein und Sterberisiko gibt, und hatten dazu fünf Studien mit Männern und Frauen aus fünf verschiedenen Orten rund um die Welt herangezogen.

Dazu gehörte Evans County, Georgia, und ein Ort im Osten Finnlands.

Es gibt wahrscheinlich kaum einen größeren Kontrast als den zwischen dem Leben einer schwarzen Frau, die in den 1960er-Jahren in den amerikanischen Südstaaten aufgewachsen ist, und dem eines weißen Mannes, der am Ufer eines fast immer zugefrorenen Sees in Finnland wohnt. Man würde meinen, dieser Kontrast spiegelte sich in einigen größeren Unterschieden zwischen Probandin und Proband.

Bei allen fünf Studien handelte es sich um prospektive Längsschnittstudien: Wie die Harvard-Studie verfolgten auch sie, wie sich das Leben der Teilnehmer und Teilnehmerinnen im Lauf der Zeit entwickelte.

Sowohl bei den Männern als auch bei den Frauen spielten Geografie und Ethnie eine Rolle, wie das in vielen Studien der Fall ist. Die Teilnehmer aus Evans County hatten im Durchschnitt insgesamt die höchste Sterberate, die im Osten Finnlands die niedrigste. Innerhalb von Evans County hatten Schwarze ein höheres Sterberisiko als Weiße, doch war dieser Unterschied relativ klein verglichen mit dem Unterschied zwischen Finnland und Evans County.[39] Zusammengenommen sind diese Unterschiede signifikant, also bedeutsam – allerdings ist das wieder nur ein Teil der Geschichte. Sieht man genauer hin, zeigt sich bei den Daten der Männer und Frauen aus allen fünf Orten ein bemerkenswert ähnliches Muster: *Die Personen, die sozial stärker eingebunden waren, hatten ein geringeres Sterberisiko.* Ob man nun eine schwarze Frau im ländlichen Georgia oder ein weißer Mann in Finnland war – je stärker die oder der Betreffende mit anderen Menschen verbunden war, desto geringer war ihr oder sein Sterberisiko insgesamt.

Diese Übereinstimmung in den Ergebnissen von verschiedenen Orten und unterschiedlichen demografischen Gruppen wird in der Wissenschaft Replikation genannt. Sie ist der heilige Gral von Forschenden und ebenso schwer zu finden. Nur weil eine wissenschaftliche Studie etwas Interessantes herausgefunden hat, bedeutet das noch lange nicht, dass die Sache damit erledigt wäre. Gute Wissenschaft erfordert replizierbare Ergebnisse. Insbesondere dann, wenn der Gegenstand der Studie etwas so Komplexes ist wie das menschliche Leben, ist es von entscheidender Bedeutung, dass sich über eine Vielzahl von Studien hinweg ein einheitliches Signal zeigt, dass alle Studien in eine ähnliche Richtung weisen. Nur dann können wir darauf vertrauen, dass es sich bei dem Ergebnis nicht um reinen Zufall handelt.

Mehr als 20 Jahre nach der Analyse dieser fünf Studien untermauerte eine weitere, viel größere Studie den Zusammenhang zwischen Beziehungen und Sterberisiko.[40] Julianne Holt-Lunstad sah sich gemeinsam mit Kolleginnen und Kollegen 148 Studien an, die in Ländern überall auf der Welt durchgeführt worden waren (etwa in Kanada, Dänemark, Deutschland, China, Japan und Israel) und die insgesamt über 300.000 Teilnehmer und Teilnehmerinnen umfassten. Ihre Analyse dieser Metastudie kommt zu ganz ähnlichen Ergebnissen wie der Artikel in der Fachzeitschrift *Science:* In allen Altersgruppen, bei allen Geschlechtern und über alle Ethnien hinweg waren starke Sozialkontakte mit einer höheren Chance länger zu leben verbunden. Holt-Lunstad gelang es sogar, diese Verbindung zu beziffern: *Sozialkontakte steigerten die Überlebenswahrscheinlichkeit um sage und schreibe mehr als 50 Prozent.* In allen Studien war die Sterblichkeitsrate bei Menschen mit den geringsten Sozialkontakten 2,3- (Männer) bis 2,8-fach (Frauen) höher als bei Testpersonen mit den ausgeprägtesten Sozialkontakten. Der Zusammenhang ist also sehr groß und lässt sich mit den Auswirkungen des Rauchens oder einer Krebserkrankung vergleichen. (Rauchen steht in den USA auf Platz eins der Ursachen für einen vermeidbaren Tod.[41])

Holt-Lunstads Studie stammt aus dem Jahr 2010. Seitdem bestätigt eine Studie nach der anderen, wie auch unsere, den Zusammenhang zwischen guten Beziehungen und der Gesundheit. Dieses Ergebnis ist unabhängig davon, wo die betreffende Person lebt, wie alt sie ist, welcher Ethnie sie angehört und welchen sonstigen Hintergrund sie hat.[42, 43] Obwohl sich das Leben eines Kindes italienischer Einwanderer, das in ärmlichen Verhältnissen während der Weltwirtschaftskrise in South Boston aufgewachsen ist, sicherlich sehr von dem eines Harvard-Studenten unterscheidet, der 1940 seinen Abschluss gemacht hat und später Senator wurde. Noch mehr unterscheidet sich dieses Leben von dem einer Woman of Color heute. Und doch haben wir alle eines gemeinsam: Wir sind alle Menschen. Ebenso wie die Arbeit Holt-Lunstads und ihrer Kolleginnen und Kollegen bestätigen auch die Analysen Hunderter weiterer Studien, dass die grundsätzlichen Vorteile enger sozialer Kontakte immer gelten. Unbestreitbar ist, dass in vielen Gesellschaften Unrecht herrscht; sicherlich gibt es kulturelle Praktiken und systembedingte Faktoren, die eine erhebliche Ungleichheit und damit verbunden erheblichen emotionalen Schmerz verursachen. Dennoch ist die Fähigkeit von Beziehungen, Einfluss auf unser Wohlbefinden und unsere Gesundheit zu nehmen, universell.

Im Verlauf des Buchs stellen wir dar, was Sie persönlich dazu beitragen können, in welcher Gesellschaft Sie auch immer leben und welche Hautfarbe Sie auch immer haben. Wir werden die *veränderbaren Faktoren* hervorheben, die in jedweden Lebensumständen nachweislich die Lebensqualität beeinflussen. Diese Faktoren können sich auf Ihr Leben auswirken und wiederum können Sie darauf Einfluss nehmen.

Wie aber können sie sich auswirken? Wie maßgeblich sind die Aspekte, auf die wir keinen Einfluss haben, gegenüber den Faktoren, die wir beeinflussen können?

Diese Frage wird uns in der einen oder anderen Form sehr häufig gestellt. In einer Diskussion nach einem Vortrag etwa oder auch in informellem Rahmen runzelt plötzlich jemand besorgt die Stirn. Dann wissen wir im Grunde schon, was kommt:

»Wenn meine größten Probleme Geld und die Gesundheitsversorgung sind, ist all das dann überhaupt relevant für mich?«

Oder: »Ich bin schüchtern, es fällt mir schwer, auf andere zuzugehen. Heißt das, dass ich dann niemals ein gutes Leben führen werde?«

Oder wie eine Frau kürzlich Bob fragte: »Wenn ich nun eine schlimme Kindheit hatte, bin ich dann einfach total verkorkst?«

Zu sagen, dass ein Faktor eine Rolle spielt, und zu behaupten, dass er ein Schicksal besiegelt, sind zwei Paar Stiefel. In der Wissenschaft konzentrieren wir uns darauf, Unterschiede zwischen Gruppen zu definieren. Wir verwenden die etwas unglücklich gewählten Worte »statistisch signifikant«, um auszudrücken, dass uns diese Unterschiede wichtig erscheinen. Es können jedoch auch sehr kleine Unterschiede statistisch signifikant sein, so kleine Unterschiede, dass sie im Alltag beinahe bedeutungslos sind. Deshalb geht es nicht nur darum, dass bestimmte Faktoren eine Rolle spielen, wir müssen auch darüber nachdenken, wie *groß* die Rolle ist, die sie spielen.

Der »Glücks-Sollwert«

Die Forscherin und Psychologin Sonja Lyubomirsky behauptet, es gebe greifbare Antworten auf die Frage »Was macht uns glücklich?«, die sie mit zwingenden Belegen untermauert. In einer Analyse untersuchte sie das Ausmaß, zu dem unser Grad an Zufriedenheit veränderbar ist.

Sie versuchte, die Veränderlichkeit von Glück und Zufriedenheit anhand von Ergebnissen zahlreicher Studien herauszufinden, die sich beispielsweise mit der Zufriedenheit von Zwillingen beschäftigte, die in verschiedenen Familien aufwuchsen, bis zum Zusammenhang zwischen Lebensereignissen und Wohlbefinden. Aus vorherigen Forschungen geht hervor, dass der Mensch eine Art »Glücks-Sollwert« hat, ein Grundniveau an Zufriedenheit, das vor allem durch die Erbanlagen und die Persönlichkeitsmerkmale bestimmt wird. Wie unglücklich wir uns zu einem gegebenen Zeitpunkt auch fühlen mögen oder wie glücklich zu einem anderen – wir kehren immer zu unserem individuellen Sollwert zurück. Diese Erkenntnis wird in der psychologischen Fachliteratur seit Jahrzehnten diskutiert. Im Allgemeinen lässt sich sagen, dass sich ein Hoch oder Tief, ein Ereignis, das uns glücklicher oder trauriger stimmt, allmählich wieder verschwindet und wir zu dem *durchschnittlichen* Niveau an Zufriedenheit zurückkehren, das uns schon immer eigen war. Dazu ein Beispiel: Ein Jahr nach einem Lottogewinn unterscheiden sich die glücklichen Gewinner hinsichtlich ihres Glücklichseins nicht mehr vom Rest der Menschheit.

Wer nun glaubt, durch den »Glücks-Sollwert« sei vorherbestimmt, wie zufrieden wir grundsätzlich sein können, sei darauf hingewiesen, dass es sich hierbei wiederum nur um die halbe Miete oder sogar nur um weniger handelt. Denn aufgrund wissenschaftlicher Daten schätzen Lyubomirsky und ihr Kollegium darüber hinaus, dass auch unsere absichtlich durchgeführten Aktivitäten für einen großen Teil unseres Glücks und unserer Zufriedenheit verantwortlich sind: Unsere Handlungen und die Entscheidungen, die wir treffen, haben einen Anteil von rund 40 Prozent an unserem Glück – ein ordentlicher Anteil, den wir beeinflussen können.[44]

Diese Ergebnisse offenbaren eine wichtige Wahrheit über den Menschen, die uns optimistisch stimmt: Wir sind anpassungsfähig. Wir sind widerstandsfähige, arbeitsame, kreative Geschöpfe, die unglaublich schwere Zeiten überleben können, die Mühsal und Kummer weglachen und aus Krisen umso stärker hervorgehen können. Aber auch das hat allerdings eine Kehrseite, wie die Vorstellung vom »Glücks-Sollwert« und die Studien zu Lottogewinnern zeigen: Wir gewöhnen uns auch an *bessere* Umstände. Unser emotionales Wohlbefinden lässt sich nicht ins Endlose steigern. Wir richten uns ein. Wir neigen dazu, Dinge mit der Zeit für selbstverständlich zu halten – ein wichtiger Punkt bei der Diskussion ums Geld. Vielleicht glauben Sie, ein sechsstelliges Gehalt, ein neuer Job oder ein neues Auto würde Sie glücklich machen, doch Sie werden sich schon bald an die neue Situation gewöhnt haben. Dann geht Ihr Gehirn zur nächsten Herausforderung, zum nächsten Wunsch über. Noch nicht einmal Lottokönige können bis ans Ende ihres Lebens euphorisch bleiben.

Dies ist kein menschlicher Makel, sondern eine biologische Tatsache. Wir begegnen all unseren Erfahrungen, den positiven wie den negativen, auf ein und demselben psychologischen und neurologischen Spielfeld in unserem Gehirn. Hier verzahnt sich die Wissenschaft mit einem zentralen Glaubenssatz des Stoizismus, Buddhismus und vieler anderer spiritueller Traditionen: Wie wir uns fühlen, hängt nur teilweise davon ab, was um uns herum geschieht – viel wichtiger ist, was in uns selbst geschieht.

David Foster Wallace merkte in der bereits zitierten Rede an, was die moderne westliche Kultur – und nicht nur sie – mit den mentalen Spielfeldern, die wir alle haben, gemacht hat.[45] Sie schenke uns außerordentlichen Wohlstand, Komfort und persönliche Freiheit. Wobei es ganz unterschiedliche Arten von Freiheit gebe, zu deren wirklich wichtigen Art Aufmerksamkeit, Achtsamkeit, Disziplin und Mühe sowie die Fähigkeit, sich um andere kümmern zu können gehöre – und das wieder und wieder, auf kleine, unspektakuläre Arten und Weisen, Tag für Tag.

Die Triebkraft eines guten Lebens

Leo DeMarco, der Highschool-Lehrer, hatte vier Kinder. Drei von ihnen nehmen auch heute noch an der Studie teil. 2016 kam seine Tochter Katherine für ein Interview zu uns ins Büro. Außerdem füllte sie einige Fragebogen aus, die Aufschluss über ihre körperliche Gesundheit und ihren Umgang mit emotionalen Herausforderungen geben sollten. Bei ihren Besuchen, die meist jeweils einen halben Tag dauern, bitten wir die Teilnehmerinnen und Teilnehmer, uns von einem schwierigen oder traurigen Moment in ihrem Leben zu erzählen. Diese Erfahrungen sind sowohl vom menschlichen als auch vom wissenschaftlichen Standpunkt aus erhellend, weil traurige Momente oft prägend sind. Darüber hinaus geben sie uns Hinweise darauf, wie die betreffende Person mit schwierigen Situationen umgeht. Als wir Katherine darum baten, uns von einem solchen Augenblick zu berichten, schrieb sie Folgendes:

> Als mein Mann und ich versuchten, Eltern zu werden, hatte ich innerhalb relativ kurzer Zeit vier Fehlgeburten. Das war wahrscheinlich das erste Mal in meinem Leben, dass ich das Gefühl hatte, keine Kontrolle über die Dinge zu haben. Es gibt da dieses Sprichwort, dass man aus Misserfolgen mehr lernt als aus Erfolgen, und das hat sich für mich im Rückblick auf diese Zeit bewahrheitet. Mein Mann und ich wurden auf eine harte Probe gestellt, und ich weiß noch, wie mir bewusst wurde, dass wir als Paar am selben Strang ziehen mussten, damit der Wunsch, eine Familie zu werden, in unserem Leben nicht übermächtig wurde. In dieser Zeit waren ich und mein Mann sehr traurig. Ich blicke auf sie aber auch als eine Zeit zurück, in der wir lernten, wirklich ein Team zu sein, wenn es hart auf hart kommt. Wir entschieden uns außerdem bewusst dafür, diese Erfahrung nicht unser Leben dominieren zu lassen. Wir hatten einander als Partner gewählt, und wir mussten uns um einander kümmern, mit oder ohne Kinder.

Beziehungen sind keine Sprungbretter zu anderen Dingen und kein vorgegebener Weg zu Gesundheit und Glück. Sie sind ein Selbstzweck. Katherine wünschte sich sehr, ein Kind zu haben, wusste aber auch, dass ihre Ehe an sich wichtig war, ob sie und ihr Mann das Ziel, Eltern zu werden, nun gemeinsam erreichten oder nicht. Während wir als Wissenschaftler versuchen, die Auswirkungen von Beziehungen zu quantifizieren, sind sie gleichzeitig voller erfüllender und sich ständig verändernder, flüchtiger Erfahrungen. Teilweise sind sie ein wirksames Gegengift gegen den wiederkehrenden Alltag. Dass andere Menschen immer etwas irgendwie schwer Greifbares und Rätselhaftes haben, sorgt dafür, dass Beziehungen interessant bleiben und unser besonderes Augenmerk verdienen, unabhängig von ihrem unmittelbaren Zweck. »Die Liebe«, schrieb die Philosophin Hannah Arendt, »ist ihrem Wesen nach … weltlos.«[46]

Weil sie so sehr im Mittelpunkt unserer täglichen Erfahrung stehen, machen Beziehungen einen mächtigen und ausgesprochen pragmatischen Teil des Rätsels Leben aus. Dieser pragmatische Wert wurde in moderner Zeit häufig zu gering geschätzt. Beziehungen sind das Fundament unseres Lebens, immanent in allem, was wir tun und sind. Selbst Dinge wie Einkommen und Erfolg, die auf den ersten Blick nichts mit Beziehungen zu tun zu haben scheinen, sind in der Praxis manchmal schwer von ihnen zu trennen. Was wäre Erfolg, ohne dass ihn jemand anerkennt? Was bedeutet ein Einkommen, gäbe es niemanden, mit dem wir es teilen könnten, kein soziales Umfeld, das ihm Bedeutung verliehe?

Die Triebkraft eines guten Lebens ist nicht das Ich, wie John Marsden glaubte, sondern unsere Verbindung zu anderen, wie Leo DeMarcos Leben zeigt. Die Gefühle in unserem Inneren, die unsere Vorfahren an uns weitergegeben haben, vom größten Herzschmerz über das subtile Gefühl der Kameradschaft und die Trauer über einen Verlust bis zum Hochgefühl der romantischen Liebe treiben uns an. Oder wie Jon Kabat-Zinn, Vorreiter der Achtsamkeitsmeditation, es in Anlehnung an eine Zeile aus *Alexis Sorbas* nannte: und … »die ganze Katastrophe«. Genau dort findet das gute Leben statt, in der flüchtigen Echtzeiterfahrung der Verbundenheit.

Vielleicht denken Sie in diesem Augenblick: Gut, aber wie schaffe ich das? Wie kann ich meine Beziehungen zum Besseren hin verändern? Es reicht ja schließlich nicht, nur mit den Fingern zu schnippen. Und wie sollte die Veränderung überhaupt aussehen? Wo soll ich anfangen?

Sein Leben, vor allem die Gewohnheiten des Alltags zu verändern kann eine immense Herausforderung darstellen. Viele krempeln mit den allerbesten Absichten die Ärmel hoch – nur um dann von der Macht ihrer Angewohnheiten und der Wucht der Kultur, in der sie leben, überwältigt zu werden. Angesichts der Komplexität des Lebens ist es schon ungeheuer verlockend zu sagen: Ich habe es versucht, aber es gelingt mir nicht. Ich werde einfach wieder mit dem Strom schwimmen.

In unserer klinischen Praxis erleben wir das permanent. Hat ein Mensch schon lange einen bestimmten Pfad im Leben eingeschlagen und ist damit nicht recht zufrieden, fällt es dem Betreffenden meist sehr schwer, sich überhaupt für die Möglichkeit zu öffnen, dass eine positive Alternative existieren könnte.

Katherines Situation hätte leicht in eine Abwärtsspirale münden können. Doch gelang es ihr zu erkennen, was außerhalb ihrer Kontrolle lag – ob sie fähig war, die Schwangerschaft auszutragen – und was sie im Gegensatz dazu beeinflussen konnte – die Beziehung zu ihrem Ehemann zu pflegen. So konnten Katherine und ihr Mann während dieser schwierigen Phase eine innige und versöhnliche Beziehung aufrechterhalten. Glücklicherweise wurde sie schließlich doch noch schwanger und brachte einen Sohn zur Welt, den sie ihr »Wunderbaby« nannte. Doch da hatte sie die entscheidende Schlacht bereits gewonnen. Sie hatte sich einer äußerst schwierigen Situation gestellt und gute Entscheidungen getroffen, wie sie damit umgehen wollte. Außerdem hatte sie ihre Aufmerksamkeit darauf gerichtet, was sie tatsächlich ändern konnte: Sie hatte sich der Beziehung gewidmet, die zu diesem Zeitpunkt sehr gefährdet, aber die einzige war, die ihr durch diese schwere Zeit helfen konnte.

Die Lebensläufe in der Harvard Study und vielen anderen Studien zeigen, dass wir alle im Leben hin und wieder in schwieriges Fahrwasser geraten und wie wichtig die Entscheidungen sind, die wir treffen. Sie zeigen auch, dass das Leben in jeder einzelnen Phase und Situation vielfältige Möglichkeiten für uns bereithält, unser emotionales Wohlbefinden zu verbessern.

In den folgenden Kapiteln geben wir zahlreiche Forschungsergebnisse und persönliche Geschichten wieder. Wir hoffen, dass Sie sich vor allem in den Geschichten teilweise selbst wiedererkennen können – sich und die Menschen, die Ihnen am Herzen liegen. Zudem hoffen wir, dass diese Geschichten der Irrtümer und Wiedergutmachung, der Distanzierung und Liebe, Sie dazu anregen, über Ähnlichkeiten zu Ihrem eigenen Leben nachzudenken: über Bereiche, in denen Sie sich absolut wohlfühlen, und diejenigen, die Sie vielleicht gern zum Besseren verändern möchten. Jeder von uns kann auf einen Schatz an Erfahrungen zurückgreifen, die uns den Weg zu unserem Glück weisen können.

Wir beginnen quasi mit dem Weitwinkelobjektiv, mit einer Art Satellitenansicht der menschlichen Lebensspanne. Sich selbst auf dieser Karte zu verorten wird Ihnen den Anfang erleichtern. Denn bevor man dorthin gelangen kann, wohin man unterwegs ist, muss man erst einmal wissen, wo genau man eigentlich ist.

3
Beziehungen auf dem verschlungenen Pfad des Lebens

»Oft wird vom Schicksal man getroffen
Auf Wegen, die man wählt, grad um ihm zu entgehn.«[47]

JEAN DE LA FONTAINE, *SÄMTLICHE FABELN*

Harvard-Study-Fragebogen, 1975

> Können Sie uns von Problemen im Leben berichten, die Ihnen nach Ihrem 50. Geburtstag begegneten und die weniger wichtig erschienen, als Sie noch jünger waren? Wie haben Sie versucht, diese Probleme zu bewältigen?

Als sich Wes Travers seinem 60. Geburtstag näherte, war er nachdenklich. Im Rückblick auf sein bisheriges Leben versuchte er, seine Erfahrungen in der Vergangenheit zu analysieren. Wie war er dorthin gekommen, wo er sich heute befand? Welche Ereignisse waren ausschlaggebend für seine Entwicklung gewesen? Besonders an eines dieser Ereignisse musste er immer wieder denken, auch wenn er sich kaum noch daran erinnern konnte: Als er sieben Jahre alt gewesen war, hatte sein Vater eine kleine Tasche gepackt, war zur Tür der Wohnung hinausspaziert und nie zurückgekommen. Wes, seine Mutter und seine drei Geschwister hatten nicht die leiseste Ahnung, wie sie finanziell ohne ihn zurechtkommen sollten, waren in gewisser Weise aber auch erleichtert. Als die Kinder noch sehr klein gewesen waren, war er ein sanftmütiger, aufmerksamer Vater gewesen. Als sie älter wurden, hatte sich das jedoch geändert. Er war gewalttätig und reizbar geworden und hatte die älteren Kinder oft brutal verprügelt, manchmal bis aufs Blut. Mitten in der Nacht war er sturzbetrunken nach Hause gekommen. Er hatte seine Frau betrogen. Nachdem er gegangen war, senkte sich ein bisher nicht gekannter und willkommener Friede auf das Heim der Familie herab. Dieser ging allerdings mit neuen Problemen einher. Die Kinder mussten den Unterhalt mitverdienen und machten viel zu früh Bekanntschaft mit den Sorgen der Erwachsenen. Die Abwesenheit des Vaters hatte sich auf praktisch alles in Wes' prägenden Jahren ausgewirkt.

»Ich frage mich oft, wie mein Leben wohl verlaufen wäre, hätte er uns nicht verlassen«, vertraute Wes den Mitarbeitern der Studie später an. »Ich weiß nicht, ob das besser oder schlimmer gewesen wäre, aber darüber denke ich häufig nach.«

Als die Wissenschaftlerinnen und Wissenschaftler der Harvard Study Wes im Alter von 14 Jahren kennenlernten, hatte sein Leben bereits aus einer Reihe Herausforderungen und Krisen bestanden. Er hatte eine etwas gebeugte Haltung angenommen und litt an Strabismus, einer Erkrankung, bei der ein Auge abwandert. Da er sehr schüchtern war und Schwierigkeiten hatte, seine Gedanken in Worte zu fassen, hatte er Mühe, sein Leben genau zu beschreiben; in Grundzügen konnte er es allerdings schon darstellen. Er hatte Schwierigkeiten in der Schule. Er konnte sich nicht konzentrieren, hing oft Tagträumen nach und hatte in fast allen Fächern schlechte Noten. Auf die Frage »Was möchtest du im Leben erreichen?« antwortete er: »Ich will Koch werden.«

Wie den meisten anderen Menschen in diesem Alter – und tatsächlich in jedem Alter – fiel es auch Wes schwer, über das, was er im Augenblick erlebte, hinauszusehen. Er steckte so tief in seinen aktuellen Problemen, dass er weder Pläne noch große Hoffnungen für die Zukunft hatte. Dennoch stand der Pfad, dem er folgen würde, noch nicht fest. Könnten wir das Rad der Zeit zurückdrehen und seinem 14-jährigen Selbst zeigen, was kommen würde, wäre er sehr überrascht gewesen, wie sich sein Leben entwickeln sollte – nämlich nicht im Geringsten so, wie er es erwartet hatte.

Karte und Gebiet

Einer der Vorteile einer Längsschnittstudie besteht darin, dass man mit ihr den gesamten Lebensweg einer Person kartografieren kann. Dadurch ist es möglich, Ereignisse und Hindernisse im Lichte all dessen zu betrachten, was davor und danach kam. Wir sehen auch das, was rechts und links liegt, die Sackgassen, die Hügel und Täler, und bekommen dabei ein Gefühl für die gesamte Reise. Nicht nur hinsichtlich dessen, was geschehen ist, sondern auch hinsichtlich dessen, wie eines vielleicht zum anderen geführt hat und warum. Diese Art Aufzeichnungen sind wie Geschichten, da es schwerfällt, sie zu lesen und nicht etwas für die betreffenden Personen zu empfinden. Und das soll auch so sein, denn zuallererst handelt es sich hier um Aufzeichnungen persönlicher Abenteuer. Verknüpft man sie jedoch mit Hunderten anderer und übersetzt sie sorgfältig in Zahlen, werden diese Abenteuer zum Rohmaterial der Wissenschaft. Es offenbart nicht nur Leben, sondern Lebensmuster.

Stellten Sie die Chronik Ihres Lebens neben die aller anderen Leserinnen und Leser dieses Buchs, könnte man bestimmte Muster erkennen, die denen in der Harvard-Studie festgehaltenen ähnelten. In einigen seiner Spezifika wäre Ihr Leben ebenso wie das aller anderen einzigartig. Dennoch würden sich auffällige Ähnlichkeiten über alle Unterschiede in Geschlecht, Kultur, Ethnie, sexueller Orientierung und sozioökonomischem Hintergrund hinweg abzeichnen. Wes hatte einen gewalttätigen Vater, bei Ihnen waren es vielleicht Spannungen in der Ehe Ihrer Eltern, die Ängste in Ihnen ausgelöst haben. Vielleicht hat eine Lernbehinderung dazu geführt, dass Sie in der Schule gemobbt wurden. Diese gemeinsamen menschlichen Erfahrungen und sich wiederholenden Lebensmuster erinnern uns immer wieder daran, dass wir uns in unseren Kämpfen und Schwierigkeiten im betreffenden Augenblick zwar einsam fühlen mögen, es aber andere gibt, die in der Vergangenheit Ähnliches durchgemacht haben oder genau in diesem Moment durchmachen. So betrachtet kann das äußerlich emotionslose Material der Wissenschaft einen ausgesprochen bewegenden Effekt haben: Es erinnert uns daran, dass wir nicht allein sind.

Ein weiterer Faktor, den wir natürlich alle gemeinsam haben, ist die Veränderlichkeit unseres Lebens und unserer selbst. Häufig vollziehen sich diese Veränderungen so schleichend, dass wir sie nicht einmal wahrnehmen. Wir sehen uns selbst als unveränderlichen Stein, der von einem sich stets verändernden Fluss umspült wird. Das jedoch ist eine irrige Wahrnehmung. Wir verändern uns ständig – von dem, was wir sind, zu dem, was wir sein werden.

In diesem Kapitel geht es darum, aus der Vogelperspektive einen Blick auf diese Muster und Veränderungen zu werfen. Treten wir einen Schritt zurück und sehen uns das größere Bild an, enthüllt uns dies Aspekte unserer eigenen Erfahrung – wie wir uns verändern und was wir erwarten können – und das, was andere durchleben. Das Leben sieht anders aus, wenn man es mit 20, 50 oder 80 betrachtet: Wie wir die Welt sehen, hängt davon ab, von wo aus wir auf sie blicken.

Das ist die grundlegende Haltung, die wir als Therapeuten und Interviewer einnehmen, wenn wir jemanden kennenlernen. Ist die betreffende Person 35, können wir uns grob vorstellen, welche Wendungen ihr Leben bereits genommen hat und welche vielleicht noch vor ihr liegen. Natürlich passt niemand zu 100 Prozent in dieses Schema, dafür ist das Leben schlicht zu vielfältig. Doch berücksichtigen wir die Lebensphase, in der sich die Peron befindet, verschafft uns dies einen leichteren Zugang zu ihrer Erfahrungswelt. Diese Methode können Sie auch bei Ihnen selbst anwenden, oder wenn Sie jemanden neu kennenlernen. Zu wissen, dass man nicht allein ist, dass es Schwierigkeiten im Leben gibt, mit denen die meisten Menschen fertigwerden müssen, macht das Leben dann doch eine Spur leichter.

Als wir die Interviewten fragten, worin sie bei ihrer Teilnahme an einer 80 Jahre lang laufenden Studie den größten Vorteil sahen, antworteten viele von ihnen, dass sie ihnen die Gelegenheit verschaffe, in regelmäßigen Abständen Bilanz zu ziehen. Einer dieser Probanden war Wes. Er erwähnte mehr als einmal, dass die Reflexion über seine Gefühle und sein Leben ihm dabei half, das wertzuschätzen, was er bereits hatte, und zu erkennen, was er *wollte*. Die gute Nachricht ist, dass Sie an keiner Studie teilnehmen müssen, um das zu tun. Sie brauchen dafür nur eine kleine Anstrengung und etwas Selbstreflexion. Wir hoffen, dass dieses Kapitel Ihnen dabei hilft.

Ihre eigene kleine Harvard Study

Wenn Sie je ein Bild Ihrer Mutter oder Ihres Vaters im jungen Erwachsenenalter gesehen haben, wissen Sie, wie befremdlich das sein kann. Sie wirken darauf wie Leute, die wir vielleicht irgendwann einmal getroffen haben, aber sicherlich nicht wie die Eltern, die uns zeugten. Meist wirken sie unbelasteter, sorgenfreier und irgendwie … anders. Bilder von uns selbst in jüngeren Jahren können sogar noch befremdlicher sein. Vielleicht empfinden wir beim Betrachten eine Nostalgie oder auch etwas Wehmut angesichts der körperlichen Veränderungen, der aufgegebenen Träume, der einst vehement vertretenen Überzeugungen. Andere, wie Wes, erinnert der Blick zurück an den Kummer und die Schwierigkeiten, die man sich ungern noch einmal ansieht.

Diese Eindrücke verweisen auf Bereiche unseres Lebens, die wichtig für uns sind. Sie können mit einer einfachen, aber wirkungsvollen Übung, die wir für unsere Lifespan Research Foundation (www.lifespanresearch.org) entwickelt haben, helfen, die Vergangenheit zu reflektieren. Die Übung erfordert ein wenig persönliche Recherche, aber vielleicht sind Sie mutig und probieren sie einfach einmal aus.

Suchen Sie ein Foto von sich, auf dem Sie etwa halb so alt waren wie jetzt. Sind Sie unter 35, sollten Sie auf dem Bild als ganz junger Erwachsener zu sehen sein. (Im Grunde tut es jedes Foto, auf dem Sie deutlich jünger sind.) Stellen Sie sich diese Zeit nicht nur vor, suchen Sie tatsächlich ein Foto heraus. Die lebhafte Realität einer Fotografie, die Details von Ort und Zeit, der Ausdruck auf Ihrem Gesicht – all das hilft dabei, die Gefühle zuzulassen, die dieses Bild in Ihnen auslöst.

Sehen Sie sich auf dem Foto nun ganz genau an. Wenn Sie aufgehört haben, sich zu fragen, warum Sie damals nur braune Klamotten getragen haben, darüber zu staunen, wie schlank Sie einmal waren oder wie voll Ihr Haar damals noch gewesen ist, dann versuchen Sie, sich in den Augenblick, in dem die Fotografie entstanden ist, zurückzuversetzen. Sehen Sie wirklich hin: Nehmen Sie einige Minuten lang (eine lange Zeit!) alles in sich auf und erinnern Sie sich an diese Epoche in Ihrem Leben. Worüber haben Sie damals nachgedacht? Worüber haben Sie sich Sorgen gemacht? Welche Hoffnungen haben Sie gehegt? Welche Pläne hatten Sie? Mit wem haben Sie Zeit verbracht? Was war Ihnen wichtig? Und die vielleicht schwierigste Frage: Wenn Sie an damals zurückdenken, was bedauern Sie dann?

Es ist hilfreich, die Antworten auf diese Fragen in Worte zu fassen. Machen Sie sich ein paar Notizen, so detailliert, wie Sie mögen. Sollte eine Ihnen nahestehende Person ebenfalls neugierig auf dieses Buch sein, könnten Sie sie fragen, ob sie auch ein Foto von sich suchen und die Übung mit Ihnen gemeinsam machen möchte. (Als

Längsschnittforscher empfehlen wir Ihnen, das ausgedruckte Foto als Lesezeichen zu verwenden und es nach der Lektüre dieses Buchs zusammen mit Ihren Notizen im Buch zu lassen. Vielleicht kann ein zukünftiger Leser, der die Übung auch durchführen möchte, etwas damit anfangen – Aufzeichnungen über das Leben und die Gedanken nahestehender Menschen sind selten und kostbar.)

In den Fußstapfen der Geschichte (und darüber hinaus)

Die Harvard Study ist keineswegs der erste Versuch, aus vielen Beispielen von Lebenserfahrungen nützliche Daten zusammenzutragen. Schon seit Jahrtausenden versucht der Mensch, die Geheimnisse des Lebens aufgrund von Mustern zu entschlüsseln. Diese Analyse geschehe auf verschiedene Arten und Weisen, häufig indem der Verlauf in Phasen eingeteilt wird.

Die Griechen bedienten sich verschiedener Modelle von Lebensphasen. Aristoteles beschrieb drei, Hippokrates sieben. Als Shakespeare in seinem berühmten »Die ganze Welt ist Bühne«-Monolog in *Wie es euch gefällt* von den »sieben Lebensakten« sprach, war sein Publikum mit der Vorstellung, das Leben verlaufe in Phasen, wahrscheinlich bestens vertraut. Vermutlich hat Shakespeare selbst in der Schule davon gehört.[48]

Der Islam kennt ebenfalls sieben Abschnitte des Daseins.[49] Im Buddhismus werden die zehn Stufen auf dem Weg zur Erleuchtung anhand der Metapher vom Ochsen und seinem Hirten illustriert.[50] Im Hinduismus gibt es vier Lebensstadien oder Ashramas[51], die sich auch in vielen Lebensphasenmodellen der modernen Psychologie wiederfinden: den *Schüler,* der alles über die Welt lernt, den *Hausherrn,* der sich um Beruf(-ung) und Familie kümmert, den *Einsiedler,* der sich vom Familien- und Berufsleben zurückzieht, und den *Asketen* oder *Entsagenden,* der nach höherer Spiritualität strebt.

Die Wissenschaft hat ihre eigenen Sichtweisen der biologischen und psychologischen Entwicklung des Menschen. Sehr lange Zeit konzentrierte sie sich fast ausschließlich auf die Entwicklung in der frühen Kindheit: Bis vor Kurzem fand man in psychologischen Lehrbüchern lediglich knappe Abschnitte über die Entwicklung von Erwachsenen. Hatte jemand das Erwachsenenalter erreicht, so die landläufige Lehrmeinung, war die Person »ausgereift«, und die einzige Entwicklung, die dann noch stattfand, war der sowohl körperliche als auch geistige Verfall.

In den 1960er- und 1970er-Jahren veränderte sich diese Sichtweise. George Vaillant, zwischen 1972 und 2004 der Leiter der Harvard-Studie, war einer von vielen Wissenschaftlern, die das Erwachsenenalter als eine wichtige Zeit des Wandels und neuer Möglichkeiten sahen. Es wäre auch schwierig, sich die Längsschnittdaten der Harvard Study anzusehen und zu einem anderen Schluss zu kommen. Begleitet wurde diese Sichtweise von neuen Entdeckungen bezüglich der »Plastizität« des menschlichen Gehirns. Sie zeigten, dass ein vermindertes Gehirnvolumen und nachlassende Hirnfunktionen nicht die einzigen Veränderungen sind, die der Erwachsene mit zunehmendem Alter erlebt; in dieser Lebensspanne finden durchaus auch positive Veränderungen statt.

Kurzum: Die jüngste Forschung belegt, dass wir uns verändern, unabhängig davon, in welcher Lebensphase wir uns gerade befinden. Und wir verändern uns bei Weitem nicht nur zum Schlechteren – auch *positive* Veränderung ist möglich.

Timing ist (fast) alles

Geht es darum, den Lebenszyklus des Menschen zu verstehen, finden wir zwei Sichtweisen besonders hilfreich. Die erste stammt von Erik und Joan Erikson: Sie definierten die Entwicklung des Erwachsenen als eine Reihe von Schlüsselherausforderungen, vor die wir uns mit zunehmendem Alter alle gestellt sehen.[52] Bei der zweiten handelt es sich um die Theorie von Bernice Neugarten. Sie dreht sich um die gesellschaftlichen und kulturellen Erwartungen, die hinsichtlich des Timings der Lebensereignisse herrschen.

Die Eriksons teilten die Lebensstadien nach kognitiven, biologischen, sozialen und psychologischen Herausforderungen ein, die sie als Krisen bezeichneten: Entweder meistern wir diese Herausforderungen oder wir tun es nicht. An jedem Punkt unseres Lebens treffen wir auf mindestens eine Problemstellung, häufig aber auf mehr. Dazu ein Beispiel: Im jungen Erwachsenenalter stehen wir vor der Herausforderung, Nähe zu etablieren oder uns abzusondern. In dieser Zeit fragen wir uns: Werde ich jemanden finden, den ich liebe und der mich liebt, oder werde ich allein bleiben? In mittleren Jahren stehen wir vor der Herausforderung, entweder ein Gefühl von Generativität zu entwickeln oder Stagnation zu empfinden. (Werde ich kreativ sein und zur Entwicklung der nächsten Generation beitragen, oder bleibe ich in eingefahrener Ichbezogenheit stecken?) Psychologen und Therapeuten nutzen die Stadien nach Erikson schon seit Jahrzehnten, um die Hürden des Lebens in einen hilfreichen Kontext zu stellen.

Bernice Neugarten, ebenfalls Pionierin auf dem Gebiet der Veränderung im Erwachsenenalter, geht anders an die Sache heran.[53] Statt das Leben insgesamt anhand einer »Entwicklungsuhr« zu definieren, stellte Neugarten die These auf, dass Gesellschaft und Kultur unsere Entwicklung entscheidend formen. Unsere Erziehung und andere Einflüsse (Freunde, Nachrichten, soziale Medien, Filme) bilden eine informelle »Sozialuhr« oder einen Fahrplan von Ereignissen, die zu spezifischen Zeitpunkten in unserem Leben stattfinden sollen. Diese Uhr unterscheidet sich von Kultur zu Kultur und von Generation zu Generation. Schlüsselereignisse wie das Ausziehen von zu Hause, das Eingehen einer verbindlichen, langfristigen Beziehung und das Mutter- oder Vaterwerden haben jeweils ihren eigenen kulturellen Wert und Platz auf dieser Zeitschiene. Und so erleben wir diese Ereignisse als entweder zur »richtigen« oder zur »falschen« Zeit, je nachdem, ob wir glauben, dass wir den Erwartungen der Gesellschaft gerecht werden oder nicht. Viele Menschen, die sich als LGBTQ+ identifizieren, erleben sich selbst als nicht in Übereinstimmung mit dem Fahrplan.[54] Grund dafür ist, dass einige der Ereignisse, die als Marker fungieren, traditionelle heterosexuelle Lebensstile widerspiegeln. Neugarten empfand sich in vielen wichtigen Aspekten selbst als nicht »fahrplanmäßig«: Sie heiratete früh und machte spät Karriere. Ihrer Theorie nach verhelfen uns den Erwartungen entsprechende Ereignisse zu dem Gefühl, unser Leben verlaufe in den »richtigen« Bahnen, während gegenteilige Ereignisse uns Sorge bereiten, etwas in unserem Leben laufe schief. Wir machen uns diese Sorgen nicht, weil die gegenteiligen Ereignisse an sich belastend wären, sondern weil sie weder zu den Erwartungen der anderen noch zu unseren eigenen passen.

Die beiden Theorien – das Leben als Abfolge von Herausforderungen und die kulturspezifische Bedeutung von Ereignissen und der Zeitpunkt ihres Eintretens – erklären, wie wir uns selbst sehen und wie wir an bestimmten Punkten in unserem Leben mit der Welt interagieren.

Wir können aber auch von einem anderen Standpunkt aus einen Blick auf den verschlungenen Pfad des Lebens werfen: durch die Brille unserer Beziehungen. Da der Mensch seinem Wesen nach gesellig ist, sind es vor allem auch unsere Beziehungen, die sich wandeln, wenn bedeutende Veränderungen stattfinden. Zieht ein Teenager von zu Hause aus, ist es nicht die neue Umgebung, die ihn dabei emotional aufwühlt, es sind die neuen Freundschaften, die der Ortswechsel mit sich bringt, und die Tatsache, dass er sich von seinen Eltern entfernt. Heiraten zwei Menschen, ist es nicht die Zeremonie, das Ereignis an sich, sondern die Bindung, die ihr Leben verändert. Während wir uns mit der Zeit entwickeln und reifer werden, sind es unsere Beziehungen, die uns spiegeln, wer wir wirklich sind und wie weit wir auf unserem Lebenspfad bereits gekommen sind.

Zu einem gelungenen Leben gehören Wachstum und Veränderung dazu. Diese Veränderung ist kein automatischer Prozess, der sich beim Älterwerden einstellt. Die Verlaufskurve des Wachstums wird von dem bestimmt, was wir erleben, was wir erdulden und was wir tun. *Dabei spielen unsere Beziehungen eine zentrale Rolle.* Die Menschen um uns herum fordern uns heraus und bereichern unser Leben. Neue Beziehungen bringen neue Erwartungen, neue Probleme, neue Hügel, die erklommen werden müssen, mit sich, und häufig sind wir noch nicht »bereit« dazu. Nur sehr wenige Menschen beispielsweise sind je absolut bereit, Eltern zu werden. Doch geht mit dem Schritt, Mutter oder Vater zu werden und Verantwortung für ein Kind zu übernehmen, in der Regel diese Bereitschaft einher. Irgendwie schaffen wir es, dem, was wir tun müssen, gerecht zu werden, Beziehung für Beziehung, Phase für Phase, und uns dabei zu verändern. Wir wachsen.

Im Folgenden umreißen wir diese Lebensstadien kurz, immer im Hinblick auf die Beziehungen, die sie dazu machen. Verglichen mit dem riesigen Korpus an Literatur, den es zum Lebenszyklus des Menschen gibt, ähnelt das Folgende einer Skizze auf einer Serviette. Wenn Sie mehr darüber wissen möchten, empfehlen wir Ihnen die Artikel und Bücher in den Anmerkungen am Ende dieses Buchs.[55]

Vielleicht erkennen Sie sich und einige Ihrer eigenen Herausforderungen wieder, vielleicht trifft das eine oder andere überhaupt nicht auf Sie zu … aber möglicherweise auf die Menschen, die Ihnen nahestehen.

Ein Erwachsenenleben voller Beziehungen: Eine grobe Skizze

Jugend (12–19 Jahre): Ein Drahtseilakt

Lassen Sie uns mit der berüchtigten Lebensphase der Teenagerjahre beginnen. Sie ist eine Zeit des rasanten Wachstums, aber auch des Widerspruchs und der Verwirrung. Die Phase, die schließlich im Erwachsensein mündet, ist ungeheuer intensiv. Manchmal wirkt der Weg des Teenagers von der Kindheit ins Erwachsenenleben recht prekär – nicht nur für den Betreffenden selbst, sondern auch für seine Umgebung. Richard Bromfield fing das Gefühl des »Drahtseilakts« gut ein, das die Beziehung der Eltern und des weiteren Umfelds zu einem Teenager mit sich bringt. Im Umgang mit einem Teenager müssen wir:

> »Halten, aber nicht bemuttern
> bewundern, aber nicht in Verlegenheit bringen
> lenken, aber nicht kontrollieren
> loslassen, aber nicht aufgeben.«[56]

Wie instabil sich diese Phase für die Umgebung auch anfühlen mag – für den Teenager selbst ist sie noch viel unsicherer. Auf dem Weg ins Erwachsenenalter muss er einige große Aufgaben bewältigen, und eine der größten davon ist es, die eigene Identität zu finden. Dazu gehört es, mit neuen Arten von Beziehungen zu experimentieren und bestehende Beziehungen drastisch zu verändern. Durch die Begegnung mit anderen entwickeln Teenager neue Sichtweisen von sich selbst, der Welt und der Menschen um sie herum.

Im Inneren fühlt sich das Jugendalter sowohl aufregend als auch angsteinflößend an. Es ist voller neuer Möglichkeiten, aber auch voller Ängste, während sich der Teenager mit tiefgründigen Fragen wie diesen konfrontiert sieht:

- Zu welcher Art von Mensch entwickle ich mich? Wie möchte ich sein und wie möchte ich nicht sein?
- Was soll ich aus meinem Leben machen?
- Bin ich stolz darauf, wer ich bin und wer ich werde? Wie sehr soll ich versuchen jemandem nachzueifern, den ich respektiere?
- Werde ich meinen eigenen Weg im Leben gehen können? Oder werde ich immer von der Unterstützung anderer abhängig sein?

- Wie erkenne ich, ob meine Freunde mich wirklich mögen? Kann ich darauf zählen, dass sie hinter mir stehen?
- Ich fühle mich von meinen intensiven sexuellen und romantischen Empfindungen überfordert. Wie kann ich lernen, mit diesen neuen intensiven Gefühlen von Intimität und Attraktivität umzugehen?

Irgendwann in dieser Zeit fallen die Eltern sinnbildlich gesprochen dann von ihrem Podest und werden zu ganz gewöhnlichen (und manchmal ungeheuer langweiligen) Erwachsenen. Dadurch gehen die elterlichen Vorbilder verloren, es entsteht vorübergehend ein Vakuum. Die Eltern bleiben, wenn es um Unterstützung (Nahrung, Chauffeurdienste, Geld) geht, weiterhin wichtig, doch die wahre Musik spielt bei den Freunden. Freundschaften sind aufregend, wenn auch hin und wieder unbeständig, und beinhalten ganz neue Stufen der Verbundenheit und Nähe. Die Frage »Wer bin ich?« ist absolut zentral, häufig finden Teenager gemeinsam heraus, wer sie sind. Sie probieren neue Seinsweisen aus, vom Kleidungsstil über politische Überzeugungen bis hin zur Geschlechtsidentität. Für viele Menschen sind enge Freunde später im Leben nie mehr so wichtig wie im Teenageralter.

Von außen betrachtet wirkt die Jugendzeit wie ein Bündel an Widersprüchen. Einem Elternteil mittleren Alters kommt sie vielleicht vor wie die *Invasion der Körperfresser*: Das einst so bewunderungswürdige und bewundernde Kind mutiert zu einem launischen Teenager, der im einen Moment noch anhänglich und im anderen ein herablassender Besserwisser ist. Der Titel eines beliebten Erziehungsratgebers von Anthony Wolf trifft es recht gut: *Get Out of My Life, but First Could You Drive Me and Cheryl to the Mall?*[57] (Halt dich aus meinem Leben raus, aber könntest du mich und Cheryl vielleicht vorher noch schnell zum Einkaufszentrum fahren?) Die Großeltern, die die Entwicklung bei ihren eigenen Kindern beobachtet haben, sehen die Sache möglicherweise von einer anderen

Warte. Für sie steht derselbe launische Teenager vielleicht für die freudige Zukunft der Welt, sie sehen das im Fluss befindliche Ich-Gefühl des Enkels oder der Enkelin vielleicht als notwendiges Experiment.

All diese Sichtweisen sind verständlich. Ebenso wie sich die Landschaft auf einer langen Autofahrt verändert, hängt auch unsere Weltsicht davon ab, wo in unserem Lebenszyklus wir uns befinden. Die Lebenssicht eines anderen Menschen zu berücksichtigen, sie wirklich ernst zu nehmen, ist eine Fähigkeit, die man erlernen kann. Das erfordert etwas Vorstellungskraft und Anstrengung – vor allem dann, wenn man frustriert ist. Es kann jedoch dabei helfen, sich weniger zu beschweren, den anderen zu kritisieren und sich zu wünschen, das Gegenüber wäre anders. Stattdessen könnte man die Zeit darauf verwenden, Verbundenheit herzustellen und die Beziehung wachsen zu lassen.

Wenn Sie Mutter, Vater, Großmutter, Großvater, Mentorin, Lehrerin, Trainer oder Vorbild eines Jugendlichen sind, fragen Sie sich jetzt vielleicht: Wie kann ich ihn am besten unterstützen, auch wenn er unabhängig sein will? Was kann ich tun, damit er stärker aus dieser Zeit hervorgeht und bereit für das Erwachsensein ist? Und wie überstehe ich diese Zeit ungeschoren?

Zunächst mal: Lassen Sie sich von der Teenagerprahlerei und Behauptungen der Autarkie nicht täuschen. Ihr Kind braucht Sie. Manche jungen Menschen zeigen das durch Anhänglichkeit, andere beharren darauf, niemanden zu brauchen. Doch natürlich tun sie das. Tatsächlich sind die Beziehungen zu Erwachsenen in der Teenagerzeit vielleicht wichtiger als in jeder anderen Phase des Lebens. Forschungen zeigen, dass Heranwachsende, die auf dem Weg in die Selbstständigkeit noch mit ihren Eltern verbunden sind, klare Vorteile haben.[58]

Eine Teilnehmerin der Student Council Study (die mit der Harvard Study verbundene Längsschnittstudie, die überwiegend mit Absolventinnen dreier Colleges im Nordosten durchgeführt wurde) sah das emotionale Puzzle ihrer Teenagerjahre deutlich klarer, als sie als Erwachsene darauf zurückblickte.[59] Nachdem sie selbst vier Mal Mutter geworden war, dachte sie darüber nach, wie sich die Sichtweise auf ihre eigene Mutter verändert hatte. Sie berichtete den Wissenschaftlerinnen und Wissenschaftlern:

> Es gibt da diesen alten Witz von Mark Twain, wie viel sein Vater in der Zeit zwischen dem 15. und 20. Lebensjahr des Sohns doch gelernt hat. Ich muss da immer an mich und meine Mutter denken. Natürlich war ich es, die sich verändert hat, nicht sie. Lange Zeit habe ich mich praktisch an sie geklammert, war aber auch angespannt, wenn sie da war, hauptsächlich wahrscheinlich, weil ich Angst hatte, dass sie mir mein Leben vorschreiben und mich nicht ich selbst sein lassen würde. Erst jetzt ist mir klar geworden, wie wunderbar sie ist.[60]

Es ist wichtig, da zu sein. Die Erwachsenen, mit denen ein Jugendlicher Umgang hat, das kulturelle Umfeld und der medienübersättigte Alltag liefern Modelle dafür, was das Leben ist und was es *sein kann*. Deshalb ist es extrem wichtig, dass Echtzeitvorbilder persönlich zur Verfügung stehen. Das Leben mag sich ja zunehmend online abspielen (mehr dazu in Kapitel 5), doch ist die physische Präsenz noch immer bedeutsam. Die Schablone dafür, wie sich ein Heranwachsender das Leben vorstellt, wird stark von Gleichaltrigen, Lehrern, Trainern, Eltern, den Eltern von Freunden (eine übrigens unterschätzte Gruppe von Vorbildern) und – wie in Wes Travers' Fall – älteren Geschwistern beeinflusst.

Wes' Geschwister springen ein

Sieben Jahre nachdem sein Vater die Familie verließ, fing Wes Travers im Alter von 14 Jahren an, an der Harvard Study teilzunehmen. Als seine Mutter gefragt wurde, wie der Vater der Kinder deren Leben jetzt, da er nicht mehr bei ihnen wohnte, beeinflusste, antwortete Wes' Mutter: Der Vater interessiere sich nicht für die Kinder, und das beruhe auf Gegenseitigkeit. Seine Abwesenheit belastete den Haushalt zwar finanziell, doch brachte sie die Familie auch näher zusammen. Nun kümmerten sich die Kinder gegenseitig umeinander und trugen zum Familieneinkommen bei – mit durchschnittlich 13,68 Dollar pro Person und Woche, manchmal auch mit mehr, wenn eines der Geschwister neue Schuhe, einen neuen Mantel oder eine neue Schultasche brauchte. Da Wes das jüngste und ein eher zaghaftes Kind war, hatten die anderen Geschwister ihn davor bewahrt, sich ebenfalls einen Job suchen zu müssen. Sie wollten, dass er stattdessen zur Schule ging. Dachten sie selbst an diese Zeit zurück, dann hatte damals das Gefühl vorgeherrscht, viel zu früh zur Arbeit gezwungen gewesen zu sein. So hatten sie Wes die Möglichkeit geben wollen, länger Kind sein zu dürfen. Seine Schwester Violet arbeitete als Kindermädchen und gab Wes Taschengeld, das er ausgeben durfte, wie er wollte. Er freute sich jeden Sommer auf das Ferienlager, für das seine Geschwister gespart hatten. Das hielt ihn von Schwierigkeiten fern, so Wes den Mitarbeiterinnen und Mitarbeitern der Studie gegenüber. Bei den Jungs, die er kannte, war den Sommer in Boston zu verbringen gleichbedeutend damit, in Schwierigkeiten zu geraten. Vor allem sah Wes zu einem seiner Brüder auf, der hart arbeitete und, so Wes, »im Haus nicht fluchte« – ein gutes Vorbild für den Jüngeren. Aus einer handschriftlichen Notiz eines Interviewers aus dem ersten Gespräch mit der Familie im Jahr 1945 geht der besondere Platz hervor, den Wes im Travers-Haushalt einnahm:

»Seine Schwester Violet erzählte, dass Wesley eines Tages unerwartet aus dem Ferienlager zurückkam und dass sie zu weinen anfing, weil sie sich so darüber freute.«

Doch konnten Wes' Geschwister ihn nicht ewig beschützen. Als er 15 war, nur ein Jahr nach dem ersten Gespräch mit den Mitarbeiterinnen und Mitarbeitern der Harvard Study, musste er von der Highschool abgehen, weil nun auch er zur finanziellen Unterstützung der Familie beitragen musste. In den darauffolgenden vier Jahren war er als Geschirrspüler und Hilfskellner in verschiedenen Restaurants tätig, hatte nie lange gleichaltrige Freunde und verbrachte den Großteil seiner Freizeit zu Hause. Auf seiner Suche, *jemand* oder *etwas* zu sein, war er vom Weg abgebracht worden, noch bevor dieser wirklich begonnen hatte. Später erzählte er uns: »Das war eine schwere Zeit. Ich fühlte mich absolut wertlos.«

Von einem in gewisser Weise behüteten Kind hatte Wes sich mit einem Schlag zu einem Jugendlichen entwickelt, der in die Erwachsenenwelt mit ihren Verpflichtungen wie in eiskaltes Wasser geworfen wurde. Sein Arbeitstag war lang, freie Zeit hatte er kaum. So blieben ihm viele Schlüsselerfahrungen in dieser Entwicklungsphase vorenthalten. Er musste sich Tag für Tag durch seinen Lakaienjob kämpfen und hatte wie viele andere Kinder in schwierigen Lebensumständen keine Zeit für die Aufgaben, die in seinem Leben nun eigentlich anstanden: enge Freundschaften schließen, zur eigenen Identität finden und lernen, wie man Nähe zu anderen aufbaut. Sein Selbstwertgefühl war gering, und das Leben bot ihm wenig Gelegenheit herauszufinden, wer er war.

Als Wes 19 war, traten die USA in den Koreakrieg ein. Unsicher, wie sein weiteres Leben wohl verlaufen würde, und davon überzeugt, in Boston keine Zukunft zu haben, tat Wes etwas, das viele der Männer in der Harvard-Studie taten: Er ging zum Militär. Dies war sowohl ein Weg aus seiner Jugend hinaus als auch ein Weg in Freundschaften mit anderen jungen Männern aus anderen sozialen Schichten hinein. Das war für Wes eine ganz neue Erfahrung. Sie bot ihm mehr Gelegenheiten, neue Rollen zu erkunden und darüber nachzudenken, was er im Leben wollte. Nach einer scheinbar endlosen Zeit des Schuftens war Wes nun in einem neuen Entwicklungsabschnitt angekommen: dem jungen Erwachsenenalter.

Junges Erwachsenenalter (20–40 Jahre): Knüpfen des Sicherheitsnetzes

Peggy Keane, Teilnehmerin der Harvard Second Generation Study, 53 Jahre:

> Ich war 26 Jahre alt und mit einem der nettesten Männer der ganzen Welt verlobt. Ich fühlte mich wie auf Händen getragen und ungeheuer geliebt. Doch als der Hochzeitstermin näher rückte, bekam ich Panik und hatte in meinem tiefsten Inneren das Gefühl, dass ich nicht heiraten sollte. Die Wahrheit war: Ich wusste, dass ich lesbisch war. Die ganzen Vorbereitungen und meine Angst vor dieser Wahrheit hielten mich davon ab, etwas zu sagen. Unmittelbar nach der Hochzeit begann ich, mich komplett zu verschließen. Ich suchte nach Gründen, meinem Mann die Schuld geben zu können, nach Gründen, warum diese Ehe nicht funktionierte. Innerhalb weniger Monate hatten wir die Scheidung eingereicht. Die ganze Sache ist ein absoluter Tiefpunkt. Nicht weil ich damit klarkommen musste, lesbisch zu sein, sondern weil ich diesem großartigen Mann so viel Kummer bereitet habe. Weil ich meiner Familie so viel Kummer bereitet habe. Ich schämte mich so dafür – nicht fürs Lesbischsein, sondern dafür, *nicht früher herausgefunden zu haben, wer ich war,* und dass ich so viele Menschen traurig gemacht hatte: zwei Familien und so viele Freunde, die unsere Beziehung unterstützt haben und von so weit her angereist kamen, um unsere Hochzeit mit uns zu feiern.

Dieses Ereignis war eine sehr einsame Erfahrung für Peggy, als sie gerade anfing erwachsen zu werden. Ihre Eltern, Henry und

Rosa – ihnen sind wir schon in Kapitel 1 begegnet –, waren gläubige Katholiken, und so wirkte sich das Ereignis ausgesprochen belastend auf ihre Beziehung zu ihnen aus. Peggy fühlte sich verloren und allein.

Wenn die Jugend die Zeit ist, in der wir uns erstmals fragen: *Wer bin ich?*, dann ist das junge Erwachsenenalter die Zeit, in der potenzielle Antworten auf diese Frage auf eine harte Probe gestellt werden. In dieser Lebensphase werden wir für gewöhnlich unabhängiger von unserer Herkunftsfamilie. Daher müssen wir neue Bande knüpfen, um dieses Vakuum zu füllen. Die Arbeit und die finanzielle Unabhängigkeit rücken für uns in den Mittelpunkt, die Gewohnheiten, die wir hinsichtlich der Work-Life-Balance entwickeln, können uns für den Rest unseres Lebens begleiten. Zusammengehalten wird das alles durch den Wunsch und das Bedürfnis, innige Bindungen einzugehen, die sich nicht nur um Romantik drehen, sondern darum, Leben und Verantwortung mit jemandem zu teilen, von dem wir wissen, dass wir uns auf ihn verlassen können.

Von außen betrachtet können junge Erwachsene durch die Konzentration auf die Arbeit sowie darauf, sich eine eigene Partnerschaft und Familie aufzubauen, in den Augen ihrer Herkunftsfamilie den Eindruck erwecken, sie sonderten sich von ihnen ab. Die Eltern halten den neuen Fokus ihrer Kinder in dieser Lebensphase vielleicht für mangelnde Umsicht oder Egoismus. Ältere Menschen betrachten junge Erwachsene vielleicht voller Neid oder auch mit Bedauern, dass sie die Schönheit und Möglichkeiten dieser Lebensphase nicht erkennen können. *Die Jugend ist an der Jugend verschwendet,* lautet ein altes Sprichwort.

Im Inneren kann diese Lebensphase Ängste auslösen, denn nun müssen wir Verantwortung für uns selbst übernehmen, und das zu einer Zeit, in der unser Lebensweg noch nicht im Geringsten gefestigt ist. Darüber hinaus können sich junge Erwachsene auch extrem einsam fühlen. Manchmal ist es sehr schmerzhaft, andere in einem erfüllenden Beruf, in verlässlichen Freundschaften, in eine größere

Gemeinschaft eingebettet oder in einer Liebesbeziehung angekommen zu sehen, während man selbst noch um diese Dinge kämpft.

Junge Erwachsene stellen sich oft folgende Fragen:

- Wer bin ich?
- Bin ich fähig, das Leben zu leben, das ich mir vorstelle?
- Bin ich auf dem richtigen Weg?
- Wofür stehe ich?
- Werde ich jemals den Richtigen / die Richtige finden? Werde ich jemals geliebt werden?

Zudem können zwei großartige Erfahrungen in dieser Lebensphase – unabhängiger zu werden und in der Welt voranzukommen – auch Fallen darstellen. Natürlich ist das Erreichen persönlicher Ziele oder beruflicher Erfolg motivierend und gut für das Selbstvertrauen, doch ist es andererseits auch leicht, sich darin zu verlieren, sodass ebenso motivierende persönliche Beziehungen dabei auf der Strecke bleiben.

So kann sich das Bedürfnis nach Unabhängigkeit in soziale Isolation verwandeln. In der Phase des jungen Erwachsenenalters sind enge Freundschaften sehr wichtig. Auch nur ein guter Freund, der versteht, was wir durchmachen, jemand, dem wir uns anvertrauen und bei dem wir Dampf ablassen können, kann unser Leben zum Besseren verändern. Die Familie spielt noch immer eine Rolle, wenngleich es rund um den Globus sehr verschieden ist, in welcher Beziehung junge Erwachsene zu ihrer Herkunftsfamilie stehen. In vielen asiatischen und lateinamerikanischen Ländern leben die jungen Erwachsenen bis zu ihrer Hochzeit bei ihren Eltern (und manchmal sogar noch nach der Heirat). Im Gegensatz dazu wohnen junge Erwachsene in den Vereinigten Staaten meist Hunderte oder sogar Tausende Kilometer von ihrem Elternhaus entfernt. Nun ist die physische Trennung nicht notwendigerweise ein Nachteil, doch kann die emotionale Nähe zu Eltern und Geschwistern die Prüfungen in dieser Lebensphase erleichtern und den jungen Erwachsenen den Mut schenken, auch einmal ein Risiko einzugehen.

Am Ende vermitteln uns Liebesbeziehungen und hingebungsvolle Intimität ein neues Gefühl von Zuhause und bieten uns einen wichtigen Hafen, in dem wir uns sicher fühlen.

Wes kommt einerseits voran und erleidet andererseits Rückschläge

Als ein Mitarbeiter der Harvard Study versuchte, Wes zwischen 20 und 30 zu erreichen, war dieser nirgends zu finden. Daraufhin wandte er sich an Wes' Mutter, die noch immer in derselben Bostoner Mietwohnung lebte. Sie erzählte ihm, dass Wes nach dem Koreakrieg von irgendeiner Regierungsorganisation angeworben worden war und seitdem im Ausland lebe. Darauf reagierte der Harvard-Study-Mitarbeiter zunächst misstrauisch.

»Die Mutter gibt an, Wes sei in Übersee für die Regierung tätig«, hielt er in seinen Aufzeichnungen fest. »Schwer zu sagen, ob Wes das nur erfunden hat, um seine Abwesenheit zu verschleiern, oder ob er wirklich für die Regierung arbeitet. Ich glaube eher an Ersteres.«

Tatsächlich war Wes von der amerikanischen Regierung angeheuert worden und bildete nach seinem Militärdienst weltweit ausländische Armeeangehörige aus, von Westeuropa bis Lateinamerika. Als er mit 29 den Dienst quittierte, hatte er eine vollkommen andere Sicht auf das Leben, die Kultur und die Welt als solche. Seiner Schwester zufolge hatte Wes im Ausland »jeden Penny gespart«. Bei seiner Rückkehr in die Vereinigten Staaten hatte er das Glück, einige Vorteile vonseiten des Militärs genießen zu können und unter geringem finanziellem Druck zu stehen. Er konnte seiner Mutter ein Haus kaufen und sie dazu bewegen, aus der Mietwohnung auszuziehen, in der die Familie Wes' ganzes Leben lang gewohnt hatte.

Um sich etwas dazuzuverdienen, begann Wes, der in handwerklichen Dingen sehr geschickt war, Freunden und Nachbarn bei Reparaturarbeiten zu helfen.

Zu jener Zeit war er Single, verabredete sich mit niemand Bestimmtem und erzählte den Mitarbeiterinnen und Mitarbeitern der Studie, er habe nicht vor zu heiraten. Die Frage »Möchte ich mich jemandem verpflichtet fühlen, bin ich bereit dazu?« ist für viele junge Erwachsene ein Wendepunkt im Leben. Aus späteren Aufzeichnungen wissen wir, dass Wes beim Gedanken an eine enge Bindung unbehaglich zumute war. Er dachte an die schwierige Ehe seiner Eltern und hatte miterlebt, wie es auch in den Ehen der älteren Geschwister gekriselt hatte. Deshalb hatte er sich bewusst dafür entschieden, romantische Beziehungen zu meiden. Den Großteil seiner Zeit verbrachte er damit, Reparaturen in dem neuen Haus auszuführen.

Trotz seiner schwierigen Kindheit war Wes nun auf einem guten Weg. Er war schon früh in die Erwachsenenwelt hineinkatapultiert worden und hatte Verantwortung übernehmen müssen. Danach war er zum Militär gegangen, um dieser Situation zu entfliehen, und hatte die Jahre zwischen 20 und 30 im Ausland gelebt. Und nun, da er zurück war, musste er sich mit Fragen auseinandersetzen, die sich eigentlich in der Jugend und im frühen Erwachsenenalter stellen. Jedoch war er solchen Themen in diesen Lebensphasen immer ausgewichen. So beschäftigte er sich mit verschiedenen Dingen, um herauszufinden, welche für ihn von Interesse waren und welche nicht. Er trat einem Softballteam und einem Tischlerverein bei, er verabredete sich mit neuen Freunden. Von außen betrachtet wirkte sein Weg sicherlich »nicht fahrplanmäßig« und unsicher, welchen Weg im Leben Wes einschlagen sollte. Doch auf seine ganz persönliche Art und Weise bewältigte er wichtige Entwicklungsaufgaben und -herausforderungen. Er lebte sein Leben eben in seiner ganz persönlichen Geschwindigkeit.

Startschwierigkeiten

Wie Wes' Fall zeigt, hören die Herausforderungen, die die Jugend mit sich bringt, nicht unbedingt in einem bestimmten Alter auf. Nur weil wir 18, 25 oder sogar 30 geworden sind, heißt das nicht, dass wir die Entwicklungsaufgaben der Teenagerjahre nun hinter uns hätten und der Übergang ins Erwachsenenalter vollzogen wäre. Wir müssen uns immer noch unseren eigenen Weg im Leben suchen und möglicherweise wichtige emotionale oder berufliche Schritte aufschieben, weil anderes auf einmal Priorität hat. Die zeitlichen Abläufe variieren von Person zu Person, und mit gesellschaftlichen Veränderungen sind die Pfade durch das junge Erwachsenenalter immer vielfältiger geworden – es gibt alle möglichen Chancen und alle möglichen Gefahren.

Heute erstreckt sich die Lebensphase der Jugend insbesondere in relativ wohlhabenden Gesellschaften meist bis Ende 20. Jeffrey Arnett bezeichnet den Zeitraum als »emerging adulthood«[61], als Schwelle zum Erwachsenenalter: Die jungen Erwachsenen sind größtenteils noch von den Eltern abhängig, dabei aber intensiv auf der Suche nach ihrem Platz im Leben. Bei manchen scheint die Entwicklung in dieser Zeit zu stagnieren, da sie noch Schutz unter den elterlichen Fittichen suchen und sich nicht allzu weit vorwagen.

Erwachsen zu werden ist sehr schwierig geworden, es ist nicht leicht, sich zurechtzufinden.

In Spanien wird die Gruppe junger Erwachsener, die noch bei den Eltern lebt, als Nini-Generation bezeichnet (*ni estudia, ni trabaja,* »weder Studium noch Arbeit«). In Großbritannien und anderen Ländern gibt es sogar ein offizielles Label für diese Teilmenge der Bevölkerung: NEETs – »not in education, employment, or training« (weder in Ausbildung noch angestellt noch in der Lehre).

In Japan existiert das noch besorgniserregendere Phänomen des *Hikikomori,* das übersetzt so viel wie Rückzug bedeutet und Menschen beschreibt, die sich auf engsten persönlichen Raum zurückziehen und den Kontakt zu anderen Menschen meiden. Dieses spezielle Problem ist bei jungen Männern weiter verbreitet als bei jungen Frauen. Es kombiniert die Inaktivität der Ninis und NEETs mit einer zum Stillstand gekommenen psychologischen und sozialen Entwicklung und einer intensiven sozialen Abneigung. Mitunter sind die Betroffenen vom Internet abhängig, was sich in Spielsucht sowie einer Abhängigkeit von sozialen Medien äußert.

In den USA ist das Phänomen nicht so allgegenwärtig, dass es bereits einen eigenen Namen verdient. Doch auch dort lebt eine beträchtliche Anzahl junger Erwachsener noch bei den Eltern, und viele haben Schwierigkeiten, den eigenen Weg im Leben zu finden. Im Jahr 2015 wohnte ein Drittel der zwischen 18- und 34-Jährigen noch zu Hause, und rund ein Viertel davon – 2,2 Millionen junge Erwachsene – war weder in Ausbildung noch berufstätig.[62]

Diese jungen Männer und Frauen sind nicht unabhängig, was sie in ihrer Fähigkeit, sich selbst als kompetente Erwachsene zu sehen, behindern kann. Die zunehmende Abhängigkeit von den Eltern unterdrückt die Entwicklung des Selbstvertrauens weiter, was häufig dramatische Auswirkungen auf intime Beziehungen zur Folge hat. Allerdings tragen nicht immer die jungen Erwachsenen die Schuld, oft spielen wirtschaftliche Zwänge eine Rolle. Selbst junge Erwachsene, die studieren und einen bestimmten Beruf erlernen, werden manchmal mit hohen Studienschulden und keinerlei Rücklagen in eine Wirtschaft entlassen, die für sie keine Verwendung hat. Hier stellen die Eltern das meist dringend benötigte Sicherheitsnetz dar.

Überwiegend taucht dieses Phänomen in entwickelten Ländern und innerhalb wohlhabender Gesellschaftsschichten auf. Im Gegensatz dazu beginnen die Kinder in Entwicklungsländern und die Kinder aus benachteiligten Gruppen in entwickelten Ländern manchmal schon mit 15 oder sogar noch jünger damit, zu arbeiten und ihre Familie zu unterstützen – wie das auch bei Wes Travers der Fall gewesen ist.

Kompetenz und Intimität

Einige Aufgaben der jugendlichen Entwicklung hatte Wes zwar auf spätere Jahre aufgeschoben, hinsichtlich der Kompetenz war er Gleichaltrigen jedoch weit voraus. Mit 19 ging er zum Militär und absolvierte eine schwierige Ausbildung. Er verdiente sich seine Sporen und sprang mit dem Fallschirm über feindlichem Territorium ab. Der einst schüchterne Junge hatte sich als junger Erwachsener Fähigkeiten angeeignet, die sein Selbstvertrauen stärkten. Der für gewöhnlich bescheidene und eher selbstkritische Wes äußerte mit 34 Mitarbeitern der Studie gegenüber ganz untypisch: »Man könnte mich irgendwo auf dieser Welt aussetzen, und ich bin überzeugt davon, dass ich überleben würde – mehr als das: Es würde mir gut gehen.« Nach seiner Rückkehr in die USA hatte er keinerlei Scheu davor, jedwede praktische Tätigkeit in Angriff zu nehmen. Er brachte sich selbst das Schreinern bei und baute sich ein Haus. Dass er seiner Mutter und seiner Schwester von seinen Ersparnissen ein Haus kaufen konnte, vermittelte ihm ein Gefühl von Lebenssinn und Stolz. So war er in der Lage, ihnen auf seine Art etwas von der Fürsorge zurückgeben, die sie ihm als Kind hatten angedeihen lassen.

Ganz allgemein gesprochen versuchen wir als junge Erwachsene herauszufinden, wie wir uns in den beiden großen Bereichen des Lebens – Arbeit und Familie – etablieren können. Manchen Menschen gelingt es, in beiden Sphären gleichzeitig Kompetenz zu entwickeln, andere sind in einem Bereich besser als im anderen.

Hier eine Balance zu finden ist eine Herausforderung, und mögliche Lösungen stehen den Geschlechtern nicht immer gleichermaßen offen. Dafür ist Wes' Familie ein gutes Beispiel. Nach dem Militärdienst begleiteten die Zuneigung und Unterstützung seiner Schwester und seiner Mutter ihn auf dem Weg ins Erwachsenenalter. Auf dieser Grundlage und dank günstiger Bedingungen konnte er ein gutes Kompetenzgefühl aufbauen. Die gleiche Art von Unterstützung und Ermutigung stand seiner Schwester in den 1950er- und 1960er-Jahren jedoch nicht zur Verfügung. Auch heute noch, im 21. Jahrhundert, nehmen auf dem Geschlecht beruhende Normen Einfluss auf die Entwicklung junger Erwachsener, sowohl im Berufs- als auch im Familienleben. Obwohl wir Fortschritte gemacht haben, wird in vielen Kulturen noch immer ausschließlich den Frauen die Hauptlast in puncto Kindererziehung und Haushalt aufgebürdet. Diese unausgewogene Arbeitsteilung kann junge Frauen in ihrer Entwicklung und der Verwirklichung ihrer Ziele behindern, während sie gleichzeitig Männern eine größere Freiheit einräumt, die berufliche Karriere zu verfolgen.

Obwohl Wes die Unterstützung seiner Schwester und seiner Mutter hatte, ging er im gesamten jungen Erwachsenenalter keine nennenswerte intime Beziehung ein. Ein Gefühl von Kompetenz und Kontrolle hatte sich durchaus eingestellt, er pflegte viele lockere Freundschaften und hatte ein aktives soziales Leben. Im Hinblick auf romantische Beziehungen zeigte Wes den Aufzeichnungen zufolge jedoch eine gewisse Zögerlichkeit und Unsicherheit, man könnte sogar von Einsamkeit sprechen. Er hatte niemanden, dem er sich anvertrauen konnte, niemanden, mit dem er sein Leben teilen konnte. Zwar hat nicht jeder das Bedürfnis nach einer Liebesbeziehung, Wes aber empfand das Fehlen von romantischer Liebe in seinem Leben als große Leerstelle und er wusste nicht, wie er damit umgehen sollte. Er konnte ein Haus bauen – wie man sich ein Zuhause schafft, wusste er nicht.

Mittleres Lebensalter (41–65 Jahre): Entwicklung über das Ich hinaus

Harvard-Study-Fragebogen aus dem Jahr 1964 für John Marsden, 43 Jahre alt:

F: Auf dieser Seite haben Sie die Gelegenheit, weitere Anmerkungen zu machen. Welche Themen haben wir vergessen?
A: 1. Ich werde alt. Bin mir erstmals der Tatsache des Todes bewusst.
2. Habe das Gefühl, das, was ich wollte, vielleicht nicht erreichen zu können.
3. Bin mir nicht sicher, ob ich weiß, wie man Kinder großzieht. Dachte, ich wüsste es.
4. Die Spannungen bei der Arbeit sind kaum auszuhalten.

Irgendwann im Leben wird uns klar, dass wir nicht mehr jung sind. Die Generation vor uns wird alt, und wir sehen (und spüren) diesen Prozess allmählich im eigenen Körper. Unsere Rolle im Leben unserer Kinder – wenn wir denn welche haben – verändert sich, während sie ihr eigenes Leben leben. Darüber hinaus machen wir uns Sorgen, was die Zukunft wohl für sie bereithält. Freundschaften, so wichtig in Jugend und jungem Erwachsenenalter, stehen nun vielleicht hinter unseren Verantwortlichkeiten und Pflichten zurück. Wir sind möglicherweise stolz auf unsere Leistungen und in mancher Hinsicht zufrieden damit, wie weit wir es gebracht haben, in anderer Hinsicht aber wünschten wir, wir hätten es anders gemacht. Immer mehr Möglichkeiten scheinen aus unserem Leben zu verschwinden. Gleichzeitig haben wir viel gelernt, und viele von uns würden nicht noch einmal jung sein wollen.

Von außen betrachtet wirken die mittleren Lebensjahre häufig stabil und vorhersagbar – für die jüngeren Generationen auch langweilig. Älteren Erwachsenen, die zurückblicken, erscheint das mittlere Lebensalter vielleicht wie die Blüte des Lebens, die beste Mischung aus Weisheit und Vitalität. Diese gegensätzlichen Sichtweisen sind vom jeweiligen Standpunkt aus absolut verständlich. Sehen wir uns einen Menschen im mittleren Alter an, der eine sichere Arbeit hat, eine Routine, einen Partner und eine Familie, denken wir meist: Der hat den Bogen raus, der hat sein Leben im Griff. Häufig werden Erwachsene mittleren Alters von Gleichaltrigen so gesehen. Allerdings ist es von außen nicht immer gleich ersichtlich, welche Kämpfe auch in dieser Lebensphase ausgetragen werden müssen.

Im Inneren kann sich diese Phase des Lebens ganz anders anfühlen. Wir haben vielleicht ein stabiles Berufs- und Privatleben und sind auch stolz darauf, fühlen uns gleichzeitig aber gestresster denn je, ganz krank vor Verantwortlichkeiten und Sorgen. Oft haben Erwachsene mittleren Alters weder die Gelegenheit noch die Energie, sich mit anderen über ihre Sorgen auszutauschen, da sie die Kinder großziehen, sich um älter werdende Eltern kümmern sowie Haushalt und Beruf jonglieren. Die Stabilität und Routine, die sich bei manchen im mittleren Lebensabschnitt einstellen, fühlen sich für den einen wie Sicherheit an – ich habe mich etabliert und mir ein Leben aufgebaut –, für den anderen aber vielleicht wie Stagnation. Wir blicken zurück und fragen uns, ob wir den richtigen Weg eingeschlagen haben (Was wäre, wenn …?). Hinzu kommt, wie John Marsdens Antwort auf die Frage oben verdeutlicht, dass wir irgendwann instinktiv erkennen, wie kurz das Leben ist – ab 40 wahrscheinlich schon mehr als halb vorbei. Eine – gelinde gesagt – wachrüttelnde Erkenntnis.

Um die Lebensmitte herum fragen wir uns für gewöhnlich Folgendes:

- Mache ich mich gut im Vergleich zu anderen?
- Stecke ich zu sehr im immer gleichen Trott?

- Bin ich ein guter Partner / eine gute Partnerin und ein guter Vater / eine gute Mutter? Habe ich eine gute Beziehung zu meinen Kindern?
- Wie viele Jahre bleiben mir noch?
- Hat das Leben, das ich führe, Bedeutung über mich selbst hinaus?
- Welche Menschen und Ziele liegen mir wirklich am Herzen (und wie kann ich sie fördern)?
- Was will ich sonst noch tun?

Wenn uns schließlich bewusst wird, dass der Großteil unseres Lebens hinter uns liegt, sehen wir uns vielleicht um, erkennen, dass unsere Fähigkeiten begrenzt sind und unser Lebenspfad endlich ist. Dann fragen wir uns: War das wirklich schon alles?

Die schlichte Antwort darauf lautet: Nein. Das war noch nicht alles. Das mittlere Lebensalter ist ein Scheidepunkt, nicht nur zwischen jung und alt, sondern auch zwischen dem nach innen gerichteten Lebensstil, den sich viele Menschen im jungen Erwachsenenalter aneignen, und einer großzügigeren, nach außen gerichteten Art zu leben. Die wichtigste und motivierendste Aufgabe in dieser Lebensphase besteht darin, den Fokus auf die Welt jenseits des Ich auszudehnen.

In der Psychologie wird dieser Prozess als Generativität bezeichnet. Im »besten Alter« können wir die Freuden und Möglichkeiten dieser Phase entdecken. Unter den Teilnehmerinnen und Teilnehmern der Harvard Study waren die glücklichsten und zufriedensten diejenigen, denen es gelang, die Frage »Was kann ich für mich selbst tun?« in »Was kann ich für die Welt um mich herum tun?« zu verwandeln.

John F. Kennedy, selbst ein Harvard-Study-Teilnehmer, verstand das nur allzu gut, als er das mittlere Lebensalter erreichte. Mit seinem berühmten Ratschlag als Präsident der Vereinigten Staaten – »Frage nicht, was dein Land für dich tun kann, sondern, was du für dein Land tun kannst« – wollte er den Menschen einerseits politische, andererseits aber auch emotionale Orientierung sowie Orientierung hinsichtlich ihrer persönlichen Entwicklung bieten.

Als wir die Teilnehmerinnen und Teilnehmer der Studie gegen Ende ihres Lebens fragten, was sie lieber weniger und was sie lieber mehr hätten tun sollen, bezogen sie sich häufig auf diesen mittleren Lebensabschnitt. Viele bedauerten, sich so viele Sorgen gemacht und so wenig dafür *getan* zu haben, dass es ihnen gut ging:

- »Ich wünschte, ich hätte nicht so viel Zeit vergeudet.«
- »Ich wünschte, ich hätte nicht so viel auf später verschoben.«
- »Ich wünschte, ich hätte mir nicht so viele Sorgen gemacht.«
- »Ich wünschte, ich hätte mehr Zeit mit meiner Familie verbracht.«

Ein Teilnehmer scherzte: »Na ja, ich habe ohnehin nicht viel gemacht, weniger wäre also nichts gewesen!« Viele der in diesem Zusammenhang Befragten waren über 70 oder sogar schon über 80 und antworteten im Rückblick auf ihr Leben. Allerdings müssen wir nicht so lange warten, um uns zu fragen, wie wir das Beste aus der Zeit, die uns gegeben ist, machen können.

Das beste Mittel, das uns sowohl dabei hilft, etwas aus unserem Leben zu machen, als auch dabei, etwas aufzubauen, das uns überdauert, sind Beziehungen. Gelingt es uns, bedeutungsvolle Beziehungen zu schaffen, bleibt die Frage »War das wirklich schon alles?« den Augenblicken vorbehalten, in denen wir eine Packung Eiscreme aus dem Gefrierfach nehmen und sie sich leider viel zu leicht anfühlt.

Wes öffnet sich in den mittleren Jahren

Mit 40 war Wes Travers noch immer nicht verheiratet. Das war in den späten 1960er-Jahren in Boston recht ungewöhnlich, oder wie Bernice Neugarten es ausgedrückt hätte: »nicht fahrplangemäß«. Mit 36 hatte er begonnen, sich mit einer Frau namens Amy zu verabreden, die geschieden war und einen dreijährigen Sohn hatte. Wes half ihr, den Jungen großzuziehen, den Bund der Ehe schlossen die beiden jedoch nicht. Allerdings lebten sie nun zusammen in einer Wohnung im South End.

Wes hatte sich bei der Bostoner Polizei beworben und musste zwar einige Jahre darauf warten, bekam aber schließlich doch eine Stelle.

Das sollte sich als außerordentlich positive Erfahrung für ihn herausstellen. Er verstand sich gut mit seinen Kollegen und passte ausgezeichnet in die Umgebung. So lernte er Menschen in ganz Boston kennen. Einmal sagte er, er sei eher ein ruhiger Typ, weshalb er sich in angespannten Situationen häufig als Friedensstifter sah. Er sorgte dafür, dass auch die anderen ruhig blieben.

Als Wes 44 wurde, machte er Amy einen Heiratsantrag.

Einige Jahre später fragte eine Interviewerin der Studie Wes nach Amy und hielt seine Antwort in ihren Notizen fest. Der Abschnitt ist es wert, in Gänze zitiert zu werden:

> Amy, Mr. Travers' Frau, ist 37 Jahre alt, geheiratet haben die beiden 1971. Sie ist religiös und hat einen Hochschulabschluss. Mr. Travers beschrieb seine Frau als »großartig – ein toller Mensch« und meinte das auch so. Es war nicht nur einfach so dahingesagt.
>
> Nach den Eigenschaften gefragt, die ihm an seiner Frau besonders gefielen, antwortete er: »Sie ist ein so sanfter und mitfühlender Mensch.« Er fügte hinzu, dass er im Grunde alles an ihr mochte, dass sie etwas an sich habe, das ihm auf Anhieb gefallen hatte. Sie sei, so Mr. Travers, die Art Mensch, die vor allem denjenigen viel Mitgefühl entgegenbringt, denen es schlechter geht als ihr selbst. Einer der Gründe dafür beispielsweise, warum sie ihm letztes Jahr zum Geburtstag ausgerechnet dieses Kätzchen geschenkt habe, sei der, dass es eine Narbe am Kopf und nach einer Auseinandersetzung mit einem Hund nur noch ein halbes Ohr gehabt hatte. Sie hätte sich auch eine gesunde Katze aus-

suchen können, aber das war eben typisch für sie. Er selbst sei auch so und hätte wahrscheinlich ähnlich gehandelt.

Etwas, das ihn an seiner Frau wirklich ärgerte, fiel ihm nicht ein. Hin und wieder zankten sie sich auch – worüber, wusste er nicht mehr –, doch nach einer oder zwei Stunden sei alles wieder friedlich, ernsthafte Streitigkeiten hatten sie noch nie gehabt. An eine Trennung oder Scheidung hätten sie ebenfalls noch nie auch nur gedacht. Was seine Ehe anbetraf, so Mr. Travers, »so wurde sie immer besser«.

Am Ende des Interviews fragte ich den Studienteilnehmer, warum sie mit dem Heiraten so lange gewartet hatten. Er antwortete: »Ich hatte einfach Angst, in gewissen Gewohnheiten festzustecken – Angst davor, was ich ihr antun könnte.« Er gab an, auch etwas Angst vor der Intimität der Ehe gehabt zu haben. Inzwischen scheint er aber darüber hinweg zu sein, seine Ängste haben sich aufgelöst.

Wes hatte es als Erwachsener immer gemieden, eine langfristige Beziehung einzugehen, vermutlich aufgrund der Erfahrung, die er in seiner frühen Kindheit mit der Ehe seiner Eltern gemacht hatte. Das ist alles andere als ungewöhnlich. Wir können Vorstellungen über uns selbst und die Welt entwickeln, die sich als unwahr herausstellen. Es dauerte lange, doch an der Seite einer liebenden Partnerin überwand er seine Angst und sah nie zurück. Davon war er selbst sehr überrascht.

Späte Lebensjahre (66+): Sich um Dinge (und Menschen), die wichtig sind, kümmern

In einer 2003 durchgeführten Studie wurden zwei Gruppen von Teilnehmern – einer älteren und einer jüngeren Gruppe – zwei Werbungen für eine neue Kamera gezeigt.[63] In beiden Anzeigen tauchte dasselbe hübsche Bild eines Vogels auf, allerdings mit einem jeweils anderen Text.

Werbetext 1: *Fangen Sie diese besonderen Augenblicke ein.*
Werbetext 2: *Fangen Sie die unentdeckte Welt ein.*

Die Probanden wurden gebeten zu sagen, welche Anzeige ihnen besser gefiel.

Der Gruppe mit den älteren Teilnehmern gefiel die erste Version besser, der Gruppe mit den jüngeren Teilnehmern die zweite.

Als die Forscher eine weitere Gruppe von älteren Teilnehmern jedoch baten, sie sollten sich vorstellen, sie lebten 20 Jahre länger, als sie erwarteten, und wären gesund, entschied sich auch diese Gruppe für Version zwei der Anzeige.

Die Studie offenbart eine grundlegende Wahrheit über das Älterwerden: Die Zeit, die uns unserer Erwartung nach auf Erden noch bleibt, bestimmt unsere Prioritäten. Glauben wir, wir hätten noch viel Zeit, denken wir mehr über die Zukunft nach. Glauben wir hingegen, wir hätten nicht mehr so viel Zeit, versuchen wir, das Beste aus der Gegenwart zu machen.[64]

In den späten Lebensjahren wird die Zeit plötzlich sehr kostbar. Angesichts der Tatsache unserer eigenen Sterblichkeit beginnen wir, uns Fragen wie die folgenden zu stellen:

- Wie viel Zeit bleibt mir noch?
- Wie lange werde ich gesund bleiben?
- Lassen meine geistigen Fähigkeiten nach?
- Mit wem möchte ich diese begrenzte Zeit noch verbringen?
- Hatte ich ein gutes Leben? Was war mir wichtig? Was bedauere ich?

Von außen betrachtet wirken die späten Lebensjahre in erster Linie wie eine Zeit des körperlichen und geistigen Verfalls. Für jüngere Menschen ist das Alter meist etwas Fernes und Abstraktes, ein derart von ihrer Erfahrung abgekoppelter Zustand, dass sie sich noch nicht einmal vorstellen können, irgendwann einmal selbst alt zu sein. Für jemanden im mittleren Lebensalter ist der Verfall älterer

Menschen schon nicht mehr ganz so abstrakt und erinnert ihn vielleicht daran, dass er selbst auch schon älter wird. Im Gegensatz dazu wird vor allem in manchen Kulturen der Weisheit älterer Menschen häufig großer Respekt entgegengebracht.

Im Inneren sieht die ganze Sache etwas komplexer aus. Während der Tod naht, wird uns Zeit zwar immer wichtiger, allerdings wissen wir sie jetzt auch besser zu schätzen. Je weniger die Augenblicke werden, auf die wir uns im Leben noch freuen können, desto wertvoller sind sie. Oft löst sich vergangener Kummer, löst sich das, was uns beschäftigt hat, auf, und was übrig bleibt, ist das, was wir vor Augen haben: die Schönheit eines verschneiten Tages; der Stolz auf unsere Kinder oder unsere Arbeit; die Beziehungen, die uns wichtig sind. Trotz der Wahrnehmung, ältere Menschen seien mürrisch und zänkisch, beweisen Studien, dass der Mensch nie glücklicher ist als in den späten Jahren seines Lebens.[65] Wir werden immer besser darin, die Hochs zu genießen und die Tiefs gelassen hinzunehmen. Wir lassen uns von den kleinen Dingen, die schiefgehen, weniger stressen und können besser zwischen wichtig und unwichtig unterscheiden. Der Wert positiver Erfahrungen übersteigt die Kosten negativer Erfahrungen bei Weitem. Darüber hinaus räumen wir den Dingen, die uns Freude bereiten, Priorität ein. Kurzum: Wir sind emotional klüger, und diese Weisheit sorgt dafür, dass es uns gut geht.

Dennoch gibt es immer noch etwas zu lernen, wir müssen uns noch immer weiterentwickeln, und der Schlüssel dazu, die Freuden der späten Lebensjahre so gut wie möglich auszukosten, liegt in unseren Beziehungen.

Manche Menschen tun sich schwer damit zu lernen, wie man anderen hilft und – das trifft vor allem auf ältere Menschen zu – Hilfe annimmt. Dieses Geben und Nehmen stellt jedoch eine der zentralen Entwicklungsaufgaben im späteren Leben dar. Mit zunehmendem Alter bereitet es uns zunehmend Sorgen, dass wir einerseits zu hilfsbedürftig werden und dass andererseits die Menschen nicht da sein könnten, wenn wir sie wirklich brauchen. Eine berechtigte Sorge, denn die Gefahr der sozialen Isolation ist durchaus gegeben. Da Arbeit, Kinderbetreuung und andere Beschäftigungen wegfallen, gehen auch die Beziehungen, die früher damit verbunden waren, verloren. So werden gute Freunde und verlässliche Familienbande immer wichtiger und sollten entsprechend geschätzt werden. Das Gefühl der begrenzten Lebenszeit macht all unsere Beziehungen wichtiger, und wir müssen lernen, die Erkenntnis der eigenen Sterblichkeit damit auszubalancieren, im Leben verankert zu bleiben.

Ein eingeschworenes Paar

Als Wes Travers 79 war, stattete eine der Interviewerinnen der Studie ihm und Amy einen Besuch ab. Nach ihrer Landung in Phoenix rief sie Wes an. Er gab ihr ausgesprochen detaillierte Anweisungen, wie sie vom Flughafen zu der Seniorensiedlung kam, in der Amy und er jetzt lebten, und dann von der Einfahrt weiter zu ihrem Zweifamilienhaus. Vielleicht waren seine Anweisungen sogar etwas zu detailliert. Als die Interviewerin mit dem Auto dorthin fuhr, wurde ihr klar, dass die beiden genau wussten, wie lange man vom Flughafen zu ihnen braucht, denn sie warteten schon auf sie: Sie standen in der Tür und winkten.

Wes war gerade von seinem Spaziergang zurückgekommen. Amy bot unserer Interviewerin Kaffee, Wasser und frisch gebackenes Blaubeerbrot an.

Bevor sie sich den Dingen widmeten, die anstanden – eine Blutentnahme zwecks DNA-Probe und das Interview –, fragte die Interviewerin das Paar nach seinem Sohn Ryan.

Amy hielt einen Augenblick inne und erzählte dann, dass sich vor Kurzem eine schreckliche Familientragödie ereignet hatte: Bei Ryans Frau war im vergangenen Jahr ein Gehirntumor diagnostiziert worden, sie war im Dezember im Alter von nur 43 Jahren gestorben. Amy und Wes taten, was immer sie konnten, um der Familie zu helfen, doch waren Ryan und die Kinder noch lange nicht darüber hinweg.

»Ich muss immer an meine Familie denken, als ich noch ein Kind war«, sagte Wes. »Mein Vater hat uns verlassen, als ich sieben war. Das hat uns alle verändert. Natürlich war er ganz anders als Leah, unsere Schwiegertochter –, er war ein furchtbarer Mensch. Aber er ging weg, und alles war anders. Deshalb mache ich mir vor allem um die Kinder Sorgen, wie sie zurechtkommen werden. Es ist schwer als alleinerziehender Elternteil. Für mich war es wahrscheinlich gut, dass mein Vater uns verlassen hat, ich weiß nicht. Aber für diese Kinder ... Es wird nicht leicht für sie werden.«

Wendepunkte: Reise ins Ungewisse

Lassen Sie uns hier einen Moment innehalten und dem Unerwarteten Raum geben. Entwicklungstheorien, die sich mit der gesamten Lebensspanne beschäftigen, betonen häufig die Vorhersagbarkeit und Logik der Lebensphasen. Und doch verdeutlicht Wes' Geschichte, was uns im Leben zahlreicher Studienteilnehmer immer wieder begegnet, auch bei den Befragten der Harvard Study: Das Unerwartete ist absolut normal. Zufällige Begegnungen und unvorhergesehene Ereignisse sind die Hauptgründe dafür, warum sich das Leben eines Menschen nie vollständig in irgendein »System« bestimmter Lebensphasen einordnen lässt. Das Leben des Einzelnen ist eine Improvisation, deren Verlauf von den Umständen sowie vom Zufall bestimmt wird. Es gibt zwar gewisse gemeinsame Lebensmuster, doch wäre es schlicht unmöglich, ein Leben vom Anfang bis zum Schluss zu leben, ohne dabei von einem ungeplanten Ereignis in eine neue Richtung geschickt zu werden. Es gibt sogar Studien, die darauf schließen lassen, dass es gerade die unerwarteten Wendungen und nicht die Pläne sind, die das Leben eines Menschen ausmachen und zu Phasen des persönlichen Wachstums führen können.[66] Wird uns ein Strich durch die Rechnung gemacht, kann unser Leben eine ganz neue Wendung nehmen.

Viele dieser Erschütterungen gehen direkt aus unseren Beziehungen hervor. Wir haben die Menschen, die wir lieben, immer dabei; sie sind ein Teil von uns. Verlieren wir sie oder geht die Beziehung schief, ist das Gefühl so intensiv, dass wir beinahe körperlich das Loch spüren, wo vorher diese Menschen oder diese Beziehung war. Doch bieten intensive Veränderungen, auch wenn sie traumatisch sind, die Möglichkeit, sich positiv weiterzuentwickeln. Evelyn, eine Teilnehmerin der Harvard Second Generation Study, etwa erlebte im mittleren Lebensalter etwas, das nicht ungewöhnlich ist:

Evelyn, 49 Jahre alt:

Mein Mann und ich hatten begonnen, uns auseinanderzuleben, nachdem wir seit dem College bis Ende 30 zusammen gewesen waren. Eines Abends eröffnete er mir, dass er mit mir reden musste: Er hatte sich auf einer Geschäftsreise in eine andere Frau verliebt … Ich fühlte mich, als würde mir buchstäblich der Boden unter den Füßen weggezogen … Der emotionale Schmerz, den ich im darauffolgenden Jahr empfand, war beinahe körperlich. Es kostete mich ungeheure Kraft, morgens aufzustehen und zur Arbeit zu gehen … Schließlich ließen wir uns scheiden, er heiratete sie und auch ich heiratete sechs Jahre später. Ich hätte niemals gedacht, dass aus diesem Ereignis etwas Positives hervorgehen würde, aber so war es. Meine Karriere blühte auf, und ich traf einen Mann, mit dem ich jetzt ein viel erfüllteres Leben führe. Außerdem weiß ich jetzt, dass ich auch allein gut zurechtkomme, und ich empfinde viel mehr Mitgefühl und Empathie mit Menschen, die einen Verlust und Zurückweisung erlitten haben. Ich habe mir die Erfahrung nicht ausgesucht, bin aber froh, sie gemacht zu haben.

Kulturelle oder sogar globale Veränderungen können sich ähnlich erschütternd auf unser ganzes System auswirken. Die Covid-19-Pandemie, die 2020 begann, stellte das Leben vieler Menschen auf den Kopf. Einen vergleichbaren Effekt können Wirtschaftskrisen und Kriege haben. Jeder einzelne der Uniteilnehmer an der Harvard-Studie hatte Anfang der 1940er-Jahre Pläne für die Zeit nach dem Abschluss. Dann geschah der Angriff auf Pearl Harbor, und jeder einzelne Plan löste sich in Luft auf – 89 Prozent dieser Probanden kämpften im Krieg, was ihr Leben für immer veränderte. Dennoch gaben sie alle an, stolz darauf zu sein, gedient zu haben, und viele erinnern sich an diese Zeit als an die beste und bedeutungsvollste in ihrem Leben zurück – trotz der Schwierigkeiten, die sie mit sich brachte.

Darin hallen Ergebnisse aus dem Längsschnittforschungsprojekt namens Dunedin Study wider, die mit 1037 zwischen 1972 und 1973 in Neuseeland geborenen Babys begann und auch heute noch fortgeführt wird.[67] Eine Reihe der Probanden, die Schwierigkeiten als Jugendliche hatten, betrachtete den Militärdienst als wichtigen, positiven Wendepunkt in ihrem Leben.

Für die eine Generation war es der Krieg, für eine andere die Umbrüche in den 1960er-Jahren, die Finanzkrise 2008 oder die Covid-19-Pandemie. Für Einzelpersonen ist es vielleicht ein tragischer Unfall, ein psychisches Problem, eine plötzliche Erkrankung oder der Tod eines geliebten Menschen. Für Wes bestanden die Umbrüche darin, dass der Vater die Familie verließ, der Zwang, die Schule verlassen und arbeiten zu müssen, und vieles mehr. Das Einzige, was wir erwarten können, ist, dass das Unerwartete – und unsere Reaktion darauf – den Lauf unseres Lebens verändern werden. Dazu gibt es ein herrliches jiddisches Sprichwort: *Der mentsh trakht, un Got lakht* – der Mensch macht Pläne, und Gott lacht.

Allerdings sind unerwartete Ereignisse nicht immer etwas Negatives. Manchmal handelt es sich auch um eine positive Wendung des Schicksals, die fast immer etwas mit Beziehungen zu tun hat. Die Menschen, denen wir in unserem Leben begegnen, sind für einen Großteil dessen verantwortlich, wie sich unser Leben entwickelt. Das Leben ist chaotisch. Gute Beziehungen zu pflegen macht dieses Chaos deutlich positiver und erhöht die Wahrscheinlichkeit, dass wir neue, erfreuliche Bekanntschaften schließen (mehr dazu in Kapitel 10). Vielleicht finden Sie auf Ihrem Foto aus der Vergangenheit von sich selbst Spuren solcher positiver Zufallsbegegnungen. Denn sie finden sich in fast jedem Augenblick unseres Lebens: *Hätte ich diesen Kurs nicht gemacht, wäre ich XY nie begegnet … Hätte ich den Bus an diesem Tag nicht verpasst, hätte ich Z nie getroffen.*

Wir haben unser Schicksal nicht immer in der Hand. Nur weil wir mal Glück haben, bedeutet das noch lange nicht, dass wir es auch verdient haben, und nur weil wir mal Pech haben, heißt das nicht, dass uns auch das zu Recht geschieht. Dem Chaos des Lebens entkommen wir nicht. Doch je mehr wir uns um positive Beziehungen bemühen, desto größer sind unsere Chancen, die holprige Fahrt nicht nur zu überleben, sondern sie auch zu genießen.

Wes trinkt Kaffee und blickt zurück

2012, nur zwei Jahre nach dem Besuch der Interviewerin, setzte sich Wes im Alter von 81 Jahren mit einer Tasse Kaffee an seinen Küchentisch, um unseren alle zwei Jahre fälligen Fragebogen auszufüllen. (Auf den Seiten sieht man auch heute noch einige verblasste Kaffeeflecken.) Hier ein paar seiner Antworten:

F Nr. 8: Auf wen können Sie wirklich zählen, wenn Sie einmal Hilfe brauchen? Bitte listen Sie alle Menschen auf, die Ihnen diesbezüglich einfallen.
A: Die kann ich nicht alle auflisten.

F Nr. 9: Welche Beziehung haben Sie zu jedem Ihrer Kinder auf einer Skala von 1 (negativ-feindselig und/oder distanziert) bis 7 (positiv-liebevoll und/oder eng)?
A: 7

F Nr. 10: Markieren Sie das Wort, das am besten beschreibt, wie oft Sie sich einsam fühlen:

Nie (eingekreist) Selten Oft Immer

F Nr. 11:
a) Wie oft haben Sie das Gefühl, zu wenig Gesellschaft zu haben?

Fast nie (eingekreist) Manchmal Oft

b) Wie oft fühlen Sie sich außen vor gelassen?

Fast nie (eingekreist) Manchmal Oft

c) Wie oft fühlen Sie sich von anderen getrennt?

Fast nie (eingekreist) Manchmal Oft

In diesem Fragebogen wurde Wes auch gefragt, was das Schönste sei, das er und seine Frau gemeinsam unternahmen. Und er antwortete darauf – der seinem Land tapfer im Krieg gedient, die ganze Welt bereist, sich ohne entsprechende Vorkenntnisse ein Haus gebaut hatte, einen glücklichen und gesunden Stiefsohn großgezogen hatte und der sich jeden Tag ehrenamtlich in seiner Gemeinde engagierte –: »Einfach mit ihr zusammen zu sein«.

Den Lebensabschnitt im Hinterkopf behalten

Warum sollten wir uns die Mühe machen, uns selbst in diesem größeren Zusammenhang zu sehen? Kann uns die Vorstellung der Lebensabschnitte im täglichen Leben wirklich helfen?

Manchmal ist es schwer, die Menschen in unserem Leben zu verstehen und uns ihnen nah zu fühlen, wenn wir ausschließlich über das Offensichtliche nachdenken. Ab und zu einen Schritt zurückzutreten, einen Blick auf das Gesamtbild zu werfen und uns sowie die Menschen, die uns am Herzen liegen, in den Kontext eines ganzen Lebens zu stellen, ist eine wundervolle Möglichkeit, ihnen mit Empathie und Verständnis zu begegnen. Erinnern wir uns daran, dass unsere Sicht auf das Leben davon abhängt, wo im Lebenszyklus wir uns gerade befinden, dann lassen sich manche Frustrationen vermeiden und tiefere Verbindungen herstellen.

Am Ende geht es darum, beim Blick auf die Wege in unserem Leben – sowohl rückblickend als auch nach vorn gewandt – auch einmal einen anderen Standpunkt einzunehmen. So können wir uns gegenseitig auf die scharfen Kurven vorbereiten. Wie schon ein altes türkisches Sprichwort sagt: Mit guter Gesellschaft ist kein Weg zu lang.

4
Soziale Fitness: Beziehungen in Form halten

»Eine Seele, die traurig ist, kann tödlicher sein als ein Krankheitserreger.«[68]

JOHN STEINBECK, *TRAVELS WITH CHARLEY*

Harvard Study Second Generation, Interview, 2016

F: Ihr Vater hat an der Harvard Study teilgenommen. Haben Sie im Rückblick auf sein Leben etwas von ihm gelernt?
A: Dad hat hart gearbeitet und er war ein toller Ingenieur, aber es fiel ihm schwer, seine Gefühle auszudrücken oder sich ihrer auch nur bewusst zu sein. Also hat er gearbeitet, weil er nicht wusste, was er sonst tun sollte. Er spielte Tennis und hatte Freunde, aber seine Ehe ist gescheitert. Dad versuchte es mit 66 mit einer anderen Frau, das hat aber auch nicht geklappt. Als er mit 80 starb, war er allein. Und das tut mir sehr leid. Ich könnte mir vorstellen, dass viele aus seiner Generation so waren.

Vera Eddings, Teilnehmerin der Second Generation, 55 Jahre

Häufig nimmt sich die Psychologie die Auswirkungen emotionaler Verletzungen zum Gegenstand ihrer Studien. Wir wollen hier jedoch über eine ganz bestimmte Studie sprechen, die mit dem *Erzeugen* von Wunden begann – körperlichen Wunden.

Das war nicht so schlimm, wie es klingt. Den Teilnehmerinnen wurde ein Stück Haut in der Größe eines kleinen Fingernagels vom Arm knapp oberhalb des Ellbogens entfernt, die Prozedur ist auch als Stanzbiopsie bekannt. Sie wird normalerweise durchgeführt, um Haut zu untersuchen. In diesem Fall war man jedoch nicht an dem, was entfernt wurde, interessiert, sondern an dem, was zurückblieb – an der Wunde.

Die leitende Forscherin, Janice Kiecolt-Glaser, untersuchte psychologischen Stress.[69] Aus vergangenen Forschungen wusste sie bereits, dass Stress das Immunsystem beeinflusst. Nun versuchte sie herausfinden, ob dieser Stress auch Einfluss auf andere Körperprozesse hatte, beispielsweise auf die Wundheilung.

Sie entnahm die Proben aus zwei Gruppen. Die erste bestand aus Frauen, die an Demenz erkrankte Angehörige pflegten. Die etwa gleichaltrigen (Anfang 60) Frauen der zweiten Gruppe mussten niemanden pflegen.

Der Studienaufbau selbst war sehr einfach. Zunächst wurde bei allen Teilnehmerinnen die Stanzbiopsie durchgeführt, dann beobachtete man, wie die Wunde jeweils heilte.

Die Ergebnisse allerdings waren ganz erstaunlich. Die Wunde der Frauen aus der zweiten Gruppe heilte innerhalb von rund 40 Tagen vollständig, bei den Frauen aus der ersten Gruppe dauerte die Wundheilung neun Tage länger. Der seelische Stress, der mit der Pflege von Angehörigen verbunden ist und der aus dem langsamen Verlöschen einer wichtigen Beziehung im Leben heraus entsteht, behindert den Körper bei der Selbstheilung.

Viele Jahre später fand sich Kiecolt-Glaser in genau dieser Situation wieder: Ihr Mann und engster Forschungsmitarbeiter Ronald Glaser erkrankte an einer rasch fortschreitenden Form von Alzheimer. Als ihr Internist sie während einer Routineuntersuchung fragte, wie es ihr ging, antwortete Kiecolt-Glaser, sie fühle sich gestresst, und erzählte von ihrem Mann. Der Internist riet ihr, sich auch gut um sich selbst zu kümmern, und empfahl ihr Studien zum Thema Stress und Gesundheit bei pflegenden Angehörigen – Studien, die Kiecolt-Glaser selbst initiiert hatte. Ihre Forschungen hatten Eingang in die medizinische Praxis und so gewissermaßen den Weg zurück zu ihr gefunden.

Geist = Körper = Geist

Es steht inzwischen außer Frage, dass Geist und Körper miteinander verwoben sind. Treffen wir auf einen neuen emotionalen oder körperlichen Reiz, ist das gesamte Geist-Körper-System davon betroffen – manchmal minimal, manchmal massiv. Diese Auswirkungen können zyklisch sein: Der Geist beeinflusst den Körper, der dann wiederum den Geist beeinflusst und so weiter.

Zwar ist die moderne Gesellschaft in medizinischer Hinsicht fortgeschrittener denn je, doch fördert sie einige Angewohnheiten, die weder für den Körper noch für den Geist gesund sind, beispielsweise Bewegungsarmut.

Vor 50.000 Jahren bewegte sich der *Homo sapiens* in ausreichendem Maß, einfach um sein Überleben zu sichern. Mittlerweile befinden sich viele Menschen in der Ersten Welt in der Lage, Nahrung oder eine sichere Behausung mit sehr wenig oder gar keiner körperlichen Bewegung zu beschaffen. Noch nie in der Menschheitsgeschichte hat so viel Alltag im Sitzen stattgefunden, und der überwiegende Teil der körperlichen Arbeit, die wir verrichten, ist monoton und potenziell schädlich. In einem solchen Umfeld kümmert sich unser Körper nicht um sich selbst – er muss gepflegt werden. Menschen, die einer sitzenden oder monotonen Tätigkeit nachgehen, müssen bewusst für ausgleichende Bewegung sorgen, um ihre körperliche Fitness aufrechtzuerhalten. Wir müssen uns Zeiten freihalten, um spazieren zu gehen, im Garten zu arbeiten, Yoga zu machen, zu laufen oder ein Fitnessstudio zu besuchen. Wir müssen gegen den Strom des modernen Lebens schwimmen.

Das Gleiche gilt auch für die *soziale Fitness.*

Es ist nicht einfach, uns um unsere Beziehungen zu kümmern, tatsächlich glauben wir sogar, wir müssten uns um einmal geschlossene Freundschaften und einmal eingegangene Liebesbeziehungen gar nicht mehr bemühen. Doch wie nicht benutzte Muskeln, so verkümmern auch vernachlässigte Beziehungen. Unser Sozialleben ist ein lebendiges System. Und dieses System braucht Bewegung.

Sie müssen keine wissenschaftlichen Studien durchforsten, um zu erkennen, dass sich Beziehungen ebenfalls auf unseren Körper auswirken. Denken Sie nur daran, wie gut es tut, sich in einem konstruktiven Gespräch wirklich verstanden zu fühlen, oder wie angespannt und gestresst Sie nach einem Streit sind oder wie schlecht Sie schlafen, wenn Sie Beziehungsprobleme haben.

Zu wissen, wie man seine soziale Fitness trainiert, ist jedoch alles andere als leicht. Um diesen Aspekt unseres Lebens einzuschätzen, können wir uns nicht einfach auf die Waage stellen, in den Spiegel gucken oder Blutdruck sowie Cholesterinspiegel bestimmen lassen. Es ist Selbstreflexion erforderlich. Doch hierzu müssen wir uns ein wenig aus dem Gewühl des modernen Lebens zurückziehen, eine Bestandsaufnahme von unseren Beziehungen vornehmen und ehrlich zu uns selbst sein. Worauf verwenden wir unsere Zeit? Pflegen wir die (Ver-)Bindungen, die unser persönliches Wachstum fördern? Es ist wiederum nicht leicht, Zeit für diese Art der Selbstreflexion zu finden, und manchmal kann es recht unangenehm sein, über sich selbst nachzudenken. Es kann sich aber ungeheuer vorteilhaft auswirken.

Viele der Teilnehmenden an der Harvard Study haben uns gesagt, das Ausfüllen der Fragebogen alle zwei Jahre und die regelmäßigen Interviews hätten ihnen dabei geholfen, gewissermaßen einen Blick von außen auf ihr eigenes Leben und ihre Beziehungen zu werfen. Bei diesen Gelegenheiten bitten wir sie darum, wirklich über sich und die Menschen, die sie lieben, nachzudenken. Für manche scheint das ausgesprochen hilfreich zu sein. Doch wie bereits erwähnt, ist dieser Vorteil quasi eine wünschenswerte Nebenwirkung. Die Befragten nehmen freiwillig an einer Studie teil, deren Ziel es ist, etwas über ihr Leben zu erfahren. Im Laufe dieses Kapitels werden wir Ihnen dabei helfen, Ihre eigene kleine Harvard-Studie durchzuführen. Wir haben einige unserer Fragen so formuliert, dass Sie sich ein Bild von Ihrer eigenen sozialen Fitness machen können. Im Gegensatz zur richtigen Harvard-Studie sind diese Fragen jedoch nicht darauf ausgerichtet, Informationen für die Forschung zu sammeln. Hier geht es ausschließlich darum, Ihnen eine Gelegenheit zur Selbstreflexion zu bieten. In Kapitel 3 haben wir mit der Foto-Übung bereits damit begonnen und gehen nun eine Stufe weiter.

In den Spiegel zu blicken und sich ehrlich bewusst zu machen, wo Sie in Ihrem Leben gerade stehen, ist der erste Schritt auf dem Weg zu einem guten Leben. Dann wird Ihnen vielleicht auch klarer, wo Sie gern stehen würden. Es ist nur zu verständlich, wenn Sie sich jetzt nicht gleich mit Begeisterung in die Aufgabe der Selbstreflexion stürzen. Auch unsere Studienteilnehmer waren nicht immer erpicht darauf, die Fragebogen auszufüllen, um ihr Leben in einem größeren Zusammenhang zu sehen. (Sie erinnern sich an Henrys zögerliche Antwort auf die Frage nach seiner größten Angst?) Manche Teilnehmende ließen schwierige Fragen einfach aus oder ganze Seiten leer, andere schickten den Fragebogen schlicht nicht zurück. Manchmal fanden wir auch Kommentare am Rand (»Was sind denn das für Fragen?!«). Sie stammten häufig von Teilnehmern, die es vorzogen, nicht über die Schwierigkeiten in ihrem Leben nachzudenken. Dennoch waren die Erfahrungen der Menschen, die Fragen oder ganze Fragebogen ausließen, ebenfalls wichtig. Sie sind genauso entscheidend für das Verständnis der Entwicklung Erwachsener wie die Erfahrungen der mitteilsamen Teilnehmer. In den finsteren Ecken ihres Lebens lagen viele nützliche Daten und kostbare Erlebnisse verborgen. Wir mussten uns nur Mühe geben, um auch sie ans Licht zu bringen.

Unser Mann in Montana

Sterling Ainsley war ein optimistischer Mensch. Der Materialwissenschaftler hatte sich mit 63 zur Ruhe gesetzt, die Zukunft, die vor ihm lag, sah er als rosig. Sobald er nicht mehr arbeitete, begann er damit, sich seinen persönlichen Interessen zu widmen: Er belegte Kurse zu Immobilienwirtschaft und lernte Italienisch vom Band. Er hatte auch einige Geschäftsideen und las entsprechende Fachzeitschriften für Unternehmer. Nach seiner Strategie zur Bewältigung schwieriger Zeiten gefragt, antwortete er: »Ich versuche, mich vom Leben nicht nerven zu lassen. Ich denke an meine Erfolge zurück und nehme eine positive Haltung ein.«

Es war das Jahr 1986. George Vaillant, der ehemalige Leiter der Studie, unternahm eine lange Interviewreise durch die Rocky Mountains und besuchte Studienteilnehmer in Colorado, Utah, Idaho und Montana. Da Sterling den jüngsten Fragebogen nicht zurückgeschickt hatte, wollte er persönlich bei ihm vorbeischauen. Er traf sich mit ihm in Montana, um gemeinsam zu Abend zu essen. Als George in Sterlings Wagen umstieg und sich anschnallte, hinterließ der Gurt einen Staubstreifen auf seiner Brust. »Ich fragte mich«, schrieb George später, »wie lange den wohl schon niemand mehr benutzt hatte.«

Sterling hatte 1944 in Harvard seinen Abschluss gemacht. Im Zweiten Weltkrieg war er bei der Navy gewesen, dann hatte er geheiratet, war nach Montana gezogen und war Vater von drei Kindern geworden. In den darauffolgenden 40 Jahren hatte er in der Metallherstellung für verschiedene Firmen gearbeitet. Jetzt war er 64 und lebte in der Nähe eines winzigen Städtchens auf einem rund 450 Quadratmeter großen Rasengrundstück. Dort steht sein Wohnwagen, den er an sein Auto anhängen kann. Er mochte den Rasen, weil ihm das Mähen den Großteil seiner Bewegung verschaffte. Zudem kümmerte er sich um einen Garten mit einem riesigen Erdbeerbeet und Pflanzen mit den »größten Erbsen, die Sie je gesehen haben«, so Sterling. Er lebte in einem Wohnwagen, weil ihn der nur 35 Dollar im Monat für die Anschlüsse kostete und er sich so nicht zu sehr auf einen Ort festlegen musste.

Theoretisch war Sterling noch immer verheiratet, allerdings wohnte seine Frau fast 150 Kilometer weit weg in Bozeman, und sie sprachen nur alle paar Monate miteinander.

Auf die Frage, warum sie sich nicht hatten scheiden lassen, antwortete Sterling: »Das wollte ich den Kindern nicht antun«, auch wenn sein Sohn und seine beiden Töchter erwachsen waren und inzwischen selbst Kinder hatten. Sterling war sehr stolz auf seine Kinder und strahlte, wenn er von ihnen sprach: Seine ältere Tochter war Besitzerin eines Rahmengeschäfts, sein Sohn war Schreiner und die jüngere Tochter war Cellistin in einem Orchester in Neapel. Seine Kinder seien das Wichtigste in seinem Leben, er schien es aber vorzuziehen, die Beziehung zu ihnen rein auf die Distanz zu pflegen. Sie sahen sich kaum. In seinen Notizen hielt George fest, Sterling scheine seinen Optimismus dazu zu benutzen, seine Ängste zu verdrängen und Schwierigkeiten in seinem Leben aus dem Weg zu gehen. Er versah jede Angelegenheit mit einem positiven Etikett und schob sie dann beiseite. So konnte er glauben, dass alles in schönster Ordnung war, es ihm gut ging, er glücklich war und seine Kinder ihn nicht brauchten.

Im Jahr zuvor hatte seine jüngere Tochter ihn eingeladen, sie in Italien zu besuchen. Er hatte sich dagegen entschieden. »Ich will ihr nicht zur Last fallen«, begründete er es, obwohl er doch genau zum Zweck dieser Reise Italienisch gelernt hatte.

Sein Sohn lebte nur ein paar Autostunden entfernt, trotzdem

hatte er ihn seit mehr als einem Jahr nicht gesehen. »Ich bin selten da unten«, erklärte Sterling es, »ich rufe ihn lieber an.«

Als er nach seinen Enkelkindern gefragt wurde, antwortete Sterling: »Da engagiere ich mich nicht so sehr.« Sie kämen wunderbar ohne ihn zurecht.

Wer war sein ältester Freund?

»Puh, so viele von ihnen sind gestorben. So viele von ihnen sterben. Ich hasse es, jemanden zu mögen. Das tut zu weh.« Er fügte hinzu, er habe einen alten Kumpel von der Ostküste, habe aber auch mit dem seit Jahren nicht gesprochen.

Und von der Arbeit?

»Meine Freunde von der Arbeit sind in Rente. Wir haben uns gut verstanden, aber sie sind weggezogen.« Dann sprach er über sein Engagement bei den VFW, einer Gruppe von Veteranen, die im Ausland gedient hatten, bei denen er es sogar einmal bis zum District Commander geschafft hatte. Allerdings hatte er die Organisation 1968 verlassen. »Es hat mir einfach zu viel abverlangt.«

Wann hatte er das letzte Mal mit seiner älteren Schwester gesprochen, und wie ging es ihr?

Diese Frage schien Sterling zu erschrecken. »Meine Schwester? Sie meinen Rosalie?«

Ja, genau, die Rosalie, von der er den Mitarbeiterinnen und Mitarbeitern der Studie früher so viel erzählt hatte.

Sterling dachte sehr lange nach und sagte dann, es müsse jetzt 20 Jahre her sein, seit er das letzte Mal mit ihr gesprochen hatte. Angst huschte über sein Gesicht. »Ob sie noch lebt?«

Sterling versuchte, nicht über seine Beziehungen nachzudenken, und war noch weniger geneigt, über sie zu sprechen. Diese Erfahrung machen wir häufig. Wir wissen nicht immer, warum wir tun, was wir tun, oder warum wir nicht tun, was wir nicht tun. Vielleicht verstehen wir auch nicht, was uns dazu bringt, die Menschen in unserem Leben auf Distanz zu halten.

Das schien auch bei Sterling der Fall zu sein. Als er gefragt wurde, wie er seine Abende verbrachte, entgegnete er, er sehe fern mit einer 87-jährigen Frau, die in einem Wohnwagen in der Nähe lebte. Jeden Abend ging er zu ihr hinüber, und sie sahen fern und redeten. Irgendwann schlief sie dann ein, und er brachte sie ins Bett, wusch das Geschirr ab, schloss die Jalousien und ging nach Hause. Für ihn kam sie einer Vertrauten am nächsten.

»Ich weiß nicht, was ich mache, wenn sie stirbt.«

Einsamkeit tut weh

Wer einsam ist, hat Schmerzen, das ist nicht metaphorisch gemeint: Einsamkeit hat körperliche Auswirkungen.[70] Sie wird mit einer erhöhten Schmerzempfindlichkeit, einem geschwächten Immunsystem[71], einer verminderten Hirnfunktion[72] und einem weniger erholsamen Schlaf[73] in Verbindung gebracht, was einsame Menschen noch erschöpfter und reizbarer macht. Jüngere Forschungen zeigen, dass Einsamkeit für ältere Menschen doppelt so ungesund ist wie Fettleibigkeit[74] und dass chronische Einsamkeit das Sterberisiko um 26 Prozent erhöht[75]. Eine Studie in Großbritannien, die Environmental Risk (E-Risk) Longitudinal Twin Study, beschäftigt sich seit Kurzem mit den Zusammenhängen zwischen Einsamkeit, schlechterer Gesundheit und Selbstfürsorge bei jungen Erwachsenen.[76] Die noch laufende Studie umfasst mehr als 2200 zwischen 1994 und 1995 in England und Wales geborene Menschen. Diese wurden mit 18 von den Wissenschaftlern und Wissenschaftlerinnen gefragt, wie einsam sie sich fühlten. Bei denjenigen, die angaben, einsam zu sein, war die Wahrscheinlichkeit von psychischen Problemen, gesundheitsschädlichen Verhaltensweisen und negativem Verhalten, um Stress zu bewältigen, höher. Macht man sich dazu noch bewusst, dass durch unsere Gesellschaft gerade eine wahre Welle der Einsamkeit schwappt, haben wir ein ernsthaftes Problem, jüngere Statistiken sollten uns aufhorchen lassen.

In einer online durchgeführten Studie mit 55.000 Teilnehmerinnen und Teilnehmern aus aller Welt gab jeder Dritte an, sich häufig einsam zu fühlen.[77] Davon war die einsamste Gruppe die der 16- bis 24-Jährigen, von denen 40 Prozent berichteten, sie seien »oft oder sehr oft« einsam (zu diesem Phänomen in Kürze mehr). In Großbritannien werden die wirtschaftlichen Kosten dieser Einsamkeit – einsame Menschen sind weniger produktiv und wechseln häufiger den Arbeitsplatz – auf mehr als 2,5 Milliarden Pfund jährlich[78] geschätzt – was unter anderem dazu geführt hat, dass ein Ministerium für Einsamkeit gegründet wurde.

In Japan erwarteten 32 Prozent der Erwachsenen, die man vor 2020 befragt hatte, sich in dem Jahr die meiste Zeit über einsam zu fühlen.[79]

In den Vereinigten Staaten ergab eine Studie aus dem Jahr 2018, dass sich drei von vier Erwachsenen moderat bis höchst einsam fühlten.[80] Im Augenblick werden die Langzeiteffekte der Covid-19-Pandemie untersucht, die dazu führte, dass Menschen zu einem massiven Ausmaß allein lebten und viele Menschen isolierter als jemals zuvor waren. Für das Jahr 2020 schätzte man, dass sich 162.000 Todesfälle auf Ursachen im Zusammenhang mit sozialer Isolation zurückführen lassen.[81]

Diese Epidemie der Einsamkeit einzudämmen ist schwierig, weil sich das, was den einen Menschen einsam macht, auf einen anderen möglicherweise überhaupt nicht auswirkt. Wir können uns nicht ganz auf leicht beobachtbare Indikatoren verlassen – beispielsweise ob jemand allein lebt oder nicht –, weil Einsamkeit eine subjektive Erfahrung ist. Der eine hat vielleicht einen Partner und eine ganze Reihe von Freunden, fühlt sich aber trotzdem einsam, während eine andere vielleicht allein lebt und nur wenige enge Kontakte pflegt, sich aber sehr verbunden fühlt. Die objektiven Fakten reichen zur Erklärung, warum jemand einsam ist, nicht aus. Unabhängig von Ethnie, Klasse oder Geschlecht entspringt das Gefühl der Einsamkeit dem Unterschied zwischen der Art von gewünschtem und existierendem Sozialkontakt. Wie aber kann Einsamkeit so körperlich schädlich sein, wenn es sich bei ihr lediglich um ein subjektives Empfinden handelt?

Eine Antwort auf diese Frage zu finden ist etwas leichter, wenn wir uns mit den biologischen Ursachen des Problems beschäftigen. Wie in Kapitel 2 erwähnt, ist der Mensch von Natur aus ein soziales Wesen. Die biologischen Vorgänge, die unser Sozialverhalten antreiben, sollen uns schützen, nicht schaden. Fühlen wir uns isoliert, reagieren unser Gehirn und der Rest des Körpers darauf mit Strategien, die uns dabei helfen sollen, diese Isolation zu überleben.[82] Vor 50.000 Jahren war es gefährlich, allein zu sein. Hätte man den vorhin erwähnten *Homo sapiens* allein gelassen, hätten sein Gehirn und sein restlicher Körper vorübergehend in den Überlebensmodus geschaltet. Da er Gefahren nun ganz allein erkennen musste, hätte sein Körper mehr Stresshormone ausgeschüttet und ihn wachsamer gemacht. Wäre Familie oder Stamm über Nacht weggeblieben, hätte er weniger tief geschlafen und wäre öfter aufgewacht, denn es hätte sich ja ein gefährliches Tier nähern können.

Wäre er aus irgendeinem Grund nicht nur eine Nacht, sondern, sagen wir, einen Monat allein geblieben, hätten die körperlichen Vorgänge angehalten und sich in ein dumpfes, konstantes Gefühl des Unbehagens verwandelt, das sich letztlich auf seine körperliche und geistige Gesundheit ausgewirkt hätte. Er wäre, wie wir heute sagen, gestresst gewesen. Er wäre einsam gewesen.

Diese Auswirkungen der Einsamkeit gibt es auch heute noch. Das Gefühl der Einsamkeit ist wie eine Alarmsirene im Körper. Zunächst hilft uns ihr Schrillen vielleicht: Es weist uns auf ein Problem hin. Doch stellen Sie sich einmal vor, in einem Haus zu wohnen, in dem den ganzen Tag lang der Feueralarm schrillt, jeden Tag – so wirkt sich chronische Einsamkeit quasi hinter den Kulissen auf unseren Geist und unseren Körper aus.

Einsamkeit ist nur eine Variable in der Geist-Körper-Gleichung von Beziehungen, die sichtbare Spitze des sozialen Eisbergs, dessen Großteil unter Wasser verborgen liegt. Zahlreiche Studien belegen mittlerweile die Zusammenhänge zwischen Gesundheit und sozialer Verbundenheit. Diese Verknüpfungen reichen bis zu den Ursprüngen unserer Spezies zurück, als der Alltag noch viel simpler war. Unsere grundlegenden Beziehungsbedürfnisse sind alles andere als kompliziert: Wir brauchen Liebe, Verbundenheit und ein Gefühl der Zugehörigkeit. Im Gegensatz dazu ist das soziale Umfeld, in dem wir heute leben, durchaus kompliziert, weshalb die eigentliche Herausforderung darin besteht, *wie wir diese Bedürfnisse erfüllen.*

Das Leben in Zahlen

Denken Sie einen Augenblick lang an eine Beziehung, die Sie zu einem Menschen, den Sie mögen, haben, den Sie Ihrem Gefühl nach aber nicht annähernd häufig genug sehen. Es muss sich dabei nicht um Ihre bedeutungsvollste Beziehung handeln, nur um jemanden, der Sie belebt, wenn Sie mit ihm zusammen sind, und den Sie gern öfter sehen würden. Gehen Sie die potenziellen Kandidaten im Kopf durch (vielleicht gibt es auch nur einen) und führen Sie sich diesen Menschen vor Augen. Denken Sie nun an das letzte Mal, als Sie zusammen waren, und versuchen Sie, das Gefühl, das Sie dabei hatten, heraufzubeschwören. Waren Sie voller Optimismus, fühlten Sie sich beinahe unbesiegbar? Haben Sie sich verstanden gefühlt? Vielleicht haben Sie viel gelacht, und die Probleme in Ihrem Leben oder im Allgemeinen haben sich weniger beängstigend angefühlt.

Denken Sie nun daran, wie oft Sie diesen Menschen sehen. Jeden Tag? Einmal im Monat? Einmal im Jahr? Überschlagen Sie, wie viele Stunden in einem Jahr Sie mit diesem Menschen verbringen. Notieren Sie die Zahl und heben Sie sie auf.

Wir, Bob und Marc, telefonieren zwar jede Woche oder sehen

uns per Videocall, persönlich verbringen wir jedoch nur 48 Stunden im Jahr miteinander.

Wie wird sich das in den kommenden Jahren summieren?[83] Wenn dieses Buch in den USA erscheint, wird Bob 71 und Marc 60 Jahre alt sein. Lassen Sie uns nun (sehr) großzügig annehmen, wir könnten Bobs 100. Geburtstag zusammen feiern. Bei 48 Stunden pro Jahr und 29 Jahren blieben uns 1392 Stunden oder 58 Tage in unserem Leben, die wir gemeinsam verbringen könnten.

58 von 10.585 Tagen.

Natürlich ist diese Hochrechnung sehr optimistisch – die wirkliche Zahl liegt mit großer Wahrscheinlichkeit deutlich darunter.

Stellen Sie diese Hochrechnung mit einer eigenen Beziehung an, die Ihnen am Herzen liegt, oder denken Sie über die folgenden gerundeten Zahlen nach: Wenn Sie 40 sind und die betreffende Person einmal pro Woche für eine Stunde auf einen Kaffee sehen, dann sehen Sie sie, bis Sie 80 werden, insgesamt rund 87 Tage. Treffen Sie sich nur einmal im Monat, verringert sich die Anzahl der Tage auf etwa 20. Und sehen Sie sich nur einmal im Jahr, sind es nur zwei Tage.

Vielleicht hört sich das zunächst nach viel an. Doch stellen Sie die Zahlen einmal der Tatsache gegenüber, dass im Jahr 2018 der durchschnittliche US-Amerikaner erstaunliche elf Stunden am Tag mit Medien verbrachte, vom Fernsehen über das Radio bis zum Smartphone.[84] Das summiert sich im Alter zwischen 40 und 80 auf *18 Jahre* Wachzeit und zwischen 18 und 80 auf 28 Jahre.

Der Zweck dieser Rechenübung besteht nicht darin, Sie zu erschrecken. Es geht uns darum, uns Klarheit über etwas zu verschaffen, das uns selten bewusst ist: Wie viel Zeit verbringen wir wirklich mit den Menschen, die wir mögen und lieben? Natürlich müssen wir nicht mit all unseren guten Freunden die ganze Zeit über zusammen sein. Tatsächlich bereichern manche Menschen unser Leben gerade deshalb, weil wir sie nicht so häufig sehen. Wie bei fast allem im Leben kommt es auch hier auf das richtige Maß an.

Manchmal sind wir nur bis zu einem gewissen Punkt kompatibel mit anderen, und das ist dann auch gut so.

Doch die meisten von uns haben Freunde und Verwandte, die ihnen Energie schenken, statt sie ihnen zu rauben, und die sie schlicht nicht oft genug um sich haben. Verbringen Sie Zeit mit den Menschen, die Ihnen am wichtigsten sind? Gibt es eine Beziehung in Ihrem Leben, bei der Sie beide profitieren würden, wenn Sie mehr Zeit miteinander verbrächten? Meist haben wir diese Quellen, aus denen wir nicht schöpfen, bereits in unserem Leben. Verbringen wir nur mehr Zeit mit unseren Liebsten, kann sich das immens darauf auswirken, wie wir uns fühlen und wie wir unser Leben sehen. Vielleicht liegt der Schatz, der uns zu mehr Vitalität verhilft, direkt vor uns, ohne es zu wissen – weil diese Quelle der Lebendigkeit von den grellen Verlockungen unserer Smartphones und Fernseher oder den Anforderungen der Arbeit überstrahlt wird.

Zwei entscheidende Prädikatoren, um glücklich zu sein

2008 riefen wir Harvard-Study-Ehepaare, bei denen die Partner über 80 Jahre alt waren, jeden Abend acht Abende hintereinander an.[85] Wir sprachen getrennt mit Ehefrau und Ehemann und stellten ihnen eine Reihe von Fragen zum jeweiligen Tag (vgl. Kapitel 1). Wir wollten wissen, wie sie sich an diesem Tag körperlich fühlten, was sie getan oder unternommen hatten, ob sie emotionale Unterstützung gebraucht oder bekommen hatten und wie viel Zeit sie mit dem Ehemann oder der Ehefrau und anderen Menschen verbracht hatten.

Der Parameter der *mit anderen verbrachten Zeit* stellte sich als relativ wichtig heraus, weil er ganz offensichtlich damit verbunden war, wie zufrieden sich die betreffende Person fühlte. An den Tagen, an denen die Befragten mehr Zeit in der Gesellschaft anderer verbrachten, waren sie glücklicher. Vor allem die Zeit, die sie mit ihrem jeweiligen Partner verbrachten, spielte dabei eine Rolle. Das traf tatsächlich auf *alle* Paare zu, besonders aber auf die, die in einer glücklichen Ehe lebten.

Wie dies bei den meisten älteren Menschen der Fall ist, schwankte der Grad an körperlichen Schmerzen und gesundheitlichen Problemen bei den Teilnehmern und Teilnehmerinnen von Tag zu Tag. Es überrascht nicht, dass ihre Stimmung an den Tagen mit mehr körperlichen Schmerzen schlechter war als an den schmerzfreieren Tagen. Allerdings fanden wir auch heraus, dass die Menschen in glücklicheren Ehen etwas geschützter vor diesen Stimmungsschwankungen waren – ihre Stimmung war auch dann noch relativ gut, wenn sie mehr körperliche Schmerzen hatten. Wenn sie sich körperlich schlechter fühlten, gaben sie nicht so starke Stimmungstiefs an wie die Befragten, die sich in weniger glücklichen Beziehungen befanden. Ihre glückliche Ehe bewahrte sie selbst an den Tagen, an denen sie mehr Schmerzen verspürten, vor einem Stimmungstief.

Das mag alles recht intuitiv klingen, doch verbirgt sich dahinter eine sehr weitreichende und trotzdem einfache Botschaft: *Die Häufigkeit und die Qualität unseres Kontakts zu anderen Menschen sind zwei entscheidende Prädikatoren für das Glücklichsein.*

Ihr soziales Observatorium

Sterling Ainsley, der so eifrig darum bemüht war, nicht über irgendeine Beziehung in seinem Leben nachzudenken, glaubte, er sei sozial absolut fit. Er hielt die Art, wie er sich seinen Kindern gegenüber verhielt, für gesund und seine Weigerung, sich von seiner Frau, die er kaum sah, scheiden zu lassen, für einigermaßen heldenhaft. Er war sogar stolz darauf, mit Menschen reden zu können – eine Fähigkeit, die er sich im Laufe seines Arbeitslebens angeeignet hatte. Als wir ihn jedoch baten, genauer über seine Beziehungen nachzudenken, stellte sich heraus, dass er sich tief in seinem Innersten ziemlich einsam fühlte und noch nicht einmal wusste, wie sehr er sich wirklich selbst von anderen abgesondert hatte.

Wie können wir uns der Realität unseres eigenen sozialen Universums annähern? Es ist immer gut, einfach anzufangen. Fragen Sie sich als Erstes: *Wen habe ich in meinem Leben?*

Erstaunlicherweise stellen sich die wenigsten Menschen jemals diese Frage. Doch selbst eine Liste mit den zehn Menschen, die das Zentrum Ihres sozialen Universums bevölkern, kann aufschlussreich sein. Probieren Sie es gleich aus – vielleicht sind Sie überrascht, wer Ihnen dabei einfällt und wer nicht. Nehmen Sie sich ein Blatt und beantworten Sie schriftlich die Frage: *Wer sind meine engsten Freunde und Verwandten?*

Einige wesentliche Beziehungen – Familie, Partner, enge Freunde und Freundinnen – fallen Ihnen wahrscheinlich schnell ein, doch denken Sie bei der Auflistung nicht nur an Ihre »wichtigsten« oder gelungensten Verbindungen. Notieren Sie auch die Menschen, die Tag für Tag, Jahr für Jahr einen Einfluss auf Sie haben, sei er nun gut oder schlecht: Ihre Chefin oder einen bestimmten Kollegen beziehungsweise eine bestimmte Kollegin etwa. Selbst Beziehungen, die unbedeutend *scheinen,* können auf der Liste landen. Wir werden uns das in einem späteren Kapitel noch genauer ansehen, aber Bekannte und flüchtige Beziehungen um Freizeitaktivitäten herum könnten wichtiger sein, als Sie denken. Die Liste könnte auch Menschen umfassen, die Sie sehr gern haben, aber fast nie sehen: eine alte Freundin beispielsweise, an die Sie oft denken, zu der Sie jedoch den Kontakt verloren haben. Vielleicht stehen auf der Liste auch Personen, mit denen Sie nur Höflichkeiten austauschen, etwa mit dem Busfahrer auf dem Weg zur Arbeit – Menschen, auf die Sie sich freuen und die Ihrem Tag positiven Schwung verleihen.

Wenn Sie mit der Liste fertig sind, stellen Sie sich die folgende Frage: *Wie können diese Beziehungen charakterisiert werden?*

Wir haben den Teilnehmerinnen und Teilnehmern der Harvard Study im Laufe der Jahre eine ungeheure Vielfalt an Fragen gestellt, um die Frage oben zu beantworten und »Bilder« (eigentlich Datensätze) zu erschaffen, die den Charakter ihres sozialen Universums widerspiegeln. Um einen Überblick über Ihr eigenes soziales Universum zu gewinnen, müssen Sie jedoch keine komplexe wissenschaftliche Studie durchführen. Denken Sie einfach über die *Qualität* und die *Häufigkeit* des jeweiligen Kontakts nach und verorten Sie Ihre Beziehungen anhand von zwei Achsen in Ihrem sozialen Universum. Eine Achse beschreibt, welches *Gefühl* Ihnen die Beziehung vermittelt, die andere Achse beschreibt, wie *oft* dies geschieht (Abbildung 4.1 illustriert ein Beispiel). Die Achse des vermittelten Gefühls reicht von »gibt mir Energie« bis »erschöpft mich«, die der Häufigkeit von »oft« bis »sporadisch«:

Abb. 4.1 Beispiel für ein soziales Universum

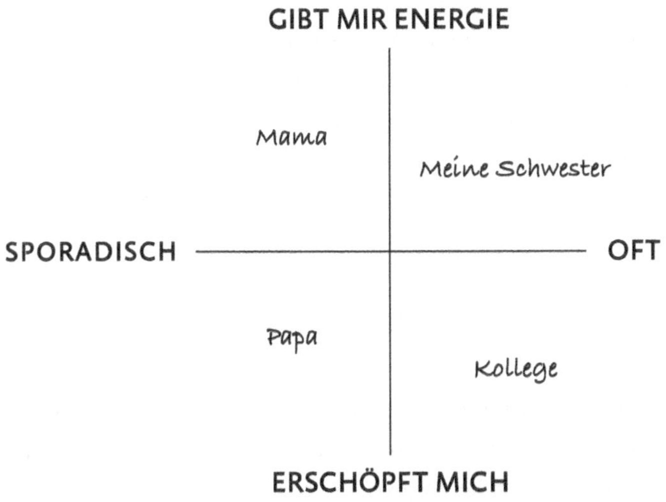

Das scheint auf den ersten Blick die Dinge sehr zu vereinfachen … und in gewisser Weise stimmt das auch. Wir nehmen etwas ungeheuer Persönliches und Komplexes, brechen es herunter und geben ihm einen statischen Platz in unserem sozialen Universum – viel Raum für Details ist da nicht. Aber das ist in Ordnung: Es ist nur ein erster Schritt, um den Charakter der Beziehungen zu bestimmen, die unser Leben zu dem machen, was es ist.

Doch was meinen wir mit *gibt mir Energie* und *erschöpft mich?*

Die Begriffe sind absichtlich subjektiv; bei ihnen geht es darum, wie Sie sich in Anwesenheit der jeweiligen Person fühlen. Manchmal wissen wir gar nicht, wie wir uns in einer bestimmten Beziehung fühlen, bis wir einmal bewusst darüber nachdenken.

Allgemein gesprochen wirkt eine Beziehung, die einem Energie gibt, belebend und kräftigend auf uns. Sie vermittelt uns ein Gefühl der Verbundenheit und Zugehörigkeit, das auch bleibt, wenn wir wieder auseinandergegangen sind. Durch sie fühlen wir uns besser, als wir uns allein fühlen würden.

Eine Beziehung, die Energie kostet, zeichnet sich durch Anspannung, Frustration oder Sorge aus, sie beunruhigt oder zermürbt uns sogar. Durch sie fühlen wir uns irgendwie weniger oder unverbundener, als wir uns allein fühlen würden.

Das bedeutet nicht, dass wir uns in einer Beziehung, die uns Energie spendet, immer wohl und in einem erschöpfenden Kontakt immer schlecht fühlen. Selbst unsere unverzichtbaren Bindungen halten Herausforderungen für uns bereit, und sicherlich sind viele unserer Beziehung sowohl energiespendend als auch erschöpfend. Uns geht es darum, wie Sie sich fühlen, wenn Sie Zeit mit der betreffenden Person auf Ihrer Liste verbringen. Antworten Sie ganz intuitiv.

Sehen Sie sich Abbildung 4.2 an und überlegen Sie, wo die Personen von Ihrer Liste in Ihrem sozialen Universum verortet sein könnten. Schenken oder rauben sie Ihnen Energie? Sehen Sie sie häufig oder eher selten?

Sie könnten mit der Person, die Ihnen am Herzen liegt, die Sie aber nicht häufig genug sehen, anfangen. Markieren Sie sie mit einem kleinen Punkt – gewissermaßen als Stern in Ihrem Universum.

Abb. 4.2 Mein soziales Universum

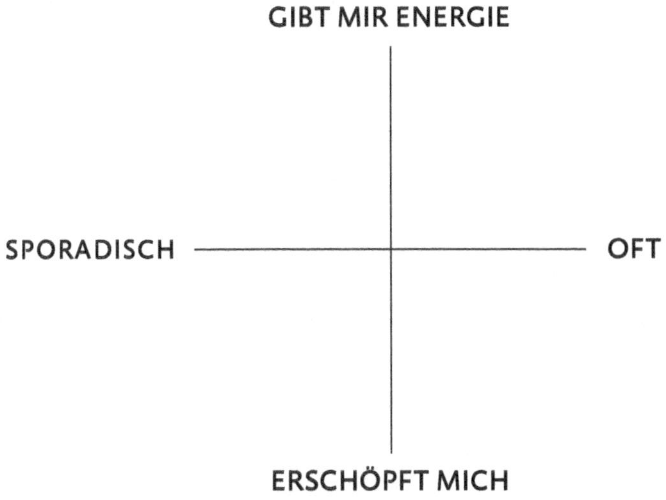

Denken Sie über die Personen auf Ihrer Liste nach, während Sie ihnen einen Platz in Ihrem sozialen Universum geben. Warum geben Sie einer bestimmten Person ausgerechnet diesen bestimmten Platz? Was an der Beziehung zu ihr hat Sie dazu bewogen, ihr diesen Platz zu geben? Ist die Beziehung dort, wo Sie sie haben wollen? Fallen Ihnen Gründe ein, warum eine bestimmte Beziehung besonders schwierig ist und Ihnen Energie raubt?

Diese Art der Überprüfung kann uns dabei helfen, für Menschen, die unser Leben bereichern, dankbar zu sein und sie wertzuschätzen. Und sie kann uns dabei helfen zu erkennen, an welchen Beziehungen wir arbeiten wollen. Die Antworten auf die Fragen oben werden (und sollten) Ihre Präferenzen hinsichtlich der Quantität und Qualität der sozialen Verbindungen, die zu Ihnen passen, widerspiegeln. Vielleicht stellt sich heraus, dass Sie Person X gern öfter sehen würden, sich Person Y aber genau dort befindet, wo Sie sie haben wollen. Vielleicht ist diese oder jene Beziehung zwar erschöpfend, aber sehr wichtig für Sie und braucht deshalb besondere Aufmerksamkeit. Wünschen Sie sich, dass sich ein Kontakt in eine bestimmte Richtung entwickelt, können Sie die Person mit einem Pfeil in Richtung des gewünschten Platzes markieren.

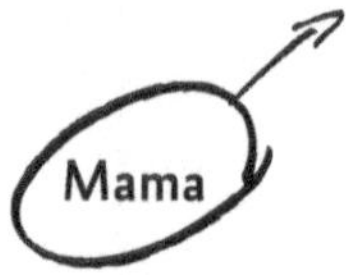

Betont sei an dieser Stelle, dass eine Beziehung, die Energie kostet, *nicht* bedeutet, dass Sie den betreffenden Menschen aus Ihrem Leben ausschließen sollten. (Obwohl es sein kann, dass Sie nach einiger Überlegung zu dem Schluss kommen, die Person fortan weniger häufig sehen zu wollen.) Vielleicht ist dies auch nur ein Hinweis darauf, dass etwas Wichtiges in oder an der Beziehung Ihrer Aufmerksamkeit bedarf. Was wiederum bedeutet, dass die Beziehung eine Chance bereithält.

Tatsächlich steckt in fast allen Beziehungen eine Gelegenheit – wir müssen sie nur erkennen. Beispiele dafür wären etwa wichtige Bindungen aus unserer Vergangenheit, positive Kontakte, die wir vernachlässigt haben, und schwierige Beziehungen, die sich möglicherweise zum Besseren entwickeln könnten. Doch steht uns die Chance nicht auf ewig offen: Wir sollten sie nutzen, wenn sie sich bietet. Warten wir zu lang, könnte es – wie in Sterling Ainsleys Fall – sein, dass es bereits zu spät ist.

Rosalie, Harriet und Sterling

Sterling Ainsley war zwar in Harvard gewesen, aber keineswegs mit Privilegien auf die Welt gekommen – dafür aber in den Armen seiner älteren Schwester. Als er 1923 in der Nähe von Pittsburgh, Pennsylvania, geboren wurde, war seine Schwester Rosalie zwölf Jahre alt. Sie war mit ihrer Mutter, die ihr gerade Französischunterricht am Küchentisch gab, ganz allein zu Hause, als die Wehen einsetzten. Ein Telefon gab es nicht, und Zeit, um die Nachbarn oder einen Arzt zu holen, war ebenfalls nicht. So bekam Rosalie von ihrer Mutter unter Schmerzen Anweisungen, was zu tun war, und Sterling erblickte gesund und munter das Licht der Welt. Rosalie durchtrennte sogar die Nabelschnur. »Sterling stand mir sehr nah«, erzählte sie den Mitarbeitern und Mitarbeiterinnen der Studie später. »Ich fühlte mich für ihn verantwortlich. Er war wie mein eigener Sohn.«

Sterlings Vater war Stahlarbeiter und verdiente gerade so viel, dass er die siebenköpfige Familie ernähren konnte – allerdings litt er auch an Spielsucht. Deshalb kam jede Woche nur ein Bruchteil seines Lohns zu Hause an, und die älteren Kinder waren gezwungen zu arbeiten. Drei Wochen nach Sterlings Geburt brachte sein Vater Sterlings Mutter in ein Sanatorium. Rosalie kümmerte sich vier Monate lang um das Baby. »Ich weiß noch, wie ich immer mit ihm herumgelaufen bin und ihm etwas vorgesungen habe«, erzählte sie später. »Als Mom wieder nach Hause kam, hatte sie sich verändert. Mein Vater war Analphabet, aber Mom war sehr klug. Sie sprach drei Sprachen und brachte uns das Lesen und Schreiben bei, sowohl auf Englisch als auch auf Französisch. Nach dem Sanatorium aber war sie nicht mehr dieselbe. Sie konnte sich nicht um Sterling kümmern. Sie wusste einfach nicht, was sie tun sollte, obwohl sie schon vier Kinder großgezogen hatte. Also habe ich mich seiner angenommen, viele Jahre lang.«

Als Sterling neun Jahre alt war, ließ sein Vater seine Mutter erneut ins Sanatorium einweisen, dieses Mal auf unbestimmte Zeit. Dann zog er plötzlich weg und überließ die jüngeren Kinder ihrem Schicksal. Rosalie, inzwischen 21 Jahre alt, verheiratet und selbst Mutter, beschloss gemeinsam mit ihrem Mann, drei ihrer Geschwister zu sich zu holen, auch Sterling. Doch hatte eine Freundin der Familie, Harriet Ainsley, vor Kurzem ihren Sohn durch einen tragischen Unfall verloren und bot an, sich um ihn zu kümmern.

Da Rosalie und ihr Mann ohnehin schon mit finanziellen Schwierigkeiten zu kämpfen hatten, waren sie einverstanden.

Die Ainsleys lebten auf einer Farm in Pennsylvania, ein Kulturschock für Sterling, den die Adoptiveltern mit Freundlichkeit, Ruhe und Unterstützung abzumildern versuchten. Sterlings Adoptivvater war streng, aber gerecht, und brachte ihm so viel er nur konnte darüber bei, wie man eine Farm führt. Mit 19 sagte Sterling über seine Adoptivmutter: »Sie bedeutet mir so ziemlich alles auf der Welt. Sie war mir eine wunderbare Mutter. Ihr habe ich es zu verdanken, dass ich mich für irgendetwas angestrengt habe. Sie hat mein Interesse an englischer Literatur geweckt.«

Teilweise dank der Ermutigung durch Harriet und seine Schwester Rosalie machte sich Sterling in der Highschool sehr gut. Er bewarb sich als Schulsprecher, wurde aber abgelehnt und bekam stattdessen ein Stipendium für Harvard. Als er mit 19 Teilnehmer der Studie wurde, sagte Rosalie über ihn: »Es ist schwer, ihn heute zu beschreiben. Er kann, denke ich, das Beste in den Menschen, mit denen er in Kontakt kommt, zum Vorschein bringen. Er hat hohe Ideale. Nach einem Tag mit Sterling habe ich immer das Gefühl, als wäre ich an einer höheren Bildungsanstalt gewesen.«

Die beiden tapferen und unverwüstlichen Frauen, Rosalie und Harriet, spielten eine Schlüsselrolle in Sterlings Leben. Seine leibliche Mutter war zwar nicht Teil seines Lebens, hatte aber dennoch großen Einfluss darauf. Sie hatte Rosalie zu einem gütigen, fürsorglichen und entschlossenen Mädchen gemacht, das sich um ihren kleinen Bruder kümmerte. Gegen den negativen Einfluss des Vaters allerdings war Rosalie machtlos, und die letztliche Trennung der Familie machte Sterling lange Zeit sehr zu schaffen. Wären da nicht die beiden Frauen gewesen, die ihn bedingungslos liebten, hätte er es wahrscheinlich nicht aufs College geschafft und sich im Westen nicht ein eigenes Leben aufbauen können. Als Arbeiterklasse-Frauen in der ersten Hälfte des 20. Jahrhunderts konnten Rosalie und Harriet kaum eigene persönliche Interessen verfolgen.

Sie taten jedoch ihr Bestes, um Sterling zu helfen. In den Interviews erwähnte er häufig, wie dankbar er ihnen für ihre Unterstützung und ihre Liebe war.

Und doch verlor er beide aus den Augen.

Die Grundpfeiler unserer Beziehungen

Wie bereits erwähnt, ist der Mensch ein soziales Wesen – was im Grunde nichts anderes heißt, als dass wir als Individuen nicht vollständig für uns selbst sorgen können. Weder können wir uns uns selbst anvertrauen oder eine Liebesbeziehung mit uns selbst eingehen, noch können wir unser Mentor sein oder Sofa allein die Treppe hinaufmanövrieren. Wir brauchen andere Menschen, mit denen wir interagieren und die uns helfen. Wir leben auf, wenn wir diese Verbundenheit und Unterstützung wiederum anderen angedeihen lassen können. *Dieser Prozess des Gebens und Nehmens ist die Grundlage eines sinnerfüllten Lebens.* Welches Gefühl uns unser soziales Universum vermittelt, steht in einem direkten Zusammenhang damit, was wir von anderen bekommen und was wir anderen geben. Äußerten sich Studienteilnehmer und -teilnehmerinnen frustriert von oder unzufrieden mit ihrem Sozialleben, wie Sterling dies in späteren Jahren tat, ließ sich das Gefühl häufig auf eine bestimmte Art von Unterstützung, die fehlte, zurückführen.

Im Folgenden listen wir einige Beispielfragen auf, die wir den Befragten der Studie im Laufe der Jahre immer wieder gestellt haben und die sich auf die verschiedenen Arten von Unterstützung von außen beziehen.

Geborgenheit und Sicherheit

> Wenn würden Sie anrufen, wenn Sie mitten in der Nacht ängstlich aufwachten?

An wen würden Sie sich wenden, wenn Sie akut ein Problem haben?

Beziehungen, die uns ein Gefühl von Geborgenheit und Sicherheit vermitteln, sind die fundamentalen Bausteine unseres Beziehungslebens. Wenn Ihnen in Antwort auf die Fragen oben ganz bestimmte Menschen einfallen, können Sie sich glücklich schätzen, und es ist besonders wichtig für Sie, diese Beziehungen zu pflegen und wertzuschätzen. Sie helfen uns in Zeiten, zu denen wir großen Belastungen ausgesetzt sind, und sie verleihen uns den Mut, neue Erfahrungen zu machen. Worauf es ankommt, ist die Überzeugung, dass diese Menschen für uns da sind, wenn etwas schiefläuft.

Lernen und wachsen

Wer ermutigt Sie dazu, Neues auszuprobieren, Chancen zu ergreifen, Ihre Lebensziele zu verfolgen?

Sich sicher genug zu fühlen, um sich auf unbekanntes Terrain zu wagen, ist eine Sache. Ein echtes Geschenk ist es außerdem, von jemandem, dem wir vertrauen, dazu ermutigt oder inspiriert zu werden.

Emotionale Nähe und Vertrauen

Wer weiß alles (oder das meiste) über Sie?
An wen können Sie sich wenden, wenn Sie sich niedergeschlagen fühlen? Wem müssen Sie nichts vormachen, wenn Sie sich so fühlen?
Wen können Sie um Rat bitten? Auf wessen Ratschläge können Sie vertrauen?

Identitätsbestätigung und gemeinsame Erfahrungen

Gibt es jemanden in Ihrem Leben, der ähnliche Erfahrungen gemacht hat wie Sie und der Sie in Ihrem Gefühl, wer Sie sind und woher Sie kommen, bestärkt?

Freunde aus der Kindheit, Geschwister, Menschen, mit denen Sie Wichtiges erlebt haben – diese Bindungen vernachlässigen wir häufig, weil sie uns so lange begleitet haben. Sie sind allerdings besonders wertvoll, denn sie können durch nichts ersetzt werden. Oder wie es in dem Lied heißt: *You can't make old friends*[86] – alte Freundschaften kann man nicht erneut schließen.

Romantische Nähe (Liebe und Sex)

Sind Sie mit dem Maß an romantischer Nähe in Ihrem Leben zufrieden?
Haben Sie eine erfüllte sexuelle Beziehung?

Auf romantische Liebe hoffen die meisten Menschen – nicht nur auf sexuelle Befriedigung, sondern auch auf die Innigkeit, wenn wir einen anderen Menschen berühren und mit ihm die alltäglichen Freuden und Sorgen teilen. Solche Nähe entsteht, wenn man einander wirklich gut kennt. Manche Menschen empfinden die romantische Liebe als wesentlichen Teil ihres Lebens, andere messen ihr weniger viel Bedeutung bei. Natürlich ist die Ehe nicht notwendigerweise der Maßstab dafür. An vielen Orten weltweit ist der Anteil an unverheirateten 25- bis 50-Jährigen im vergangenen halben Jahrhundert dramatisch gestiegen.[87] In den Vereinigten Staaten hat sich dieser Anteil von 9 Prozent im Jahr 1970 auf 35 Prozent im Jahr 2018 erhöht. Die Zahlen sagen nichts über den Anteil der Menschen aus, die romantische Nähe in ihrem Leben erfahren, sind aber ein Indikator dafür, dass in den USA vielleicht mehr Menschen als jemals zuvor unverheiratet bleiben. Darüber hinaus gibt es auch »offene« Partnerschaften, zu denen außer dem Paar selbst auch andere sowohl sexuell als auch emotional involvierte Menschen gehören.

Hilfe – sowohl durch Gespräche als auch ganz praktisch

An wen wenden Sie sich, wenn Sie Hilfe beim Lösen eines praktischen Problems brauchen (wenn Sie z.B. einen Baum pflanzen, Ihre Wi-Fi-Verbindung neu konfigurieren oder einen Krankenversicherungsantrag stellen wollen)?

Freizeit und Entspannung

Wer bringt Sie zum Lachen?
Wen rufen Sie an, wenn Sie ins Kino gehen oder verreisen wollen?
Mit wem fühlen Sie sich entspannt, verbunden, einfach wohl?

Tabelle 4.1 bildet diese Grundpfeiler unserer Beziehungen ab. Die erste Spalte ist den Menschen vorbehalten, die Ihrer Meinung nach den größten Einfluss auf Sie haben. Setzen Sie ein Pluszeichen (+) in die Spalten, in denen der jeweilige Mensch Sie unterstützt, und ein Minuszeichen (–), wenn der oder die Betreffende Sie in diesem Bereich nicht unterstützt. Denken Sie immer daran, dass es völlig in Ordnung ist, wenn nicht bei jedem Menschen in allen Spalten ein Plus steht.

Tab. 4.1 Quellen der Unterstützung in meinem Leben

Meine Beziehung zu	Geborgenheit und Sicherheit	Lernen und wachsen	Emotionale Nähe und Vertrauen	Identitätsbestätigung und gemeinsame Erfahrungen	Romantische Nähe	Hilfe (sowohl durch Gespräche als auch ganz praktisch)	Freizeit und Entspannung

Stellen Sie sich diese Übung wie eine Röntgenaufnahme vor – ein Verfahren, das Ihnen dabei hilft, einen Blick ins Innere Ihres sozialen Universums zu werfen. Vielleicht sind nicht alle Arten der Unterstützung gleichermaßen wichtig für Sie; fragen Sie sich jedoch, ob Sie in den Ihnen wirklich wichtigen Bereichen ausreichend Mithilfe bekommen. Vielleicht verspüren Sie ja eine Unzufriedenheit in Ihrem Leben. Wird sie möglicherweise durch die Minuszeichen in der Tabelle widergespiegelt? Vielleicht wird Ihnen klar, dass Sie zwar viele Menschen um sich haben, mit denen Sie sich amüsieren können, aber nur wenige oder keine, an die Sie sich wenden können, wenn Sie sich jemandem anvertrauen möchten, oder umgekehrt.

Beim Ausfüllen und Erweitern der Tabelle fallen Ihnen vielleicht Lücken auf, oder Sie werden überrascht. Eventuell war Ihnen nicht bewusst, dass es nur eine Person in Ihrem Leben gibt, an die Sie sich wenden, wenn Sie Hilfe brauchen, dass ein Mensch, den Sie für selbstverständlich halten, Ihnen Sicherheit und Geborgenheit schenkt, oder dass ein anderer Mensch Sie in Ihrem Identitätsgefühl bestärkt. Wir wissen aus persönlicher Erfahrung (und vielen Gesprächen in den Kaffeepausen auf Tagungen), dass es sogar Profis auf dem Gebiet der Psychologie und Psychiatrie schwerfällt, sich ohne eingehende Reflexion auf diese Weise einen Überblick über ihr Leben zu verschaffen.

Erkennen und handeln

Hin und wieder weist uns diese Art der Reflexion schon die Richtung, in die wir uns bewegen wollen, doch selbst nachdem wir erkannt haben, was wir gern ändern würden, ist es nicht immer leicht, die ersten Schritte in diese Richtung zu tun.

Ein ganzer Forschungsbereich beschäftigt sich mit der menschlichen Motivation[88] – warum wir die Entscheidungen treffen, die wir treffen, warum manche Menschen sich ehrlich bemühen, Veränderungen herbeizuführen, und warum andere dies nie schaffen. Die diesbezüglichen Studien sind nicht zuletzt in der Werbebranche beliebt, denn sie zeigen, wie man uns dazu motiviert, Gegenstände zu kaufen. Man kann sie jedoch auch dazu nutzen, sich selbst zu motivieren, die Dinge zu tun, die man tun will – beispielsweise Schritte in Richtung Wachstum in Beziehungen zu unternehmen. Tatsächlich haben wir einen Teil davon bereits in diesem Kapitel getan: Die Forschungen belegen, dass einer der Schlüssel dazu, Veränderungen herbeizuführen, darin besteht, den Unterschied zwischen dem, wo wir sind, und dem, wo wir hinwollen, zu erkennen. Sich dieser beiden Zustände bewusst zu werden erzeugt eine Art Energie, die uns dabei hilft, den ersten schwierigen Schritt zu machen. Und genau das haben Sie mit Ihren »Beziehungswerkzeugen« getan: Sie haben Ihr soziales Universum kartografiert, sich die Qualität Ihrer

Beziehungen bewusst gemacht und darüber nachgedacht, was Sie gern ändern würden. Dies nun auch tatsächlich zu tun kann etwas chaotisch werden – insbesondere bei herausfordernden Beziehungen –, kann sich aber sehr lohnen. Mehr darüber erfahren Sie in den kommenden Kapiteln, einiges jedoch können Sie sofort in Angriff nehmen. Im Folgenden finden Sie nützliche Prinzipien, die Sie dabei im Hinterkopf behalten sollten.

Von oben nach unten vorgehen

Richten Sie Ihr Augenmerk zunächst darauf, was gut funktioniert – das erleichtert Ihnen den Anfang enorm. Sehen Sie sich die Beziehungen in der energiespendenden Hälfte Ihres sozialen Universums an und überlegen Sie, wie Sie diese festigen oder noch weiter voranbringen könnten. Sagen (und zeigen!) Sie diesen Menschen, wie viel sie Ihnen bedeuten und warum das so ist. Es schadet nie, noch mehr an dem zu arbeiten, was bereits Energie und Vitalität in Ihr Leben bringt. Die Beziehungen laufen zwar schon, könnten hier und da aber vielleicht doch noch einen kleinen Schubs vertragen. Selbst gute Bindungen neigen dazu, sich in gewissen Routinen zu ergehen. Vielleicht ist es an der Zeit, darin auch einmal etwas Neues auszuprobieren.

Sehen Sie sich als Nächstes die Beziehungen an, die knapp außerhalb dieser Hälfte liegen. Können Sie auch ihnen einen kleinen Schubs in Richtung »gibt mir Energie« geben? Vielleicht gelingt es Ihnen durch kleinere Veränderungen in diesen Beziehungen, kleinere Belastungen aus der Welt zu schaffen, die sich alles in allem jedoch auch summieren.

Die Beziehungen, die Sie als erschöpfend identifiziert haben, erfordern wahrscheinlich etwas mehr Überlegung. Vielleicht müssen Sie hier ein Risiko eingehen und auf jemanden zugehen, den Sie normalerweise nicht kontaktieren. Schreiben Sie diesem Menschen eine Nachricht, schlagen Sie ein Treffen vor oder laden Sie ihn zu einer Veranstaltung ein. Vielleicht müssen Sie sich so mit dem sprichwörtlichen Elefanten im Raum beschäftigen, mit einem Streit oder einer abfälligen Bemerkung etwa. (Dazu könnte etwas zusätzliche Vorbereitung notwendig sein. Zu Unstimmigkeiten, Meinungsverschiedenheiten, Missverständnissen und emotional schwierigen Situationen kommen wir noch in späteren Kapiteln.)

Das alles ist nicht ganz leicht. Sie müssen den Anruf tatsächlich tätigen, Ihren Terminkalender zurate ziehen, sich den Abend frei halten und Pläne machen. Vorzugsweise wiederkehrende Pläne!

Doch selbst in die positivsten Beziehungen können sich alte Gewohnheiten und Automatismen einschleichen, die dafür sorgen, dass die Beziehung eher Energie kostet als gibt. Dafür haben wir einige allgemeine Prinzipien zusammengestellt, die sich in Forschung und Therapie als nützlich erwiesen haben, wollen wir eine Beziehung wieder auf Vordermann bringen.

Vorschlag 1: Die Macht der Großzügigkeit

In der westlichen Welt mit ihrer Betonung des Individualismus bekommt der Mythos vom Selfmademan ziemlich viel Aufmerksamkeit. Viele glauben, unsere Identität sei eine Eigenkreation, dass wir sind, was wir sind, weil wir uns selbst dazu gemacht haben. In Wirklichkeit aber haben wir uns aufgrund unserer Beziehung zur Welt und zu den Menschen um uns herum zu der Persönlichkeit entwickelt, die wir sind. Selbst ein Einsiedler in einer Höhle ist durch seine Beziehung zu anderen Menschen – in diesem Fall durch die Distanz zu ihnen – definiert.

Beziehungen sind notwendigerweise wechselseitige Systeme. Unterstützung kann nur in beide Richtungen funktionieren. Zwar ist die Hilfe, die wir bekommen, selten das genaue Abbild dessen, was wir geben, doch »Du bekommst, was du gibst« kann als Faustregel dienen.

Die Vorstellung zu geben, was man selbst gern bekommen würde, ist ein Gegengift gegen die Macht- und Hoffnungslosigkeit, die Menschen manchmal empfinden, wenn sie an ihre Beziehungen denken. Wir haben keinen direkten Einfluss darauf, wie andere mit uns umgehen, können aber beeinflussen, wie wir unsererseits mit ihnen umgehen. Vielleicht bekommen wir eine bestimmte Art von Hilfestellung nicht – das muss aber nicht heißen, dass wir diese Unterstützung nicht selbst geben könnten.

Der Dalai Lama erinnert uns daran, dass man erntet, was man sät. »Wir sind ichbezogen und eigennützig, müssen aber klug, nicht töricht eigennützig sein«, sagte er einmal. »Vernachlässigen wir andere, verlieren wir auch etwas … Wir können den Menschen beibringen, dass der beste Weg, ihre eigenen Interessen zu verwirklichen, der ist, sich um das Wohlergehen anderer zu kümmern. Aber das wird dauern.«[89]

Die Forschung gibt ihm recht: Anderen zu helfen nützt dem, der hilft. Es besteht sowohl ein neuraler als auch ein praktischer Zusammenhang zwischen Großzügigkeit und Zufriedenheit. Großzügigkeit programmiert das Gehirn auf gute Gefühle, und die guten Gefühle wiederum erhöhen die Wahrscheinlichkeit, dass wir uns auch in Zukunft anderen gegenüber großzügig verhalten.[90] Großzügigkeit ist also eine Aufwärtsspirale.

Gehen Sie die Fragen zur Unterstützung in Ihrem Leben früher in diesem Kapitel noch einmal durch und antworten Sie dann ehrlich auf folgende Frage: »Geben Sie diese Arten von Unterstützung auch anderen?« Falls ja, wem? Gibt es Menschen in Ihrem Leben, die Sie mehr unterstützen wollen? Denken Sie an Kiecolt-Glasers Forschungen zum Thema Stressbelastung pflegender Angehöriger und Wundheilung zu Beginn dieses Kapitels zurück. Gibt es Menschen in Ihrem Leben, die Angehörige pflegen und unter großem Stress stehen? Können Sie für diese Menschen da sein, können Sie sie unterstützen? Falls Sie selbst Angehörige pflegen: Bekommen Sie die Unterstützung, die Sie brauchen? Betrachten Sie noch einmal Ihr soziales Universum und überlegen Sie, ob sich Geben und Nehmen darin im Gleichgewicht befinden.

Tab. 4.2 Menschen, die ich unterstütze

Meine Beziehung zu	Geborgenheit und Sicherheit	Lernen und wachsen	Emotionale Nähe und Vertrauen	Identitätsbestätigung und gemeinsame Erfahrungen	Romantische Nähe	Hilfe (sowohl durch Gespräche als auch ganz praktisch)	Freizeit und Entspannung

Vorschlag 2: Neue Tanzschritte lernen

Wir werden besser in dem, worin wir uns üben, und ohne es recht zu bemerken, sind wir auf einmal sehr talentiert in Dingen, die uns zuvor nicht sonderlich interessiert haben. Sterling Ainsley beispielsweise wurde immer besser darin, Nähe und Verbundenheit zu meiden. Er hatte allen Grund dazu: Obwohl sich seine Schwester Rosalie in seinen ersten Lebensjahren rührend um ihn kümmerte, konnte sie seinen Vater doch nicht daran hindern, ihn zu vernachlässigen. Zudem wurde seine Herkunftsfamilie auseinandergerissen, als der Vater Sterlings Mutter in eine Anstalt einweisen ließ. Als Sterling auf die Farm zog, konnte er Rosalie nicht mehr regelmäßig sehen, was ihn sehr schmerzte. Deshalb trug er seine Ängste vor engen Beziehungen bis weit in sein Erwachsenenleben hinein. Außer bei seiner Adoptivmutter gelang es ihm nie, sich bei einem anderen Menschen geborgen und sicher zu fühlen, geschweige denn bei mehreren anderen Menschen. Ohne es sich selbst unbedingt einzugestehen, lebte er in der Annahme, er sei glücklicher oder zumindest sicherer ohne enge Bindungen. Die Nähe zu anderen, so glaubte er, war riskant.

Was in gewisser Weise auch stimmt. Unsere stärksten Gefühle entspringen unseren Verbindungen mit anderen Menschen. Das soziale Umfeld ist zwar voller angenehmer und bedeutungsvoller Erfahrungen, beinhaltet gleichzeitig aber auch Enttäuschung und Schmerz. Die Menschen, die wir lieben, können uns auch verletzen. Es tut weh, wenn sie uns enttäuschen oder verlassen, wir verspüren Leere, wenn sie sterben.

Der Impuls, solcherlei negative Erfahrungen zu meiden, ist mehr als verständlich. Wollen wir jedoch die Vorteile genießen, die die Verbundenheit mit anderen bietet, müssen wir mit einem gewissen Grad an Risiko leben. Außerdem müssen wir bereit sein, über unsere eigenen Sorgen und Ängste hinauszublicken.

Damit stellt sich die wichtige Frage, wie jemand wie Sterling mit einer derart traumatischen Geschichte es schaffen kann, sie nicht sein ganzes Leben beherrschen zu lassen. Man kann nur hoffen, dass solch eine Person im späteren Leben noch gute Erfahrungen mit Nähe machen kann, die einen positiven Einfluss auf ihre Weltanschauung haben. Das ist durchaus möglich. Eine positive, vertrauensvolle Beziehung zu einem Ehepartner beispielsweise kann dazu führen, dass sich ein unsicherer Mensch sicherer fühlt.[91] Allerdings stolpern viel zu viele Menschen, die eine ähnliche Geschichte wie Sterling haben, von einer selbsterfüllenden Prophezeiung zur nächsten und erleben Nähe nie oder selten.

Die Frage ist: Wie können wir aufhören, uns immer wieder mit traumatischen Erlebnissen herumzuschlagen, und uns für neue Erfahrungen öffnen?

Vorschlag 3: Radikale Neugier

> »Jeder Mensch, den ich treffe, ist in irgendetwas besser als ich, und in diesem Punkt lerne ich von ihm.«[92]
>
> RALPH WALDO EMERSON

Häufig haben wir in Beziehungen aus demselben Grund zu kämpfen, aus dem wir auch in anderen Bereichen des Lebens zu kämpfen haben: Wir konzentrieren uns zu sehr auf uns selbst. Wir machen uns Sorgen, ob wir etwas richtig machen, ob wir gut in etwas sind, ob wir bekommen, was wir wollen. Doch wie wir bei Sterling oder John Marsden, dem unglücklichen Anwalt, gesehen haben, können wir die Belange anderer Menschen aus den Augen verlieren, wenn wir nur uns selbst im Blick haben.

Das ist eine häufige Falle, die sich jedoch vermeiden lässt. Denn mit derselben Neugier, mit der wir beispielsweise an ein Buch oder einen Film herangehen, können wir auch an unsere Beziehungen herangehen, selbst in den alltäglichsten Augenblicken des Lebens.

Es kann ein ungeheures Vergnügen sein, sich im Erleben einer anderen Person zu verlieren. Ist man nicht daran gewöhnt, kann es sich zunächst auch seltsam anfühlen und etwas Mühe kosten. *Neugier – echte, tief empfundene Neugier auf die Erfahrungen anderer – spielt in wichtigen Beziehungen eine große Rolle.* Sie ebnet uns den Weg zu Gesprächen und Wissen, das uns bislang verborgen war. Sie hilft dabei, dass sich der andere verstanden und wertgeschätzt fühlt. Sie ist auch in weniger wichtigen Beziehungen von Bedeutung, in denen sie gegenseitige Fürsorge wecken und neue, fragile Bande kräftigen kann.

Vielleicht kennen Sie jemanden, der sich gern mit anderen unterhält, der sie nach ihren Geschichten und Meinungen fragt. Es ist kein Zufall, dass solche Menschen häufig sehr fröhlich und lebhaft sind. Wie das »Fremde im Zug«-Experiment in Kapitel 2 gezeigt hat, hebt die Interaktion mit anderen Menschen unsere Stimmung und macht uns glücklicher, als wir erwartet hätten.

Bob denkt dabei an seinen Vater, der immer und überall mit Fremden redete. Er war geradezu obsessiv – radikal – neugierig auf jeden. Bobs Tante und sein Onkel erzählten gern die Geschichte, wie sie einmal mit Bobs Vater in Washington, D.C., in ein Taxi stiegen. Bobs Vater saß vorn, wie immer, damit er sich mit dem Fahrer unterhalten konnte. Während er die gesamte Lebensgeschichte des Mannes aus ihm herauslockte, begann er, mit dem Ausstellfenster zu spielen, das ältere Autos damals noch hatten. Er war so in sein Gespräch mit dem Taxifahrer vertieft, dass er nicht bemerkte, dass er das Fenster auf einmal in der Hand hatte. Gelächter vom Rücksitz – aber auch das bemerkte er nicht. Er legte das kleine Fenster neben sich auf den Sitz und begann nun, mit der Fensterkurbel zu spielen, bis er auch diese auf einmal in der Hand hatte. Er legte sie ebenfalls beiseite und stellte einfach weiter Fragen. Zum Glück für das Auto dauerte die Fahrt nicht lang.

Das Verhalten lag schlicht in seiner Natur. Bobs Vater tat es nicht unbedingt, um freundlich zu anderen zu sein, er tat es, weil er sich dann gut fühlte. Es schenkte ihm Energie. Einige von uns sind aus der Übung und haben vergessen, wie sich diese Art von Neugier anfühlen kann. Sie müssen bewusster, beinahe radikal vorgehen, die meist zarten Triebe unseres natürlichen Interesses an anderen Menschen erst wieder kultivieren und sich kühn über eingefahrene Gesprächsgewohnheiten hinauswagen. Wir müssen uns ganz bewusst fragen: Wer ist dieser Mensch wirklich, was ist mit ihm los? Danach müssen wir nur noch Fragen stellen, zuhören und abwarten, was dann geschieht.

Das Entscheidende ist, dass Neugier uns dabei hilft, uns mit anderen zu verbinden, und diese Verbindung wiederum verbindet uns mehr mit dem Leben. Echte Neugier lädt die Menschen dazu ein, mehr von sich preiszugeben, was dazu führt, dass wir sie besser verstehen. Bei diesem Prozess gewinnen beide, das hat das »Fremde im Zug«-Experiment deutlich gezeigt (mehr dazu in Kapitel 10). Selbst das kleinste Interesse an einem anderen Menschen, ein kurzes Wort, kann die Beteiligten beleben, kann neue Bahnen der Verbundenheit, neue Bahnen des Lebensflusses schaffen.

Und wie die Großzügigkeit so ist auch die Neugier eine Aufwärtsspirale.

Von der Neugier zum Verstehen

Wenn Menschen erfahren, dass wir, Bob und Marc, Therapeuten sind, reagieren sie darauf häufig so: »Wie könnt ihr euch nur die ganze Zeit die Probleme anderer Leute anhören? Das muss doch unglaublich ermüdend und deprimierend sein.« Es stimmt, dass Zuhören nicht immer einfach ist, doch überwiegt bei beiden von uns ein anderes Gefühl: Wir sind den Menschen, mit denen wir therapeutisch arbeiten, zutiefst dankbar. Wir lernen aus ihren Erfahrungen, die Gespräche vertiefen unsere Verbindung zu ihnen. Eine unserer größten Freuden (und nicht nur in der Therapie) ist es, die Erfahrung eines anderen Menschen verstanden zu haben und ihm dies auch überzeugend mitteilen zu können. Es ist wundervoll, sich plötzlich mit jemand anderem synchron zu fühlen.

Ein entscheidender Schritt dabei, sich mit anderen durch Neugier zu verbinden, besteht darin, ihnen das neu gewonnene Verständnis mitzuteilen. Dann kann Magie geschehen, die Verbindung wird gefestigt, sichtbar und sinnerfüllt. Hat ein anderer das, was wir erlebt haben, richtig verstanden und kann er es in eigenen Worten wiedergeben, kann dies eine außerordentlich packende Erfahrung sein, vor allem dann, wenn wir uns unserem sozialen Umfeld entfremdet fühlen. Plötzlich sieht uns jemand so, wie wir sind, und das reißt zumindest vorübergehend die Barriere nieder, die wir zwischen uns und der Welt fühlen. Gesehen zu werden ist eine ganz unglaubliche Erfahrung.

Auch umgekehrt ist es ganz erstaunlich, einen anderen Menschen wirklich zu sehen und diese neue Sicht zu kommunizieren.

Die Faszination der Verbundenheit wird sowohl von dem, der gesehen wird, als auch von dem, der sieht, empfunden. Wiederum finden Verbundenheit und das Gefühl der Lebendigkeit in beide Richtungen statt.

Diese Vorstellung ist alles andere als neu oder ungewöhnlich, sie taucht bereits in Dale Carnegies klassischem und immens einflussreichem Buch *Wie man Freunde gewinnt* von 1936 auf. Das Buch basiert auf sechs Regeln, die erste davon lautet: »Interessieren Sie sich aufrichtig für Menschen.« Und wie so oft, so gilt auch hier: Je mehr wir diese Art Neugier üben, desto leichter fällt sie uns. Hinzu kommt, dass das »Übungsmaterial« fast immer und überall vorhanden ist. Sie können sich heute – jetzt – dafür entscheiden, den ersten Schritt in diese Richtung zu tun.

Zurück zum Leben

Ebenso wie es regelmäßige Übung erfordert, sich sozial fit zu halten, profitiert auch das Reflektieren über unsere Beziehungen davon, wenn wir dies regelmäßig tun – insbesondere dann, wenn wir sozial noch nicht so aktiv sind, wie wir uns das wünschen. Es schadet nie, vor allem nicht, wenn wir niedergeschlagen sind, einen Augenblick über unsere Beziehungen nachzudenken und zu überlegen, was wir an ihnen vielleicht ändern könnten. Sind Sie ein Mensch, der die Dinge gern strukturiert angeht, könnten Sie dafür sogar einen Termin festlegen, etwa jedes Jahr an Neujahr oder am Morgen Ihres Geburtstags. Nehmen Sie sich dann einige Augenblicke Zeit, Ihr soziales Universum zu betrachten, zu überlegen, was Sie nehmen, was Sie geben und wo Sie in einem Jahr stehen wollen. Vielleicht heben Sie sich die Zeichnung Ihres sozialen Universums und die Einschätzung Ihrer Beziehungen auf (vielleicht sogar in diesem Buch), um immer wieder nachsehen zu können, was sich in der Zwischenzeit möglicherweise verändert hat. In einem Jahr kann viel passieren.

Zumindest erinnert Sie diese Übung daran, was Ihnen am wichtigsten ist – und das ist immer eine gute Sache. Wir haben im Laufe der Studie festgestellt, dass die über 70- und über 80-jährigen Teilnehmerinnen und Teilnehmer immer wieder darauf hinwiesen, dass ihnen die Beziehungen zu ihren Freunden und zu ihrer Familie am meisten am Herzen lagen. Sogar Sterling Ainsley sagte das. Er liebte seine Adoptivmutter und seine Schwester – verlor aber den Kontakt zu ihnen. Einige seiner schönsten Erinnerungen waren Erinnerungen an Freunde – die er nie kontaktierte. Nichts war ihm wichtiger als seine Kinder – die er kaum sah. Man hätte den Eindruck gewinnen können, sie seien ihm egal, doch das war absolut nicht der Fall. Sterling war recht emotional, wenn er von den Menschen, die er am meisten schätzte, erzählte, und seine Zögerlichkeit, einige unserer Fragen zu beantworten, stand sichtlich im Zusammenhang mit dem Schmerz, den seine Distanziertheit im Laufe der Jahre bei ihm verursachte. Sterling dachte nie wirklich darüber nach, wie er seine Beziehungen führen oder was er tun könnte, um sich angemessen um die Menschen zu kümmern, die er am meisten liebte.

Wenn wir die Erkenntnis – und in jüngerer Zeit auch die wissenschaftlichen Belege – akzeptieren, dass unsere Beziehungen zu den wertvollsten Instrumenten gehören, die es uns ermöglichen, lange gesund und glücklich zu sein, dann ist es ungeheuer wichtig, *Zeit und Energie* in sie zu investieren. Die Investition in unsere soziale Fitness ist nicht nur eine Investition in unser Leben, wie es momentan ist, sie wird sich auch entscheidend auf unsere Zukunft auswirken.

5
Beziehungspflege – die beste Investition

> »Ein Teil von dir selbst, ist das einzige Geschenk.«[93]
>
> RALPH WALDO EMERSON

Harvard Study Second Generation, Fragebogen, 2015[94]

```
Ich fühle mich wie ferngesteuert und bin mir nicht
besonders bewusst, was ich gerade tue.

Nie   Gelegentlich   Manchmal   Häufig   Immer

Ich hetze durch das, was ich tue, ohne wirklich
meine Aufmerksamkeit darauf zu richten.

Nie   Gelegentlich   Manchmal   Häufig   Immer

Ich schenke körperlichen Empfindungen meine Auf-
merksamkeit, etwa dem Wind, der mir durchs Haar
fährt, oder der Sonne, die auf mein Gesicht
scheint.

Nie   Gelegentlich   Manchmal   Häufig   Immer
```

Stellen Sie sich vor, Sie hätten bereits zu Beginn Ihres Lebens all das Geld, das Sie jemals besitzen werden. Man hätte im Augenblick Ihrer Geburt ein Konto für Sie eingerichtet, und jedes Mal, wenn Sie etwas bezahlen mussten, wäre es von diesem Konto abgebucht worden.

Sie müssen nicht arbeiten, aber alles, was Sie tun, kostet Geld – Nahrung, Wasser, eine Unterkunft, Konsumgüter, selbst das Verschicken einer Mail braucht einen kleinen Teil Ihres kostbaren Geldvorrats auf. In einem Sessel zu sitzen und nichts zu tun kostet Geld. Zu schlafen kostet Geld. Für alles müssen Sie Geld ausgeben.

Das Problem daran ist, dass Sie nicht wissen, wie viel Geld Sie auf dem Konto haben. Ist es leer, ist Ihr Leben vorbei.

Würden Sie in einer solchen Situation weiter so leben, wie Sie es jetzt tun? Oder würden Sie irgendetwas anders machen?

Was Sie sich gerade vorgestellt haben, ist reine Fantasie. Wenn Sie jedoch ein Schlüsselelement darin ändern, ist die Vorstellung gar nicht mehr so weit von unserer tatsächlichen Situation als Mensch entfernt: Statt Geld steht Ihnen nur eine begrenzte Menge *Zeit* zur Verfügung – und Sie wissen nicht, wie groß diese Menge ist.

Da das Leben kurz und ungewiss ist, wird aus der recht alltäglichen Frage, wie wir unsere Zeit verbringen sollen, eine ziemlich tiefgründige, die sich bedeutend auf unsere Gesundheit und unsere Zufriedenheit auswirken kann.

Buddhistischen Mönchen wird beigebracht, in Meditationen ein bestimmtes Mantra zu verwenden: »Wenn nur der Tod gewiss ist, der Zeitpunkt des Todes aber ungewiss, was soll ich dann tun?«

Werden wir mit der unausweichlichen Erkenntnis, dass unser Leben endlich ist, konfrontiert, haben wir einen ganz anderen Blick auf die Welt und andere Dinge als bisher werden wichtig.

Bei unserer achttägigen Befragung von über 80-jährigen Harvard-Study-Ehepaaren stellten wir ihnen am Ende jedes Tagesinterviews eine jeweils andere Frage zu ihrem Blick auf den Teil des Lebens, der bereits hinter ihnen lag. Häufig stand der Wert der Zeit im Mittelpunkt ihrer Antworten.

Tag 7: Wenn Sie auf Ihr Leben zurückblicken, was wünschten Sie hätten Sie dann weniger tun sollen, was mehr?

Edith, 80 Jahre: Hätte mich weniger über Kleinigkeiten ärgern sollen. Sieht man die Dinge in Relation, ist manches nicht mehr so wichtig. Hätte das dann auch nicht mehr so wichtig nehmen sollen. Hätte mehr Zeit mit meinen Kindern, meinem Mann, meiner Mutter, meinem Vater verbringen sollen.

Neil, 83 Jahre: Ich wünschte, ich hätte mehr Zeit mit meiner Frau verbracht. Sie starb, als ich gerade begonnen hatte, bei der Arbeit kürzerzutreten.

Das sind nur zwei von vielen ähnlichen Antworten. Fast alle Teilnehmerinnen und Teilnehmer der Studie befassten sich damit, wie sie ihre Zeit verbracht hatten, viele hatten das Gefühl, nicht ausreichend darüber nachgedacht zu haben, womit sie sich beschäftigten. Dieser Gedanke ist ausgesprochen weit verbreitet. Der Alltag kann uns derart absorbieren, dass wir das Gefühl bekommen, das Leben sei etwas, das uns passiere, dem wir unterworfen seien, statt es aktiv formen zu können. Wie viele andere Menschen so blickten auch einige der Teilnehmer und Teilnehmerinnen unserer Studie in höherem Alter auf ihr Leben zurück und dachten: Ich habe meine Freunde nicht oft genug gesehen … Ich habe meinen Kindern nicht genug Aufmerksamkeit geschenkt … Ich habe so viel Zeit mit Dingen verbracht, die mir gar nicht wichtig waren.

Unsere Sprache – und insbesondere vielleicht das Englische – bedient sich vielfach wirtschaftlicher oder finanzieller Begriffe, wenn es um Zeit und Aufmerksamkeit geht: Im Englischen heißt es »to spend time« und »to pay attention«, aber auch im Deutschen sprechen wir von »Aufmerksamkeit schenken« und »Zeit vergeuden«, was im weitesten Sinne ebenfalls mit Geld in Zusammenhang gebracht werden kann. Dennoch sind Zeit und Aufmerksamkeit viel kostbarer (!), als diese Begriffe vermuten lassen. Denn wir können unseren Bestand an Zeit und Aufmerksamkeit nicht wiederauffüllen. Aus ihnen besteht unser Leben. Wenn wir anderen Menschen Zeit und Aufmerksamkeit zuteilwerden lassen, schenken wir nicht nur diese – wir schenken einen Teil unseres Lebens.

Die Philosophin Simone Weil schrieb einst: »Aufmerksamkeit ist die seltenste und reinste Form der Großzügigkeit.«[95] Weil Aufmerksamkeit – Zeit – das Kostbarste ist, das wir besitzen.

Viele Jahrzehnte nach Simone Weil verlieh der Zen-Meister John Tarrant Weils Worten in seinem Buch *Licht im Herzen der Dunkelheit* eine neue Dimension: »Aufmerksamkeit«, schrieb er, »ist die grundlegendste Form der Liebe.«[96]

Diese Wahrheit lässt sich nur schwer in Worte fassen. Wie die Liebe ist auch die Aufmerksamkeit ein Geschenk, das in beide Richtungen gegeben wird. Schenken wir Aufmerksamkeit, schenken wir Leben, fühlen uns selbst dabei aber auch lebendiger.

Zeit und Aufmerksamkeit sind die wesentlichen Mittel zum Glück. Sie sind die Quelle, aus der sich unser Leben speist – eine Metapher, die viel zutreffender ist als die finanzielle. Ebenso wie das Wasser aus einer Quelle – etwa einem Stausee – zu bestimmten Bereichen einer Landschaft geleitet werden und diese erblühen lassen kann, kann der Fluss unserer Aufmerksamkeit bestimmte Bereiche unseres Lebens gedeihen lassen und bereichern. Es schadet also nie, einen Blick darauf zu werfen, worauf unsere Aufmerksamkeit gerichtet war, und sich zu fragen, ob sie dort ist, wo sie den Menschen, die wir lieben, und auch uns selbst nützt (meist geht beides Hand in Hand). Geht es uns gut? Nehmen die Aktivitäten und Beschäftigungen, bei denen wir uns am lebendigsten fühlen, den Anteil in unserem Leben ein, der ihnen gebührt? Welche Menschen sind uns am wichtigsten, und bekommen diese Beziehungen, in all ihren Höhen und Tiefen, die Aufmerksamkeit, die sie verdienen?

Heute keine Zeit, morgen dafür umso mehr

Wir benutzen den Begriff »Aufmerksamkeit« in zweierlei Weise.

Bei der ersten Bedeutung des Wortes geht es um Prioritäten und verbrachte Zeit. Dies bezieht sich auf die Häufigkeitsdimension des sozialen Universums in Kapitel 4. Geben wir den Dingen, die uns am wichtigsten sind, Priorität, setzen wir sie ganz oben auf die Liste, wenn wir uns unsere Zeit einteilen?

Leicht gesagt, denken Sie jetzt vielleicht, aber offensichtlich wissen Sie nicht, wie es in meinem Leben zugeht. Mein Tag hat auch nur 24 Stunden. Ich investiere meine Zeit in die Arbeit, damit die Menschen, die ich liebe, etwas zu essen haben und meine Kinder in ordentlicher Kleidung in die Schule gehen können. Ich stoße jetzt schon an meine Grenzen – wie kann ich einer Sache also Zeit widmen, die ich nicht habe?

Eine gute Frage. Lassen Sie uns einen Augenblick über Zeit sprechen.

Wenn es um die Zeit geht, die uns zur Verfügung steht, haben wir oft widersprüchliche Gefühle. Einerseits verspüren wir eine Zeitknappheit: Der Tag hat einfach zu wenig Stunden, um all das zu tun, was wir tun müssen, geschweige denn, was wir tun wollen. Andererseits glauben wir, in einer nicht näher bestimmten Zukunft einen Überschuss an Zeit zu haben, als würden die Dinge, die uns momentan beschäftigen, irgendwann in unserem Leben aufhören, uns die Zeit zu rauben. Der längst überfällige Besuch bei den Eltern, der Anruf bei einem alten Freund – all das schieben wir auf, weil wir annehmen, es gäbe dafür später jede Menge Zeit.

Tatsächlich berichten sehr viele Menschen davon, sich zu eingespannt und von Verantwortlichkeiten sowie Verpflichtungen überfordert zu fühlen. Während das 21. Jahrhundert voranschreitet, scheint uns immer weniger Zeit zur Verfügung zu stehen, und diejenigen, die das Gefühl haben, ihnen rinne die Zeit durch die Finger, sind gestresster und erkranken häufiger.[97] Anscheinend müssen überall auf der Welt die Menschen mit der wenigsten Zeit am längsten arbeiten – stimmt's?

Seit den 1950er-Jahren ist die durchschnittliche Arbeitszeit weltweit signifikant gesunken.[98] Der durchschnittliche US-Amerikaner arbeitet heute 10 Prozent weniger als 1950. In manchen Ländern, darunter die Niederlande und Deutschland, hat sich die Arbeitszeit sogar um 40 Prozent reduziert.

Das sind natürlich nur Durchschnittswerte, und man kann auch nur unter Vorbehalt sagen[99], wer mehr und wer weniger arbeitet, beispielsweise dass berufstätige Mütter am wenigsten Freizeit, Menschen mit ausgeprägterem Bildungshintergrund weniger Freizeit und Angehörige bildungsfernerer Schichten die meiste Freizeit haben. Das Bild ist komplex. Die Datenlage allerdings ist klar: Selbst unter Berücksichtigung der Vorbehalte sind die Menschen aktuell weniger mit Arbeit beschäftigt als in vergangenen Generationen, und trotzdem haben sie das Gefühl, sie hätten nie Zeit.[100] Warum ist das so?

Die Antwort auf diese Frage liegt möglicherweise in der zweiten Bedeutung des Wortes »Aufmerksamkeit« verborgen, die sich darum dreht, wie wir Zeit verbringen und, genauer, was unser Geist dabei tut.

Darüber nachdenken, was nicht geschieht

Mehr als 20 Jahre lang wohnten wir, Bob und Marc, mehrere Hundert Kilometer voneinander entfernt. Bei der gemeinsamen Arbeit an Projekten mussten wir uns per Telefon oder Videocall kurzschließen. Wir sind zwar alte Freunde, müssen aber trotzdem

Termine ausmachen, wenn wir uns sprechen wollen, sonst klappt das nicht. Wenn unsere Telefonverabredung dann gekommen ist, mindestens einmal pro Woche, empfinden wir beide diese Zeit als Ruhepause, die wir uns in einer hektischen Arbeitswoche freigeschaufelt haben. Wir entspannen uns ein wenig und lassen locker. Und nachdem wir den ganzen Tag oder die ganze Woche lang so konzentriert gewesen waren, kann es passieren, dass unsere Aufmerksamkeit abschweift.

Sie kennen das sicher. Das Leben ist ein Affenzirkus, und es gibt immer eine Million Dinge zu tun. Nimmt man sich dann einen Augenblick mit einem Freund oder den Kindern, führen Entspannung und Vertrautheit, die man in der Beziehung empfindet, dazu, dass man der Situation und dem Gegenüber nicht unbedingt seine volle Aufmerksamkeit schenken muss. Schließlich handelt es sich hier um Menschen, die wir gut kennen. Man hat eine gewisse gemeinsame Routine, der Umgang miteinander ist vertraut und vielleicht gibt es ja auch nichts weltbewegend Neues, weshalb man seinen Gedanken ruhig ein wenig freien Lauf lassen kann. Selbst wenn unser Leben gerade nicht von Sorgen oder Dingen, die noch erledigt werden müssen, überschwemmt wird, ist da immer noch die riesige Informationsflut, die im Internet auf uns wartet. Ein Augenblick Ruhe, und schwupps ist das Handy gezückt.

Auch als wir an diesem Kapitel gearbeitet und über das Thema Aufmerksamkeit gesprochen haben, spürte Marc plötzlich eine vertraute Stille am Telefon. Bob war nicht mehr bei der Sache.

»Bob«, sagte er.

»Ja?«

»Hörst du mir noch zu?«

Das passiert jedem. In einer groß angelegten Studie aus dem Jahr 2010 nutzten Matthew Killingsworth und Daniel Gilbert einen Sündenbock für das Abgelenktwerden – das Smartphone – für ihre Zwecke und untersuchten, was wir in der Zeit, in der wir wach sind, tun, sowohl körperlich als auch geistig.[101] Zunächst entwickelten sie eine App, die via Smartphone zu willkürlichen Zeiten des Tages die Teilnehmerinnen und Teilnehmern ihrer Studie kontaktierte, um zu fragen, was sie gerade taten, dachten und fühlten. Die Antworten wurden aufgezeichnet. Die daraus resultierende Datenbank umfasste Millionen von Antworten von mehr als 5000 Probanden allen Alters aus 83 Ländern und 86 Berufskategorien. Die Ergebnisse zeigten, dass wir annähernd die Hälfte unserer Wachzeit damit verbringen, an etwas anderes zu denken als an das, was wir gerade tun. Annähernd die Hälfte! Wie die Verfasser der Studie richtig bemerkten, handelt es sich hierbei nicht um eine schräge mentale Eigenart, sondern um eine dezidierte menschlich-evolutionäre Anpassung.

Über die Vergangenheit und die Zukunft nachzudenken ermöglicht es uns zu planen, etwas im Voraus zu bedenken und auf kreative Weise Zusammenhänge zwischen verschiedenen Ideen und Erfahrungen herzustellen. Allerdings kann uns unser modernes Umfeld mit all seinen Reizen länger in diesem Zustand der Ablenkung halten, als uns lieb sein dürfte: Meist antizipiert unser Geist nämlich nicht und stellt auch keine kreativen Verbindungen her, sondern er verzettelt sich. Außerdem belegt die Studie von Killingsworth und Gilbert, was wir alle schon ahnten: Ein abschweifender Geist ist ein unzufriedener Geist.

»Die Fähigkeit, darüber nachzudenken, was nicht geschieht«, schrieben sie, »ist eine kognitive Errungenschaft, die einen emotionalen Preis hat.«[102]

Eule und Kolibri

Diese kognitive Fähigkeit, sich an die Vergangenheit zu erinnern und über die Zukunft nachzudenken, ist einer der Gründe dafür, warum manche Menschen das Gefühl haben, nicht mehr hinterherzukommen – nicht aufgrund der Aufgaben, die am Tag erledigt werden müssen, sondern aufgrund der schieren Anzahl von Dingen, die um unsere Aufmerksamkeit buhlen. Was gemeinhin als Ablenkung bezeichnet wird, ist mit Überreizung wahrscheinlich besser beschrieben.

Jüngere Erkenntnisse aus der Neurowissenschaft belegen, dass sich unser Bewusstsein nicht mit mehr als einer Sache gleichzeitig beschäftigen kann. Es mag sich so anfühlen, als könnten Sie multitasken und über zwei (oder mehr) Dinge gleichzeitig nachdenken, in Wirklichkeit aber wechselt Ihr Geist zwischen den Themen hin und her. Dies ist neurologisch gesehen ein kostspieliger Prozess. Von einer Aufgabe zur anderen zu wechseln erfordert Energie und eine gewisse Menge an Zeit.[103] Wechseln wir dann zur ursprünglichen Aufgabe zurück, erfordert es noch einmal Zeit, uns wieder in den vorhergehenden Gegenstand der Aufmerksamkeit zu vertiefen. Zudem geht es hier nicht nur um die Zeit, die das kostet, sondern auch um die Qualität unserer Aufmerksamkeit. Wechseln wir dauernd vom einen zum anderen, können wir uns nie richtig konzentrieren und kommen so auch nie in den Genuss eines vollständig konzentrierten und deshalb höchst effektiven Geistes. Stattdessen befinden wir uns im Zustand der konstanten Rekalibrierung oder, wie die Schriftstellerin Linda Stone es so scharfsinnig nennt, der »kontinuierlichen partiellen Aufmerksamkeit«[104].

Das menschliche Bewusstsein ist nicht so flink und wendig, wie manche glauben. Die Evolution hat unser Gehirn einer Eule ähnlicher als einem Kolibri gemacht: Wir bemerken etwas, richten unsere Aufmerksamkeit darauf und konzentrieren uns. In diesem Zustand der intensiven, fokussierten Konzentration sind wir im Besitz unserer einzigartigen geistigen Fähigkeiten. Konzentrieren wir uns auf eine Sache allein, sind wir am besonnensten, kreativsten und produktivsten.

In der bildschirmüberfrachteten Umgebung des 21. Jahrhunderts jedoch wird unser unhandlicher Eulen-Kopf wie der eines Kolibris behandelt, was dazu führt, dass wir ineffektiv von einer Sache zur nächsten flattern. Tun wir dies tagein, tagaus, versetzt es uns in einen eigentlich unnatürlichen, angstfördernden Modus, in dem der Geist kaum mehr Nahrung findet.

Welche Eule fühlt sich beschäftigter – die, die sich auf das Geräusch einer Maus im Schnee konzentriert, oder die, die versucht, winzige Mengen Nektar aus Tausenden von Blüten zu saugen? Welcher Vogel wird am Ende wohl satter sein?

Ein Familienleben voller Aufmerksamkeit

Die Erkenntnis, wie wertvoll Aufmerksamkeit ist, ist eine Sache. Doch wie sieht Aufmerksamkeit in unseren Beziehungen im Laufe des Lebens aus?

Für ein reales Beispiel wenden wir uns noch einmal Leo DeMarco zu, dem Highschool-Lehrer aus Kapitel 2, der als einer der glücklichsten Teilnehmer an der Harvard Study galt. Wir werfen einen Blick darauf, wie er mit seiner Zeit und Aufmerksamkeit umgegangen ist.

Als Highschool-Lehrer hatte Leo unglaublich viel zu tun, sein Terminkalender war vollgestopft bis oben hin. Er kümmerte sich sehr um seine Schülerinnen und Schüler – mehr als die meisten in seinem Kollegium. Immer hatte er das Gefühl, noch mehr tun zu können, und zögerte nie, einem Schüler mit Problemen zu helfen oder sich ausführlich mit einem besorgten Elternteil zu unterhalten. Er beteiligte sich auch an außerlehrplanmäßigen Aktivitäten und war deshalb für seine eigenen Kinder nach der Schule oder an den Wochenenden nicht da. Seine Familie hatte ihn um sich – er war ein guter Zuhörer und hatte Humor –, weshalb es ihr durchaus auffiel, wenn er nicht da war. Seine Frau und seine Kinder fragten sich hin und wieder, ob ihm seine Arbeit vielleicht wichtiger sei als sie.

Ja, seine Arbeit war Leo wichtig. Sie gab seinem Leben Sinn. Er erzählte den Mitarbeiterinnen und Mitarbeitern der Studie mehr als einmal, dass er durch seine Arbeit das Gefühl hatte, ein wertvolles Mitglied seines Wohnortes zu sein und den Menschen, mit denen er zusammenarbeitete, und speziell seinen Schülern etwas zu bedeuten. Diese Art von Lebenssinn ist für unser Glück und Wohlbefinden sehr wichtig (mehr dazu in Kapitel 9), und es ist normal, dass sie in Konflikt mit anderen Prioritäten gerät, etwa mit der Priorität, Zeit mit der Familie zu verbringen. Dieses Wetteifern um unsere Aufmerksamkeit stellt eine knifflige Herausforderung dar, mit der viele Menschen zu kämpfen haben. Knifflig – aber dennoch zu bewältigen.

Leos Familie teilten ihm ihre Bedenken in diesem Punkt offen mit – weder seine Frau Grace noch seine beiden Töchter und sein Sohn machten einen Hehl aus ihren Gefühlen.

1986 wurde Leos älteste Tochter, Katherine, nach ihren lebhaftesten Erinnerungen an ihren Vater gefragt, woraufhin sie begeistert von ihren gemeinsamen Angelausflügen erzählte. In den Sommerferien hatte Leo die Kinder immer abwechselnd eine Woche lang auf einen Campingausflug zu verschiedenen Angelseen mitgenommen. Bei diesen Ausflügen ging es jedoch bei Weitem nicht nur ums Angeln: Ihr Vater, so Katherine, sei ihr gegenüber sehr aufmerksam gewesen, er hatte sie gefragt, was in ihrem Leben so los war und was sie über bestimmte Dinge dachte. Ganz Lehrer, der er war, hatte er seinen Kindern auch gezeigt, wie man die Haken und Schwimmer befestigt, wo sich die Fische gern versteckten, wie man ein Lagerfeuer macht und ihnen die Sternenbilder am nächtlichen Himmel erklärt. Sie hatten lernen sollen, auch allein zu zelten und zu angeln, allein in der Wildnis zurechtzukommen, um eines Tages die Tradition mit ihren eigenen Kindern, sollten sie welche haben, fortführen zu können.

Leo schenkte seinen Kindern seine volle Aufmerksamkeit, ebenso wie seiner Frau Grace. Mit Anfang 80 antwortete Leo auf die Frage, was sie gemeinsam als Paar unternahmen:

> Wir arbeiten gemeinsam im Garten oder gehen einfach nur spazieren und unterhalten uns über die Landschaft. Gestern zum Beispiel haben wir eine fünf oder sechs Kilometer lange Wanderung gemacht. Wir waren warm eingepackt und sind im Wald immer wieder stehen geblieben und haben zugesehen, wie die Enten aus dem Bach, den wir gerade überquert haben, aufgeflogen sind. Solche Augenblicke gibt es viele in meinem Leben. Und wir erleben sie gemeinsam. Wenn ich ein Buch lese, weiß ich, welche Stellen ihr gefallen würden, und die zeige ich ihr dann. Umgekehrt macht sie das auch.

Es sind nur kleine Dinge, kleine Momente im Alltag von Leo und Grace, die sich im Laufe des Lebens jedoch summieren. »Aufmerksamkeit ist die grundlegendste Form der Liebe.« Es ist kein Zufall, dass Leo sowohl einer der aufmerksameren, präsenteren Teilnehmer der Studie als auch einer ihrer glücklichsten ist.

Die modernen Mittel der Kommunikation

Für Leo und andere Teilnehmer und Teilnehmerinnen der First Generation Harvard Study, die ihre Kinder in den 1940er-, 1950er- und 1960er-Jahren großzogen, hätte das Onlineleben des 21. Jahrhunderts wie Science-Fiction geklungen. Sie hatten damals nicht mit der Allgegenwart von Smartphones und sozialen Medien sowie der Informations- und Reizüberflutung konkurrieren müssen. Dennoch hatten ihre Beziehungsprobleme vielleicht mehr mit denen von heute gemeinsam, als sich auf den ersten Blick erkennen lässt.

1946 veröffentlichte der junge Stanley Kubrick ein Foto in der Zeitschrift *Look*, das uns heute sehr vertraut vorkommt: ein U-Bahn-Wagen voller New-York-City-Pendler, die fast alle mit gebeugtem Kopf nach unten starren … auf ihre Zeitung. Viele der ursprünglichen Harvard-Study-Teilnehmer berichteten von denselben Gefühlen, von denen viele von uns ebenfalls geplagt werden: wie anspruchsvoll es ist, der Familie die Aufmerksamkeit zuteilwerden zu lassen, die sie verdient. Die Arbeit nahm in den 1940er-Jahren überhand, die Welt schien aus den Fugen, die Zukunft der Kinder war ungewiss. Erinnern wir uns: 89 Prozent der Studienteilnehmer mit Uniabschluss dienten im Zweiten Weltkrieg, dessen Ausgang damals absolut nicht vorherzusagen war. Sie zogen ihre Kinder im Kalten Krieg groß, in dem die Angst vor einer nuklearen Katastrophe vorherrschte. Zu Hause war es damals das Fernsehen anstelle des Internets, das in den Augen der Eltern ungeahnten Schaden bei ihren Kindern und in der Gesellschaft im Allgemeinen anrichten konnte. So mögen ihre Probleme zwar eine andere Qualität und ein anderes Ausmaß gehabt haben und die Geschwindigkeit der kulturellen Veränderung mag in gewisser Hinsicht vielleicht weniger extrem als heute gewesen sein, doch waren die effektiven *Mittel* der Beziehungspflege – sich Zeit zu nehmen und dem anderen Aufmerksamkeit zu schenken – damals dieselben wie jetzt. Aufmerksamkeit ist der Stoff, aus dem das Leben ist, und sie ist immer wertvoll, egal in welcher Epoche wir gerade leben.[105]

Aufmerksamkeit online

Technologien wie das Smartphone und die sozialen Medien nehmen heute recht großen Einfluss auf einige der intimsten Bereiche unseres Lebens. Verbinden wir uns mit einem anderen Menschen, geschieht das heute relativ häufig über ein technisches Gerät und irgendeine Software.

Damit befinden wir uns in einer ziemlich heiklen Lage, strömt doch ein ungeheures Ausmaß an Emotionen und Leben durch diese Kanäle. Ob erstes romantisches Anbandeln, eine Trennung, Nachrichten von Geburt und Tod, das Führen einer Freundschaft oder andere äußerst private Interaktionen – sie alle werden durch Geräte und Software gefiltert, deren Aufbau jede dieser Interaktionen – mehr oder weniger subtil – formt. Was macht das mit unseren Beziehungen? Mit unserer Zufriedenheit? Vertiefen oder behindern diese neuen Wege der Kommunikation unsere Fähigkeit, uns sinnerfüllt mit anderen zu verbinden?

Es ist nicht leicht, definitive Antworten auf diese Fragen zu finden. Jeder nutzt die Technologien anders, und wie in jeder Zeit des gesellschaftlichen Umbruchs lässt sich die wahre Natur der Veränderung erst rückblickend erkennen. Eines allerdings steht fest: Die sozialen Medien und das Onlineleben sind kompliziert. Sie geben Anlass zur Hoffnung, aber auch zur Sorge.

Vor- und Nachteile der sozialen Medien

Zunächst zu den Vorteilen: Werden die sozialen Medien dazu genutzt, die Beziehung zu Freunden und Familie aufrechtzuerhalten, können sie unsere Gefühle der Verbundenheit und Zugehörigkeit verstärken. Alte Freunde und Freundinnen, ehemalige Kolleginnen und Kollegen, die wir aus den Augen verloren haben, sind nun nur noch wenige Klicks entfernt, und um Interessen und Probleme herum entstehen täglich neue Communitys. So kann beispielsweise jemand mit einer eher seltenen Erkrankung wie Mukoviszidose online Unterstützung und Trost finden, und jemand, der wegen seiner sexuellen Orientierung, seiner Geschlechtsidentität oder seines Aussehens ausgegrenzt wurde, kann die Mitglieder einer entsprechenden Community jenseits seines Wohnortes kennenlernen. Für jeden, der allein ist und sich in einer außergewöhnlichen Situation befindet, ist das Internet ein wahrer Segen.

Dennoch müssen wichtige Fragen gestellt werden, deren Antworten sich auf unser persönliches Wohlbefinden und auf die Gesellschaft auswirken: Wie beeinflussen etwa diese Onlineräume die

Entwicklung von Kindern und Jugendlichen? Wie Daten der Harvard Study und vieler anderer Studien zeigen, spielen frühe soziale Erfahrungen eine große Rolle.[106] Wie wir uns später im Leben zu anderen in Beziehung setzen, ist eng mit unserer kindlichen Entwicklung verknüpft. Diese Zeit heißt nicht umsonst »die prägenden Jahre« (mehr dazu in Kapitel 8). Wie wirkt sich die vermehrte Onlineinteraktion auf die Fähigkeit junger Menschen aus, soziale Signale zu verstehen und Emotionen im echten Leben zu erkennen? Oder auf ihre Fähigkeit, selbst tiefe Gespräche zu führen und ihren Gefühlen Ausdruck zu verleihen? Ein großer Teil der persönlichen Kommunikation läuft nonverbal ab. Verkümmern diese nonverbalen Fähigkeiten im virtuellen Kontext auf eine Art und Weise, die Einfluss auf den persönlichen Umgang miteinander hat?

Auf diesem interessanten Forschungsgebiet arbeiten auch wir. Noch gibt es keine abschließenden Ergebnisse, vorerst muss weiter geforscht werden. Doch eines steht jetzt schon fest: Wir können nicht davon ausgehen, dass Onlineräume deckungsgleich mit persönlichen Räumen sind, und wir können vor allem nicht davon ausgehen, dass die sozialen Fähigkeiten, die die Kinder im persönlichen Umgang miteinander entwickeln, auch online entwickelt werden können.[107]

Isolation und Verbundenheit

Im Jahr 2020 wurde die Welt von der Covid-19-Pandemie erschüttert. Die rasche Ausbreitung eines mikroskopisch kleinen Virus veränderte den Großteil unseres Lebens drastisch: Sie trennte uns von unseren Freunden, Nachbarn und Familienangehörigen und strapazierte unsere individuelle psychologische Widerstandskraft immens. Die Verhängung von Quarantänen sperrte die Menschen zu Hause ein, Abstandsregeln verhinderten die meisten Formen des sozialen Miteinanders. Restaurants wurden geschlossen. Man durfte nicht mehr persönlich am Arbeitsplatz erscheinen. Beinahe über Nacht wurden online abgehaltene Videoanrufe und die sozialen Medien für viele zur einzigen Verbindung zur Außenwelt. Das Ganze wirkte wie ein massives, weltumspannendes Experiment zur sozialen Isolation und zur Natur des Onlinelebens.

Während sich Wochen des Lockdowns in Monate verwandelten, begannen Onlineinstrumente die Lücken zu füllen, die fehlende Kontakte in der echten Welt hinterlassen hatten. Viele Unternehmen konnten sich nur durch Onlinemeetings über Wasser halten, ebenso ermöglichten sie es Schulen und Universitäten, ihre Türen zumindest virtuell offen zu halten. Auch Gottesdienste und sogar Hochzeiten und Beisetzungen fanden online statt.

Für diejenigen jedoch, die keinen Zugang zum Internet hatten, war die Situation noch weitaus schlimmer. Vor die Wahl gestellt, sich entweder komplett zu isolieren oder eine Ansteckung zu riskieren, entschieden sich viele Menschen für Letzteres. In Pflegeheimen, wo sich soziale Medien und Videoanrufe noch nicht durchgesetzt haben, gab es nur eins, das gefährlicher war als das Virus: die soziale Isolation. Sie schadete der Gesundheit der Pflegebedürftigen so sehr, dass sie fortan sogar als offizielle Todesursache galt.[108]

Es ist anzunehmen, dass die gesundheitlichen Auswirkungen des Lockdowns noch wesentlich schlimmer gewesen wären, hätte es weder die sozialen Medien noch Videoanrufe gegeben.

Allerdings stellte sich jedoch auch alsbald heraus, dass diese virtuellen Mittel alles andere als ausreichend waren. Irgendetwas fehlte in diesen Onlinemeetings. Dieser Mangel hatte mit unserer sinnlichen Wahrnehmung zu tun, es fehlte den Begegnungen an emotionalem Gehalt.

Kommunikation ist mehr als ein reiner Informationsaustausch. Die Berührung von Mensch zu Mensch und die körperliche Nähe haben emotionale, psychologische und sogar biologische Auswirkungen. Durch die Möglichkeiten einer Software eingeengt ist die Onlineerfahrung des sozialen Miteinanders anders und meist eingeschränkter. In normalen Zeiten werden die Einschränkungen des virtuellen Kontakts durch den regelmäßigen persönlichen Kontakt aufgefangen, während der Pandemie aber traten diese Begrenzungen ausgesprochen deutlich hervor. Im ersten Jahr der Pandemie häuften sich Fälle von psychischen Erkrankungen wie Verzweiflung, Depression und Angst trotz unserer virtuellen Verbundenheit, mancherorts verschlimmerte sich das Gefühl der Einsamkeit.[109] Selbst bei denjenigen, die online am besten vernetzt waren, kam es zu einem regelrechten »Hauthunger«, einer Sehnsucht nach der lange entbehrten Berührung durch eine andere Person. Angesichts der intensiven Isolation waren die sozialen Medien zumindest *etwas*. Aber eben nicht genug.

Das massive, weltumspannende Experiment zur sozialen Isolation hat eines sehr deutlich gemacht: Die physische Anwesenheit eines anderen Menschen kann von einer Maschine nicht nachgeahmt werden. Es gibt schlicht keinen Ersatz für ein reales Beisammensein.

Nicht scrollen, tun!

Die sozialen Medien und die virtuelle Interaktion werden wir so schnell nicht wieder los, und wie sie sich weiterentwickeln werden, ist schwer vorherzusagen. Beim Blick darauf, wie die verschiedenen Gesellschaften mit den technologischen Veränderungen umgehen, müssen wir uns fragen, ob wir selbst etwas tun können, um die positiven Aspekte an diesen Veränderungen zu verstärken und die negativen zu minimieren.

Zum Glück gibt es dazu schon Daten. Ihnen zufolge kommt es darauf an, wie jemand digitale Kommunikationswege nutzt.[110] Deshalb haben wir einige sehr grundlegende Empfehlungen zusammengestellt, mit denen Sie schon heute beginnen können.

Erstens: *Kommen Sie ins Tun.*

Eine maßgebliche Studie zeigt, dass diejenigen, die Facebook nur passiv nutzen, also lediglich lesen und scrollen, sich hinterher schlechter fühlen als diejenigen, die aktiv etwas tun, also andere kontaktieren und Posts kommentieren.[111] Zu einem ähnlichen Schluss kommt eine Studie aus Norwegen, aus einem der »glücklichsten« Länder weltweit.[112] Die Norweger – vor allem die norwegischen Kinder – nutzen Facebook ausgiebig, und die Studie fand heraus, dass sich die Kinder, die Facebook in erster Linie zum Kommunizieren nutzen, im Vergleich zu den Kindern, die nur beobachteten, besser fühlten. Das ist nicht allzu überraschend, da wir wissen, dass Menschen, die sich häufiger mit anderen vergleichen, weniger glücklich sind.[113]

Wie bereits erwähnt, vergleichen wir unser Inneres ständig mit dem Äußeren anderer, unsere eigenen Höhen und Tiefen, guten und schlechten Tage, unsere Zuversicht und unsere Unsicherheit mit der geschönten Version, die andere uns von ihrem Leben zeigen. Das geschieht am krassesten in den sozialen Medien, wo wir sofort bereit sind, Fotos von einem tollen Restaurantbesuch oder vom Urlaub am Strand zu posten, die Realität von Streitigkeiten beim Abendessen oder vom Kater nach den Cocktails aber lieber für uns behalten. Dieses Ungleichgewicht hat zur Folge, dass wir beim Vergleich unseres Lebens mit den Fotos der anderen das Gefühl bekommen, das gute Leben sei immer das Leben, das anderen geschieht, uns selbst aber nicht.

Zweitens: *Beobachten Sie sich beim Nutzen der sozialen Medien.*

Denn auch hier gilt: Was gut für den einen ist, muss noch lange nicht gut für den anderen sein. Es kommt letztlich darauf an, wie Sie sich fühlen, wenn Sie online unterwegs sind. Sind Sie nach einer halben Stunde auf Facebook wach und energiegeladen? Oder doch eher erschöpft und ausgelaugt, wenn Sie sich mal wieder länger durchs Internet geklickt haben? Wenn Sie sich nach Facebook oder Twitter einen Augenblick Zeit nehmen, um Veränderungen in Ihrer Stimmung und Ihrer Einstellung zu registrieren, könnte Ihnen das eine bestimmte Richtung weisen. Sitzen Sie also wieder einmal wie festgenagelt vor dem Bildschirm, fragen Sie sich kurz, wie Sie sich dabei fühlen.

Drittens: *Prüfen Sie, wie Menschen, die Ihnen wichtig sind, Ihren Umgang mit den sozialen Medien sehen.*

Fragen Sie Ihren Partner oder Ihre Partnerin, was er oder sie von Ihrem Umgang mit dem Smartphone hält. Haben Ihre Onlinegewohnheiten Einfluss auf Ihre Beziehung?[114] Gibt es Situationen – beim Frühstück, nach dem Abendessen, im Auto –, in denen der Partner Ihre volle Aufmerksamkeit und Gegenwart vermisst? Was ist mit Ihren Kindern? Ältere Menschen neigen zu der Annahme, es seien vor allem Kinder und Jugendliche, die am Bildschirm kleben, dabei ist es nicht ungewöhnlich, dass eben diese sich über die Obsession ihrer Eltern mit dem Smartphone beschweren. Häufig bemerken die Eltern das nicht selbst – fragen Sie also bei den Sprösslingen mal nach.

Viertens und letztens: *Nehmen Sie sich hin und wieder eine Auszeit vom Bildschirm.*

Das hängt natürlich von Ihren Lebensumständen ab, doch wenn Sie bewusst für kurze Zeiträume alle Technologie aus Ihrem Leben verbannen, kann Ihnen dies sehr deutlich zeigen, wie abhängig Sie wirklich sind. In der Wissenschaft nutzen wir eine Kontrollgruppe, damit Unterschiede zur untersuchten Gruppe sichtbarer hervortreten. Legen Sie einen bestimmten Zeitraum für dieses kleine Experiment fest. Wie fühlt es sich an, einmal vier Stunden lang auf soziale Medien zu verzichten? Sind Sie den Menschen, die Sie lieben, gegenüber aufmerksamer, wenn Ihnen Ihr Smartphone einmal nicht zur Verfügung steht? Fühlen Sie sich nach einem Tag ohne soziale Medien weniger überfordert, weniger zerstreut?

Jedes Mal, wenn wir unser Smartphone zur Hand nehmen oder online gehen, erweitern wir unsere potenzielle Reichweite und machen uns gleichzeitig verletzlicher. Am besten versuchen wir herauszufinden, wie sich die Technologie auf unser Wohlbefinden auswirkt, um das Gute zu maximieren und das Schlechte zu minimieren.

Hierfür haben wir den Technologiegiganten gegenüber einen entscheidenden Trumpf: Wir haben Heimvorteil. Der Kampf um unsere Aufmerksamkeit wird auf heimischem Boden ausgetragen – in unserem Kopf. Und dort kann er auch gewonnen werden.

Aufmerksam sein (und bleiben)

> »Der gegenwärtige Augenblick ist die einzige Zeit, über die wir verfügen.«[115]
>
> THICH NHAT HANH

Dieses Dilemma um unsere Aufmerksamkeit scheint eine moderne Erfindung zu sein, ist im Kern aber Jahrtausende älter als das Internet. Und die Lösung dieses Problems ist ebenfalls sehr alt.

1979 passte Jon Kabat-Zinn uralte buddhistische Meditationspraktiken an die heutige Zeit an und entwickelte einen achtwöchigen Kurs für unheilbar kranke Patientinnen und Patienten mit chronischen Schmerzen. Der Kurs, den er Achtsamkeitsbasierte Stressreduktion (Mindfulness-Based Stress Reduction, MBSR) nannte, sollte es den Betroffenen ermöglichen, besser mit Stress, Angst und der Krankheit umzugehen. Sein therapeutischer Erfolg verhalf dem Wort »Achtsamkeit« zu der Bekanntheit, die es heute hat. Wie effektiv die Methode ist, wird mittlerweile durch eine Unmenge an Studien belegt, inzwischen bietet eine große Anzahl an medizinischen Einrichtungen Achtsamkeitstrainings an.[116]

Im Grunde geht es beim Üben von Achtsamkeit um Wachsamkeit und Aufmerksamkeit. Kabat-Zinn definiert Achtsamkeit häufig so: als »Gewahrwerden, das durch bewusste Aufmerksamkeit entsteht, im gegenwärtigen Augenblick und nicht wertend gegenüber den Dingen, so, wie sie sind«[117]. Durch das bewusste Bemühen, den Empfindungen unseres Körpers sowie dem, was um uns herum geschieht, Aufmerksamkeit zu schenken, und zwar ohne die Abstraktion und den Filter des Urteilens, werden unsere Gedanken und Erfahrungen mit unserem Hier und Jetzt synchronisiert. Unser Geist neigt dazu abzuschweifen; das Ziel der Achtsamkeit ist es, ihn immer wieder zum gegenwärtigen Augenblick zurückzuführen.

Im Laufe der Jahre haben sich Elemente der Achtsamkeitspraxis in der breiteren Kultur etabliert. Durch den Versuch, sie zu kommerzialisieren, ist sie jedoch auch erheblich verwässert worden. Dennoch gibt es ihre Kernkonzepte bereits seit Jahrhunderten, sie sind Teil vieler kultureller Traditionen, deren allgemeines Ziel die Aufmerksamkeit im Alltag ist. Selbst das US-amerikanische Militär ist in Achtsamkeit geübt[118], da im gegenwärtigen Augenblick zu sein für Soldaten über Leben und Tod entscheiden kann.

Im Grunde gilt das auch für uns. Aufmerksam zu sein bedeutet, sich lebendig zu fühlen. Schalten wir immer wieder auf Autopilot – beim Pendeln zur Arbeit, beim Surfen im Internet, beim Zähneputzen und anderen Routinetätigkeiten –, haben wir eher das Gefühl, das Leben rausche an uns vorbei und wir verpassten es.

Lernen wir hingegen, dem, was direkt vor unseren Augen geschieht, Aufmerksamkeit entgegenzubringen, nehmen wir nicht nur das Leben deutlicher, mit allen Sinnen wahr, wir steigern auch unsere Handlungsfähigkeit. Wir denken nicht mehr darüber nach, was bereits geschehen ist, was in der Zukunft geschehen könnte oder was wir später noch tun müssen. wir sind ganz im gegenwärtigen Augenblick, dem einzigen Moment, in dem wir handeln können. Wollen wir uns mit anderen Menschen verbinden, dann ist gegenwärtig zu sein das Werkzeug dazu.

Ein Moment der Achtsamkeit muss kein anstrengender Akt der Meditation sein. Wir müssen nur innehalten, aufmerksam sein und die Dinge so wahrnehmen, wie sie sind. In jedem einzelnen, flüchtigen Augenblick unseres Lebens steht uns eine erstaunliche Menge an Informationen zur Verfügung. Nehmen Sie sich doch jetzt, dort, wo Sie gerade sind, diesen einen Augenblick Zeit. Nehmen Sie das Gewicht dieses Buchs in Ihrer Hand wahr, die Beschaffenheit des Papiers (oder des Geräts, das Sie benutzen, um das Buch zu lesen oder zu hören), die Bewegung der Luft auf Ihrer Haut, das Spiel des Lichts auf dem Fußboden. Vielleicht stellen Sie sich auch folgende wunderbare Frage, die in jeder Situation und zu jeder Zeit nützlich ist: *Was gibt es hier, das ich noch nie zuvor bemerkt habe?*

In gewisser Hinsicht ist das Wort »Achtsamkeit« unglücklich gewählt, weil sich seine Bedeutung vielleicht nicht jedem sofort erschließt. Vielleicht denken Sie, es ginge dabei darum, »das Richtige« zu denken, eine ganz bestimmte Haltung einzunehmen.

Doch so schwierig ist es gar nicht.

Wie die Studie von Gilbert und Killingsworth gezeigt hat, ist unser Kopf meist voller Gedanken – wir denken über uns, die Zukunft und die Vergangenheit nach. Diese Art zu denken zieht unseren Geist jedoch in einen Sog aus Gedanken und Sorgen, in dem wir wie in einem Tunnel von der unmittelbaren Erfahrung abgeschnitten sind. Dort kann es sehr dunkel sein, und vielleicht fühlen wir uns von seinen Wänden bedrängt.

Im Gegensatz dazu ist der gegenwärtige Moment groß und weit – wenn wir das zulassen. Selbst wenn die Gegenwart traurige oder Furcht einflößende Erfahrungen enthält, umfasst sie doch so viel mehr als nur den Inhalt unseres Geistes. Richten wir unsere Aufmerksamkeit ausschließlich auf das, was direkt vor uns geschieht, schenkt uns dies das Gefühl, wahrhaft lebendig zu sein. Empfindungen wirklich wahrzunehmen – wie sich unser Körper anfühlt, was wir sehen und hören, die Anwesenheit des Menschen, der bei uns ist – kann uns dabei helfen, nicht mehr über andere Dinge und Orte nachzudenken und vom engen Tunnel unseres Geistes in die Weite der Gegenwart hinauszutreten, zu dem einzigen Ort, an dem irgendetwas oder irgendjemand wirklich existiert.

Oder wie der Spiritualist Ram Dass es ausdrückte: Es geht darum, »jetzt hier zu sein«.

In Bemühen eine Eins

Die Frage »Was gibt es hier, das ich noch nie zuvor bemerkt habe?« kann auch erhellend sein, wenn wir sie auf unser Gegenüber anwenden. Was an diesem Menschen habe ich noch nie zuvor bemerkt? Was fühlt dieser Mensch, das mir bisher entgangen ist? Diese Fragen gehören zur radikalen Neugier aus Kapitel 4.

In der Regel entgeht uns in Anwesenheit anderer Menschen jede Menge von ihnen. Bei jeder Interaktion und in jeder Beziehung, auch in unserer engsten, geht ein Großteil der Gefühle und der Information über das Gegenüber haarscharf an uns vorbei. Doch was ist am Ende wichtiger: Wie richtig wir liegen, wenn es um die Gefühle eines anderen Menschen geht, oder wie neugierig wir hinsichtlich dieser Gefühle sind?

2012 haben wir, Bob und Marc, eine Studie entwickelt[119], mit deren Hilfe wir das herausfinden wollten. Wenn Sie je ein schwieriges Gespräch mit Ihrem Partner oder Ihrer Partnerin hatten, wissen Sie, wie nervenaufreibend das sein kann, zu wie vielen Missverständnissen es dabei kommen kann. Wir sprachen 156 Paare mit verschiedenem gesellschaftlichem Hintergrund an und baten die Partner, uns in ein oder zwei Sätzen eine Zusammenfassung eines Beziehungserlebnisses aus dem vergangenen Monat auf Band zu sprechen, das frustrierend, ärgerlich oder enttäuschend gewesen war. (Ein Beispiel: Der Partner hatte nicht gehalten, was er versprochen hatte, er hatte etwas Wichtiges verschwiegen, er hatte eine bestimmte Hausarbeit nicht erledigt.) Dann spielten wir die Aufnahmen ab, um eine Diskussion zwischen den Partnern anzuregen, mit dem Ziel, sich dieses Mal besser zu verständigen.

Was die Probandinnen und Probanden nicht wussten: Uns ging es darum, wie wichtig Empathie ist. Wir wollten wissen, ob es wichtiger ist, ein akkurates Verständnis von den Gefühlen des Partners zu haben, oder ob es wichtiger ist, dass der Partner sieht, dass wir uns bemühen, ihn zu verstehen.

Nach der Diskussion fragten wir die Teilnehmer sowohl nach ihren Gefühlen während des Gesprächs als auch nach denen ihres Partners. Wir stellten zudem eine Reihe von Fragen zu den Absichten und Beweggründen des Partners, auch dazu, wie sehr sich der Partner ihrer Meinung nach bemühte, sie zu verstehen.

Wir erwarteten, dass empathische Akkuratheit – richtig zu verstehen, was der Partner empfand – mit einer stärkeren Zufriedenheit in der Beziehung einhergehen würde. Wie sich herausstellte gab es diesen Zusammenhang auch: Es ist durchaus positiv zu verstehen, wie der Partner sich fühlt.

Wichtiger noch aber war, vor allem für Frauen, das empathische Bemühen. Hatte eine Betroffene das Gefühl, ihr Partner bemühte sich nach Kräften, sie zu verstehen, bewertete sie Gespräch und Beziehung positiver, unabhängig davon, ob der Partner richtig lag oder nicht.

Anders ausgedrückt: Einen anderen Menschen zu verstehen ist toll, doch zum Aufbau einer Verbindung reicht der *Versuch zu verstehen* fast schon aus.

Manche Menschen tun das automatisch, man kann sich aber auch bewusst und absichtlich bemühen, das Gegenüber zu verstehen. Es muss sich am Anfang für Sie nicht unbedingt natürlich anfühlen, doch je mehr Übung Sie darin haben, desto leichter wird es Ihnen fallen. Fragen Sie sich bei nächster Gelegenheit:

- Wie fühlt sich dieser Mensch?
- Was denkt er?
- Entgeht mir hier etwas?
- Wie würde ich mich an seiner Stelle fühlen?

Lassen Sie die betreffende Person wenn möglich wissen, dass Sie neugierig sind und versuchen, sie zu verstehen. Diese kleine Anstrengung kann eine enorme Wirkung haben.

Leo: Eine Zwei+ fürs Bemühen

Leo war wahrscheinlich nicht der Teilnehmer der Studie, der die meiste Zeit mit seiner Familie verbrachte, doch er versuchte im Laufe der Jahre immer wieder bewusst, das zu ändern. Wenn er Zeit mit der Familie verbrachte, dann richtig. Das heißt nicht, dass er spektakuläre Abenteuer oder eine exotische Reise nach der anderen mit ihnen unternommen hätte, dass jeder Augenblick mit der Familie vor Aufregung nur so strotzte. Er schenkte seinen Kindern und seiner Frau schlicht konsequent Aufmerksamkeit. Er stand ihnen zur Verfügung, im Hier und Jetzt. Er hörte ihnen zu, er stellte Fragen, er achtete darauf zu helfen, wann immer er konnte.

Wir fragten ihn, was ihm an seiner Frau am meisten gefallen hatte, als er ihr in der Highschool begegnet war, woraufhin er eine ganze Reihe von Dingen auflistete: ihre Intelligenz, ihre Leichtigkeit und dann dieses gewisse Etwas, das er nur schwer in Worte fassen konnte – »irgendetwas, das ich an ihr mochte. Ich mochte sie auf Anhieb.« Als wir ihn jedoch fragten, was ihr wohl an ihm gefallen hatte, schien ihn die Frage aufzuschrecken.

»Um ehrlich zu sein, habe ich darüber nie nachgedacht«, antwortete er. Er war so von Grace angetan, dass er nicht darüber nachdachte, welchen Eindruck er auf sie machte.

Diese Konzentration auf die Welt außerhalb seiner selbst zieht sich durch Leos ganzes Leben. War die Familie vollständig versammelt, genoss er es, Mäuschen zu spielen – er beobachtete gern, wie sie miteinander umgingen, er liebte es, wenn sie sich ganz natürlich verhielten, beobachtete, wie sie sich untereinander verhielten. Die Beziehungen der Familienmitglieder untereinander machten das Haus ungeheuer lebendig »… und das Leben unfassbar schön«, so Leo.

Leo hatte Glück. Er war von Natur aus neugierig, aufmerksam anderen gegenüber und nicht im Geringsten egozentrisch. Das geht nicht jedem Menschen so. Manche müssen sich etwas bewusster anstrengen und erst lernen, auf diese Weise aufmerksam zu sein. Selbst Leo, der sein ganzes Leben lang seiner Frau gegenüber aufmerksam war, konnte diese Haltung bei seinen Kindern nicht aufrechterhalten. Nachdem sie von zu Hause ausgezogen waren, sprach er immer weniger mit ihnen, war allgemein ihnen gegenüber weniger aufmerksam. Mit Mitte 30 schrieb seine jüngste Tochter, Rachel, eine spontane Anmerkung auf ihren Second-Generation-Fragebogen:

> Liebe beide Eltern. Habe dieses Jahr nur gemerkt, dass es zeitlich immer schwieriger wird, sie zu sehen, vor allem meinen Vater zum Reden zu bringen. Er hat die nötige Kommunikation immer meiner Mutter überlassen. Jetzt suche ich spätabends das Gespräch mit ihm und fühle mich ihm viel näher.

Dieser Kommentar ist ausgesprochen aufschlussreich. Die DeMarcos standen sich ganz sicher nahe. Doch manchmal ist das nicht genug. Als Rachel erwachsen geworden war, ging etwas von der Nähe zu ihren Eltern verloren, was ihr wehtat. Sie musste sich aktiver Zeit für sie nehmen, die Beziehung zu ihrem Vater bewusster pflegen. Als Familie hatten sie bereits die Fähigkeit entwickelt, miteinander zu kommunizieren und einander nah zu sein, und trotzdem mussten sie sich aktiv darum kümmern. Die Nähe kam nicht einfach von allein. Wir haben alle viel zu tun. Immer wieder kommt uns irgendetwas dazwischen, und es ist schwer, sich nicht passiv im Fluss des Lebens treiben zu lassen. Rachel unternahm die bewusste Anstrengung, gegen den Strom zu schwimmen, um die Verbindung zu ihren Eltern zu intensivieren.

Rachels Entscheidung kam nicht aus dem Nichts. Leo mag es als junger Vater noch nicht gewusst haben, aber er sorgte bereits in ihrer Kindheit dafür, dass sie sich miteinander verbunden fühlten, was den Kindern auch später im Erwachsenenalter erhalten blieb. Grace und Leos andere Kinder fühlten sich mit dieser Art von Verbundenheit mit ihrem Vater wohl. Sie hatten zu ihm ein bestimmtes Gefühl, das sie von jemand anderem kaum bekommen konnten. Und das hatte Leo mit seinem Verhalten als junger Vater bewerkstelligt.

Ganz am Ende ihres Fragebogens fügte Rachel noch einen abschließenden Kommentar an:

> PS: Tut mir leid, dass ich den Fragebogen so spät zurückschicke. Ich lebe tief im Wald auf einem Berg, hier gibt es weder fließendes Wasser noch Strom. Ein bisschen ab vom Schuss!

Anscheinend haben die gemeinsamen Campingausflüge mit ihrem Vater auch ihren Lebensstil beeinflusst.

Ein genauer Blick auf die Familie DeMarco verrät, was auch Forschungen mittlerweile belegen: Bewusste Aufmerksamkeit in Beziehungen führt zu gegenseitiger Liebe und Rücksichtnahme, zu einem Gefühl der Zugehörigkeit und zu einer positiven Einstellung zu zwischenmenschlichen Beziehungen im Allgemeinen. Das wiederum hat mehr positive Beziehungen und eine bessere Gesundheit zur Folge. Im Fall von Leo und seiner Familie scheint sich die gegenseitige Aufmerksamkeit ganz enorm auf das Leben aller Familienmitglieder ausgewirkt zu haben.

Jeden Tag ein bisschen mehr Aufmerksamkeit

Wir haben Sie bereits gebeten, über die Beziehungen in Ihrem Leben nachzudenken, denen Sie vielleicht etwas mehr Zeit widmen sollten. Denken Sie nun bitte über die folgende, tiefgreifendere Frage nach: Wem von den Menschen in Ihrem Leben, denen Sie bereits Zeit widmen, schenken Sie Ihre volle *Aufmerksamkeit?*

Die Frage ist schwieriger zu beantworten, als Sie vielleicht denken. Oft glauben wir, uns ganz auf unser Gegenüber zu konzentrieren, doch können wir das aufgrund unserer automatischen Aktionen und Reaktionen gar nicht immer so genau sagen. Beobachten Sie sich einmal selbst, ob Sie sich den Menschen, die Ihnen am wichtigsten sind, wirklich voll und ganz zuwenden.

Wie Sie das tun, hängt von Ihren Lebensumständen ab, die folgenden Empfehlungen können eine Hilfestellung bieten.

Denken Sie zunächst an eine oder zwei Beziehungen, die Ihr Leben bereichern, und überlegen Sie, ob Sie diesen Menschen noch etwas zusätzliche Aufmerksamkeit angedeihen lassen können. Wenn Sie in Kapitel 4 eine Zeichnung Ihres sozialen Universums angefertigt haben, könnten Sie überlegen, was Sie noch heute tun könnten, um jemandem, der es verdient, mehr Aufmerksamkeit und Wertschätzung entgegenzubringen.

Überlegen Sie als Nächstes, wo und wie Sie kleine Veränderungen in Ihren Tagesablauf einbauen können. Können Sie ablenkungsfreie Zeiten oder Tätigkeiten einplanen, insbesondere in Anwesenheit der Menschen, die Ihnen am meisten am Herzen liegen? Können Sie beispielsweise beim Abendessen auf Ihr Smartphone verzichten? Können Sie sich wöchentlich oder monatlich Zeiten für bestimmte Menschen frei halten? Kann eine Veränderung in Ihrem Tagesablauf Zeit für einen regelmäßigen Kaffee oder Spaziergang mit einem geliebten Menschen oder Freund schaffen? Können Sie die Möbel so umstellen, dass sie Ihnen nicht die Zeit vor einem Bildschirm erleichtern, sondern zu einem Gespräch einladen?

Und schließlich könnten Sie fortführen, was wir in Kapitel 4 begonnen haben: den Menschen in Ihrem Leben Neugier entgegenbringen, vor allem den Menschen, die Sie gut kennen und deren Gegenwart Sie möglicherweise für selbstverständlich halten. Das erfordert etwas Übung, doch Sie werden sehen, dass Sie schnell etwas verändern können. »Wie war dein Tag?« – »Ganz okay« muss nicht der typische Verlauf eines Gesprächs sein. Ihr ernsthaftes Interesse wird die Menschen zum Erzählen anregen. Vielleicht fragen Sie anschließend ein wenig spielerischer: »Was war das Lustigste, das dir heute passiert ist?« Oder: »Ist heute etwas Überraschendes passiert?« Auf eine eher beiläufige Antwort könnten Sie weiter fragen: »Kannst du mir mehr darüber erzählen? Ich bin neugierig und weiß nicht genau, ob ich das richtig verstanden habe …« Versuchen Sie, sich in die Person hineinzuversetzen und sich vorzustellen, wie es ihr ergangen ist. Allein aus dieser Haltung heraus können spannende Gespräche entstehen, und Neugier kann ansteckend sein. Je mehr Sie sich für andere interessieren, desto mehr sind die anderen vielleicht an Ihnen interessiert. Und das kann wirklich Spaß machen, glauben Sie uns.

Es besteht immer die Gefahr, dass das Leben an uns vorbeirauscht. Fühlen sich die Tage, Monate und Jahre so an, als vergingen sie zu schnell, könnte konzentrierte Aufmerksamkeit helfen. Einer Sache seine ungeteilte Aufmerksamkeit entgegenzubringen erweckt diese Tätigkeit zum Leben und stellt sicher, dass Sie nicht auf Autopilot durchs Leben steuern. Jemanden wahrzunehmen heißt, diese Person zu respektieren, dem Menschen so, wie er in genau diesem Augenblick ist, Tribut zu zollen. Nehmen Sie aufmerksam wahr, wie Sie sich durch die Welt bewegen, wo Sie sich befinden und wo Sie gern sein würden, kann es helfen herauszufinden, welche Menschen und Ziele am meisten Ihrer Aufmerksamkeit bedürfen. Aufmerksamkeit ist Ihr wertvollster Aktivposten, und die Entscheidung, wie Sie sie einsetzen, ist eine der wichtigsten Entscheidungen überhaupt. Die gute Nachricht ist: Sie können diese Entscheidung jetzt treffen, in diesem Augenblick und in *jedem* Augenblick Ihres Lebens.

6
Sich Schwierigkeiten in Beziehungen stellen

»There is a crack, a crack in everything
That's how the light gets in.«[120]

LEONARD COHEN, *ANTHEM*

Harvard-Study-Fragebogen, 1985, Abschnitt VI

F Nr. 8: Mit welcher Philosophie versuchen Sie, Schwierigkeiten zu meistern?

Im Alter von 26 Jahren schien Peggy Keane für jeden, der sie kannte, auf einem guten Weg zu einem gelungenen Leben zu sein. Sie befand sich am Anfang einer vielversprechenden Karriere und hatte eine liebevolle Familie. Sie selbst hat in Kapitel 3 ihren Ehemann als einen »der nettesten Männer der ganzen Welt« beschrieben. Allerdings bildete diese Aussage die tiefer liegende Realität nur bedingt ab. Nur wenige Monate nach der Hochzeit geriet Peggys Leben ins Wanken, als sie sich selbst, ihrem Mann und ihrer restlichen Familie eingestand, dass sie lesbisch war. Sie hatte diese Tatsache jahrelang verheimlicht, und als sie sich ihr endlich stellte, schien ihre gesamte Welt in sich zusammenzubrechen. Sie fühlte sich allein, ohne jegliche Energie, mittellos. Sie stand am schwierigsten Punkt ihres

Lebens. Als sie sich nach dieser Zeit der Orientierungslosigkeit und Verzweiflung umsah, fragte sie sich: Und jetzt? An wen kann ich mich wenden?

Im Laufe dieses Buchs betonen wir immer wieder, dass Beziehungen der Schlüssel nicht nur zur Bewältigung von kleinen wie großen Schwierigkeiten, sondern auch dazu da sind, an diesen Schwierigkeiten auch noch zu wachsen. George Vaillant hat dies gut zusammengefasst, als er schrieb: »[Während der Harvard Study] stellten sich vor allem zwei Dinge als Säulen des Glücks heraus … Zum einen die Liebe. Und zum anderen die Fähigkeit, mit dem Leben so zurechtzukommen, dass die Liebe dabei nicht weggestoßen wird.«[121]

Es sind unsere Beziehungen – und vor allem unsere engen Beziehungen –, in denen wir finden, was wir zu einem guten Leben brauchen. Doch der Weg dorthin ist nicht leicht. Sehen wir uns die 84 Jahre an, die die Harvard Study nun schon läuft, fällt auf, dass die glücklichsten und gesündesten Teilnehmerinnen und Teilnehmer diejenigen mit den besten Beziehungen waren. Untersuchen wir allerdings die Tiefpunkte im Leben unserer Probanden, stellt sich heraus, dass auch diese meist mit Beziehungen zu tun hatten. Scheidungen, der Tod geliebter Menschen, Drogen- und Alkoholmissbrauch, der wichtige Beziehungen auf eine Zerreißprobe stellt – viele der schwersten Zeiten im Leben der Befragten resultierten aus ihrer Liebe für und Nähe zu anderen Menschen.

Es ist eine Ironie des Lebens – und Thema in Millionen von Liedern, Filmen und Klassikern der Literatur –, dass die Menschen, die uns am glücklichsten machen und am besten kennen, auch die Menschen sind, die uns am tiefsten verletzen können. Was nicht bedeutet, dass die Menschen, die uns verletzen, bösartig sind oder dass wir es sind, wenn wir andere verletzen. Manchmal gibt es keine Schuldigen. Auf unserem Lebensweg können wir einander verletzen, ohne das zu wollen.

Das ist nun einmal ein menschliches Dilemma, und meist bestimmt die Art, wie wir mit diesen Schwierigkeiten umgehen, den Verlauf unseres Lebens. Stellen wir uns den Herausforderungen? Sehen wir das Licht durch den Riss scheinen? Oder stecken wir den Kopf in den Sand?

Was hat Peggy getan?

Spulen wir nun vor in Peggys Leben, zum März des Jahres 2016 – sie ist gerade 50 geworden –, und sehen wir uns an, wie es bei ihr weitergegangen ist.

In den 1990er-Jahren hat sich Peggy voll und ganz auf ihre berufliche Laufbahn konzentriert. Sie hat ihren Master gemacht und zu unterrichten begonnen. Nach einer kurzen Beziehung und einer Zeit als Single hat sich Peggy 2001 verliebt. Seitdem befindet sie sich in einer Partnerschaft mit dieser Frau. Sie beschreibt diese Beziehung als »sehr glücklich, herzlich und voller Geborgenheit«. 2016 jedoch bekam sie berufliche Probleme, deren Stress sich auch auf den Rest ihres Lebens auswirkte.

F1: Wie oft im letzten Monat haben Sie sich über etwas Unerwartetes geärgert?

Nie Selten Manchmal Oft Immer

F2: Wie oft haben Sie sich nervös und gestresst gefühlt?

Nie Selten Manchmal Oft Immer

Doch obwohl sie Druck ausgesetzt war, war Peggy nicht allzu sehr besorgt:

F3: Wie oft waren Sie zuversichtlich, dass Sie Ihre persönlichen Probleme bewältigen können?

Nie Selten Manchmal Oft Immer

F4: Wie oft hatten Sie das Gefühl, die Probleme türmten sich so hoch auf, dass Sie sie nicht mehr bewältigen könnten?

Nie Selten Manchmal Oft Immer

Welche Gründe hatte Peggy für ihre Zuversicht, Probleme bewältigen zu können? Diese lagen zu einem nicht unerheblichen Teil bei ihren Freunden und ihrer Familie:

F43: Wie sehr treffen die folgenden Aussagen auf Sie zu?
Meine Freunde kümmern sich um mich.

Überhaupt nicht | Ein klein wenig | Ganz gut | Ziemlich gut | Sehr

Meine Familie kümmert sich um mich.

Überhaupt nicht | Ein klein wenig | Ganz gut | Ziemlich gut | Sehr

Meine Freunde helfen mir bei ernsthaften Problemen.

Überhaupt nicht	Ein klein wenig	Ganz gut	Ziemlich gut	Sehr

Meine Familie hilft mir bei ernsthaften Problemen.

Überhaupt nicht	Ein klein wenig	Ganz gut	Ziemlich gut	Sehr

Peggy hat viel durchgemacht, und dass sie alles so unbeschadet überstand, verdankt sie ihren Beziehungen. Durch ihre Hingabe an die Menschen, die ihr nahestehen, hat sie, wie Zen-Buddhisten es manchmal ausdrücken, »zehntausend Freuden und zehntausend Leiden« durchlebt.

Eines der wenigen Dinge, derer wir uns auf unserem Lebensweg absolut sicher sein können, ist, dass wir im Leben und in unseren Beziehungen auf Schwierigkeiten stoßen werden, die wir anscheinend nicht bewältigen können. Das zeigt uns das Leben zweier Generationen von Harvard-Study-Teilnehmenden klar und deutlich. Es spielt keine Rolle, wie klug, erfahren oder fähig wir sind – wir werden uns unweigerlich manchmal geschlagen fühlen. Sind wir jedoch bereit, uns den Herausforderungen zu stellen, können wir ungeheuer viel tun. »Du kannst die Wellen nicht aufhalten«, schrieb Jon Kabat-Zinn. »Aber du kannst lernen, auf ihnen zu reiten.«[122]

In Kapitel 5 haben wir darüber gesprochen, wie wichtig es ist, dem gegenwärtigen Augenblick Aufmerksamkeit zu schenken, und wie unglaublich wertvoll, diese Aufmerksamkeit auf die Menschen in unserem Leben zu lenken. Nun stellt sich die Frage, was geschieht, wenn wir im gegenwärtigen Augenblick sind, uns den Menschen um uns herum zugewandt haben und auf beträchtliche Schwierigkeiten stoßen. Das Leben geschieht nur in diesem einen Moment. Und wenn wir uns Herausforderungen stellen wollen, können wir das nur in einem Augenblick nach dem anderen tun, einer Interaktion nach der anderen, einem Gefühl nach dem anderen.

In diesem Kapitel geht es um die Entscheidungen, die wir von Augenblick zu Augenblick treffen müssen, darum, mit den Herausforderungen in unseren Beziehungen und im Leben zu leben, damit wir dann, wenn die Wellen herangerollt kommen, nicht in ihnen untergehen, sondern uns ihnen mit allen Mitteln, die uns zur Verfügung stehen, entgegenstellen – und diese Wellen wie auf einem Surfbrett reiten.

Reflexhaft versus reflektiert

Häufig entspringen Schwierigkeiten in unseren Beziehungen alten Gewohnheiten. Im Laufe unseres Lebens entwickeln wir automatische Verhaltensweisen, so feste Alltagsgewohnheiten, dass wir sie noch nicht einmal wahrnehmen. Manchmal gewöhnen wir uns daran, bestimmte Gefühle zu meiden und uns abzuwenden, in anderen Fällen werden wir von unseren Gefühlen so sehr überwältigt, dass wir handeln, bevor wir nachdenken.

Sie kennen sicher den Kniesehnenreflex. Klopft uns ein Arzt an der richtigen Stelle auf das Knie, reagieren die Nerven und der Unterschenkel zuckt nach oben. An dieser Reaktion ist weder ein Gedanke noch eine bewusste Anstrengung beteiligt. Zu einer ähnlichen Reaktion scheint es oft auch hinsichtlich unserer Gefühle zu kommen. Zahlreiche Studien zeigen, dass eine einmal ausgelöste Emotion eine beinahe automatische Reaktion zur Folge hat. Emotionale Reaktionen sind komplex und bergen etwas, das Forscher Handlungstendenz nennen: den Drang, sich auf eine bestimmte Weise zu verhalten. Angst beispielsweise beinhaltet den Drang zu fliehen. Die Evolution hat dafür gesorgt, dass Emotionen rasche Reaktionen ermöglichen, insbesondere dann, wenn wir uns bedroht fühlen. Als der Mensch noch in der Wildnis lebte, sicherten Handlungstendenzen sein Überleben. Heute ist das alles weniger einfach.

Als Medizinstudent hatte Bob es mit zwei Fällen zu tun, die den Umgang mit Stress deutlich machten und den entscheidenden Unterschied mehr oder weniger anpassungsfähigem Verhalten zeigten. Beide Fälle betrafen Frauen Ende 40, die jeweils einen Knoten in ihrer Brust ertastet hatten. Nennen wir sie Abigail und Lucia. Abigails erste Reaktion auf den Knoten bestand darin, ihn sich klein zu reden und niemandem von ihm zu erzählen. Es war wahrscheinlich nichts, sagte sie sich. Der Knoten war winzig, und was immer er auch war, er war nicht wichtig. Sie wollte weder ihren Mann noch ihre beiden Söhne damit behelligen; die Söhne studierten und waren mit ihrem eigenen Leben beschäftigt. Außerdem ging es ihr ja gut, und sie hatte andere Sorgen.

Lucias erste Reaktion war Alarm. Sie erzählte ihrem Mann, dass sie einen Knoten in ihrer Brust gefunden hatte, und nach einem kurzen Gespräch kam sie mit ihm überein, dass sie ihren Arzt anrufen und einen sofortigen Termin vereinbaren sollte. Anschließend rief sie ihre Tochter an und erzählte auch ihr, was los war. Während sie auf die Ergebnisse der Biopsie wartete, versuchte sie, den Gedanken an den Knoten aus ihrem Kopf zu verdrängen und weiterzumachen. Sie war berufstätig und musste sich auch um andere Dinge kümmern. Ihre Tochter jedoch rief jeden Tag an, und ihr Mann kümmerte sich derart intensiv um sie, dass sie ihn sogar bitten musste, ihr etwas Raum zu geben.

Abigail und Lucia reagierten auf einen ungeheuer belastenden Umstand auf eine für sie jeweils typische Art und Weise. Das tun wir alle. Diese gewohnheitsmäßigen Reaktionen – sowohl Gedanken- als auch Verhaltensmuster –, die bei belastenden Ereignissen ablaufen, werden in der Psychologie *Coping- oder Bewältigungsstrategien* genannt.

Diese Strategien beeinflussen, wie wir mit den Schwierigkeiten im Leben umgehen, von einer kleineren Meinungsverschiedenheit bis zur großen Katastrophe. Ein wichtiger Teil jeder Bewältigungsstrategie ist, wie wir unsere Beziehungen nutzen. Suchen wir uns Hilfe? Nehmen wir Hilfe an? Wenden wir uns nach innen und versuchen, in aller Stille mit den Schwierigkeiten zurechtzukommen? Welcher Strategie wir uns auch bedienen – sie wirkt sich auf jeden Fall auf die Menschen um uns herum aus.

Die Bewältigungsstrategien der beiden Patientinnen aus Bobs Medizinstudium hätten unterschiedlicher nicht sein können. Abigail versuchte, ihre Angst in den Griff zu bekommen, indem sie die Bedeutung dessen, was sie entdeckt hatte, leugnete. In diesem Sinne wandte sie sich also von der Schwierigkeit ab. Sie bezog die Menschen, die sie liebte, nicht mit ein und unternahm nichts. Sie betrachtete ihre Situation als potenzielle Last für andere. Lucia hatte ebenfalls Angst, nutzte diese aber, um sich der Schwierigkeit zuzuwenden und die nötigen Schritte zu unternehmen, um gesund zu bleiben. Sie betrachtete ihre Situation als etwas, das größer war als sie selbst und dem sie gemeinsam als Familie entgegentreten mussten. Sie stellte sich der Situation und handelte sofort, blieb dabei aber flexibel und kümmerte sich auch um die anderen Belange in ihrem Leben.

Es stellte sich heraus, dass beide Frauen Krebs hatten. Abigail erzählte weder ihrer Familie noch ihrem Arzt, was sie entdeckt hatte, und ignorierte den Knoten, bis sie begann, sich krank zu fühlen. Da war es schon zu spät – Abigail starb an ihrer Erkrankung. Bei Lucia wurde der Krebs früh diagnostiziert, was ihr nach einer langen Behandlung schließlich das Leben rettete.

Dieses Beispiel ist extrem, doch blieb es Bob aufgrund der unterschiedlichen Resultate lange im Gedächtnis haften. Für ihn war die Botschaft klar: Die Unfähigkeit oder Weigerung, sich Schwierigkeiten sofort zu stellen und das eigene Unterstützungsnetzwerk zu aktivieren, kann enorme Konsequenzen haben.

Den Stier bei den Hörnern packen versus den Kopf in den Sand stecken

Abigails Fall ist alles andere als einzigartig. Marc war an zwei Studien beteiligt, die Brustkrebspatientinnen dabei helfen sollten, sich ihren Ängsten zu stellen und die Unterstützung wichtiger Menschen in ihrem Leben in Anspruch zu nehmen. Bei den Probandinnen war Abigails erste Reaktion – *Vermeidung* – weit verbreitet.

Häufig ist es leichter, uns von dem, was uns Sorgen bereitet, abzuwenden, statt uns damit auseinanderzusetzen. Wenden wir uns allerdings ab, kann dies unbeabsichtigte Folgen haben. Vermeidung kann sich vor allem dort negativ auswirken, wo es am häufigsten vorkommt: in unseren persönlichen Beziehungen.

Viele Studien zeigen, dass sich Schwierigkeiten in der Beziehung, denen wir uns nicht stellen, nicht nur nicht in Luft auflösen, sondern möglicherweise verschlimmern.[123] Das ursprüngliche Problem kann die Beziehung unterhöhlen und zu einer Vielzahl weiterer Sorgen führen.

In der Psychologie weiß man das schon lange, weniger klar ist allerdings, wie diese Art von Vermeidung uns im Laufe unseres Lebens beeinflussen kann. Hat die Neigung, sich nicht mit Schwierigkeiten auseinanderzusetzen, nur einen kurzfristigen Einfluss auf uns oder auch langfristige Konsequenzen?

Um dieser Frage nachzugehen, sahen wir uns Daten der Harvard Study unter dem Aspekt an, was im Verlauf eines ganzen Lebens geschieht, wenn der Teilnehmer oder die Teilnehmerin gewissermaßen den Stier bei den Hörnern packt (sich dem Problem also zuwendet), und was geschieht, wenn der oder die Betreffende den Kopf in den Sand steckt (also zur Vermeidungsstrategie neigt).[124] Wir fanden heraus, dass die Neigung im mittleren Alter, das Nachdenken und Sprechen über Schwierigkeiten zu vermeiden, mit negativen Konsequenzen mehr als 30 Jahre später zusammenhing. Die Menschen, deren typische Reaktion es war, Probleme zu meiden oder zu ignorieren, hatten später in ihrem Leben ein schlechteres Gedächtnis und waren generell unzufriedener als diejenigen, die sich Schwierigkeiten direkt stellten.

Natürlich hält das Leben immer neue und andere Herausforderungen für uns bereit. Was uns gestern gut gedient hat, mag heute nicht mehr funktionieren, und verschiedene Arten von Beziehungen erfordern verschiedene Fähigkeiten. Der gutmütige Scherz, der einem Streit mit Ihrem Kind im Teenageralter die Schärfe nimmt, hilft beim Nachbarn, der Sie bittet, Ihren Hund zu zügeln, vielleicht weniger. Bei einer hitzigen Debatte zu Hause können Sie Ihre Hand auf die Ihres Partners legen – Ihr Chef wird davon möglicherweise nicht so begeistert sein. Wir müssen eine Vielzahl von Beziehungsinstrumenten pflegen und das richtige Instrument im richtigen Augenblick anwenden.

Eine Lektion aus der Forschung lautet, dass Flexibilität Vorteile mit sich bringt.[125] Einige Männer und Frauen aus der Harvard Study sind wenig flexibel und im Gegenteil eher starrsinnig. Sie haben festgelegte Strategien, mit denen sie auf Schwierigkeiten reagieren, und halten sich stur an sie. In der einen Situation hilft ihnen das, in einer anderen aber fühlen sie sich hilflos und verloren.

In den 1960er-Jahren beispielsweise war es für die Studienteilnehmer und -teilnehmerinnen der First Generation nicht leicht, mit ihren Babyboomer-Kindern auf einen gemeinsamen Nenner zu kommen. Diese Unfähigkeit, sich anzupassen, erzeugte Stress.

»Ich mag diese Hippies nicht«, erzählte Sterling Ainsley den Mitarbeiterinnen und Mitarbeitern der Studie 1967. »Die stiften nur Unruhe.« Er hatte sich von seinen Kindern entfremdet, unfähig, neugierig auf ihre abweichenden Ansichten der Welt zu sein.

Jeder Mensch entwickelt im Laufe seines Lebens bestimmte Bewältigungsstrategien, die irgendwann wie in Stein gemeißelt scheinen. Diese Art von »Stärke« kann uns tatsächlich jedoch zerbrechlicher machen. Bei einem Erdbeben sind die starrsten Konstruktionen die ersten, die bröckeln, so lauten Erkenntnisse der

Strukturwissenschaft. Nach den gültigen Bauvorschriften müssen alle hohen Gebäude biegsam sein, damit sie auf der Welle, die buchstäblich durch die Erde rollt, reiten können. Das Gleiche gilt für den Menschen. Sich an sich verändernde Umstände flexibel anpassen zu können ist eine unglaublich starke Fähigkeit. Sie kann den Unterschied ausmachen, mit kleineren Schäden davonzukommen oder den Boden unter den Füßen zu verlieren.

Allerdings ist es nicht leicht, bestimmte Reaktionen nicht mehr automatisch ablaufen zu lassen. Es gibt ganz brillante Harvard-Study-Probanden – Raketenwissenschaftler in der Tat –, denen es nie gelang, ihre eigenen Bewältigungsstrategien zu erkennen, geschweige denn, sie zu ändern – was ihnen in ihrem Leben tatsächlich schadete. Gleichzeitig konnten Teilnehmer wie Peggy Keane und ihre Eltern Henry und Rosa an ihrer Fähigkeit, sich Herausforderungen so entschlossen wie nur möglich zu stellen und die Hilfe von Freunden und Familie anzunehmen, wachsen.

Wie also können wir unseren ersten Impuls, auf Schwierigkeiten zu reagieren, unter Kontrolle bringen?

Stürmen Emotionen, positive wie negative und kleine wie große, auf uns ein, reagieren wir häufig so schnell, dass wir das Gefühl haben, wir seien unseren Emotionen hilflos ausgeliefert. In Wahrheit aber beeinflusst unser Denken unsere Emotionen stärker, als wir glauben.

Es gibt mittlerweile zahlreiche Studien, die den Zusammenhang zwischen unserer Wahrnehmung von Ereignissen und unserem Empfinden derselben belegen.[126] Das weiß der Mensch schon lange bevor die ersten wissenschaftlichen Untersuchungen dazu durchgeführt wurden.

»Ein fröhliches Herz tut dem Leibe wohl«, heißt es in den Sprüchen Salomos in der Bibel (17:22), »aber ein betrübtes Gemüt lässt das Gebein verdorren.«

Der Stoiker Epiktet merkte an: »Nicht Ereignisse wühlen den Menschen auf, sondern seine Ansicht derselben.«[127]

»Brüder«, sagte Buddha zu den anderen Mönchen, »wir, die wir auf das Ganze und nicht nur seine Teile blicken, wissen, dass auch wir miteinander verbundene Gebilde der wechselseitigen Abhängigkeit, der Gefühle, Wahrnehmungen, Gedanken und des Bewusstseins sind.«[128]

Wir müssen uns nicht von unseren Emotionen beherrschen lassen; es kommt darauf an, was wir denken und wie wir an die Ereignisse in unserem Leben herangehen.

Schritt für Schritt

Wenn wir uns eine emotionale Abfolge – ein *Stressor* ruft ein *Gefühl* hervor, das eine *Reaktion* und deren Folgen auslöst – einmal genauer ansehen und den Prozess verlangsamen, wird eine neue, bisher verborgene Ebene der Verarbeitung sichtbar. Ebenso wie Forscher in der Medizin versuchen, Mittel gegen Krankheiten zu finden, indem sie sich mit den kleinsten Vorgängen im Körper beschäftigen, stehen uns auf einmal überraschende Möglichkeiten zur Verfügung, wenn wir die emotionale Erfahrung gewissermaßen unter dem Mikroskop untersuchen.

Der Prozess vom Stressor bis zur Reaktion läuft in Phasen ab. In jeder Phase haben wir eine Reihe von Wahlmöglichkeiten, die uns in eine positivere oder negativere Richtung lenken können, und jede Phase können wir durch unser Denken oder Verhalten verändern.

Wissenschaftlerinnen und Wissenschaftler haben diese Phasen näher untersucht, um Kindern dabei zu helfen, besser mit Aggressionen umzugehen, um bei Erwachsenen Depression zu lindern und um Sportlern zu Spitzenleistungen zu verhelfen. Doch ist die Kenntnis dieser Phasen für alle Menschen in jeder emotionalen Situation nützlich. Wissen wir, wie wir die Phasen durchlaufen, und verlangsamen wir sie, verstehen wir zumindest teilweise, warum wir fühlen, wie wir fühlen, und warum wir tun, was wir tun.

Das folgende Modell hilft Ihnen dabei, Ihre Reaktionen zu verlangsamen und sie unter dem Mikroskop zu betrachten. Behalten Sie das Modell im Hinterkopf und wenden Sie es auf jede beliebige emotionale Situation an. Das Hauptaugenmerk dieses Buchs liegt auf Beziehungen, weshalb wir das Modell beispielhaft auf Reaktionen auf zwischenmenschliche Probleme übertragen. Sie können es jedoch auf alle möglichen Schwierigkeiten anwenden – für unerwartete kleinere Ärgernisse wie einen platten Reifen oder chronische gesundheitliche Stressoren wie eine Diabetes- oder Arthritis-Erkrankung. Gehen Sie Schritt für Schritt vor.

Das W.I.S.E.R.-Modell[129]

Das Modell schaltet typische Reaktionen ein bis zwei Gänge herunter und ermöglicht uns so, die vielen Details einer Situation, die Erfahrungen anderer und unsere eigenen Reaktionen, die uns vielleicht entgangen sind, besser zu erkennen.

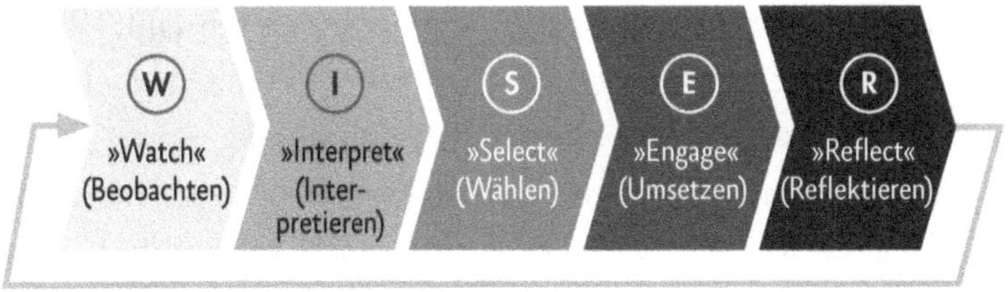

Nicht umsonst ergeben die einzelnen Schritte in diesem Modell das Wort *wiser,* »klüger«, da es im Allgemeinen in emotionalen Situationen zu einer klügeren Reaktion führt. Um Ihnen zu zeigen, wie Sie es im Alltag anwenden können, nehmen wir als Beispiel ein Szenario, das uns sowohl in unserer klinischen Praxis als auch im Rahmen der Harvard Study häufig begegnet: Ein Familienmitglied gibt ungebetene Ratschläge.

Stellen Sie sich eine Mutter vor – nennen wir sie Clara –, die seit einiger Zeit etwas den Draht zu ihrer Teenagertochter Angela verloren hat. Angela ist 15 und kämpft wie die meisten Jugendlichen in diesem Alter um mehr Unabhängigkeit. Sie fühlt sich von ihrer Mutter und ihrem Vater eingeengt und würde am liebsten nur Zeit mit ihren Freundinnen verbringen. Angela war fast immer eine gute Schülerin, im letzten Schuljahr aber haben sich ihre Noten verschlechtert; sie ist einige Male beim Trinken erwischt worden und hat hin und wieder die Schule geschwänzt, was zu Hause zu Auseinandersetzungen geführt hat.

Angelas Großeltern haben viel Verständnis für sie – Clara war in diesem Alter selbst nicht einfach –, sie versuchen, das Mädchen zu unterstützen, überlassen die Erziehung aber Clara. Claras ältere Schwester Frances jedoch, selbst Mutter von Kindern im Teenageralter, glaubt, Angelas Erziehung ließe zu wünschen übrig. Tante Frances macht sich Sorgen, wie es mit Angela weitergehen soll, und sieht es als ihre Pflicht an einzugreifen.

Bei einem Grillfest sieht Frances, wie ihre Nichte am anderen Ende des Picknicktischs uninteressiert am Familientreffen auf ihrem Handy Nachrichten an ihre Freundinnen schreibt. »Wusstest du«, sagt sie scherzhaft, »dass Smartphones blöd machen? Das haben Wissenschaftler jetzt bestätigt.« Dann wendet sie sich an ihre Schwester Clara, noch immer bemüht humorvoll, doch mit ernsthaftem Unterton: »Da wunderst du dich noch, warum ihre Noten so schlecht sind? Vielleicht nimmst du ihr mal das Smartphone weg, das mache ich jedenfalls bei meinen Kindern. Vielleicht hat sie dann ein bisschen mehr Zeit für die Hausaufgaben.«

Wie kann Clara jetzt das W.I.S.E.R.-Modell nutzen, um zu entscheiden, wie sie auf die Bemerkung ihrer Schwester reagieren soll?

Phase 1: Watch/Beobachten (Neugier ist aller Wissen Anfang)
Es gibt einen alten Spruch in der Psychiatrie: Tu nicht einfach etwas, sitz lieber herum.

Unsere ersten Eindrücke einer Situation sind sehr intensiv, aber selten vollständig. Wir neigen dazu, uns auf das uns Vertraute zu konzentrieren, und riskieren durch diesen Tunnelblick, dass wir potenziell wichtige Informationen ausschließen. Egal wie viel Sie auf den ersten Blick auch sehen können – es gibt fast immer mehr zu entdecken. Wenn Sie also auf einen Stressor treffen und eine Emotion in Ihnen hochkocht, ist ein wenig zielgerichtete Neugier nützlich. Die aufmerksame Beobachtung kann unsere ersten Eindrücke vervollständigen und unseren Blick auf eine Situation weiten. Dann können wir den Pausenknopf drücken, um eine vielleicht schädliche Reflexreaktion verhindern zu können.

In Claras Fall ist es sicherlich nicht einfach, innezuhalten und zu *beobachten*. Die Geschichte der Auseinandersetzungen mit ihrer Schwester ist lang, und so besteht ihre erste Reaktion darin, beleidigt zu sein. Frances' Kommentar tut weh, weil sich Clara für ihre Unfähigkeit, ihre Tochter zu erreichen und eine Verbindung zu ihr herzustellen, schämt. Ihre reflexhafte Reaktion könnte es sein, schnippisch und sarkastisch zu antworten, etwa so: »Danke für den tollen Rat, aber wie wär's, wenn du dich um deinen eigenen Mist kümmerst!« Daraus würde wahrscheinlich ein Streit entstehen. Eine andere Reaktion wäre, nichts zu sagen, die Gefühle für sich zu behalten, den Kommentar im Geist aber immer wieder durchzugehen und dabei schließlich so wütend zu werden, dass es beim nächsten Familientreffen auf jeden Fall zum Eklat kommt.

Das *Beobachten* bezieht sich auf die gesamte Situation: die Umgebung, die Person, mit der Sie interagieren, und Sie selbst. Ist die Situation ungewöhnlich, oder kommt sie so häufiger vor? Was geschieht normalerweise als Nächstes? Haben Sie etwas übersehen, das aber vielleicht wichtig für das ist, was hier gerade geschieht?

In Claras Fall müsste sie vielleicht darüber nachdenken, wie ihre

Schwester derlei Familientreffen erlebt. Vielleicht fühlt sich Frances in Claras Gegenwart nicht wohl, weil diese für ihre eigenen Kinder immer die »coole Tante« gewesen ist. Vielleicht hat Frances aber auch Sorgen, die absolut nichts mit der aktuellen Situation zu tun haben, vielleicht sorgt sie sich beispielsweise um die Gesundheit der Mutter. Die Phase der *Beobachtung* kann möglicherweise etwas dauern, auch eine Stunde oder so. Clara könnte Frances' Kommentar übergehen und später ihre Mutter fragen, was sie von der Sache hält. Dann könnte sie etwa erfahren, dass sich Frances mit ihrem Mann gestritten oder Ärger bei der Arbeit hat. Das soll Frances' Verhalten nicht entschuldigen, nur dem, was geschieht, einen größeren Kontext geben. Die Begleitumstände zu berücksichtigen ist unglaublich wertvoll. Es schadet nie, so viele Informationen wie nur irgend möglich zu sammeln, Informationen, die über das hinausgehen, was wir unmittelbar wahrnehmen.

Die Neugier, die wir in der Phase der *Beobachtung* brauchen, beinhaltet auch die Neugier hinsichtlich eigener auftretender Reaktionen – wie Sie sich fühlen und warum Sie sich so fühlen. Vielleicht geschieht etwas in Ihrem Körper, Ihr Herz schlägt beispielsweise schneller oder Sie schürzen die Lippen oder knirschen mit den Zähnen (alles Anzeichen von Wut). Vielleicht verspüren Sie den Impuls, um sich zu schlagen oder sich zu verstecken, weil Sie sich schämen. Sich bewusster zu machen, wie man reagiert und was man am liebsten tun würde, kann dabei helfen, auf der Welle der Emotion zu reiten, statt in ihr unterzugehen.

Das führt uns zu Phase 2, dem Wendepunkt in unserer Reaktion auf Stress: zum *Interpretieren,* was die Situation für Sie bedeutet.

Phase 2: Interpret/Interpretieren (Was steht auf dem Spiel?)

Dies ist diese Phase, in der die Dinge häufig schieflaufen.

Wir interpretieren permanent, bewusst oder unbewusst. Wir blicken auf unsere Umgebung, darauf, was uns widerfährt, und versuchen einzuschätzen, warum diese Dinge geschehen und was das für uns bedeutet. Natürlich bauen wir diese Einschätzung auf der Realität auf, allerdings ist die nicht immer absolut eindeutig. Jeder Mensch nimmt Situationen auf individuelle Weise wahr und interpretiert sie entsprechend, weshalb unsere »Realität« nicht notwendigerweise diejenige anderer sein muss. Es ist einer der größten Trugschlüsse zu glauben, eine Situation drehe sich um uns allein – das tut sie selten.

Wollen wir also die Umstände so gut wie möglich verstehen, müssen wir erst herausfinden, was das für uns bedeutet. Emotionen sind für gewöhnlich ein Anzeichen dafür, dass etwas Wichtiges auf dem Spiel steht.[130] Wäre das nicht der Fall, stünden wir der Situation gleichgültig gegenüber. Dass eine Emotion hervorgerufen wird, könnte damit zusammenhängen, dass es um ein wichtiges Ziel in Ihrem Leben geht, um eine bestimmte Unsicherheit oder eine Beziehung, die Ihnen am Herzen liegt. Eine gute Möglichkeit herauszufinden, warum Sie so irritiert sind, ist, sich zu fragen, warum Sie emotional werden. Wenn Sie das wissen, können Sie die Situation vielleicht kompetenter interpretieren.

Bob beschreibt diese Phase gern als Phase des »Lückenfüllens«. Da unsere Beobachtung einer Situation selten vollständig ist, ziehen wir häufig voreilige Schlüsse. Viele Momente sind zweideutig und unklar, und auf diese Leinwand der Zweideutigkeit können wir alles Mögliche projizieren. Haben wir in der Phase der *Beobachtung* nicht genau genug hingesehen, haben wir vermutlich auch nicht alle Informationen darüber, was wirklich vor sich geht, und beginnen zu mutmaßen.

In Claras Fall könnte sie bei dem Grillfest denken: Warum hat mich Frances Bemerkung so wütend gemacht? Geht es hier um meine Schwester, um meine Schwierigkeiten mit Angela oder nur um Angela? Meine Gefühle sind unglaublich stark – warum ist das hier so wichtig für mich?

Hinsichtlich ihrer Schwester könnte sie denken: Macht Frances das absichtlich, um mich zu verletzen, oder tut sie es, weil sie glaubt, Angela damit wirklich zu helfen? Tut sie es, weil ich sie nicht mehr ermutige, an Angelas Leben teilzunehmen? Fühlt sie sich in der Familie als die ältere Schwester, die gute Ratschläge geben kann, vielleicht nicht ausreichend wertgeschätzt?

Beim Lückenfüllen machen wir aus einer Mücke manchmal einen Elefanten. Häufig verbeißen wir uns in negative Aspekte eines Stressors und machen aus der sprichwörtlichen Mücke einen Elefanten.

Durch die Frage »Was mutmaße ich hier?« kann er wieder auf Insektengröße schrumpfen. Mutmaßungen sind die Quelle ungeheuer vieler Missverständnisse und sollten deshalb auch nicht mit »der Realität« gleichgesetzt werden.

Allerdings ist es auch möglich, sich in umgekehrter Richtung zu irren und aus dem Elefanten eine Mücke zu machen – wie wir in Abigails Fall gesehen haben, die einen Knoten in ihrer Brust entdeckte und niemandem davon erzählte. Versuchen wir, ein großes Problem kleinzureden (oder kleinzudenken) oder das Nachdenken darüber zu vermeiden, könnten wir es komplett aus den Augen verlieren.

Wichtig in der Phase des *Interpretierens* ist es, unser Verständnis über unsere anfängliche, automatische Wahrnehmung hinaus zu erweitern, mehr Blickwinkel in Betracht zu ziehen, auch wenn sie unangenehm sind. Häufig ist es sinnvoll zu fragen: Was übersehe ich hier vielleicht?

Auch hier kann der Blick auf die eigenen Emotionen hilfreich sein. Verspüren Sie einen Stich der Angst oder der Wut oder ein flaues Gefühl im Magen, nehmen Sie es am besten als Wink, sich etwas neugieriger mit der Situation auseinanderzusetzen, nicht nur über den Stressor an sich, sondern auch über Ihre eigene emotionale Realität nachzudenken: Warum fühle ich so? Woher kommen diese Emotionen? Was steht wirklich auf dem Spiel? Was an dieser Situation ist so schwierig für mich?

Phase 3: Select/Wählen (Sich für eine Option entscheiden)
Nun haben Sie *beobachtet*. Sie haben die Situation *interpretiert* (und neu interpretiert) und Ihre Sichtweise erweitert. Jetzt lautet die Frage: Was soll ich tun?

Stehen wir unter Stress, reagieren wir manchmal, bevor wir all unsere Optionen in Betracht gezogen oder auch nur in Betracht gezogen haben, dass Optionen vorhanden sind. In diesem Augenblick innezuhalten ermöglicht es uns, uns die verschiedenen Handlungsmöglichkeiten anzusehen und über ihre Erfolgsaussichten nachzudenken: Was kann ich angesichts dessen, was für mich auf dem Spiel steht, und angesichts der Mittel, die ich zur Verfügung habe, in dieser Situation tun? Was wäre ein wünschenswertes Ergebnis? Wie hoch ist die Wahrscheinlichkeit, dass alles gut geht, wenn ich so statt so reagiere?

In der Phase des Wählens verschaffen wir uns Klarheit über unsere Ziele und darüber, welche Mittel uns zur Verfügung stehen. Was will ich erreichen? Wie kann ich das am besten erreichen? Besitze ich Stärken, die mir helfen können (beispielsweise Humor und die Fähigkeit, hitzigen Debatten den Stachel zu nehmen)? Habe ich Schwächen, die mir schaden könnten (beispielsweise die Neigung, andere anzublaffen, wenn ich kritisiert werde)?

Mittlerweile hat Clara mit ihrer Mutter gesprochen und weiß etwas mehr. Sie weiß jetzt, dass sich Frances wirklich Sorgen um Angela macht, aber nicht versteht, dass Claras Situation anders ist als ihre eigene. Clara erkennt, dass sie hier mehr als ein Ziel hat: Sie will eine positive Beziehung zu ihrer Schwester aufrechterhalten, ihre Tochter vor Kritik schützen und sich als Mutter gut fühlen.

Jetzt denkt Clara darüber nach, was sie tun kann: Welche Optionen führen zu einem positiven Ergebnis? Wie wahrscheinlich ist das? Sie befürchtet, dass Frances weiterhin Kritik an ihrer Tochter üben und Clara für eine schlechte Mutter halten wird, wenn sie nichts tut. Also beschließt sie, etwas zu sagen. Aber wie? Und wann? Die beiden Schwestern necken sich des Öfteren, doch ist

Clara nicht nach Scherzen zumute, wenn sie verletzt ist. Sie weiß, dass in dieser Situation jeder Scherz passiv-aggressiv klingen und alles nur noch schlimmer machen würde. Deshalb beschließt sie zu warten, bis sie mit Frances allein ist, um mit ihr zu sprechen. Dabei wird ihr klar, dass Frances tatsächlich sogar ein guter Resonanzboden für ihre Probleme mit Angela sein könnte – sie will nur nicht, dass sie ihr ungefragt Ratschläge gibt.

In dieser Phase muss sich Clara zwischen mehreren Möglichkeiten entscheiden. Doch wird eine Reaktion (wahrscheinlich) nicht das Ende der Debatte sein: Meist kann eine Herangehensweise allein nicht alle Probleme in einer komplizierten Situation oder Beziehung lösen. In den folgenden Monaten probiert Clara vielleicht verschiedene Strategien mit ihrer Schwester aus. Und natürlich ändern sich auch die Umstände. Möglicherweise treten auch auf Frances' Seite erhebliche Erziehungsprobleme zutage, was wiederum Claras Reaktion auf ihre Schwester beeinflussen würde.

Die Wahl der Strategie ist etwas sehr Persönliches. Hier spielen kulturelle Normen und individuelle Werte eine große Rolle. In einigen Kulturen gilt es als schlechtes Benehmen, jemanden direkt zu konfrontieren, in anderen wird dies als reif und authentisch erachtet. Hier sind Intuition und Erfahrung gefragt: Was erscheint in dieser Situation, in diesem Augenblick als beste Reaktion?

Es kann schwierig sein, das W.I.S.E.R.-Modell als Leitfaden für die Reaktion auf einen Stressor zu nutzen. Vielleicht reicht die Zeit nicht, um innezuhalten. Vielleicht kehrt die Stressquelle immer wieder und verändert sich im Verlauf, sodass die einzelnen Phasen immer wieder durchlaufen werden müssen. Wichtig ist, die Dinge so weit wie möglich zu verlangsamen, sie sich genauer anzusehen und sich von einer vollautomatischen Reaktion zu einer besonneneren und zielgerichteteren zu bewegen, die sich im Einklang mit Ihnen und Ihrem gewünschten Ziel befindet.

Phase 4: Engage/Umsetzen (Die Strategie besonnen anwenden)
Nun ist es an der Zeit, so geschickt wie möglich zu reagieren und die Strategie, für die Sie sich entschieden haben, *umzusetzen*. Haben Sie sich Zeit genommen haben, die Situation zu beobachten und zu interpretieren, und haben versucht, verschiedene Möglichkeiten und deren Aussicht auf Erfolg in Betracht zu ziehen, werden Sie vermutlich auch erfolgreicher reagieren. Allerdings geht Probieren über Studieren, denn selbst die klügste Reaktion kann scheitern, wenn wir die gewählte Strategie unklug umsetzen. Auch hier macht Übung den Meister: Wir können die Strategie entweder im Geist durchgehen oder mit einem Vertrauten proben. Zudem erhöhen sich die Erfolgschancen, wenn wir uns im Vorhinein klarmachen, was wir gut und was wir weniger gut können. Vielleicht sind Sie witzig und wissen, dass Ihre Mitmenschen für Ihren Sinn für Humor empfänglich sind. Vielleicht sind Sie aber auch eher freundlich und sanft und fühlen sich in einem vertraulichen Gespräch in ruhiger Umgebung wohler.

Clara bringt an jenem Abend den Mut auf, etwas zu sagen, nachdem sie und Frances das Geschirr abgespült haben und allein in der Küche sind. Sie ist direkt, aber ruhig; ihre Emotionen sind zwar noch da, inzwischen aber stärker in den Hintergrund gerückt. Zuerst läuft es gut: Frances entschuldigt sich dafür, ungebeten einen Ratschlag erteilt zu haben. Sie hat selbst schon über ihren Kommentar nachgedacht und findet auch, dass er unpassend war. Clara und Frances kommen überein, dass sie beide nur das Beste für Angela wollen, woraufhin Clara Frances von jüngeren Problemen mit ihrer Tochter erzählt, auf die Frances sehr verständnisvoll eingeht. Dann jedoch fügt Clara hinzu, dass Angela schließlich auch ihren eigenen Kopf hat und eben nicht wie Frances' Kinder ist (beim Proben klang das so gut!), und die Stimmung kippt. Da Frances in letzter Zeit tatsächlich viel Stress bei der Arbeit hatte und mehr als sonst mit ihrem Mann stritt, trifft Claras Kommentar hier nun einen Nerv. So folgt erneut ein Wortwechsel, der von der Mutter der beiden unterbrochen wird.

»Irgendwie mag ich es, wenn ihr streitet«, sagt sie.

»Wieso das?«

»Weil es mich an die Zeit erinnert, als ihr noch jünger wart. Dann fühle ich mich wieder wie 35.«

Clara und Frances lachen. Doch die nun wieder gute Stimmung lässt bald nach, und die beiden Schwestern trennen sich an diesem Tag mit gemischten Gefühlen und dem deutlichen Eindruck, dass die Dinge noch nicht ganz geklärt sind.

Phase 5: Reflect/Reflektieren (Hinterher ist man immer klüger)

Wie hat meine Strategie funktioniert? Habe ich die Situation entspannt oder verschlimmert? Habe ich etwas Neues über das bestehende Problem und seine mögliche Lösung gelernt?

Über die Reaktion auf ein Problem *nachzudenken* kann sich in der Zukunft auszahlen. Nur durch das Lernen aus Erfahrungen werden wir klüger. Sie können das W.I.S.E.R.-Modell nicht nur auf eine aktuelle Situation, sondern auch auf kleinere oder größere Ereignisse in der Vergangenheit anwenden, die Ihnen noch immer im Kopf herumschwirren. Sehen Sie sich die Liste unten an und beantworten Sie die Fragen zu einem Vorfall oder einer Situation, der oder die Ihnen Kummer bereitet.

BEOBACHTEN
Habe ich mich dem Problem direkt gestellt oder habe ich versucht, ihm aus dem Weg zu gehen?
Habe ich mir die Zeit genommen, zu einer präzisen Einschätzung der Situation zu kommen?
Habe ich mit den anderen Beteiligten gesprochen?
Habe ich andere um ihre Einschätzung der Situation gebeten?
INTERPRETIEREN
Habe ich meine Emotionen zur Kenntnis genommen und was für mich in der betreffenden Situation auf dem Spiel stand?
Bin ich bereit, meine Rolle in der Situation anzuerkennen?

Habe ich mich zu sehr auf das konzentriert, was in mir vorging, und zu wenig auf das, was um mich herum vorgegangen ist?
Gibt es alternative Sichtweisen der Situation?
WÄHLEN
War ich mir über das, was ich erreichen wollte, im Klaren?
Habe ich alle möglichen Reaktionen in Betracht gezogen?
Habe ich erkannt, wo ich mir Hilfe holen konnte?
Habe ich die Argumente für und gegen die verschiedenen Strategien gegeneinander abgewogen?
Habe ich mich für die Vorgehensweise entschieden, die in der gegebenen Situation wahrscheinlich am besten funktioniert hätte?
Habe ich darüber nachgedacht, *ob* oder *wann* ich bezüglich der Situation etwas unternehmen sollte?
Habe ich darüber nachgedacht, andere in die Lösung des Problems miteinzubeziehen?
UMSETZEN
Bin ich meine Strategie im Geist durchgegangen, oder habe ich sie mit einer vertrauten Person geprobt, um ihre Erfolgschance zu erhöhen?
Habe ich für mich realistische Schritte unternommen?
Habe ich mir den weiteren Verlauf angesehen, und war ich bereit, meine Strategie falls nötig anzupassen?
Für welche Schritte habe ich mir nicht ausreichend Zeit genommen, welche habe ich ausgelassen, welche habe ich vermasselt?
Was habe ich gut gemacht?
REFLEKTIEREN
Im Lichte all dessen: Was würde ich beim nächsten Mal anders machen?
Was habe ich gelernt?

Sollten Sie sich von dieser Fragenliste oder dem W.I.S.E.R.-Modell im Allgemeinen jetzt ein wenig überfordert fühlen – keine Sorge. Viele der besprochenen Aspekte setzen Sie wahrscheinlich schon instinktiv um, und 90 Prozent des Alltags erfordern diese Art von Reflexion gar nicht. Betrachten Sie das Modell und die Liste mit Fragen einfach als Coachinginstrument für die anderen Fälle, bei denen Sie das Gefühl haben festzustecken oder ein Verhalten an sich bemerken, das Ihnen nicht dienlich ist.

Das Geschehene und seine Gründe im Nachhinein zu betrachten kann uns dabei helfen, Dinge zu erkennen, die wir vorher nicht gesehen haben. Damit können wir Ursache und Wirkung der emotionalen Kaskaden verstehen. Wenn wir aus unseren Erfahrungen lernen und es beim nächsten Mal besser machen wollen, müssen wir mehr tun, als das Geschehene lediglich zu durchleben. Wir müssen reflektieren. Dann sind wir in einer ähnlichen Situation in der Zukunft vielleicht in der Lage, diesen einen Sekundenbruchteil innezuhalten, die Situation zu betrachten, uns über das, was wir erreichen wollen, klar zu werden und verschiedene Reaktionsoptionen in Erwägung zu ziehen, um unser Leben wieder in die richtige Bahn zu lenken.

Aus festgefahrenen Strukturen ausbrechen

Am leichtesten lässt sich mit dem W.I.S.E.R.-Modell arbeiten, wenn es auf einzelne Herausforderungen in einer Beziehung angewendet wird. Allerdings hat Stress viele Gesichter, vielfach betrifft er wiederkehrende Muster in unseren Beziehungen. Manchmal treten in Beziehungen immer wieder dieselben Streitigkeiten, dieselben Ärgernisse, dieselbe Abfolge wenig hilfreicher Reaktionen auf. Wir haben das Gefühl, nicht voranzukommen, und wissen nicht, wie wir aus diesem Hamsterrad aussteigen können. Wir, Bob und Marc, bezeichnen dieses Gefühl höchst wissenschaftlich als »Feststecken«.

Wir begegnen ihm nicht nur bei den Teilnehmerinnen und Teilnehmern der Harvard-Studie, sondern auch bei den Menschen, die bei uns psychotherapeutische Hilfe suchen. Häufig kann das Gefühl, im Leben in eingefahrenen Strukturen festzustecken, nicht immer genau begründet werden – warum man mit dem Partner oder der Partnerin immer wieder bei denselben Meinungsverschiedenheiten landet und nicht in der Lage ist, auch nur ein Gespräch zu führen, das nicht im Streit endet. Manchmal führen auch die immer wieder allzu detaillierten Arbeitsvorgaben und Nörgeleien des Chefs zu einem Gefühl der Nichtsnutzigkeit, das schwer abzuschütteln ist. Tatsächlich gehören festgefahrene Arbeitsbeziehungen zu den schwierigsten überhaupt (mehr dazu in Kapitel 9).

Beispielsweise fühlte sich John Marsden aus Kapitel 2 mit Anfang 80 in seiner Partnerschaft unter anderem deshalb so ungeheuer einsam, weil er mit seiner Frau in einem endlosen Teufelskreis feststeckte. Beide verweigerten einander, was sie am meisten brauchten: Zuneigung und Unterstützung.

F: Wenden Sie sich jemals an Ihre Frau, wenn Sie traurig sind?

A: Nein. Ganz bestimmt nicht. Sie würde mir kein Mitgefühl entgegenbringen. Sie würde mir sagen, traurig zu sein sei ein Anzeichen von Schwäche. Ich kann Ihnen gar nicht sagen, wie viele negative Signale ich den ganzen Tag von ihr bekomme … Das ist furchtbar … destruktiv.

Bei dieser Antwort dachte John an seinen Alltag – an reale Gespräche mit seiner Frau. Ohne es jedoch zu merken, erzeugte er diese Realität gleichzeitig. Die Isolation von seiner Frau wurde zur selbsterfüllenden Prophezeiung. Er sah jede neue Begegnung mit ihr als Bestätigung seiner Theorie: Sie will mir nicht nahe sein, ich kann ihr meine Gefühle nicht anvertrauen.

Der zeitgenössische buddhistische Lehrer Shohaku Okumura schreibt: »Die Welt, in der wir leben, ist die Welt, die wir erzeugen.«[131]

Wie viele buddhistische Lehren so hat auch diese eine doppelte Bedeutung. Der Mensch erzeugt die Welt, in der er lebt, nicht nur physisch, sondern auch als Bild in seinem Kopf – durch das individuelle und kollektive Erzählen von Geschichten, die wahr sein können oder auch nicht.

Eine Beziehung ist nie wie die andere, doch können wir auch in verschiedenen Partnerschaften durchaus immer wieder in ähnlichen Sackgassen landen. Wir tragen ein und dieselbe Schlacht tatsächlich immer wieder aus. Wir neigen dazu zu glauben, dass uns das, was uns in der Vergangenheit geschehen ist, auch in Zukunft passieren wird, ob dies nun der Fall ist oder nicht.

In seinem Kern basiert das Gefühl festzustecken auf Mustern in unserem Leben. Manche davon helfen uns dabei, das Leben effizient und rasch in die richtigen Bahnen zu lenken, andere verleiten uns zu Reaktionen, die uns nicht immer dienlich sind. Beispielsweise können wir unsere Zeit mit den falschen Menschen verbringen – falschen Freunden, ja sogar dem falschen Partner oder der falschen Partnerin. Diese Muster sind alles andere als willkürlich. Häufig spiegeln sie vorherrschende Gedanken und Kämpfe aus unserer Vergangenheit wider, die sich gewissermaßen »wie zu Hause« anfühlen. Sie sind wie vertraute Tanzschritte, in die wir immer wieder zurückfallen. Bei einem Gespräch wird beispielsweise eine vertraute Empfindung geweckt, vielleicht auch eine negative, und in dieser Vertrautheit fühlen wir uns irgendwie geborgen. Ah, da ist sie ja wieder, die Empfindung, diesen Tanz kenne ich.

Da die meisten Menschen das Gefühl des Feststeckens schon einmal erlebt haben, lautet die eigentliche Frage, wie intensiv dieses Gefühl ist. Mindert es beständig die Lebensqualität? Ist es allgegenwärtig und prägt viele oder gar die meisten Bereiche der Alltagserfahrung?

Auch Bob steckte schon einmal in einem solchen Muster fest. Er verabredete sich mit einer Reihe von Frauen und überraschte seine Freunde immer wieder aufs Neue mit der Wahl seiner Partnerin. Die Beziehungen scheiterten – eine nach der anderen. Daraufhin suchte sich Bob Hilfe bei einem Psychotherapeuten. Als er diesem die gescheiterten Beziehungen beschrieb, wurde ihm plötzlich klar, dass es sich dabei nicht um Zufälle oder eine Pechsträhne handelte. Er hatte sich immer wieder für denselben Typ Frau entschieden: für einen Typ Person, mit dem er nicht kompatibel war. Ehrliche Meinungen von Menschen, denen wir vertrauen, können bei dem Versuch, aus festgefahrenen Strukturen auszubrechen, ausgesprochen hilfreich sein. Diese Art von vertrauenswürdigem Beobachter sieht mit großer Wahrscheinlichkeit Dinge, die wir selbst nicht erkennen können.

Probieren Sie dies in einem Selbstversuch aus. Fragen Sie sich: Was würde ich denken, würde mir ein anderer diese Geschichte erzählen? Was würde ich ihm raten? Eine solche eigendistanzierte Betrachtung kann neues Licht auf alte Geschichten werfen.[132]

Die Erkenntnis, vielleicht nicht das ganze Bild zu sehen, ist ein wichtiger erster Schritt, sich von einschränkenden Mustern zu lösen. Der Zen-Meister Shunryu Suzuki empfiehlt, an einige Situationen im Leben so heranzugehen, als hätte man sie nie zuvor erlebt. »Im Geist des Anfängers gibt es viele Möglichkeiten«, schrieb er, »im Geist des Experten nur wenige.«[133] Was unser eigenes Leben anbetrifft, so fühlen wir uns alle wie Experten. Die Herausforderung besteht darin, offen zu bleiben für die Möglichkeit, dass auch wir noch etwas über unser Leben lernen können – uns zu gestatten, Anfänger zu sein.

Beziehungen und Anpassungsfähigkeit

Als im Jahr 2020 die Covid-19-Pandemie ausbrach, erschütterten die soziale Isolierung, die finanziellen Belastungen und die beständigen Sorgen die Gesellschaften rund um den Globus in ihren Grundfesten. Als Pandemie und Lockdowns fortbestanden, stiegen Isolation und Angst weiter an. Das Stressniveau ging durch die Decke. Es war eine Herausforderung, so waren sich viele einige, die es so seit dem Zweiten Weltkrieg nicht mehr gegeben hatte.

Bei Ausbruch der Pandemie wandten wir uns erneut unseren Studienaufzeichnungen zu, um nachzulesen, wie die ursprünglichen Teilnehmer mit massiven Krisen in ihrem Leben umgegangen waren. Sie waren zur Zeit der Weltwirtschaftskrise aufgewachsen, die meisten der Uniabsolventen hatten im Zweiten Weltkrieg gedient. Ein Großteil der Probanden erinnerte sich daran, dass sie auf ihre wichtigsten Beziehungen bauten, um diese schwierigen Zeiten zu überstehen. Die Männer, die im Krieg waren, sprachen von den Freundschaften mit ihren Kameraden und wie wichtig diese Bande waren, nicht nur für ihre Sicherheit, sondern auch für ihre geistige Gesundheit.[134] Sie berichteten, wie wichtig es war, nach dem Krieg das Erlebte zumindest partiell ihren Frauen zu erzählen.[135] Tatsächlich blieb die Ehe der Männer, die dazu in der Lage waren, länger intakt als die Ehe derer, die es nicht konnten. Die Unterstützung, die sie sowohl im Krieg als auch später bei der Verarbeitung ihrer Erlebnisse von anderen bekamen, war entscheidend und ist es auch heute noch.

Die Pandemie hat unser Leben schockgefroren, hat uns eingeschlossen mit denen, mit denen wir leben, und uns ferngehalten von den Freunden und Kollegen, die wir zuvor jeden Tag gesehen haben. Mit Partner, Partnerin und Kindern 24 Stunden am Tag und sieben Tage die Woche zusammen zu sein haben wir nie gewollt, doch mussten wir uns damit abfinden. Viele ältere Menschen hätten sich nie träumen lassen, einmal über ein Jahr lang von ihren geliebten Enkelkindern getrennt zu sein.

Plötzlich wurde Flexibilität wichtiger denn je. Um zu überleben, mussten wir einander Raum lassen. Und wenn wir Distanz von unserem Partner brauchten, so bedeutete das nicht unbedingt, dass mit der Beziehung etwas nicht stimmte, sondern dass die Zeit aus den Fugen war.

Leider wird Covid-19 nicht die letzte globale Katastrophe und auch nicht die letzte Pandemie sein. Etwas Ähnliches wird wieder passieren … und wieder vorbeigehen. Das ist der Lauf der Dinge.

Die Harvard Study lehrt uns, wie wichtig es ist, sich auf die Beziehungen zu verlassen, die uns Halt geben können, wenn wir diesen zu verlieren drohen. Dies war der Fall bei den Studienteilnehmern während der Weltwirtschaftskrise, des Zweiten Weltkriegs und der Finanzkrise 2008, als sie sich auf wichtige Beziehungen in ihrem Leben verlassen haben. Während der Covid-19-Pandemie bedeutete das, ganz gezielt in Kontakt miteinander zu bleiben, mit Menschen, die nun plötzlich von uns getrennt waren – per Mail, SMS, WhatsApp, Video-Chat, Telefon. Nicht nur an einen Freund in der Ferne zu denken, sondern Kontakt zu ihm aufzunehmen. Es bedeutete, geduldig mit geliebten Menschen zu sein und um Hilfe zu bitten, wurde sie gebraucht. Ebenso wird dies auch für die nächste Krise gelten und die Krise danach.

Für Marc ist der Gedanke, dass Beziehungen uns dabei helfen, mit schweren Herausforderungen im Leben umzugehen, ein sehr persönlicher.

Im Dezember 1939, zur selben Zeit, als Harvard-College-Studenten im Hinblick auf die Frage, was uns gesund erhält, für die Studie interviewt wurden, befand sich Marcs Vater Robert Schulz, damals zehn Jahre alt, mit seiner älteren Schwester an Bord eines Passagierschiffs, das gerade den Atlantik überquerte. Sie entstammten einer jüdischen Familie in Hamburg, flohen vor den Nazis und erreichten Amerika mit lediglich den Sachen, die sie am Leib trugen, zwei kleinen Koffern und keinerlei Vorstellung von ihrer Zukunft.

Aber sie waren am Leben. Und zwar in erster Linie aus einem Grund: Marcs Großmutter hatte das Talent, tiefe Verbindungen mit anderen Menschen einzugehen.

Marcs Vater erinnert sich an eine idyllische Kindheit in Hamburg. Zwar war sein eigener Vater jung gestorben, doch hielten Familie und Freunde zusammen. Das Leben, das sie führten, war ein gutes Leben. Das Textilunternehmen der Familie gedieh, Marcs Vater gehörte einem Turnverein an und spielte Klavier. Er erzählte oft, wie schön Hamburg mit seiner Binnenalster war und wie sehr er als Kind Marzipan geliebt hatte.

Ein Leben voller Geborgenheit sei das gewesen, sagte er oft.

Doch das änderte sich, als die Nazis die Macht ergriffen und mit ihren Feldzügen gegen die Juden begannen. Besonders eingebrannt in sein Gedächtnis hat sich ein ganz bestimmter schrecklicher Tag und eine ganz Nacht im November 1938, als er gerade einmal neun Jahre alt war. An diesem Schreckensabend, der als sogenannte Reichskristallnacht, als Pogromnacht, in die Geschichte eingehen sollte, wurden viele jüdische Häuser, Geschäfte und Synagogen verwüstet oder bis auf die Grundmauern niedergebrannt. Am nächsten Tag erschien die Gestapo in seiner Schule und trieb den Großteil der jüdischen Lehrer und Schüler zusammen.

Als sich die Deportationen und Festnahmen in der gesamten Stadt verbreiteten, wandte sich Marcs Großmutter an enge Freunde, eine Familie, die eine Molkerei etwas weiter die Straße hinab betrieb. Sie willigten ein, Marcs Vater und seine Familie im Keller der Molkerei zu verstecken. Ohne diesen Akt der Güte und ungeheures Glück hätten sie nicht überlebt.

Auch heute noch pflegt Marc den Kontakt zu den Nachkommen dieser Hamburger Familie, die dieselbe Geschichte erzählen, nur aus der Perspektive ihrer Eltern und Großeltern. Sie hatten den spontanen Entschluss gefasst, ihre Freunde zu beschützen – trotz des hohen Risikos für sie selbst. Dieser Akt der Güte hätte sie das Leben kosten können. Ohne diese Familie gäbe es Marc heute nicht.

Hohe Risiken eingehen

Die Frage, die wir uns im täglichen Leben stellen müssen, lautet: Wenn wir auf persönliche oder gesellschaftliche Schwierigkeiten stoßen, wenn Menschen uns verletzen oder wir andere verletzt haben – was *tun* wir dann?

Der Mensch ist ein rätselhaftes, wunderbares, gefährliches Wesen. Er ist zugleich verletzlich und unglaublich widerstandsfähig.

Er kann sowohl atemberaubende Schönheit als auch unermessliche Zerstörung hervorbringen.

So zeigt es sich mit dem Blick auf das Gesamtbild. Aber auch wenn wir etwas näher heranzoomen und das Leben eines einzelnen Menschen betrachten – beispielsweise Ihr Leben – mit all den kleinen Ereignissen und Sorgen, bleibt die Komplexität des Menschseins doch bestehen.

Wie die meisten anderen so haben sicherlich auch Sie zumindest manchmal damit zu kämpfen, ihre Mitmenschen zu verstehen – diejenigen, die Sie lieben, ebenso wie die, die Sie kaum kennen. Es ist auch sehr schwer, eine echte Verbindung zu einer anderen Person aufzubauen, sie wirklich kennenzulernen. Es ist schwer zu lieben und geliebt zu werden. Es ist schwer, sich davon abzuhalten, die Liebe anderer wegzustoßen.

Ein solcher Versuch jedoch kann uns Freude, Lernen, Sicherheit schenken – es kann uns sogar das Leben retten. Innezuhalten, zu versuchen, sich schwierige Situationen klar vor Augen zu führen, und positive Beziehungen zu pflegen, kann uns dabei helfen, nicht unterzugehen, sei der Auslöser eine politische Krise, ein Virus, ein Augenblick der Selbsterkenntnis oder ein ärgerlicher Kommentar beim Familiengrillfest. Unsere erste, automatische Reaktion ist nicht die einzige Art, wie wir reagieren können. Haben wir dies erkannt, können wir auch bei schwierigen Herausforderungen, mitten in einer Pechsträhne, angesichts sich wiederholender Probleme und sogar angesichts eigener Fehler einen Moment innehalten und den Weg nach vorn antreten.

In den folgenden Kapiteln wenden wir das bisher Beschriebene auf Beziehungen an. Jede Art von Beziehung ist ein wenig anders: Familiäre Beziehungen unterscheiden sich von Arbeitsbeziehungen, die sich wiederum von einer Ehe unterscheiden; und Ehen wiederum sind anders als Freundschaften. Manchmal überschneiden sich die Kategorien natürlich auch. So kann ein Familienmitglied ein Kollege sein, ein Geschwisterkind der beste Freund oder die beste Freundin. Dennoch sind die Kategorien hilfreich, behält man dabei im Hinterkopf, dass jede Bindung einzigartig ist und ihre ganz eigene Art von Aufmerksamkeit und Anpassung erfordert. Im nächsten Kapitel geht es um die Beziehung zu dem Menschen an Ihrer Seite.

7

Der Mensch an unserer Seite: Wie intime Beziehungen das Leben prägen

»Als Kinder dachten wir, dass wir nicht mehr verletzlich sein würden, wenn wir erst erwachsen sind. Aber erwachsen zu werden bedeutet, seine Verletzlichkeit zu akzeptieren. … zu leben heißt, verletzlich zu sein.«[136]

MADELEINE L'ENGLE, *WALKING ON WATER*

In Platons *Symposion* hält Aristophanes eine Rede über den Ursprung des Menschen.[137] Am Anfang, so Aristophanes, hatten die Menschen vier Beine, vier Arme und zwei Köpfe. Sie waren kräftige und ehrgeizige Wesen. Um ihre angsteinflößenden Kräfte zu minimieren, spaltete Zeus die Menschen in der Mitte. Seitdem wandeln sie auf der Suche nach ihrer anderen Hälfte auf zwei Beinen umher. »Liebe«, so Platon, »ist ein anderer Name für unser Streben nach Ganzheit, für unsere Sehnsucht danach, wieder ganz zu sein.«

Selbst nach Tausenden von Jahren klingt diese Vorstellung noch fort.

Harvard-Study-Fragebogen, 1979

5. Wir interessieren uns für die Höhen und Tiefen der ehelichen Harmonie. Stellen Sie Ihre längste oder einzige Ehe hier bitte als Verlaufskurve dar:

Ausgesprochen erfreulich									
Ich hatte schon bessere Zeiten									
Steinig									
Ich erwäge eine Scheidung									
	20	25	30	35	40	45	50	55	60

Alter

»Jean ist meine bessere Hälfte«, beschrieb Dill Carson, einer der Studienteilnehmer aus Boston, seine Frau. »Wir trinken jeden Abend gemeinsam ein Glas Wein. Das ist so eine Art Ritual für uns, der Tag käme mir sonst irgendwie unvollständig vor. Dann sprechen wir darüber, was in uns und um uns herum vorgeht. Wenn wir uns gestritten haben, sprechen wir darüber. Wir sprechen über unsere Pläne, über die Kinder. Es rundet den Tag ab, glättet die rauen Kanten sozusagen. Wenn ich mich noch einmal entscheiden müsste, würde ich wieder dieselbe Frau heiraten, ohne Zweifel.«

Meine bessere Hälfte … So drückten es einige der Teilnehmerinnen und Teilnehmer der Harvard Study aus, wurden sie nach ihrem Partner oder ihrer Partnerin gefragt. Die tiefsten und positivsten intimen Verbindungen vermittelten ihnen häufig ein Gefühl von, wie Platon schon andeutete, Ausgeglichenheit und Einheit.

Zu unser aller Leidwesen gibt es kein Patentrezept für glückliche Partnerschaften, glückliche Liebesbeziehungen und glückliche Ehen, keinen Zauberschlüssel, der uns allen das Tor zu einer intimen Verbindung öffnete. Wie die beiden »Hälften« zusammenpassen können, variiert von Kultur zu Kultur und natürlich auch von einer Beziehung zur nächsten. Selbst von einer Epoche auf die andere oder von einer Generation zur nächsten verändern sich die Beziehungsformen. Die meisten der ursprünglichen Teilnehmer der Harvard Study beispielsweise hatten irgendwann einmal geheiratet, teilweise deswegen, weil zu jener Zeit nur die Ehe als Beziehungsform akzeptiert war. Mittlerweile ist die Vielfalt verbindlicher Beziehungen viel größer, die formelle Ehe ist weit weniger verbreitet als früher.[138] In den Vereinigten Staaten gab es im Jahr 2020 in 51 Prozent aller Haushalte keine verheirateten Paare – 1950 betrug dieser Prozentsatz nur rund 20 Prozent. Eine Veränderung in der Form bedeutet aber nicht zwangsläufig auch eine Veränderung im Gefühl. Der Mensch ist im Großen und Ganzen doch derselbe geblieben. Und selbst innerhalb des Spektrums scheinbar »traditioneller« Ehen kann es doch einiges an Abweichungen geben. Die Liebe hat viele Gesichter.

Nehmen wir nur einmal James Brewer, einen der Uniteilnehmer der Studie. Er kam aus einer kleinen Stadt in Indiana und trat sein Studium in Harvard als zwar intelligenter, aber doch noch naiver junger Mann mit wenig Lebenserfahrung an. Er vertraute den Mitarbeiterinnen und Mitarbeitern der Studie an, er könne mit der Vorstellung der »Heterosexualität« wenig anfangen. Für ihn ergab es kaum Sinn, dass sich irgendjemand auf Sex mit nur einem Geschlecht beschränken sollte – soweit es ihn betraf, war Schönheit Schönheit und Liebe Liebe. Er fühlte sich sowohl zu Männern als auch zu Frauen hingezogen – gab es tatsächlich Menschen, die anders fühlten? Mit Freunden und Kommilitonen sprach er ganz offen über diese Dinge, bis er eines Tages auf Widerstand stieß und dann auf erhebliche Vorurteile. Zu diesem Zeitpunkt begann er, seine Sexualität zu verbergen. Kurz nach der Uni heiratete er Maryanne, die er innig liebte und von der er geliebt wurde. Die beiden hatten Kinder und führten ein erfülltes gemeinsames Leben. 1978 jedoch starb Maryanne im Alter von 57 Jahren und nach 31 Jahren Ehe an Brustkrebs.

Als die Studienmitarbeiter James fragten, warum die Ehe seiner Meinung nach so lange gehalten habe, antwortete er:

> Weil wir so ungeheuer viel gemeinsam hatten. Sie las mir wichtige Passagen aus guten Büchern vor. Wir sprachen von Schlössern und Königen, von Kraut und vielen anderen Sachen.[139] Wir sahen uns Dinge an und verglichen unsere Eindrücke dazu ... Wir liebten es, miteinander zu essen, gemeinsam zu verreisen, zusammen zu schlafen ... Unsere besten Partys waren spontan abgehaltene, nur für uns zwei, mit denen wir uns gegenseitig überraschten.

Drei Jahre nach Maryannes Tod besuchte ein Interviewer der Harvard Study James zu Hause. Während des Besuchs bat James den Interviewer, ihm in ein hell erleuchtetes Zimmer zu folgen, in dem Vögel zwitscherten. Neben den Fenstern standen einige Käfige, im Raum war ein Kletternetz gespannt, umstanden von künstlichen Bäumen. Die Vögel ließen sich auf James Schultern nieder, als er die Käfigtüren öffnete und die Tiere fütterte. Es waren die Vögel seiner Frau, erzählte er dem Interviewer, noch immer so voller Trauer, dass er es nicht fertigbrachte, ihren Namen auszusprechen. Als er nach seinem derzeitigen Liebesleben gefragt wurde, antwortete er, er habe einige kurzlebige Beziehungen gehabt, dass viele Leute ihn für schwul hielten und dass er sich momentan zwar nicht in einer Beziehung befände, es aber auch nicht für unmöglich hielt, wieder eine einzugehen. »Ich nehme an, irgendwann wird jemand kommen und mein Herz berühren«, schloss er.

Wie jeder, der schon einmal einen anderen Menschen geliebt hat, weiß, dass das Streben nach einer intimen Verbindung mit Risiken verbunden ist: Wenn wir uns der Freude, zu lieben und geliebt zu werden, öffnen, riskieren wir es, verletzt zu werden. Je näher wir uns einem anderen Menschen fühlen, desto verletzlicher werden wir. Und doch gehen wir dieses Risiko wieder und wieder ein.

In diesem Kapitel widmen wir uns innigen Liebesbeziehungen und ihren Auswirkungen auf unser Wohlbefinden und unsere Gesundheit. Wir laden Sie ausdrücklich dazu ein, alles auf den folgenden Seiten durch die Brille Ihrer eigenen, persönlichen Erfahrungen zu sehen, damit Sie einige der Gründe für die Erfolge oder Misserfolge in Ihren intimen Beziehungen aufdecken können. Wie das Leben unserer Studienteilnehmer zeigt, kann es sich sowohl subtil als auch dramatisch auf Ihr Leben auswirken, wenn Sie Ihre Emotionen erkennen und verstehen, wie diese Ihren Partner oder Ihre Partnerin beeinflussen.

Intimität: Zulassen, gekannt zu werden

Über viele Jahrzehnte hinweg haben wir den Teilnehmerinnen und Teilnehmern der Studie sowie ihren jeweiligen Partnern und Partnerinnen immer wieder eine Reihe von Fragen zur Intimität gestellt. So konnten wir die einzigartigen Entwicklungsverläufe der Gefühle – Zuneigung, Anspannung, Liebe – vom Anfang bis zum Ende der Beziehung nachverfolgen. Dabei reichten die Beziehungen von kurz und heftig über alles dazwischen bis zu lang und langweilig. Im Folgenden werfen wir einen Blick auf eine Beziehung, die zwischen den beiden Extremen angesiedelt ist.

Joseph Cichy und seine Frau Olivia heirateten 1948 und blieben zusammen, bis Olivia 2007 kurz nach ihrem 59. Hochzeitstag starb. Ihre Ehe steht für eine starke Partnerschaft sowie für die Art und Weise, wie sich zwei Menschen ein ganzes Leben lang unterstützen können. Josephs und Olivias Partnerschaft ist jedoch noch aus einem anderen Grund repräsentativ: Sie war alles andere als vollkommen.

Wann immer Joseph im Rahmen der Studie nach seinem Leben gefragt wurde, antwortete er, er sei zufrieden. Er mochte seine Arbeit und hatte drei wundervolle Kinder; die Beziehung zu seiner Frau beschrieb er als »friedlich«. 2008 baten wir seine Tochter Lily, an ihre Kindheit zu denken, woraufhin sie berichtete, ihre Eltern seien so friedlich gewesen, wie das in einer Ehe überhaupt möglich sei. Sie konnte sich nicht an einen einzigen Streit zwischen den beiden erinnern.

Ähnliches hatte auch Joseph im Laufe der Jahre immer wieder erzählt. »Ich bin einer der umgänglichsten Menschen auf Erden«, sagte er den Mitarbeiterinnen und Mitarbeitern der Studie 1967 im Alter von 46 Jahren. Er liebte seine Frau Olivia so, wie sie war; es gab nichts, was er an ihr ändern würde. Seinen Kindern zollte er denselben Respekt wie jedem anderen auch: Er gab Ratschläge, wenn sie darum baten, versuchte aber nicht, sie zu kontrollieren. Bei seiner Arbeit tat er sein Bestes, sich erst die Standpunkte anderer anzuhören, bevor er seine Sicht der Dinge schilderte. »Die einzige Art von Überzeugung, die funktioniert, ist es, empathisch zu sein«, so Joseph.

Diese Philosophie leistete Joseph sein ganzes Leben lang gute Dienste. Anderen hörte er gern zu, um etwas über sie zu erfahren. Wie bereits erwähnt, ist es in unseren Beziehungen von Vorteil für uns zu wissen, wie der andere fühlt und denkt – wofür Joseph ein gutes Beispiel ist. Für seine Umgebung allerdings war sein Interesse an Menschen und seine Fähigkeit, zuhören zu können, mit einem Problem verbunden: Er hatte Angst, *sich* anderen gegenüber zu öffnen, sogar den Menschen gegenüber, die er liebte. Zu diesen Menschen gehörte auch seine Frau Olivia.

»Das größte Problem in unserer Ehe ist nicht die Auseinandersetzung«, berichtete Joseph im Rahmen der Studie. »Es ist Olivias Enttäuschung darüber, dass ich sie nicht in mein Inneres blicken lasse. Sie fühlt sich ausgeschlossen.« Daraus machte sie ihm gegenüber auch keinen Hehl, und so war Joseph durchaus bewusst, wie sehr sie das belastete. Mehrmals gab er an, dass Olivia sich oft darüber beschwerte, wie unnahbar er sei. »Ich bin unabhängig«, so Joseph. »Meine größte Schwäche ist es, mich nicht auf andere zu stützen. Aber so bin ich eben.«

Joseph war einfühlsam genug, um die Schwierigkeit, die andere mit ihm hatten, sehen und artikulieren zu können, kam aber nie über eine tief sitzende Angst hinweg, unter der viele Menschen leiden. Sie fürchten, anderen eine Last zu sein oder sich abhängig zu machen. Der Harvard-Absolvent stammte aus bescheidenen Verhältnissen. Den Mitarbeitern und Mitarbeiterinnen der Studie gegenüber erzählte er, er habe als Kind auf der Farm der Familie gelernt, wie wichtig es ist, unabhängig zu sein. Dort hatte er Tage damit verbracht, ein Feld ganz allein mit einem Pferd zu pflügen. Seine Mutter und sein Vater waren anderweitig auf der Farm beschäftigt gewesen, sie erwarteten von Joseph, für sich selbst zu sorgen. Und so glaubte er auch als Erwachsener noch, mit Problemen – emotionaler oder anderer Art – allein fertigwerden zu müssen. Das war für ihn ganz normal.

2008 erzählte seine Tochter Lily, damals Mitte 50, einem Studieninterviewer, dass ihr diese Sicht ihres Vaters immer noch leidtue. Er war immer für sie da, wenn sie ihn brauchte, sie konnte sich Tag und Nacht auf ihn verlassen. Sehr geholfen hatte er ihr beispielsweise während ihrer schwierigen Ehe, und auch bei anderen Lebenskrisen hatte er sie stets tatkräftig unterstützt. Dennoch hatte sie nie das Gefühl gehabt, ihn wirklich zu kennen.

Als er mit 72 über die Beziehung zu seiner Frau befragt wurde, berichtete Joseph, die Ehe sei stabil, gleichzeitig mangele es ihr aber an einer gewissen Nähe. »Es gibt nichts, das uns trennt«, so Joseph, »aber wir sind auch nicht wirklich miteinander verbunden.«

Bereits als junger Mann hatte Joseph entschieden, dass in seinen Beziehungen zwei Dinge wichtiger waren als alles andere: den Frieden zu wahren und unabhängig zu sein. Es war ihm ungeheuer wichtig, dass sein Leben und das Leben seiner Familie stabil waren.

Das ist natürlich nicht grundsätzlich falsch: Josephs Leben war im Großen und Ganzen gut: Er liebte seine Familie, alle Mitglieder verhielten sich den anderen gegenüber jederzeit loyal. Joseph führte sein Leben so, dass er sich sicher fühlte, und in dem Maße, in dem seine Herangehensweise Streit verhinderte, funktionierte das für ihn auch. Eine Ehe, in der nicht ständig gezankt wird, ist sicherlich nicht schlecht. Doch welchen Preis hat es, *ständig* den Frieden zu wahren? Verweigerte Joseph nicht sowohl sich selbst als auch Olivia echte Nähe, wenn er einen solchen Schutzwall um sein Inneres herum errichtete? Denn er war derart selektiv, wenn es darum ging, was er anderen über sich erzählte, weil er sich nicht traute, sich ihnen zu öffnen.

Einen Menschen wie Joseph kennen sicherlich viele von uns, und wir sollten berücksichtigen, dass eine solche Verhaltensweise nicht zwangsläufig bedeutet, dass demjenigen andere Menschen egal sind. Olivia aber fühlte sich irgendwie unvollständig, denn der Kern der Intimität besteht in dem Gefühl, den anderen zu kennen und *gekannt zu werden*. Das Wort »Intimität« kommt vom lateinischen *intimus*, das so viel wie »innerst, vertrautest« bedeutet. Die intime Kenntnis einer anderen Person ist zwar ein Merkmal der romantischen Liebe, geht aber gleichzeitig über diese hinaus. Sie ist ein wesentlicher Teil der menschlichen Erfahrung und beginnt lange vor dem ersten Kuss, lange bevor wir an Heirat denken, in den frühesten Tagen unseres Lebens.

Enge Verbundenheit: Die unbekannte Situation

Vom Augenblick unserer Geburt an beginnen wir, nach sowohl körperlich als auch emotional engen Verbindungen zu anderen Menschen zu suchen. Am Anfang unseres Lebens sind wir hilflos, unser Überleben hängt von anderen ab. Fast alles, dem wir als Säugling begegnen, ist absolut neu für uns und potenziell bedrohlich, weshalb es so ungeheuer wichtig ist, dass wir ab den allerersten Lebenstagen eine starke Verbindung zu wenigstens einem anderen Menschen aufbauen. Die Nähe zu Mutter, Vater, Großeltern, Tante, Onkel ist tröstlich, sie spendet Geborgenheit und schafft uns ein Refugium, in das wir uns bei Gefahr flüchten können. Werden wir älter, können wir in dem Wissen, einen sicheren Zufluchtsort zu haben, sollte uns etwas Angst einjagen, die Welt jenseits unserer Wohlfühlzone erkunden. Die Einfachheit und Klarheit unserer Situation als Kleinkind bietet eine großartige Gelegenheit, die Grundlagen der emotionalen Verbundenheit des Menschen näher zu betrachten. Dieser Lebensabschnitt enthüllt einige Kernwahrheiten bezüglich enger emotionaler Bande, die nicht nur für Kinder, sondern auch für Erwachsene relevant sind.

In den 1970er-Jahren entwickelte die Psychologin Mary Ainsworth ein Experiment, mit dem sie herausfinden wollte, wie Kleinkinder auf die Welt um sich herum sowie auf die Menschen, von denen sie am stärksten abhängig sind, reagieren. Das Experiment wurde unter dem Namen »Strange Situation«, »unbekannte Situation«, bekannt und hat sich im Laufe der Zeit als so nützlich erwiesen, dass es auch heute noch, mehr als 50 Jahre später, in der Forschung eingesetzt wird. Es besteht aus dem folgenden Grundaufbau:

Ein Kleinkind, für gewöhnlich zwischen 9 und 18 Monate alt und in Begleitung seiner wichtigsten Bezugsperson, meist der Mutter, wird in einen Raum gesetzt, in dem sich Spielzeug befindet. Nach einer kurzen Zeit der Interaktion mit der Mutter und des Spielens betritt eine fremde Person den Raum. Diese kümmert sich zunächst ausschließlich um sich selbst, damit sich das Kind an ihre Anwesenheit gewöhnen kann, dann versucht sie, Verbindung zu dem Kind aufzunehmen. Kurze Zeit später verlässt die Mutter den Raum.

Nun findet sich das Kind an einem fremden Ort wieder, mit einem fremden Menschen, und die Person, der es sich am nächsten fühlt, ist nicht da. Häufig reagiert es darauf sofort mit Anzeichen dafür, dass es sich in dieser Situation nicht wohlfühlt – es beginnt zu weinen.

Nach wiederum kurzer Zeit kehrt die Mutter zurück.

Was als Nächstes geschieht, ist ein Hauptgrund für das Experiment. Das Kind hat sich in einer fremden Situation wiedergefunden und stand unter Stress – und nun ist die Mutter zurückgekehrt. Die Forscherinnen und Forscher haben absichtlich das Sicherheits- und Verbundenheitsgefühl des Kindes unterbrochen, wenn auch nur kurz, weshalb das Kind dieses wiederherstellen muss. Wie wird es reagieren? Daran, wie das Kind versucht, mit der Person, von der sein Überleben abhängt, verbunden zu bleiben – seinem *Bindungsstil* –, kann abgelesen werden, wie es seine Bezugsperson und auch sich selbst sieht.

Eine sichere Basis

Jeder Mensch bleibt auf ganz eigene Weise mit einer Person, die er braucht, verbunden. Unser Bindungsstil verrät nicht nur viel über unsere frühe Kindheit, er sagt auch einiges darüber aus, wie wir im weiteren Verlauf unseres Lebens mit Beziehungen umgehen.

Es ist ganz normal, dass ein Kind weint, wenn es von einer wichtigen Bezugsperson verlassen wird – alle gesunden und ausgeglichenen Kinder tun das. Kehrt die Bezugsperson zurück, wird das Kind sofort den Kontakt mit ihr suchen; bekommt es ihn, wird es sich beruhigen und wieder ausgeglichen sein. Das Kind sucht bei dieser »Wiedervereinigung« den Kontakt, weil es die Bezugsperson als Quelle der Liebe und Sicherheit empfindet und zudem das Gefühl hat, diese Liebe auch zu *verdienen*. Ein Kind mit diesem Bindungsverhalten wird als *sicher gebunden* bezeichnet.

Die weniger sicher gebundenen Kinder werden mit dieser Unsicherheit auf zwei verschiedene Arten fertig: durch das Ausdrücken von Angst oder durch das Vermeiden. Ängstlichere Kinder suchen nach der Rückkehr der Bezugsperson ebenfalls unmittelbar deren Kontakt, lassen sich aber nur schwer beruhigen. Vermeidende Kinder andererseits scheinen zunächst gar nicht auf die Bezugsperson zu reagieren: Es scheint sie nicht zu kümmern, dass die Mutter den Raum verlässt, sie scheinen nicht getröstet werden zu müssen, wenn sie zurückkehrt. Manchmal wenden sie sich während der Wiedervereinigung sogar von der Mutter ab. Die Eltern könnten das als Desinteresse des Kindes deuten. Der Schein kann jedoch trügen. In der Bindungstheorie wurde die These aufgestellt, dass es den vermeidenden Kindern absolut *nicht* egal ist, wenn die Mutter den Raum verlässt – sie haben nur gelernt, nicht zu viele Forderungen an die entsprechende Person zu stellen. Und zwar, so die These, weil sie das Gefühl haben, dass das Ausdrücken ihrer Bedürfnisse nicht unbedingt dazu führt, Liebe zu bekommen, sondern im Gegenteil die Bezugsperson sogar abschreckt.

Im echten Leben treffen Kinder wiederholt auf Variationen der »unbekannten Situation«, beispielsweise wenn sie morgens in der Kita abgesetzt und nachmittags wieder abgeholt werden. Und jede dieser Variationen prägt ihre Erwartungen hinsichtlich zukünftiger Beziehungen. Sie bekommen ein Gefühl dafür, wie wahrscheinlich es ist, dass andere ihnen helfen, sowie dafür, wie sehr sie die Unterstützung anderer verdient haben.

In einigen Grundzügen ist das Erwachsenenleben im Ganzen eine hochkomplexe Echtversion der »unbekannten Situation«. Ähnlich wie ein Kind, das von einem Elternteil getrennt wird, sehnt sich jeder Mensch nach Sicherheit, nach dem, was in der Psychologie *sichere Basis der Bindung* genannt wird. Ein Kind, dessen Mutter sich nicht im Raum befindet, kann sich bedroht fühlen, ebenso wie sich ein Erwachsener durch eine beängstigende ärztliche Diagnose bedroht fühlen kann – beide brauchen dann das Gefühl, dass jemand für sie da ist.

Allerdings kann auch die Bindungssicherheit von Erwachsenen variieren, viele Menschen können nicht als vollständig sicher gebunden eingestuft werden. Der eine klammert sich in schwierigen Zeiten vielleicht an andere, hat aber Probleme damit, den Trost, den er sucht, auch zu finden, während der andere wie Joseph Cichy Nähe vielleicht vermeidet, weil er tief im Innersten fürchtet, Menschen, denen er zur Last fällt, zu vertreiben. Wieder andere sind vielleicht nicht ganz davon überzeugt, überhaupt liebenswert zu sein. Dennoch brauchen wir alle Verbundenheit. Das Leben wird mit zunehmendem Alter immer komplexer, *die Vorteile sicherer Bindungen ziehen sich jedoch durch jede Lebensphase.*

Ein geradezu vorbildliches Beispiel für zwei Menschen mit sicheren Bindungen sind Henry und Rosa Keane aus Kapitel 1. Immer wenn sie eine schwere Zeit durchmachten – von der Polioerkrankung eines ihrer Kinder über Henrys Entlassung bis zu der Aufgabe, sich der eigenen Sterblichkeit stellen zu müssen –, konnten sie sich aneinander wenden, sich gegenseitig unterstützen, trösten und Mut zusprechen.

Der Verlauf der Situation ist bei Erwachsenen häufig ganz ähnlich wie bei Kindern: Ein Stressauslöser oder eine Schwierigkeit stört unser Sicherheitsgefühl, woraufhin wir versuchen, es wiederherzustellen. Wenn wir Glück haben, gelingt uns das, indem wir von den Menschen, die uns nahestehen, getröstet werden; dann sind wir wieder ausgeglichen.

Bei unserem letzten Gespräch mit den beiden saßen Henry und Rosa gemeinsam an ihrem Küchentisch und suchten immer wieder den körperlichen Kontakt zueinander, insbesondere als sie schwierige Fragen bezüglich zukünftiger gesundheitlicher Probleme und bezüglich der eigenen Sterblichkeit beantworten sollten. Bei den meisten Gesprächen hielten sie sich an der Hand.

Diese einfachste aller Gesten – die Hand des Partners oder der Partnerin zu halten – erleichtert den Zugang zur Welt der intimen Bindung der Erwachsenen. Sucht ein sicher gebundenes Kind in der »unbekannten Situation« den Kontakt zu seiner Bezugsperson und wird durch eine Umarmung getröstet, hat dies sowohl physiologisch als auch psychologisch positive Auswirkungen.[140] Körper und Emotionen des Kindes werden beruhigt. Ist das auch bei Erwachsenen so? Was genau geschieht, wenn jemand unsere Hand hält?

Liebevolle Berührung: So wirkungsvoll wie eine Droge

James Coan geriet ganz zufällig in die Welt der Bindungsforschung. Er hatte herausfinden wollen, was im Gehirn von Menschen vor sich geht, die an einer posttraumatischen Belastungsstörung leiden. Diese Erkrankung ist von Flashbacks, Albträumen und Angst vor traumatischen Erlebnissen gekennzeichnet. Coan suchte deshalb in Aufnahmen ihres Gehirns nach entsprechenden Hinweisen. Mit einem genaueren Verständnis ihrer Hirnaktivität, so hoffte er, konnten neue Behandlungsmethoden gefunden und das Leiden der Betroffenen gelindert werden. Einer seiner Studienteilnehmer war ein Veteran aus dem Vietnamkrieg, der in extreme Kampfhandlungen verwickelt gewesen war und sich weigerte, an der Studie teilzunehmen, wenn seine Frau sich nicht mit ihm im Raum aufhielt. Coan wollte ihn jedoch unbedingt für die Studie gewinnen und stimmte den Bedingungen des Probanden zu; und so saß seine Frau neben ihm, als er für eine funktionelle Magnetresonanztomografie in die Röhre geschoben wurde.

Da MRT-Geräte sehr laut sein können, wurde der Mann unruhig und wollte die Untersuchung abbrechen. Seine Frau spürte seine Unruhe und nahm instinktiv seine Hand. Das beruhigte ihn, und so konnte die Untersuchung fortgesetzt werden.

Das beeindruckte Coan zutiefst, und als er mit der Studie fertig war, plante er eine weitere, um neurale Beweise für das, was er gesehen hatte, finden zu können.

Den Teilnehmern und Teilnehmerinnen dieser Studie wurde eines von zwei Dias gezeigt, während sie im MRT-Gerät lagen: Ein rotes Dia bedeutete eine 20-prozentige Wahrscheinlichkeit, einen leichten Elektroschock zu bekommen, ein blaues Dia bedeutete, diesen Schock nicht zu bekommen.

Die Teilnehmer wurden in drei Gruppen aufgeteilt. Bei der ersten Gruppe war bei dem Experiment niemand außer der Testperson im Raum, bei der zweiten Gruppe hielt ein völlig Fremder ihre Hand, und bei der dritten Gruppe war es ihr Partner, der die Hand hielt.

Die Ergebnisse sprachen eine deutliche Sprache: Von einem nahestehenden Menschen an der Hand gehalten zu werden minderte die Aktivität in den Angstzentren im Gehirn der Probanden und dadurch ihre Angst. Am vielleicht erstaunlichsten aber ist, dass in dieser Gruppe sogar *weniger Schmerzen* auftraten, wenn der Proband einen Elektroschock bekam. Auch wenn ein Fremder die Hand des Probanden hielt, wirkte sich dies positiv aus, doch war der Effekt mit einem nahestehenden Menschen (vor allem in glücklichen Beziehungen) so ausgeprägt, dass Coan ihn mit der Wirkung eines leichten Narkosemittels verglich. Die Beziehung der Testpersonen wirkte sich also gewissermaßen in Echtzeit auf ihren Körper aus.[141]

Mehr als nur ein Gefühl

Unsere Beziehungen sind in uns lebendig. Der bloße Gedanke an einen Menschen, der uns wichtig ist, kann zu einer Ausschüttung von Hormonen und anderen Botenstoffen führen, die über das Blut zum Herzen, ins Gehirn und zu zahlreichen anderen Körpersystemen transportiert werden.[142] Diese Effekte können ein Leben lang anhalten. Wie in Kapitel 1 erwähnt, fand George Vaillant aufgrund von Daten der Harvard Study heraus, dass eine glückliche Ehe im Alter von 50 Jahren ein besserer Prädikator für eine gute körperliche Gesundheit in späteren Jahren war als der Cholesterinspiegel mit 50.

Coan konnte die Auswirkung, die eine enge Bindung zu einem anderen Menschen auf unser Gehirn hat, im Labor nachweisen, doch natürlich können wir uns beim ersten Date oder bei einem Streit mit dem Partner (noch) nicht in ein MRT-Gerät legen. Zum Glück steht uns direkt zu Beginn jedweder intimen Bindung ein anderes diagnostisches Mittel zur Verfügung, auf das wir durch bloße Aufmerksamkeit zurückgreifen können:

die Emotion.

In jeder Situation im Leben sind Emotionen ein Anzeichen dafür, dass für uns wichtige Dinge im Spiel sind[143], und besonders aufschlussreich sind Emotionen im Hinblick auf intime Beziehungen. Wenn wir einen Moment innehalten und den scheinbar einfachen Umstand, *wie wir uns fühlen,* etwas näher betrachten, steht uns ein unschätzbar wertvolles Werkzeug zur Verfügung: die Fähigkeit, hinter die Fassade unserer Beziehungen zu blicken. Unsere Emotionen können uns auf verborgene Wahrheiten hinsichtlich unserer Wünsche und Ängste, unserer Erwartungen an das Verhalten anderer und der Gründe, warum wir den Partner sehen, wie wir ihn sehen, aufmerksam machen.

Stellen Sie es sich einfach so vor: Begibt sich ein Taucher ins Wasser, trägt er einen Tiefenmesser am Handgelenk. Gleichzeitig kann er die Tiefe aber auch im eigenen Körper spüren. Je tiefer er taucht, desto mehr Druck verspürt er.

Emotionen sind eine Art Tiefenmesser in Beziehungen. Die meiste Zeit über befinden wir uns an der Oberfläche des Lebens: Wir interagieren mit dem Partner und bewältigen den Alltag, manchmal besser, manchmal schlechter. Die emotionalen Strömungen liegen etwas weiter in der Tiefe im dunkleren Wasser verborgen. Verspüren wir eine starke Emotion, sei sie positiv oder negativ – eine plötzliche Welle der Dankbarkeit oder eine Woge der Wut, weil wir uns missverstanden fühlen –, deutet dies auf etwas Tieferliegendes hin. Bemühen wir uns in diesen Augenblicken, einen Moment innezuhalten, zu *beobachten* und zu *interpretieren* (siehe das W.I.S.E.R.-

Modell in Kapitel 6), sehen wir die für uns wichtigen Dinge und auch, was für unseren Partner wichtig ist, klarer.

Empathie und Zuneigung: Die Felsen in der Brandung

Wie wichtig sind die Emotionen, die wir bei den Interaktionen mit dem Partner verspüren (und ausdrücken)? Können Emotionen darauf verweisen, wie stark die Bindung und wie dauerhaft die Partnerschaft sein wird?

In einer unserer frühesten gemeinsamen Forschungsstudien haben wir uns mit dem Zusammenhang zwischen Emotionen und Beziehungsstabilität beschäftigt.[144] Wir setzten verheiratete oder zusammenlebende Paare in einen Raum und zeichneten sie per Videokamera acht bis zehn Minuten lang auf, während sie einen jüngeren ärgerlichen Vorfall in ihrer Beziehung diskutierten. Später werteten wir die Videos dahingehend aus, wie stark die jeweiligen Partner bestimmte Emotionen zum Ausdruck brachten – beispielsweise Zuneigung, Wut, Humor – und wie deutlich sie bestimmte Verhaltensweisen an den Tag legten – beispielsweise »erkennt den Standpunkt des Gegenübers an«.

Wir baten vor allem auch Forschungsassistentinnen und -assistenten, die nicht ausdrücklich in Psychologie geschult waren, darum, die Emotionen in den Videos zu bewerten. Damit wollten wir herausfinden, ob ihre natürliche Fähigkeit zu erkennen, wie andere sich fühlen, dabei hilft, Beziehungsstabilität vorherzusagen.

Fünf Jahre später erkundigten wir uns bei den Paaren danach, wie es ihnen ging. Einige von ihnen waren noch immer zusammen, andere nicht. Als wir das mit den Einschätzungen der Forschungsassistenten und -assistentinnen bezüglich der Emotionen in den aufgezeichneten Diskussionen verglichen, stellte sich heraus, dass die Bewertungen mit nahezu 85-prozentiger Genauigkeit vorhersagten, welche Paare zusammenbleiben würden und welche nicht. Das stimmt mit den Ergebnissen vieler anderer Studien überein, die belegen, dass Emotionen in der Partnerschaft ein entscheidender Indikator dafür sind, ob die Beziehung gedeiht oder scheitert. Die Tatsache, dass jemand ohne spezielle Psychologiekenntnisse die Stabilität einer Beziehung relativ präzise vorhersagen konnte, ist deshalb wichtig, weil sie zeigt, dass die meisten Erwachsenen Emotionen korrekt lesen können.[145] Viele der Assistentinnen und Assistenten hatten zwar selbst noch keine tiefgehende, längerfristige Beziehung gehabt, konnten bei genauerem Hinsehen aber durchaus maßgebliche und manchmal subtile Emotionen und Verhaltensweisen bei den Paaren beobachten. *Emotionen sind der Motor von Beziehungen, und sie zu bemerken ist wichtig.*

Allerdings sagt nicht jede Emotion gleich viel über die Gesundheit der Beziehung aus. Einige Emotionen sind diesbezüglich besonders aufschlussreich, in unserer Studie stachen vor allem die folgenden beiden hervor:

Empathie und Zuneigung.

Bei den Männern und Frauen, die sich bei der Diskussion über den ärgerlichen Vorfall mit der Partnerin oder dem Partner gegenüber liebevoller zeigten, war die Wahrscheinlichkeit, fünf Jahre später noch immer mit dieser Person zusammen zu sein, deutlich höher. Empathische Reaktionen der Männer warten ebenfalls wichtig. Je eingestimmter diese Männer auf die Gefühle der Partnerin waren, desto mehr Interesse zeigten sie, sie zu verstehen, und je mehr sie ihren Standpunkt anerkannten, desto wahrscheinlicher war es, dass das Paar zusammenblieb. Gemeinsam mit der Erkenntnis, wie wichtig es ist, sich um Empathie zu bemühen (siehe Kapitel 5), weisen diese Ergebnisse auf einen wesentlichen Faktor in puncto intime Beziehung hin: Kann ein Paar auf ein Fundament aus Zuneigung und Empathie bauen, also auf gegenseitige Neugier und die Bereitschaft, einander zuzuhören, sind die Bande zwischen den Partnern stabiler und dauerhafter.

Die Angst vor Unterschieden[146]

In einer Beziehung kann alles Mögliche starke, schwierige Emotionen hervorrufen – und selbst positive Emotionen können schwierig sein. Die große Liebe beispielsweise kann von der großen Angst vor dem Verlust begleitet sein.

Einer der am weitesten verbreiteten Gründe für starke Emotionen in Beziehungen jedoch sind schlicht die Unterschiede zwischen den Partnern. Wo es Unterschiede gibt, gibt es möglicherweise auch Meinungsverschiedenheiten, und diese gehen oft mit Emotionen einher.

Werden Spannungen erstmals spürbar, kann dies beängstigend sein. Lässt die anfängliche Aufregung und Euphorie bezüglich einer neuen Beziehung nach, bemerken wir vielleicht Dinge an unserem Partner, die uns Sorgen bereiten. Sind die Differenzen sehr groß – will der eine etwa Kinder, der andere aber nicht –, entstehen vielleicht Zweifel, ob man überhaupt zusammenpasst. Häufig aber erscheinen die Widersprüche nur groß, weil sie von beiden Seiten Anpassungen erfordern. Vielleicht macht die eine in schweren Zeiten gern Witze, während der andere das so gar nicht lustig findet. Oder eine probiert gern neue Restaurants aus, während der andere lieber zu Hause kocht.

Es ist nicht leicht, sich von der Entdeckung dieser Unterschiede nicht ins Bockshorn jagen zu lassen. Bei verheirateten oder zusammenlebenden Paaren scheint unter Umständen die Vorstellung vom Leben, das man sich immer gewünscht hat, bedroht – für eine Umkehr ist es jedoch anscheinend zu spät. Man fühlt sich in der Falle und denkt möglicherweise:

Mein Partner / meine Partnerin ist

- egoistisch
- ignorant
- unmoralisch
- gestört

Außerdem können die Unterschiede wie Probleme wirken, die vom Hintergrund oder von der Familie der betreffenden Person herrühren. All das führt dann zu der Annahme, man sei inkompatibel.

Der Psychologe Dan Wile schrieb in seinem Buch *After the Honeymoon*[147]:

> »Nach den Flitterwochen. Den bloßen Worten haftet die Last der Traurigkeit an, als hätten wir für kurze Zeit im goldenen Trancezustand der Liebe gelebt, seien dann aber brutal daraus aufgeschreckt worden. Der Nebel der anfänglichen Verliebtheit hat sich gelichtet, jetzt sehen wir den Partner zum ersten Mal so, wie er ist … und denken sogleich: ›O nein! Ist das etwa der Mensch, mit dem ich den Rest meines Lebens verbringen soll?‹«

Angesichts dieser Emotionen denken wir oft (und nachvollziehbarerweise), das Ziel sei es, die Unterschiede zu vermeiden oder zu reduzieren. Darin war Joseph Cichy geradezu ein Meister. Er tat sein ganzes Leben lang sein Bestes, Konflikten aus dem Weg zu gehen und Unterschiede abzubügeln. Was im Hinblick darauf, Konflikte zu minimieren, auch funktionierte. Die Folge allerdings war, dass es in der Ehe wenig emotionale Nähe und Vertrautheit gab.

Es stellt sich nun die Frage: Wenn eine »glatte« Beziehung ohne Konflikte dazu führt, dass es unmöglich ist, Innigkeit zu erleben, Konflikte aber andererseits Stress verursachen – was ist dann die Lösung?

Der Tanz

Als sie frisch verheiratet waren, nutzten Bob und seine Frau Jennifer ihren wöchentlichen »Rendezvous-Abend« immer dazu, gemeinsam einen Tanzkurs zu besuchen. Die meisten der anderen Paare waren noch verlobt und machten den Kurs, um für das Hochzeitsfest zu üben. Eines Abends fragte sich Jennifer, eine Psychologin, ob die Art, wie ein Paar miteinander tanzte, wohl etwas über die Beziehung der beiden verraten würde. Ähnlich wie neue Herausforderungen in einer Beziehung sind auch neue Tanzschritte zunächst schwierig: Das Paar muss die Schritte erst lernen und sich durch Anpassung aufeinander einstimmen. Meist ist ein Partner schwungvoller oder von Natur aus begabter als der andere, doch machen beide Fehler, beide lernen. Konnte man am Tanzstil ablesen, welche Paare eher in der Lage waren, Fehler des anderen zu tolerieren und zu verzeihen? Konnte die Art, Probleme beim Tanzen zu lösen, vorhersagen, welche Paare in fünf Jahren noch zusammen sein würden und welche nicht?

Der bekannte Spruch *Learning by Doing* trifft nicht nur aufs Tanzen, sondern auch auf Beziehungen zu – man lernt im Tun. Auch hier geht es ums Geben und Nehmen, um Strom und Gegenstrom, um Routine, Schritte, Improvisationen. Und vor allem um Fehler und falsche Schritte. Kein Paar wird gleich wie Fred Astaire und Ginger Rogers übers Tanzparkett schweben (und selbst die beiden mussten ungeheuer viel üben!). Beide Partner müssen tun und lernen. Falsche Schritte sind kein Versagen oder ein Anzeichen dafür, dass gemeinsames Tanzen unmöglich wäre. Sie sind Gelegenheiten zu lernen: Mach den Schritt *hierhin*, nicht *dorthin*. Mein Partner will *dorthin* – ich folge ihm. Nun will ich *hierhin* – er wird lernen müssen, mir zu folgen. Ja, wir bemerken die Fehler und die Augenblicke, in denen wir uns nicht synchron bewegen. Doch wichtig ist, wie beide Tanzpartner darauf reagieren.

Dasselbe gilt auch für das Leben. Letztlich sind nicht die Herausforderungen, vor die wir uns in Beziehungen gestellt sehen, wichtig. Wichtig ist, wie wir mit diesen Herausforderungen umgehen.

Unterschätzte Gelegenheiten

Aus unserer jahrzehntelangen Erfahrung mit Paartherapie wissen wir beide, Marc und Bob, dass beide Partner oft die Möglichkeiten, die in einer Meinungsverschiedenheit stecken, übersehen.

Ein häufiges Szenario ist etwa dieses: Das Paar kommt zur ersten Sitzung, und einer der beiden hat eine sehr genaue Vorstellung davon, warum sie hier sind. Meist ist dies mit einem Vorwurf verbunden:

- Er kann die Dinge nicht einfach mal auf sich beruhen lassen.
- Sie hat ein Wutproblem, an dem sie arbeiten sollte.
- Er beteiligt sich nicht an der Hausarbeit.
- Sie will nie ausgehen, aber ich sitze nicht gern zu Hause rum.
- Er will immer nur Sex (oder: Er will nie Sex).

Um welches »Problem« es sich auch dreht, implizit schwingt immer mit: Mein Partner / meine Partnerin muss korrigiert werden. In Wirklichkeit aber gibt es in der Beziehung fast immer eine tiefere, komplexere Spannung, die das Paar noch nicht (an-)erkannt hat. Sie aufzudecken erfordert für gewöhnlich sowohl Selbstreflexion als auch das Gespräch miteinander.

Bei der Paartherapie nehmen wir an, dass es immer Meinungsverschiedenheiten und Unterschiede gibt, und ermutigen die Paare dazu, diese zu erkennen und zu versuchen, sie zu verstehen. Meinungsverschiedenheiten und die Emotionen, die mit ihnen einhergehen, geben die Gelegenheit, der Beziehung neues Leben einzuhauchen, da durch Differenzen wichtige, unter der Oberfläche verborgene Wahrheiten aufgedeckt werden können.

Treffen zwei Menschen in all ihrer Komplexität aufeinander, sind Unterschiede vorprogrammiert, die nicht immer kompatibel sind. Vielleicht hält der eine gern Ordnung und ist von dem Stapel dreckigen Geschirrs in der Küche frustriert, oder der andere ärgert sich über die konstante Aufmerksamkeit, die der Partner seinem Smartphone schenkt – mit einem emotionalen Nachdruck, der der Situation kaum angemessen scheint.

Die intensiven Gefühle, die bei immer wiederkehrenden Streitigkeiten – und seien diese noch so trivial – hochkochen, lassen sich meist auf einige wenige, weitverbreitete, aber ernst zu nehmende Hauptsorgen zurückführen. Vielleicht kommt Ihnen eine der folgenden ja bekannt vor:

- Dir liegt nichts an mir.
- Ich gebe mir in dieser Sache mehr Mühe als du.
- Ich weiß nicht, ob ich dir noch vertrauen kann.
- Ich habe Angst, dich zu verlieren.
- Du glaubst, ich sei nicht gut genug.
- Du akzeptierst mich nicht so, wie ich bin.

Es ist nicht immer leicht, die Emotionen einer Meinungsverschiedenheit zu durchkämmen, um die Ängste, die Sorgen und das Gefühl der Verletzlichkeit – sowohl das des Partners als auch das eigene – aufzudecken. Manchmal fällt es uns nicht leicht zu verstehen, was unter der Oberfläche wirklich vor sich geht. Aufgrund unseres Selbstschutzinstinkts neigen wir dazu, voreilige Schlüsse zu ziehen, ohne zu erkennen, dass wir das tun. Ebenso wie wir uns ducken oder die Hände heben, wenn uns ein Gegenstand zugeworfen wird, ducken wir uns oder urteilen, wenn eine starke Emotion des Weges kommt.

Ob die Zahnpastatube nun verschlossen ist oder nicht, ist mir völlig egal – warum muss dir das so wichtig sein? Du bist einfach zu empfindlich!

Und mir nichts, dir nichts haben wir die Meinungsverschiedenheit und die damit einhergehenden Emotionen nicht näher erkundet, sondern einen harten Standpunkt eingenommen, ein Urteil gefällt und beschlossen, das eigentliche Problem sei die Überempfindlichkeit des Partners. Zu dieser Art von Urteil kommt es in allen möglichen Situationen sehr schnell, von »trivialen« Alltagsstreitereien bis hin zu dem größten Ehekrach.

Joseph Cichy beispielsweise konnte das volle Ausmaß der Empfindungen seiner Frau nicht erkennen, weil er zu tief in seiner eigenen Interpretation steckte. Er verstand, dass seine Weigerung, sich ihr gegenüber zu öffnen, sie frustrierte, hatte aber schon längst beschlossen, dass seine Sicht der Dinge die richtige war. Seiner Meinung nach verschonte er sie mit seinen persönlichen Gefühlen. Diese mit ihr zu teilen, so dachte er, würde die friedliche Beziehung mit ihr nur gefährden, und er wollte sie nicht verlieren. Doch in dem Versuch, sich gegen diese Verletzlichkeit zu wappnen, trug er dazu bei, dass seine Frau verletzt war. Schließlich schien der Mensch, der ihr am nächsten stand, sie nicht so zu brauchen wie sie ihn.

Dabei fragte er sich nie, wie ihre Beziehung aussehen würde, wenn er sich seiner Frau gegenüber mehr öffnete.

Wir haben alle unsere Verletzlichkeiten, jene Ängste und Nöte, die bei Meinungsverschiedenheiten dafür sorgen, dass wir uns abwenden, um uns zu schützen. Es ist nicht leicht, sich diesen Emotionen zu stellen, doch besitzen die Konflikte mit unserem Partner das Potenzial, uns die Emotionen vor Augen zu führen.

Verletzlichkeit als Quelle der Kraft

Als die Teilnehmerinnen und Teilnehmer der Second Generation von den Tiefpunkten in ihrem Leben berichteten, betraf ein Großteil dieser Krisen die Beziehung mit dem Partner oder der Partnerin. Tiefe, innige Verbindungen sind, wie gesagt, mit einer großen Verletzlichkeit verknüpft. Herrscht zwischen zwei Menschen Harmonie, kann dies ausgesprochen beglückend sein. Strauchelt die Beziehung jedoch, kann dies zu intensivem emotionalem Schmerz, dem Gefühl des Verrats und einer außerordentlich kritischen Selbstbetrachtung führen. Eine unserer Second-Generation-Teilnehmerinnen, Aimee, erzählte uns:

> Ich habe meinen ersten Mann in Arizona kennengelernt, er kommt aus Texas, und so zogen wir dorthin. Wir wohnten in einer kleinen Stadt, wo wir auch unsere Töchter großzogen, doch mein Mann arbeitete in Dallas und musste dort gelegentlich übernachten. Eines Abends rief mich eine Freundin an und erzählte mir, sie hätte meinen Mann mit einer anderen gemeinsamen Freundin gesehen. Er gestand mir eine Affäre mit ihr. Ich war am Boden zerstört, aber gleichzeitig überzeugt davon, dass ich auch allein zurechtkommen würde. Ich zog mit meinen Töchtern zurück nach Arizona, die darauffolgenden beiden Jahre wohnten wir bei meiner Tante und ihrem Mann. Als ich über mögliche Gründe für die Trennung nachdachte, fragte ich mich, ob ich nach dem Umzug nach Texas nicht etwas von meiner Lebensfreude und Ausstrahlung verloren hatte – er hatte meinem Selbstvertrauen doch ziemlich zugesetzt. Konnte ich überhaupt *alles* für irgendjemanden sein, oder fehlte es mir grundsätzlich an dem »Ehefrau-Gen«?

Eine intime Partnerschaft einzugehen ist immer mit einem Risiko verbunden. Vertrauen wir jemandem genug, um unser Leben um diese Beziehung herum aufzubauen, wird dieser Mensch ungeheuer wichtig für uns. Ist diese Verbindung dann in Gefahr, gerät die gesamte Struktur unseres Lebens ins Wanken – eine angsteinflößende Situation. Ein Paar ist meist nicht nur finanziell miteinander verbunden, sondern auch durch Kinder, Freunde und Bande zur Familie des jeweils anderen. So kann die Sorge, dass die Beziehung scheitert und dies einen Dominoeffekt auf den Rest unseres Lebens haben wird, übermächtig werden und sogar unsere Eigenwahrnehmung beeinflussen. Vielleicht fragen wir uns dann wie Aimee, ob wir überhaupt zu einer Partnerschaft taugen, ob wir überhaupt fähig sind, die Bedürfnisse eines anderen Menschen zu befriedigen.

Wurden wir schon einmal verletzt – was auf die meisten Menschen zutrifft –, zögern wir möglicherweise, unser ganzes Vertrauen in die Beziehung zu stecken. Selbst wenn wir schon seit Jahrzehnten mit jemandem zusammen sind, können wir immer noch das Bedürfnis verspüren, uns selbst zu schützen.

Verletzlichkeit beider Seiten kann zu einer stabileren, sichereren Beziehung führen. Die Fähigkeit, einander zu vertrauen und sich dem Partner gegenüber verletzlich zu zeigen – innehalten, die eigenen und seine Emotionen wahrnehmen und über Ängste sprechen zu können –, ist eine der mächtigsten Beziehungskompetenzen, die ein Paar entwickeln kann. Sie kann sich auch enorm stressreduzierend auswirken, weil sich beide Partner die benötigte Unterstützung holen können, ohne dabei in dem Versuch, vermeintlich stark zu sein, Energie vergeuden zu müssen.

Doch selbst wenn es uns gelingt, ein starkes, vertrauensvolles Band zu knüpfen, sind wir damit noch nicht aus dem Schneider, weil sogar die besten Beziehungen bröckeln können. Wie ein Baum ist auch die Beziehung zum Partner ein lebendiges Wesen, das im Wechsel der Jahreszeiten nicht sich selbst überlassen bleiben darf. So wie der Baum Wasser und Nährstoffe braucht, so braucht die Beziehung Aufmerksamkeit und Pflege.

Beständiger Einfluss

> »Die Liebe scheint das schnellste aller Gewächse zu sein, ist jedoch das langsamste. Weder Mann noch Frau kennen die vollkommene Liebe, bevor sie nicht ein Vierteljahrhundert verheiratet waren.«
>
> MARK TWAIN

Wird eine Beziehung über Jahrzehnte hinweg gepflegt und genährt, können ganz erstaunliche Dinge geschehen. Wird sie hingegen vernachlässigt, können Isolation und Einsamkeit das Leben prägen.

Um die beiden Möglichkeiten zu illustrieren, wenden wir uns wieder Leo DeMarco und John Marsden zu, die beiden Teilnehmer aus unserer First-Generation-Studie. Leo ist einer der glücklichsten Teilnehmer der Harvard Study, John einer der unglücklichsten.

Leos Beziehung zu seiner Frau, die sich über beinahe sein gesamtes Erwachsenenleben hinweg erstreckte, hatte viele Schlüsselelemente einer zufriedenstellenden Beziehung, wie wir sie identifiziert haben: Zuneigung, Neugier, Empathie und die Bereitschaft, sich herausfordernden Emotionen und Problemen zu stellen, statt ihnen aus dem Weg zu gehen.

1987 beispielsweise berichtete Leos Frau Grace den Mitarbeiterinnen und Mitarbeitern der Studie, sie seien sich in manchen Bereichen nicht einig, etwa darüber, wie viel Zeit sie miteinander verbringen, wie oft sie Sex haben und wie oft sie von zu Hause weg sein sollten.

Und was taten sie, wenn sie sich nicht einig waren? Dann sprachen sie darüber, erzählte Grace. Sie fanden heraus, was der jeweils andere dachte, und akzeptierten die Uneinigkeit entweder oder arbeiteten daran, sie zu beheben. Ganz wichtig dabei aber war, dass sie diesen Prozess mit Zuneigung untermauerten.

John Marsdens Frau antwortete auf dieselben Fragen ganz anders. Sie war oft nicht Johns Meinung, so Anne. Was der Beziehung jedoch am meisten schadete, war der Mangel an gegenseitiger Zuneigung. Ihrer Meinung nach hätte diese viel größer sein müssen, und John war derselben Meinung – sie wussten nur nicht, wie sie eine größere gegenseitige Liebe erreichen sollten, und sprachen auch nicht darüber. Er vertraute sich ihr nur sehr selten an, ebenso selten wie sie sich ihm. Gab es Zeiten, so eine der Fragen, in denen sie nicht zusammen waren, aber wünschten, sie wären es? »Eigentlich nicht«, lautete Annes Antwort.

Die unterschiedlichen emotionalen Muster in diesen beiden Ehen erstreckten sich in Leos und Johns späterem Leben über Jahrzehnte hinweg.

2004 zeichneten wir ein Interview mit Leo in seinem Wohnzimmer per Videokamera auf. An einer Stelle wird er gefragt:

»Können Sie mir fünf Punkte nennen, die die Beziehung zu Ihrer Frau beschreiben?«

Nach kurzen Versuchen, die richtigen Worte zu finden, stellte Leo die folgende Liste zusammen:

Sie schenkt mir Geborgenheit
Sie steckt voller Herausforderungen
temperamentvoll
präsent
wunderschön

Etwa zur selben Zeit wurde John Marsden in einem anderen Teil des Landes in seinem Arbeitszimmer interviewt. Im Video sieht man ihn umgeben von Eichenholzregalen voller Bücher, ein hell erleuchtetes Fenster zu seiner Rechten geht auf einen Garten hinaus. Auch ihm stellt man die Frage: »Können Sie mir fünf Punkte nennen, die die Beziehung zu Ihrer Frau beschreiben?«, woraufhin John auf seinem Stuhl unruhig wird.

»Die … äh … Frage muss ich beantworten, oder?«

»Na ja … *müssen* …«, entgegnet der Fragesteller.

»Mir fällt wahrscheinlich nicht viel ein.«

»Versuchen Sie es einfach.«

Daraufhin sieht John sich im Zimmer um und zählt dann systematisch auf:

angespannt
distanziert
abschätzig
intolerant
verletzend

Die partnerschaftliche Beziehung der meisten Menschen liegt irgendwo zwischen diesen beiden Extremen, oder sie schwankt zwischen einem Ende der Skala und dem anderen. In den Beziehungen von Leo und John zeigt sich ein starker Kontrast bezüglich der Qualität der Intimität, der Innigkeit und Nähe: Die Skala bewegt sich zwischen sich emotionalen Herausforderungen zu stellen und ihnen aus dem Weg zu gehen, zwischen Zuneigung und Distanz, Empathie und Gleichgültigkeit.

Erinnern wir uns kurz an die Coan-Studie (in der es darum ging, die Hand des Partners oder der Partnerin zu halten) und an die Kiecolt-Glaser-Studie zur Wundheilung. Sie gehören zu den vielen Studien, die zwei entscheidende Ergebnisse hervorgebracht haben.

1. Die Anwesenheit eines innig verbundenen Menschen, dem man vertraut, mindert Stress.
2. Stress kann die Heilfähigkeit des Körpers beeinträchtigen.

Natürlich können wir nicht sagen, in welchem Ausmaß genau der Gesundheitszustand in Leos und Johns späterem Leben der Menge an Liebe in ihrer jeweiligen Ehe zuzuschreiben ist. Allerdings können wir feststellen, dass Leo bis ins hohe Alter hinein körperlich aktiv und John viele Jahre sehr krank war. Sicherlich ist ihre Ehe nicht der einzige Grund dafür, doch sorgte die Liebe von und zu Leos Frau sicherlich für eine höhere Wahrscheinlichkeit, gesund zu bleiben, während der Schmerz und die Distanz in Johns Partnerschaft seiner Gesundheit offensichtlich nicht förderlich waren. Das Gleiche gilt für die beiden Ehefrauen. In beiden Fällen nahm die Beziehung drastisch Einfluss auf das Glücklichsein, die Gesamtzufriedenheit und wahrscheinlich auch die körperliche Gesundheit der Beteiligten. Dieses Ergebnis taucht in der Harvard Study immer wieder auf.

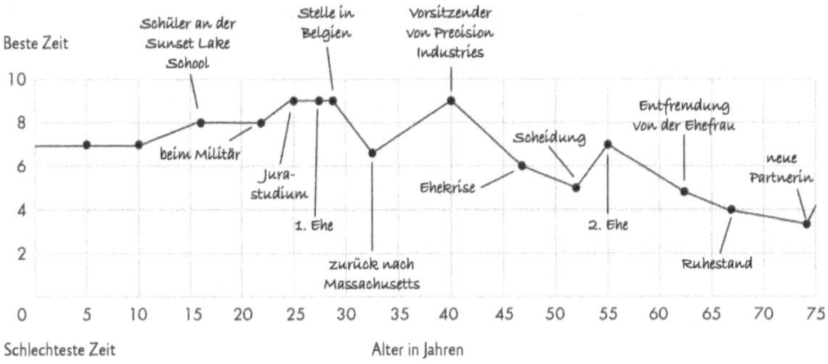

Abb. 7.1 Innigkeit und Nähe im Verlauf des Lebens

Die Kurve in Abbildung 7.1 stammt von Sander Meade, einem Studienteilnehmer der First Generation, der mit Ende 70 auf sein Leben zurückblickte. Auf der y-Achse wird eine Bewertung von »Beste Zeit« im Leben bis »Schlechteste Zeit« vorgenommen, die x-Achse stellt das Alter des Teilnehmers zu den einzelnen Bewertungszeitpunkten dar. Wie bei vielen anderen Befragten betrafen zahlreiche Höhe- und Tiefpunkte im Leben bestimmte Veränderungen in seiner Beziehung: Im Alter von 47 Jahren hatte er eine »Ehekrise«, mit 52 erfolgte die »Scheidung«, mit 55 die »Zweite Ehe« und so weiter.

Sanders Verlaufskurve des Lebens spiegelt eine wichtige Aussage der Harvard Study und vieler weiterer wissenschaftlicher Projekte wider[148]: *Beziehungen (vor allem die Beziehung zum Partner oder der Partnerin) spielen eine wesentliche Rolle dabei, wie glücklich oder unglücklich wir zu einem bestimmten Zeitpunkt im Leben sind.*

Verschiedene Veränderungen im Leben können zu Stress in der Partnerschaft führen.[149] Selbst positive Neuerungen wie zu heiraten können stressig sein. Junge Paare sind beispielsweise häufig überrascht, welche Schwierigkeiten in der Beziehung es mit sich bringt, wenn sie Eltern werden. Was der freudvolle Beginn des Familienlebens hätte sein sollen, wird zum Minenfeld voller Meinungsverschiedenheiten und Probleme, die von Erschöpfung und Sorgen begleitet werden. Frischgebackene Eltern streiten sich oft über Dinge, die nie zuvor ein Thema waren. Sie sind gestresster und fühlen sich häufig vom Partner alleingelassen.

Das ist ganz normal. Viele Studien, auch unsere, zeigen, dass es nach der Geburt eines Kindes häufig dazu kommt, dass die Zufriedenheit mit der Beziehung abnimmt[150] – was nicht bedeutet, dass sie in der Krise wäre. Für einen Säugling zu sorgen stellt eine extrem große Herausforderung dar, und ein Großteil der Zeit und Aufmerksamkeit, die vorher auf die Beziehung verwendet wurden, wird nun dem neuen Familienmitglied zuteil. Es ist also völlig natürlich, dass das Paar etwas zu kämpfen hat, sobald Kinder auf der Welt sind.

Im Rahmen der Harvard Study haben wir die sich verändernden Beziehungen im Verlauf des Lebens betrachtet, und es zeigt sich, dass der Augenblick, wenn die Kinder von zu Hause ausziehen, ein weiterer wichtiger Wendepunkt in der Beziehung zum Partner ist. Zu dem potenziellen Aufschwung, den das »leere Nest« der Partnerschaft beschert, gibt es viele Geschichten. Doch nur wenige Studien haben Beziehungen über Jahrzehnte hinweg verfolgt, auch über diesen Übergangspunkt hinweg. Unter Einbeziehung Hunderter von Ehen hat sich bei der Harvard Study herausgestellt, dass etwa zu der Zeit, zu der das jüngste Kind 18 wird, ein auffälliger Anstieg in der Beziehungszufriedenheit der Eltern stattfindet.

Selbst Joseph Cichy, der sich nicht gerade der engsten ehelichen Beziehung rühmen konnte, erlebte einen solchen Aufschwung. Auf der Basis von unseren Daten können wir Verlaufskurven erstellen, die der von Joseph (siehe Abbildung 7.2) häufig ähneln. Die senkrechten gepunkteten Linien markieren die Geburt eines Kindes, die graue Schattierung markiert den Zeitraum, in dem Joseph und Olivia Kinder unter 18 großzogen, und die durchgehende senkrechte Linie markiert das Jahr, in dem das jüngste Kind – Tochter Lily – zum Studieren von zu Hause auszog.

Für die männlichen Teilnehmer der Studie ist dieser Aufschwung von Bedeutung über die eheliche Zufriedenheit hinaus. Tatsächlich fanden wir heraus, dass das Ausmaß dieses Aufschwungs (es variiert von Paar zu Paar) vorhersagte, wie lang die betreffenden Teilnehmer leben würden. Je größer der Schub in der Beziehungszufriedenheit nach dem Auszug der Kinder, desto länger lebten die Befragten.

Die Verbindung zum Partner wird im späteren Leben besonders wichtig. Beim Älterwerden werden die körperlichen Herausforderungen immer größer, und so müssen wir uns auf eine ganz neue Art und Weise aufeinander verlassen können. Von den Studienteilnehmern und -teilnehmerinnen Ende 70 und Anfang 80 berichteten diejenigen, die eine festere Bindung zur Partnerin oder zum Partner hatten, von einer besseren Stimmung und weniger Meinungsverschiedenheiten in der Ehe. Als wir diese Probanden zweieinhalb Jahre später erneut befragten, gaben sie an, zufriedener im Leben und weniger deprimiert zu sein. Die Ehefrauen wiesen zudem ein besseres Gedächtnis auf – ein weiterer Hinweis darauf, dass sich Beziehungen auf unser Gehirn und den Rest unseres Körpers auswirken.

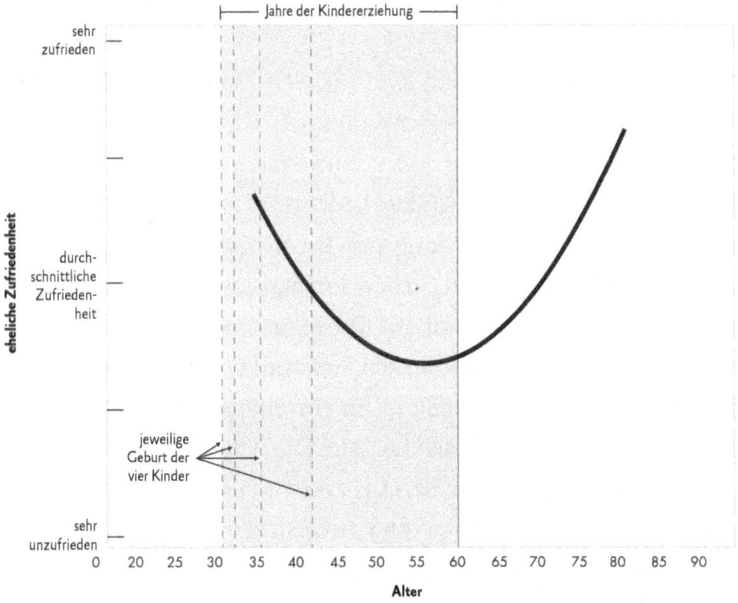

Abb. 7.2 Joseph Cichys Zufriedenheit in der Ehe im Verlauf seines Lebens

Sehen wir uns das Spektrum dessen an, wie sich die Teilnehmerinnen und Teilnehmer, die sich in einer Partnerschaft befanden, an Veränderungen anpassten und im Alter aufeinander verlassen konnten, finden wir Leo DeMarco und John Marsden wiederum an entgegengesetzten Enden. In den Interviews, die wir mit ihnen führten, als sie über 80 waren, stellten wir beiden die folgende Frage:

Was tun Sie, wenn Sie emotional aufgewühlt oder traurig oder besorgt über etwas sind, das in keinem Zusammenhang mit Ihrer Frau steht?

Leos Antwort ist typisch für jemanden, der sich in der Wärme einer sicheren Partnerbindung geborgen fühlt: »Ich gehe zu ihr. Spreche mit ihr. Das ist ganz klar. Ich behalte es bestimmt nicht für mich. Sie ist meine Vertraute.«

Johns Antwort hingegen ist typisch für jemanden, der gelernt hat, mit Verletzlichkeit umzugehen, indem er vermeidet, von einem Partner abhängig zu sein: »Ich behalte es für mich. Ich beiße mich durch.«

Die späteren Lebensjahre sind für viele Menschen mit körperlichen Einschränkungen und Krankheit verbunden. Für einige bedeutet das, sich wieder (oder zum ersten Mal) um jemanden kümmern zu müssen, für andere bedeutet es zu lernen, Hilfe anzunehmen. Sich in der Beziehung zum Partner sicher zu fühlen heißt, einerseits zur Verfügung zu stehen, um dem anderen zu helfen, und sich andererseits in der Not auf ihn verlassen zu können. Die Erkenntnis, sich nicht mehr bücken zu können, um sich die Schuhe zuzubinden, oder nicht mehr allein von einem Stuhl aufstehen zu können, kann ein wahrer Schock sein. Einen Menschen an der Seite zu haben, dem gegenüber wir uns zutiefst verletzlich zeigen können, kann über Verzweiflung und Zuversicht entscheiden. Sind wir krank, brauchen wir häufig auch jemanden, der sich für uns einsetzt – eine Fürsprecherin, einen Organisator, jemanden, der uns Hand, Auge, Ohr … oder sogar Gedächtnis ist. Diese Bedürfnisse zu erfüllen, erfordert eine gewisse Opferbereitschaft, kann andererseits jedoch auch erfüllend sein.

Einfach ausgedrückt, lässt sich dies folgendermaßen zusammenfassen: *Paare, die Stress gemeinsam bewältigen können, profitieren hinsichtlich ihrer Gesundheit, ihres Wohlbefindens und der Zufriedenheit in der Partnerschaft davon.*

Noch ein Wort zur »besseren Hälfte«

In *Jerry Maguire – Spiel des Lebens,* einer romantischen Kinokomödie aus dem Jahr 1996, lässt Tom Cruise Platons Vorstellung von der Liebe anklingen, als er zu Renée Zellweger sagt: »Du … vervollständigst mich.«

Das Gefühl, dass unser Partner unsere »bessere Hälfte« sein kann, scheint noch immer glaubhaft, in der Realität, in der Praxis aber ist es so, dass nur sehr wenige Beziehungen beide Partner mit allem, was sie brauchen, versorgen. Auf Ganzheit durch den Partner zu hoffen kann zu Frustration und sogar zur Zersetzung einer ansonsten positiven Beziehung führen.

In seinem Buch *The All-or-Nothing Marriage* (Die Ganz-oder-garnicht-Ehe) schreibt der Psychologe Eli Finkel, die Erwartungen, die wir – insbesondere in den Vereinigten Staaten und anderen westlichen Industrienationen – an die Ehe stellen, seien unrealistisch geworden. Dies sei zumindest teilweise der Grund dafür, warum die Scheidungsraten im 20. Jahrhundert so in die Höhe geschnellt sind. Vor 1850 war die Ehe im Grunde eine Überlebensgemeinschaft, erst zwischen 1850 und 1965 entwickelten sich Erwartungen hinsichtlich Gefährtenschaft und Liebe. Im 21. Jahrhundert hat eine Reihe von wirtschaftlichen und kulturellen Faktoren dazu geführt, dass noch höhere Erwartungen an die Beziehung zum Partner gestellt werden. Die Menschen sind häufig weniger in ihrem Wohnviertel eingebunden und ziehen der Arbeit wegen öfter um. Diese größere Mobilität bedeutet, dass die Mitglieder der erweiterten Familie immer weiter auseinander wohnen. Viele Menschen bleiben nicht lange genug an einem Ort, um sich dort einen stabilen Freundeskreis aufzubauen. Wer soll schließlich all diese Lücken füllen? Der Mensch an unserer Seite.

Ohne es zu bemerken, erwarten wir von unserem Partner finanzielle Sicherheit, Liebe, Sex und Freundschaft. Er soll unser Ratgeber, Gesprächspartner sein, und er soll uns zum Lachen bringen. Er soll das Beste in uns zum Vorschein bringen, und umgekehrt soll es genauso sein. Einige wenige Glückliche befinden sich vielleicht in einer Beziehung, in der diese hohen Erwartungen einigermaßen gut erfüllt werden. Doch in den meisten Partnerschaften sind die Erwartungen einfach zu hoch.

Häufig leidet die Beziehung unter einem solchen Erwartungsdruck. Das liegt mitunter nicht einmal an ihr selbst, sondern eher an den schwindenden Verbindungen in anderen Bereichen unseres Lebens. Haben wir nicht mehr den Spaß, den man nur mit Freunden oder Familienmitgliedern haben kann, die uns gut kennen, oder haben wir aufgehört, unsere persönlichen Interessen und Hobbys zu verfolgen, wenden wir uns möglicherweise an unseren Partner, der nun all diese Bedürfnisse befriedigen soll. So wird die Beziehung zu einer Art Schwamm, der alle möglichen unerfüllten Erwartungen aufsaugt. Werden sie nicht erfüllt, geben wir dem Partner dafür die Schuld, wobei es doch eigentlich ganz andere Bereiche unseres Lebens sind, die unsere Aufmerksamkeit verdienen. Erwartungen haben immer ihren Preis.

In der Forschung ist man sich einig, dass die Beziehung zum Partner Geist und Körper unglaublich guttun kann. Doch auch hier gibt es Grenzen. Wollen wir einer Beziehung die beste Chance auf Erfolg geben, müssen wir sie stützen, indem wir uns auch um andere Bereiche unseres Lebens kümmern. So kann der Partner zwar unsere »bessere Hälfte« sein, doch vervollständigen kann er uns nicht.

Der weitere Weg

»Das einzige Mittel gegen die Liebe ist, noch mehr zu lieben.«[151]

HENRY DAVID THOREAU

Vielleicht denken Sie jetzt darüber nach, wie Sie die in diesem Kapitel genannten Themen auf Ihr eigenes Leben übertragen können. Dafür haben wir Ihnen einige Techniken zusammengestellt, mit denen Sie Ihre Beziehung in die richtige Richtung lenken können.

»Erwischen« Sie Ihren Partner beim Freundlichsein. Was hat Ihr Partner in der jüngeren Vergangenheit für Sie getan, wofür Sie dankbar sind? Hat er für Sie gekocht? Hat er Ihnen den Rücken massiert? Oder gab es vielleicht einen Moment, in dem Sie ungeduldig mit Ihrem Partner waren, er dies Ihnen dankenswerterweise aber nicht übel genommen hat?

Schenken Sie diesem kleinen Akt der Güte oder Fürsorglichkeit Beachtung. Forschungen belegen, wie hilfreich es ist, ein »Dankbarkeitstagebuch« zu führen, in dem die Dinge, für die wir dankbar sind, festgehalten werden. Es kann sich jedoch auch schon ausgesprochen positiv auswirken, wenn wir uns die kleinen Freundlichkeiten des Partners nur hin und wieder bewusst machen, wenn wir sie uns ins Gedächtnis rufen. Den Partner beim Freundlichsein zu »erwischen« ist auf jeden Fall hilfreicher, als sich ausschließlich auf die Enttäuschungen zu konzentrieren – eine Falle, in die viele von uns tappen. Verleihen wir unserer Dankbarkeit dann auch noch Ausdruck, verstärkt dies den positiven Effekt zusätzlich. Schließlich gab es gute Gründe, warum wir diese Verbindung eingegangen sind, und es gibt Gründe, warum das Zusammenleben auch jetzt noch schön ist. Es ist gut, sich an diese Gründe zu erinnern (und sie auszusprechen!), denn es fühlt sich einfach gut an, wertgeschätzt zu werden.

Brechen Sie aus dem Trott aus. Im Alltag kann es leicht passieren, dass sich die Beziehung in den immer gleichen, wenig aufregenden Abläufen erschöpft.

Abends: Abendessen und Fernsehen.

Morgens: Kaffee und Müsli.

Samstags: Rasenmähen, Einkaufen, Kochen.

Probieren Sie doch einmal etwas Neues aus! Überraschen Sie Ihren Partner mit Frühstück im Bett. Vielleicht sind Sie schon seit Jahren nicht mehr gemeinsam im Viertel spazieren gegangen – tun Sie das doch einmal nach dem Abendessen, statt es sich vor dem Fernseher gemütlich zu machen. Es gibt sicherlich einiges zu entdecken. Planen Sie einen wöchentlichen romantischen Abend ein und wechseln Sie sich mit den Vorschlägen dafür ab. Sie können Ihre Partnerin auch mit einer neuen Aktivität überraschen, falls Überraschungen willkommen sind.

Wir fallen alle immer wieder in den gleichen Trott und in alte Gewohnheiten zurück. Das ist ganz normal. Manchmal aber gehen uns diese Routinen so sehr in Fleisch und Blut über, dass wir unseren Partner im Alltag gar nicht mehr wirklich wahrnehmen. Diese Gewohnheiten einmal zu durchbrechen rüttelt unseren Geist wach, womit wir auch unseren Partner auf eine ganz neue Art und Weise sehen und schätzen lernen können. Außerdem signalisiert es der geliebten Person, dass sie uns wichtig ist.

Und natürlich besteht auch immer die Möglichkeit, einen Tanzkurs zu machen …

Probieren Sie (beide) das W.I.S.E.R.-Modell aus. Wenden Sie das W.I.S.E.R.-Modell aus Kapitel 6 an, wenn es zu Meinungsverschiedenheiten kommt, und bringen Sie es auch Ihrem Partner näher. Die Schritte »Beobachten« und »Interpretieren« sind in der Partnerschaft besonders nützlich. Sich in einer emotional aufgeladenen Situation die Zeit zu nehmen, sich selbst und den Partner zu beobachten, kann uns die Gründe für unsere Emotionen verdeutlichen.

Gelingt es uns, in eine turbulente Situation etwas Ruhe zu bringen, können sich die tieferliegenden Motive klären.

Wenn Sie das nächste Mal auf etwas stoßen, das Sie an Ihrem Partner ärgert, sollten Sie nicht sofort reagieren, sondern innehalten, beobachten und wahrnehmen, was Sie empfinden und denken.

Interpretieren Sie dann Ihre Gefühle und versuchen Sie, aus dem, was geschieht, schlau zu werden. Fragen Sie sich: Warum ist mir das so wichtig? Was genau ist meine Sicht der Dinge? Woher kommt sie? Ist sie mir als Kind anerzogen worden? Habe ich sie aus früheren Beziehungen? Oder basiert sie auf religiösen Wertvorstellungen, mit denen ich aufgewachsen bin?

Jetzt kommt der schwierige Teil: Versuchen Sie, den Standpunkt Ihres Partners einzunehmen. Warum reagiert mein Partner so heftig? Warum benimmt er sich auf diese bestimmte Weise? Warum denkt er, was er denkt? Warum ist das für meinen Partner so wichtig, und woher kommt es?

Manchmal ist es schwierig, ein Gespräch über problematische Themen zu beginnen und die Interaktionen in eine neue Richtung zu lenken. Alter Groll ist hartnäckig. Ein guter Anfang ist es, dem Partner zu sagen, dass Ihnen das Thema Angst macht. Zudem gibt es noch einige weitere nützliche Techniken.

Eine davon ist das sogenannte reflektierende Zuhören. Es hilft uns dabei sicherzustellen, dass wir auch wirklich das hören, was unser Partner sagen will. Zudem zeigt es, dass uns die Situation nicht egal ist, dass wir empathisch sein wollen.

Hören Sie zunächst zu, ohne etwas zu kommentieren.

Versuchen Sie dann zu wiederholen, was Sie Ihren Partner sagen gehört haben, aber ohne Bewertung (das ist nicht leicht). Vielleicht fangen Sie so an: »Was du gesagt hast, ist, denke ich, …. Stimmt das?«

Eine zweite Technik, die an sich hilfreich ist, das reflektierende Zuhören aber noch wertvoller macht, besteht darin, dem Partner zu signalisieren, wie man seine Gründe für ein bestimmtes Gefühl oder Verhalten versteht. Das Ziel dabei ist nicht, ihm zu zeigen, wie brillant man ist, oder dass man Dinge sieht, die er selbst nicht erkennen kann, sondern ihn wissen zu lassen, dass man ihn wahrnimmt. Zeigen Sie ihm, dass es Sinn ergibt, so zu fühlen oder sich so zu verhalten, und stärken Sie damit die beiden Felsen in der Brandung: Empathie und Zuneigung. Sie können beispielsweise sagen: »Es ist absolut verständlich, dass dir das so wichtig ist …«, und dann etwa fortfahren: »… weil du dich immer so sehr bemühst, freundlich zu sein.« Oder: »… weil du das als Kind in deiner Familie so erlebt hast.«

Eine dritte nützliche Technik besteht in dem Versuch, einen Schritt zurückzutreten und die Dinge mit etwas mehr Distanz zu betrachten. In der Psychologie wird diese Technik Selbstdistanzierung genannt. Dabei versucht man, eine gegebene Situation, in die man selbst involviert ist, so zu betrachten, als beobachte man jemand anderen. Vielleicht erkennen Sie die Gedanken der Person (also Ihre Gedanken) als flüchtige Momentaufnahmen, die kommen und gehen. Die Technik hat viel mit Achtsamkeitsübungen gemein, ihre Nützlichkeit ist vor allem durch die Arbeiten der Psychologen Ethan Kross und Ozlem Ayduk belegt.[152]

Zusammen helfen Ihnen diese Techniken dabei, schwierige Gespräche mit dem Partner zu führen, durchzuhalten, wenn es hart auf hart kommt, zu entschleunigen und Ihrem Partner zu zeigen, dass Sie versuchen, ihn zu verstehen.

Scheuen Sie sich aber auch nicht vor eigenen Techniken, die sich in Ihrer spezifischen Partnerschaft bewährt haben. Und denken Sie immer daran: Wenn Sie wütend werden, sich unterlegen fühlen oder Angst bekommen, ist dies ein Signal. Wenden Sie sich in diesen Augenblicken nicht von Ihrem Partner ab, sondern suchen Sie im Gegenteil den Kontakt zu ihm. Versuchen Sie, unter die Oberfläche zu blicken, und machen Sie sich klar, dass Ihr Partner ebenso wie Sie Kämpfe ausficht.

Wir bringen alle unsere persönlichen Stärken und Schwächen

mit in die Beziehung, unsere Ängste und Wünsche, unsere Leidenschaften und Sorgen, und der daraus resultierende Tanz ist immer einzigartig.

»Feindseligkeit kennen wir nicht«, erzählte Grace DeMarco den Mitarbeiterinnen und Mitarbeitern der Harvard Study 2004 im Hinblick auf ihre Ehe mit Leo. »Geraten wir in Bedrängnis, sagen wir, was wir fühlen, halten nicht hinterm Berg. Zwei Menschen können ganz unterschiedlich sein, sich in dieser Unterschiedlichkeit aber gegenseitig respektieren. Und eigentlich brauchen wir die Unterschiedlichkeit auch. Er braucht das zur Aufmunterung, und ich muss zur Ruhe kommen.«

8
Kernpunkt Familie

»Nenne es Clan, nenne es Netzwerk, nenne es Stamm, nenne es Familie: Wie auch immer du es nennst, wer immer du bist, du brauchst eines davon.«[153]

JANE HOWARD, *FAMILIES*

Harvard-Study-Fragebogen, 1990

F: Wenn Sie an Ihre Familie und Verwandten denken, von etwa wie vielen dieser Menschen könnten Sie dann sagen:

Wir teilen Freud und Leid. ______

Wir unternehmen gern etwas zusammen, wir haben gemeinsame Interessen. ______

Wir bemühen uns nicht besonders, Kontakt zu halten. ______

Wir gehen einander aus dem Weg, wir mögen einander nicht besonders. ______

Liest man sich eine beliebige Akte der Harvard Study durch, beschleicht einen häufig das Gefühl, man blättere gerade in einem Familienfotoalbum oder sehe sich einen alten 8mm-Film an. Viele der Aufzeichnungen sind handschriftlich vorgenommen, und die

Geschichten selbst vermitteln Diktion und Gefühl vergangener Zeiten, die sich unglaublich schnell abzuspulen scheinen. Ganze Generationen von Familien ziehen beim Umblättern von nur ein paar Seiten vorüber. Ein Teilnehmer kommt zur Welt, rast durch die Teenagerzeit, heiratet, und plötzlich ist ein Junge, der gerade noch 14 war, 85 Jahre alt, und in unserem Büro sitzen seine erwachsenen Kinder und erzählen, wie er als Vater war. Obwohl wir aus der nahen Betrachtung der detaillierten Studiendaten zahlreiche Erkenntnisse gewonnen haben, enthüllt auch ein nur flüchtiger Blick auf jede der Akten doch vor allem zwei Dinge: 1) die Geschwindigkeit, in der sich das Leben eines Menschen abspielt, und 2) wie wichtig die Familie ist.

»Wir waren eine große Familie, das war toll«, erzählte Linda, eine der Second-Generation-Teilnehmerinnen, uns 2018 in unserem Büro im Bostoner West End. Ihr Vater, Neal »Mac« McCarthy, war einer der engagiertesten Teilnehmer der First Generation, aufgewachsen in der Lowell Street – heute Lomasney Way[154] –, unweit der Stelle, an der Linda jetzt saß. »Unsere Familie war immer sehr umtriebig und sehr liebevoll«, erinnerte sie sich. »Doch wenn ich an meinen Dad denke, kommen mir immer beinahe die Tränen, weil er aus einem ganz anderen Milieu stammt. Er hatte es als Kind nicht leicht, die Familie brach auseinander. Er hat die Highschool nicht beendet. War im Krieg. Er hat es trotz allem geschafft, ist immer wieder auf die Beine gekommen und war ein wunderbarer Vater, immer da für uns, immer liebevoll. Sein Leben hätte auch eine ganz andere Wendung nehmen können. Ich empfinde großen Respekt für ihn.«

Keine unserer Beziehungen ist ganz so wie die, die wir zu unserer Familie haben. Wohl oder übel sind die Mitglieder unserer Familie häufig die Menschen, die am meisten an unserem Leben beteiligt sind, wenn wir jung sind und uns entwickeln, und sie kennen uns am längsten. Unsere Eltern sind die ersten Menschen, die wir sehen, wenn wir auf die Welt kommen, die ersten, die uns im Arm halten und uns ernähren, und viele unserer Erwartungen an enge Beziehungen stammen von ihnen. Unsere Geschwister, wenn wir denn welche haben, gehören zu unseren frühesten Zeitgenossen. Sie zeigen uns, wie man sich benimmt und auch wie man in Schwierigkeiten gerät. Unsere erweiterte Familie definiert oft, wie wir später die Bedeutung der Gemeinschaft verstehen. Doch wie auch immer unsere Familie aussieht, sie ist mehr als nur eine Gruppe von Beziehungen, sie ist auf sehr reale Weise Teil dessen, was wir sind. So geht diese Art von Beziehungen mit hohen Einsätzen einher. Sie kann sich drastisch auf unser Wohlbefinden auswirken.

Doch über Natur und Ausmaß dieser Auswirkung wird in der Psychologie noch immer heftig debattiert. Die einen glauben, dass unsere frühen Erfahrungen in der Familie darüber bestimmen, wer wir später einmal werden.[155] Die anderen halten die Auswirkungen frühkindlicher Erlebnisse für immens überschätzt und die genetische Disposition für wichtiger. Da jeder Mensch über ungeheuer viele Erfahrungen aus erster Hand mit der eigenen Familie verfügt, hat jeder auch eine ganz eigene Vorstellung davon, wie Familie funktioniert und wie sehr sie das Leben beeinflusst. Aus dieser persönlichen Erfahrung gehen wichtige Annahmen darüber hervor, was möglich ist und was nicht (sowohl in unserer Herkunftsfamilie als auch in der Familie, die wir gründen). Diese Annahmen wiederum entscheiden oft darüber, wie wir familiäre Beziehungen führen.

Manchmal glauben wir beispielsweise, dass unsere Familie immer so sein wird, wie sie jetzt ist, dass unsere familiären Beziehungen in Stein gemeißelt sind. Zudem neigen wir dazu, hinsichtlich unserer früheren und derzeitigen Familienerfahrungen in absoluten Begriffen, in Schwarz-Weiß-Begriffen zu denken: Meine Eltern waren schrecklich … Meine Kindheit war wunderschön … Meine Familie hatte keinerlei Ahnung … Meine Schwiegereltern sind übergriffig … Meine Tochter ist ein Engel …

Doch sind Familienbande wirklich so starr, wie wir sie oft darstellen?

Die Harvard Study fängt ein enormes Spektrum an Familienerfahrungen über viele Jahrzehnte hinweg ein und kann somit dabei helfen, etwas Licht in die Frage zu bringen, wie Familien im Laufe der Zeit wirklich funktionieren. Die Familie ist Schauplatz enger Bande, Fehden und Triumphe sowie Kämpfe jeglicher Couleur. Wir haben Berichte über die Beziehung zwischen Eltern und Kindern – aus beiden Blickwinkeln. Wir haben »traditionelle« Kernfamilienhaushalte, alleinerziehende Mütter und Väter, Multigenerationenhaushalte, Familien mit adoptierten Kindern, Patchwork-Familien mit Scheidungen und Wiederheiraten und Familien, in denen die Geschwister mehr oder weniger die Rolle der Eltern übernehmen. Obendrein hatten mehr als 40 Prozent der Teilnehmerinnen und Teilnehmer mindestens einen Elternteil, der in die USA eingewandert war und sich somit vor die Herausforderung gestellt gesehen hatte, Kinder in einem fremden Land großzuziehen.

Eine dieser Familien war die von Neal McCarthy. Seine Mutter und sein Vater, irische Immigranten in erster Generation, kamen nur Monate vor Neals Geburt in den Vereinigten Staaten an und hatten wie viele andere Mühe, sich in die neue Gesellschaft zu integrieren. Wie wir noch sehen werden, umfasste Neals Kindheit sowohl behütete als auch traumatische Aspekte, und seine Tochter Linda hatte völlig recht: Sein Leben hätte auch eine ganz andere Wendung nehmen können. Was zahlreiche Schicksale, die in der Harvard Study dokumentiert sind, beweisen. Neal aber gelang es, sich über Wasser zu halten und ein erfülltes, dynamisches Leben zu führen, zu dem eine eigene, liebevolle Familie gehörte. Sein Lebensweg ist sowohl berührend als auch lehrreich.

2012 schickte uns Neal, damals 84, den Fragebogen zurück, den wir alle zwei Jahre versenden; auf die Rückseite hatte er eine Notiz an Robin Western, einen der langjährigen Koordinatoren der Studie, geschrieben. Sie vermittelt einen guten Eindruck von Neals damaligem Leben und wie weit es inzwischen von seinen anfänglichen Schwierigkeiten im Bostoner West End entfernt war:

Lieber Robin,
ich hoffe, dir und deiner Familie geht es gut.
Ich kann es kaum glauben, dass ich nun schon seit über 70 Jahren an der Studie teilnehme!
Obwohl ich mittlerweile 84 bin, bin ich hinsichtlich meiner Familie und meiner Freunde immer noch sehr aktiv. Auf die fünfjährige Enkelin aufzupassen hält Opa Mac ganz schön auf Trab, und ich freue mich immer sehr auf unsere Familienfeste. Ich lese viel, mache Kreuzworträtsel und helfe meinen sieben Enkelkindern bei den Hausaufgaben.
Dir und deiner Familie alles Liebe.
Ich würde mich sehr freuen, von dir zu hören, wie es dir seit unserem letzten Treffen ergangen ist.

Herzlichst
Neal McCarthy (Mac)

Hätten wir Neal die lebensfrohe Notiz gezeigt, als er 16 war und mitten in den Schwierigkeiten steckte, die seine Familie damals auszustehen hatte, wäre er sicherlich überrascht gewesen. Er ist in seinem Leben weit gereist und stand unterwegs vor einigen schwierigen Entscheidungen. Tatsächlich ist ein gemeinsames Thema aller Harvard-Study-Familien, unabhängig von ihrer Größe oder der Nähe der Familienmitglieder zueinander, unabhängig von den jeweiligen Höhen und Tiefen, der ständige Wandel.

Eine einzelne Familie kann in jedem Augenblick den gesamten menschlichen Lebenszyklus widerspiegeln, mit Kindern, Jugendlichen und Erwachsenen in allen Lebensstadien, alle in Beziehung zueinander. Während sich das Rad des Lebens weiter dreht, finden sich die Familienmitglieder immer wieder an anderen Stellen wieder und spielen immer wieder neue Rollen. Diese wechselnden Rollen erfordern einiges an Anpassungsvermögen. Haben die Eltern ihr heranwachsendes Kind gerade noch zu Partys gefahren und ihm bei den Hausaufgaben geholfen, müssen sie nun lernen, die zunehmende Unabhängigkeit des Kindes zu respektieren, das eigentlich schon kein Kind mehr ist. Geschwister müssen lernen, sich an Veränderungen in ihrer Beziehungsdynamik untereinander anzupassen, während sie allmählich jeweils eigene Wege gehen. Erwachsene Kinder müssen damit zurechtkommen, dass ihre älter werdenden Eltern Hilfe brauchen und – einer der schwierigeren Rollenwechsel – dass sie später einmal selbst in dieser Situation sein werden. All diese Veränderungen verlangen uns mehr als nur die Anpassung an neue Rollen und Verantwortungen ab – sie erfordern auch eine emotionale Anpassung.

Im Laufe der Zeit und mit den sich verändernden Lebensstadien müssen sich auch Beziehungen verändern. Wie gut sich eine Familie an diese unausweichlichen Veränderungen anpassen kann, hat den größten Einfluss auf die Qualität der Beziehungen ihrer Mitglieder untereinander. Wir können nicht für immer das kleine Kind mit den stets wachsamen Eltern bleiben, der junge Erwachsene im ersten Aufwallen der romantischen Liebe oder die frischgebackene Ruheständlerin mit dem Enkelkind auf dem Schoß. Es spielt keine Rolle, wie sehr wir an einem bestimmten geliebten Platz im Leben festhalten – irgendwann müssen wir einen anderen einnehmen. Wir müssen in Bewegung bleiben, uns neuen Rollen und Herausforderungen stellen, und es ist immer leichter, das nicht allein zu tun. Aber wie?

Das emotionale Gerüst einer Familie ist so einzigartig wie die Struktur eines Eiskristalls: Auf den ersten Blick ähnelt es dem anderer Familien, bei näherer Betrachtung jedoch ist es ein Unikat. Für einige Menschen ruft der Gedanke an die Familie ein warmes Gefühl der Zugehörigkeit hervor, andere fühlen sich ihr entfremdet oder verspüren sogar Angst. Für die meisten ist die Familie … eine komplexe Angelegenheit. Diese Komplexität macht ihre Erforschung schwierig. Da die Harvard Study Hunderte von Familien über viele Jahrzehnte hinweg begleitet hat, ist sie allerdings in der einmaligen Lage, Schnittmengen zwischen den Familien und allgemeine Faktoren feststellen zu können, die den Charakter unserer Familienbeziehungen prägen. In diesem Kapitel geht es darum, maßgebliche einzelne Erkenntnisse zusammenzustellen, sodass sie gewissermaßen eine ganz neue Brille ergeben, durch die Sie auf die Eigentümlichkeiten Ihres Familienlebens blicken können. Denn eine Kernwahrheit hat sich bei der Harvard Study wieder und wieder herausgestellt: Die Familie ist von großer Bedeutung.

Was genau ist eine Familie?

> Niemand ist eine Insel
> In sich ganz,
> Jeder ist ein Stück des Kontinents,
> Ein Teil des Festlands.[156]
>
> JOHN DONNE

Es ist verlockend zu glauben, wir hätten mehr Einfluss auf unser Schicksal, als wir tatsächlich haben. In Wirklichkeit sind wir alle in Umgebungen eingebettet, auf die wir selbst kaum Einfluss haben, die uns jedoch auf grundlegende Weise prägen. Wirtschaft, Kultur, Subkultur – sie bestimmen maßgeblich mit, was wir glauben, wie wir uns verhalten und wie sich unser Leben entwickelt. Darüber hinaus ist keine dieser Umgebungen wichtiger als die der Familie.

Aber was genau ist eine Familie? Die meisten denken bei Familie an die eigene Familie. Doch während diese für die eine aus biologischen Eltern, Geschwistern und Kindern besteht, besteht sie für den anderen vielleicht aus Stiefeltern, Halbgeschwistern und einer ganzen Reihe von Mitgliedern der erweiterten Familie – Schwiegereltern, Cousins, Cousinen, Cousins und Cousinen zweiten Grades, Nichten und Neffen. Für wieder andere ist der Begriff möglicherweise noch weiter gefasst und erstreckt sich auch auf wichtige Verbindungen jenseits der bloßen Blutsverwandtschaft.

Jede Definition von »Familie« beginnt mit der Kultur, die sie umgibt. Im alten China war die Vorstellung von Familie vom Konfuzianismus und einer kollektivistischen Ideologie geprägt, die viel Wert auf das Wohlergehen und den Erfolg der gesamten Gruppe legte.[157] Zu einem Haushalt, dem Mittelpunkt des Lebens, gehörten Eltern, Großeltern und Kinder. Dieses Modell ist in China auch heute noch lebendig, selbst in der Zeit der Einkindfamilien. Im alten Rom bestand die Familie aus allen Mitgliedern des Haushalts, auch aus Arbeitern und Dienern, und sie alle unterstanden dem ältesten Mann im Haus, dem *pater familias*. In der heutigen westlichen Kultur versteht man unter Familie weithin die »Kernfamilie«, also Vater, Mutter und Kinder, trotz der zahlreichen Alternativen zu diesem Prototyp.

»Ich habe fünf Mamas, aber nur einen Papa«, erzählte ein Teilnehmer den Mitarbeiterinnen und Mitarbeitern der Studie, als er 14 war. Seine Adoptiveltern hatten bereits Enkelkinder, als er zu ihnen kam, und so betrachtete er seine Adoptivmutter, ihre beiden Schwestern und ihre beiden leiblichen Töchter alle als Mutterfiguren.

Eine Familie kann sich durch viele verschiedene Arrangements und Grade an Nähe oder Distanz auszeichnen. Die Menschen, die nie die Wärme und Präsenz von Familienmitgliedern gespürt haben, die als Kind Missbrauch oder Gewalt erlebt haben oder schlicht auf Unverständnis in der Familie gestoßen sind, sehnen sich vielleicht nach familienähnlichen Verbindungen – und finden diese mitunter auch –, die ihnen viel von dem bieten, was sie brauchen. Vielleicht hat der eine keine Beziehung zum Vater, dafür aber eine sehr enge zum Onkel oder zu einem anderen Erwachsenen aus der Kindheit, etwa zum Fußballtrainer oder zur Mutter eines Freundes. Manchmal finden diese Menschen aber auch in einer ganz anderen Gemeinschaft eine Familie.

In New York City, Detroit und vielen anderen Metropolen der USA findet sich ein großartiges Beispiel für eine nicht traditionelle

Familie in der sogenannten Ballroom-Szene.[158] Dort schließen sich Mitglieder der LGBTQ+-Community, meist mit afroamerikanischem oder lateinamerikanischem Hintergrund, Gruppen – »Häusern« – an, die sich gegenseitig unterstützen und Tanz-, Drag- oder andere Wettbewerbe veranstalten. Bei den familienähnlichen »Häusern« geht es um gemeinsame Erfahrungen, Ziele und Werte. Die »Mutter« oder der »Vater« des jeweiligen Hauses übernimmt viele Aufgaben eines traditionellen Elternteils, und die Häuser bieten den »Kindern« positive Strukturen und Bande, die viele von ihnen in ihrer tatsächlichen Kindheit vermisst haben.

In seinem 2013 erschienenen Buch über die Ballroom-Szene, *Butch Queens Up in Pumps*, schreibt Marlon M. Bailey: »Im Allgemeinen steht das ›Haus‹ nicht für ein tatsächliches Gebäude, sondern dafür, wie sich seine Mitglieder, die überwiegend an verschiedenen Orten wohnen, selbst sehen und miteinander als Familieneinheit interagieren … Vor allem für LGBTQ+ People of Color im späteren Teenageralter und Anfang 20 bietet die Community denen, die von ihrer Herkunftsfamilie, religiösen Institutionen und der Gesellschaft im Ganzen abgewiesen und ausgegrenzt wurden, eine dauerhafte soziale Zuflucht.«[159]

Der springende Punkt ist, dass eng gefügte, fürsorgliche Verbände, die sich prägend auf unser Leben auswirken, ganz unterschiedlich sein können, was den Ursprung, die Mitglieder und den Namen angeht. Wichtig ist nicht nur, wen wir als Familie erachten, sondern auch, welche Bedeutung im Laufe des Lebens unsere engsten Beziehungen für uns haben.

Das mindert die Wichtigkeit der Herkunftsfamilie jedoch nicht im Geringsten. Selbst wenn sich neue Familien bilden oder wir Teil neuer Gemeinschaften werden, die uns eine Familienstruktur bieten, tragen wir doch immer noch die Geschichte unserer Herkunftsfamilie mit uns herum und mit ihnen die Erfahrungen, die einen sowohl positiven als auch negativen Einfluss auf uns gehabt haben. Auch aus der Familie, die wir selbst gründen, und sei sie noch so voller Liebe, lassen sich diese früheren Erfahrungen nicht ganz verbannen. Unabhängig von unserem derzeitigen Leben werden wir immer noch von den Geistern unserer Kindheit und den Erinnerungen an die Menschen, die uns großgezogen haben, begleitet.[160]

Die Geister der Kindheit

In der hintersten Ecke einer Schublade in Bobs Küche liegt ein alter Aluminium-Eisportionierer seiner Mutter. Wenn er als Kind an einem Sommertag nach Hause gekommen war, hatte sie ihm – und manchmal auch sich selbst – damit immer etwas Eiscreme aufgefüllt. Wenn er heute, mehr als 60 Jahre später, den Eisportionierer aus der Schublade nimmt, ist es immer ein wenig so, als holte er damit auch eine Erinnerung hervor. Irgendwie ist der Eisportionierer untrennbar mit dem Geruch der Küche damals und dem Gefühl, das er als Kind in diesen Augenblicken hatte, verbunden.

Marc besitzt ganz ähnliche Erbstücke. Auf seinem Schreibtisch steht ein kleines Schild mit dem Namen seines Großvaters darauf. Sein Großvater war Baumeister gewesen, das Schild hatte einst auf seinem Schreibtisch gestanden. Wenn Marc es ansieht, erinnert er sich immer daran, wie ihm sein Großvater den Umgang mit Hammer und Nagel beigebracht hat. Er kann die Stimme seines Großvaters fast hören, gleichzeitig schroff und freundlich.

Viele Menschen bewahren Dinge aus ihrer Kindheit auf, die für etwas Bedeutungsvolles stehen – sei dies nun etwas Gutes oder Schlechtes. Bestimmte Gegenstände können die Vergangenheit heraufbeschwören, uns daran erinnern, wie weit wir gekommen sind, und uns die Dinge, die wir gelernt haben, wieder ins Gedächtnis rufen.

Diese Erbstücke stehen symbolisch für das Erbe im allgemeineren Sinne – nicht von Gegenständen, sondern auch von Standpunkten, Gewohnheiten, Philosophien und Erfahrungen. Wir können an geistigen Erbstücken ebenso festhalten wie an einem alten Eisportionierer. Bobs Mutter legte immer großen Wert darauf, zu anderen freundlich zu sein – zu Kellnern, Fremden, praktisch jedem, das war ihre Art, Verbindungen aufzubauen. Und heute versucht Bob, es ihr gleichzutun. Marcs Großvater sprach häufig über die Freude, die es ihm bereitete, die Dinge richtig zu machen – trifft der Hammer den Nagel genau richtig, ergibt das ein ganz bestimmtes Geräusch –, und obwohl Marc selbst keine Häuser baut, denkt er oft an diese schlichte Lektion zurück.

Dieses Erbe hat jedoch auch eine dunkle Seite: Es gibt schwierige, ja sogar traumatische Kindheitserlebnisse, die Spuren in der Seele hinterlassen. Das, was Marcs Vater in der Pogromnacht und auf seiner Flucht vor dem Holocaust erlebt hatte, ließ ihn sein ganzes Leben lang nicht mehr los. Viele Teilnehmer und Teilnehmerinnen der Harvard Study hatten mit herrischen oder gewalttätigen Eltern zu kämpfen.

Das seelische Erbe kann sehr tiefe Spuren hinterlassen – manchmal sind sie so tief, dass man Mühe hat, sie überhaupt zu erkennen. Neben den körperlichen Merkmalen, die wir von unseren biologischen Eltern erben, eignen wir uns auch Gewohnheiten, Standpunkte und Verhaltensmodelle von Familienmitgliedern an. Unsere wichtigsten Erfahrungen, sowohl die guten als auch die schlechten, sind nicht einfach nur Erinnerungen. Sie sind emotionale Ereignisse, die spürbare Eindrücke hinterlassen, die unser Leben für sehr lange Zeit prägen können.

Das trifft zwar auf alle Erfahrungen zu, die wir in irgendeiner Phase unseres Lebens machen, besonders jedoch auf diejenigen, die ein Kind in seiner Herkunftsfamilie macht. Es gibt zahlreiche wissenschaftliche Arbeiten zur Bedeutung von Kindheitserlebnissen und noch mehr Annahmen darüber, welche Rolle die Kindheit im Leben des Erwachsenen spielt. In Filmen und Büchern wird die schwierige Kindheit eines Menschen häufig als Grund für ein bestimmtes Verhalten angeführt, sodass es schon fast eine Binsenweisheit zu sein scheint, dass die Kindheit das spätere Schicksal bestimmt. Im Fernsehen ist ein Mörder oft deshalb zum Mörder geworden, weil er als Kind von seinem Vater oder seiner Mutter geschlagen wurde. Diese Erzählweise ist so allgegenwärtig, dass sich Menschen mit einer schwierigen Kindheit mitunter fragen: Ich hatte eine schreckliche Kindheit – bin ich deshalb jetzt irreparabel kaputt? Bin ich zu einem unglücklichen Leben verdammt?

Ärger im Paradies

1955 versuchte die Entwicklungspsychologin Emmy Werner, die Bedeutung schwieriger Kindheitserlebnisse besser zu verstehen.[161] Sie rief eine Längsschnittstudie auf der Hawaii-Insel Kauai ins Leben, die Kinder vom Tag ihrer Geburt bis ins Erwachsenenalter hinein begleitete. Viele der Familien, die sie studierte, hatten im Großen und Ganzen auf die gleiche Art zu kämpfen wie die Einwandererfamilien in Boston zu Beginn der Harvard Study. Werner schrieb:

> [Die Probanden] waren Kinder und Enkelkinder von Einwanderern aus Südostasien und Europa, die nach Hawaii gekommen waren, um auf den Zuckerrohrplantagen zu arbeiten. Rund die Hälfte von ihnen stammten aus Familien, in denen der Vater ein angelernter oder ungelernter Arbeiter und die Mutter weniger als acht Jahre zur Schule gegangen war … [Es waren] Japaner, Filipinos, Hawaiianer, Halbhawaiianer, Portugiesen, Puerto Ricaner, Chinesen, Koreaner und zu einem kleinen Teil angelsächsische Kaukasier.[162]

Was die Studie so bemerkenswert macht, ist, dass sich Werner nicht nur ein paar Teilnehmerinnen und Teilnehmer von der Insel dafür aussuchte, sondern dass es ihr gelang, jedes Kind, das 1955 auf Kauai geboren wurde, dafür zu rekrutieren – insgesamt 690 Kinder – und dass die Studie über mehr als 30 Jahre lang erstellt wurde.[163]

Mit Daten aus der Kindheit, der Jugend und dem Erwachsenenleben der Probanden konnte Werner einen deutlichen Zusammenhang zwischen Kindheitserlebnissen und Wohlergehen im späteren Leben aufzeigen. Die Kinder, die mit einer komplizierten Krankheit auf die Welt kamen, die schlechte Erfahrungen mit ihren Eltern gemacht hatten und die geschlagen wurden, wiesen eine größere Wahrscheinlichkeit auf, später psychische Probleme oder Lernschwächen zu entwickeln. Das, was sie als Kind erlebt hatten, spielte also wirklich eine Rolle.

Werner fand aber auch Anlass zur Hoffnung.

Einem Drittel der Kinder, die eine schwierige Kindheit gehabt hatten, gelang es dennoch, zu aufmerksamen, freundlichen und emotional ausgeglichenen Erwachsenen heranzureifen.[164] Mit anderen Worten: Die Befragten überwanden ihre schwierige Kindheit.

Werner deckte folgende Gründe dafür auf: Bei einigen Probanden waren schützende Faktoren am Werk, die den Effekten der schwierigen Kindheit entgegenwirkten. Eine der wichtigsten Quellen des Schutzes war die beständige Anwesenheit mindestens eines fürsorglichen Erwachsenen. Steht auch nur eine engagierte Person zur Verfügung, die emotional am Wohlergehen des Kindes interessiert ist, kann sie sowohl seine Entwicklung als auch seine zukünftigen Beziehungen positiv beeinflussen. Einige der Kinder, die den Auswirkungen der schwierigen Kindheit trotzten, schienen besonders dazu in der Lage, diese Art fürsorglicher Unterstützung hervorzurufen.

Auch Harvard-Study-Teilnehmer, die sich als Erwachsene Herausforderungen stellten und offener über ihre Probleme sprechen konnten, schienen über eine ähnliche Fähigkeit zu verfügen, Unterstützung zu bekommen.[165] Sind wir hinsichtlich dessen, was wir fühlen und denken, offen und klar, bietet dies anderen die Gelegenheit zu helfen. Die Fähigkeit, Probleme anzuerkennen und zu bewältigen, statt sie zu ignorieren, könnte eine große Rolle dabei spielen, ob uns in der Kindheit und auch später von anderen geholfen wird. Neal McCarthys Leben ist ein wunderbares Beispiel dafür, wie das funktioniert, und wie wir auf Kindheitserfahrungen – sowohl gute als auch schlechte – so zurückgreifen können, dass wir an ihnen wachsen.

Wie entsteht unsere Fähigkeit, Probleme zu bewältigen?

Im November 1942 besuchte ein Interviewer der Harvard Study Neal McCarthys Familie zum ersten Mal in ihrem Heim im Bostoner West End. Blättern wir zu den Anfängen der Aufzeichnungen über Neal zurück, finden sich die Notizen, die der Interviewer an diesem Tag gemacht hat. In der 3-Zimmer-Wohnung der Familie herrschte lebhaftes Treiben, schrieb der Interviewer; die sechs Kinder erledigten Hausarbeiten, flachsten herum und sagten dem Fremden in Hemd und Krawatte, der an ihrem Küchentisch saß, artig Guten Tag. Einer von Neals Brüdern wusch das Geschirr ab, das sich im Spülbecken stapelte. Neal war damit beschäftigt, seiner jüngeren Schwester beizubringen, wie man sich die Schuhe zubindet. Er war 14 Jahre alt.

In den späten 1930er- und frühen 1940er-Jahren führten die Wissenschaftlerinnen und Wissenschaftler diese Besuche bei den First-Generation-Teilnehmern zu Hause durch, um sich ein Bild vom Familienleben zu machen. Wie streng oder liebevoll waren die Eltern? Wie präsent waren sie? Wie engagiert? Hatten die Eltern eine beständige, positive emotionale Verbindung zu ihren Kindern oder machten sie einen zurückgezogenen und nur sporadisch aufmerksamen Eindruck? Gab es in der Familie häufig Streit? Kurzum: Wie herzlich und geborgen ging es im Zuhause der Kinder zu?

Neals Eltern stammten beide aus Irland und waren nur wenige Monate vor Neals Geburt nach Amerika ausgewandert. Beim ersten Besuch des Interviewers machte Mary, Neals Mutter, ihm Tee und beantwortete am Küchentisch Fragen zur Familiengeschichte. Gelegentlich erschien eines der Kinder, um die Erledigung einer Hausarbeit zu verkünden oder um Erlaubnis zu bitten, mit einem Freund spielen gehen zu dürfen. »Alle Kinder respektieren Neals Mutter«, hielt der Interviewer fest. »Sie ist freundlich und gutmütig. Die Kinder scharen sich um sie, auf beiden Seiten herrscht Wärme und Zuneigung. Sie ist besonders stolz auf Neal, weil er so brav ist und sie sich um ihn keine Sorgen zu machen braucht.«

Wie viele andere Teilnehmer aus der innerstädtischen Gruppe musste auch Neal von klein auf arbeiten. Es fing damit an, dass er im Alter von zehn Jahren Lebensmittel und Zeitungen auslieferte. Jeden Sonntag lief er ins wohlhabende irische »Seidenvorhang-Viertel« am anderen Ende der Stadt, wo er den Leuten, die aus der Kirche kamen, die Schuhe polierte. Als er sich als alter Mann an diese frühen Jahre erinnerte, erzählte Neal den Interviewern, dass er den Großteil des Geldes, das er verdiente, immer seiner Mutter gegeben hatte, für Familienanschaffungen. »Ich brachte mein Geld nach Hause und gab ihr normalerweise etwa vier Dollar. Sie war darüber ziemlich froh, wusste aber nicht, dass ich noch einen Dollar in meiner Mütze versteckt hatte!« An vielen Nachmittagen ging er zur Bowlingbahn und stellte die Kegel auf, sodass sie ihn dort umsonst spielen ließen.

Seine Mutter achtete besonders darauf, mit wem Neal Umgang hatte, und als der Interviewer Neal fragte, warum er sich seiner Meinung nach in einem Viertel, das für Schwierigkeiten berühmt-berüchtigt war, aus eben jenen Schwierigkeiten raushalten konnte, antwortete Neal: »Na ja, ich hänge eben nicht mit Dummköpfen rum.«

Neals Vater, ein Hafenarbeiter, genoss den Respekt seiner Kinder ebenfalls. Er war gütig und streng, auch wenn klar war, dass seine Frau dem Haushalt vorstand.

Neal gehörte einer großen Gruppe von Studienteilnehmern an, bei denen wir die Auswirkungen der Kindheitserlebnisse auf das spätere Leben untersuchten. Wir wollten wissen, ob die frühe Kindheit ein ganzes Leben lang nachhallen kann. Aufgrund sorgfältiger Notizen und Einschätzungen, die die Interviewer bei ihrem ersten Besuch im Heim einer Familie festhielten, konnten wir uns ein Bild davon machen, wie die Teilnehmer aufgewachsen waren. In Neals Fall schätzte man die familiäre Umgebung als ausgesprochen positiv ein. Seine Eltern waren fürsorglich, engagiert und konsequent, und sie förderten die Eigenständigkeit ihrer Kinder. Ein insgesamt herzliches und soziales Umfeld.

Blättern wir in den Aufzeichnungen nun mehr als 60 Jahre vor, zu den Interviews, die im Zuhause der Teilnehmer geführt wurden, als diese 70 und älter waren. Dabei legten wir besonderes Augenmerk auf die Sicherheit der Verbindung, die der jeweilige Teilnehmer zu seinem Partner oder seiner Partnerin hatte. Gingen sie liebevoll miteinander um? War es ganz normal für sie, sich gegenseitig zu unterstützen? Brachten sie dem jeweils anderen Wertschätzung entgegen? Dabei verließen wir uns nicht ausschließlich auf die Angaben der Teilnehmer, sondern trafen eigene Einschätzungen hinsichtlich Plausibilität und Stimmigkeit der Kommentare.

Als wir Neal und seine Frau Gail interviewten, wurde rasch klar, dass die beiden eine sichere Bindung hatten. Als sie getrennt gebeten wurden, ihre Beziehung zu beschreiben, wählten sie auffällig ähnliche Worte: liebevoll, kommunikativ, zärtlich, herzlich, tröstlich, sagte Neal. Zärtlich, offen, großzügig, verständnisvoll, liebevoll, sagte Gail. Beide führten zahlreiche Beispiele an, die das, was sie sagten, ausgesprochen überzeugend illustrierten. Zu dieser Zeit wurde Gail, die seit mehreren Jahren an Parkinson litt, zunehmend pflegebedürftig. Die beiden wohnten in Seattle, wo Neal eine Buchhaltungsfirma leitete, die er mitgegründet hatte. Gail berichtete in den Interviews davon, wie Neal sein Berufsleben umgekrempelt hatte, um ihr zu helfen: Er nahm gerade so viele Klienten an, dass noch ausreichend Zeit für Gails Pflege blieb. Er hatte gelernt, ihre Lieblingsessen zu kochen, und alle Haushaltspflichten übernommen. Sie bestand jedoch darauf, dass er sein Hobby Vögel zu beobachten beibehielt, und rief ihm jedes Mal, wenn er deswegen das Haus verließ, zu: »Finde einen besonders schönen für mich!«

»Ich weiß jetzt so ziemlich alles über Waldsänger«, erzählte sie uns.

Die Aufzeichnungen markieren gewissermaßen den Anfang und das Ende des Lebens unserer Teilnehmer. Wir sahen uns ganz bewusst sehr frühe und sehr späte Aufzeichnungen an, um eventuelle Zusammenhänge zwischen der Kindheit und dem Verlauf des späteren Lebens aufdecken zu können. Angesichts dessen, dass mehr als sechs Jahrzehnte dazwischenlagen, waren wir uns selbst nicht ganz sicher, ob wir derlei Verbindungen finden würden. Doch stellte sich unsere Hypothese als richtig heraus: Die Männer, die wie Neal in ihrer frühen Kindheit Nähe und Herzlichkeit erlebt hatten, waren über 60 Jahre später eher dazu in der Lage, eine Bindung zum Partner aufzubauen, sich auf diesen verlassen zu können und ihn zu unterstützen. Allerdings war der Zusammenhang nicht übermäßig groß – eher erinnerten die Erfahrungen in der Kindheit an feine Fäden, die auch nach Jahrzehnten noch sanft am Erwachsenenleben der Teilnehmer zupften.

Nach der Entdeckung dieses Zusammenhangs stellte sich die entscheidende Frage: Wie funktioniert das? Wie genau beeinflusst die Qualität der Kindheit das Leben eines Erwachsenen?

Hier treffen Emmy Werners Forschungen, die Harvard Study und viele andere Studien aus unterschiedlichen Kulturkreisen und mit unterschiedlichen Bevölkerungsgruppen zusammen. Sie zeigen, dass *eine* maßgebliche Verbindung zwischen unseren Erfahrungen in der Kindheit und positiven sozialen Verbindungen im Erwachsenenleben in unserer *Fähigkeit* besteht, Emotionen zu verarbeiten.

Aus den Beziehungen, die wir als Kind haben – vor allem den zu unserer Familie –, lernen wir erstmals, was wir von anderen erwarten können. Dann beginnen wir, sozusagen die emotionalen Gewohnheiten zu entwickeln, die uns für den Rest unseres Lebens begleiten. Meist definieren diese Gewohnheiten, wie wir uns mit anderen verbinden und ob wir uns gegenseitig unterstützen können.

Ein wichtiger Punkt ist hier, dass diese Fähigkeit, Emotionen zu verarbeiten, *formbar* ist. Tatsächlich gehört unser Umgang mit Emotionen zu den Dingen, in denen wir mit zunehmendem Alter besser werden. Zudem gibt es schlagende Beweise dafür, dass wir nicht bis ins hohe Alter hinein warten müssen, bis das geschieht. Mit der richtigen Anleitung und etwas Übung können wir in jedem Alter lernen, besser mit unseren Emotionen umzugehen.

Der Zusammenhang zwischen unseren Kindheitserlebnissen und unserem Erwachsenenleben ist nicht so groß, dass er nicht zu ändern wäre. Jede Erfahrung, die wir machen, selbst als Erwachsene, hat die Macht, uns zu wandeln. So gibt es beispielsweise Teilnehmerinnen und Teilnehmer, die eine liebevolle, behütete Kindheit hatten, später aber Erfahrungen machten, die ihre Herangehensweise an Beziehungen negativ beeinflussten. Umgekehrt gibt es Probanden mit schwieriger Kindheit, denen ihre späteren Erfahrungen dabei halfen, Vertrauen zu anderen und Verbundenheit aufzubauen.

Aus genau diesem Grund ist Neal ein besonders interessanter und ermutigender Fall, denn die Wärme, die er in seiner frühen Kindheit genoss, hielt nicht ewig an. Kurz nach dem ersten Besuch des Harvard-Study-Interviewers wurde das Leben der Familie McCarthy auf den Kopf gestellt, und die darauffolgenden Jahre sollten die positiven Gewohnheiten, die sich Neal als Kind angeeignet hatte, auf eine harte Probe stellen.

Die McCarthy-Familie in Bedrängnis

Als der Interviewer der Harvard Study Neals Familie den ersten Besuch abstattete, vertraute ihm Neals Mutter Mary äußerst aufrichtig viele Details des Familienlebens an und malte ein umfassendes und realistisches Bild von seinen Höhen und Tiefen. Etwas sehr Wichtiges allerdings erwähnte sie bei diesem ersten Besuch nicht: Sie persönlich hatte schwer mit einer Alkoholabhängigkeit zu kämpfen.

Viele Jahre hatte Mary das Trinken so unter Kontrolle gehabt, dass es nicht mit dem Großziehen der Kinder und dem Familienwohl im Allgemeinen kollidierte. Sie trank im Geheimen und hatte sowohl die Alkoholmenge als auch den Zeitpunkt des Trinkens im Griff. Doch kurz nach unserem ersten Besuch bei ihnen zu Hause begann Mary allmählich, diese Kontrolle zu verlieren. Bald darauf trank sie sich täglich in den Rausch. Als sie und Neals Vater deswegen immer lauter stritten, wurde es für die Kinder traumatisch. Und es blieb nicht beim Schreien: Beide Eltern wurden handgreiflich. Neal liebte seine Eltern, und so ging er in dem Versuch, der Familie zu helfen, mit 15 von der Schule ab, um zu arbeiten. Er wohnte, bis er 19 war, zu Hause und versuchte, seine jüngeren Geschwister zu unterstützen. Wie wir in anderen Fällen bereits gesehen haben, ist diese Erfahrung – früh zu arbeiten und Verantwortung zu übernehmen – für viele Studienteilnehmer aus der Bostoner Innenstadt nicht ungewöhnlich.

Neal erinnerte sich bis ins hohe Alter hinein sehr lebhaft an diese Zeit der Unruhe und des Chaos – an das Schreien, die Gewalt, die Verletzungen, den Stress, den Rausch seiner Mutter und die in der Familie vorherrschende Traurigkeit. Er blieb bei seinen Eltern und Geschwistern, bis er das Gefühl hatte, zu Hause nichts mehr für sie tun zu können.

»Ich musste einfach weg«, erzählte er einem Interviewer mit Tränen in den Augen, als er schon über 60 war. »Es ging nicht anders.

Meine Mutter war Alkoholikerin. Sie und Daddy stritten sich die ganze Zeit.«

Neals Familienleben war ein komplexes Gebilde aus Erlebnissen und Gefühlen, aus Liebe und Frustration, aus Nähe und Entfremdung, aus Gutem und Schlechtem. Es war, wie in den meisten anderen Familien, kompliziert. Das zeigten auch die Interviews vieler Kinder in Werners Kauai-Längsschnittstudie.

Doch zeigt uns Neals Fall, dass wir alle die Macht haben, unser Schicksal selbst in die Hand zu nehmen. Zunächst wuchs er in einem liebevollen, behüteten Umfeld auf, seine Jugend jedoch war aufgrund der Alkoholkrankheit seiner Mutter schwierig. Beide Erfahrungen hatten großen Einfluss auf ihn. Dennoch war er fähig, auf seine positiven Erfahrungen zurückzugreifen, um die negativen Erlebnisse zu relativieren, statt umgekehrt. Darüber hinaus hatte er das Glück, diesen einen präsenten, aufmerksamen Erwachsenen in seinem Leben zu haben – seinen Dad. Zusammen verliehen ihm diese Ressourcen die Kraft und das Vertrauen, sich jeder emotionalen Herausforderung, der er begegnete, zu stellen.

»So wollte ich nicht leben, das war klar«, berichtete er den Interviewern von seinen Teenagerjahren und im Hinblick auf seine Eltern. »Streiten, trinken, schreien. Ich wollte nicht, dass meine Kinder eines Tages dasselbe erleben mussten, und ich selbst wollte es auch nie wieder erleben. Nie wieder.«

Als er 19 war, entkam Neal dem elterlichen Zuhause, indem er zur Armee ging. Er kämpfte im Koreakrieg, nach seiner Entlassung aus dem Militärdienst holte er die mittlere Reife nach. Mithilfe der staatlichen Unterstützung für Kriegsveteranen ging er an die Uni, wo er sich in Gail verliebte. Exakt elf Tage nach seinem Abschluss heirateten die beiden. Nur kurze Zeit später starb seine Mutter an Komplikationen im Zusammenhang mit ihrem Alkoholismus. Sie wurde nur 55 Jahre alt.

Im Laufe seines Lebens entwickelte Neal die Fähigkeit, seine Erfahrungen, das was ihm passierte, zu reflektieren und sich erst seine

Emotionen anzusehen, bevor er handelte. Er war in der Lage, einen Schritt zurückzutreten, die Probleme als solche zu erkennen und sich selbst den Raum zu geben, um einen Weg herauszufinden. Diese Fähigkeiten konnte er gut gebrauchen. Neal hatte eine turbulente, traumatische Jugend gehabt und war im Krieg gewesen – doch eigenen Angaben zufolge stand er erst vor der schwierigsten Herausforderung seines Lebens, als er selbst eine Familie und Kinder hatte.

Eine eigene Familie – unerwartete Schwierigkeiten

Im Alter von 56 waren Neal McCarthy und seine Frau Gail stolze Eltern von vier inzwischen erwachsenen Kindern. Jedes seiner Kinder, so erzählte er uns, war klüger als er und – das betonte er – sehr gütig. Sein ältester Sohn und seine älteste Tochter, Zwillinge, hatten beide studiert. Sein Sohn war Buchhalter, seine Tochter Linda (die Second-Generation-Teilnehmerin, von der wir zu Beginn dieses Kapitels gehört haben) hatte ihren Doktor gemacht und war Chemikerin. Diese Leistungen beeindruckten Neal – Linda war die Erste in der Familie, die einen Doktortitel hatte. Sein mittlerer Sohn hatte jung geheiratet und lebte mit seiner Frau in Costa Rica. Seine jüngste Tochter, Lucy, war ebenfalls ein sehr kluger Kopf mit einer Menge Potenzial. Als Jugendliche war Lucy fasziniert von der Astrophysik und dem All gewesen und hatte davon geträumt, als Ingenieurin bei der NASA zu arbeiten. »Sie ist so brillant, dass es beängstigend ist«, hatte Neal damals über sie gesagt.

Im Laufe der Jahre aber hatte Lucy Probleme bekommen, mit denen weder Neal noch Gail umzugehen wussten. Lucy war immer schon schüchtern gewesen und hatte sich als Kind sehr schwergetan, Freunde zu finden, in der Grundschule war sie gemobbt worden. Ihr Zuhause war ihr sicherer Hafen, in dem sich ihre Brüder und ihre Schwester um sie kümmerten. Doch sobald sie diesen Hafen verließ, wurde es schwierig. In der Highschool hatte sie nur wenige neue Freundinnen, sie begann, die Schule zu schwänzen und – mehrere Jahre unbemerkt von ihren Eltern – exzessiv zu trinken. Auch nach ihrem Schulabschluss wohnte Lucy weiter bei Neal und Gail. Sie wurde aufgrund von Abwesenheiten mehrmals von ihren Jobs gefeuert und verbrachte manchmal ganze Tage allein in ihrem Zimmer. Einmal wurde sie festgenommen, weil sie in einem Kaufhaus eine Uhr gestohlen hatte.

Dass Lucy trank, beunruhigte Neal aufgrund der Erfahrungen mit seiner Mutter besonders. Hatte er Lucy irgendein Abhängigkeitsgen vererbt? Würde sie in die Fußstapfen ihrer Großmutter treten?

Die Familie beschützte Lucy, so gut sie konnte. Ihre Geschwister standen ihr jederzeit zur Verfügung, ihr älterer Bruder Tim rief sie oft an, um zu fragen, wie es ihr ging. Lucy sprach über bestimmte Dinge lieber mit ihm als mit ihren Eltern. Neal und Gail gaben ihr den Raum, den sie anscheinend brauchte, sich zu sehr zurückziehen wollten sie nicht. Gail bemühte sich, den richtigen Therapeuten für Lucy zu finden. Sie sprach mit mehreren, bevor sie auf einen stieß, mit dem Lucy sich wohlfühlte. Häufig schien es, als mache Lucy Fortschritte, nur um dann wieder in eine Krise zu stürzen. Sie bekam die Diagnose Depression und begann, entsprechende Medikamente zu nehmen. Die halfen, lösten das Problem aber nicht vollständig. Die beiden ältesten Geschwister hatten studiert, das wollte Lucy auch, doch als es an der Zeit war, sich zu bewerben, brachte Lucy es nicht fertig. Stattdessen begann sie, in Restaurants um Seattle herum zu arbeiten. Sie wohnte immer noch bei ihren Eltern und wagte nur selten den Versuch, allein zu leben. Einmal, da war Lucy 25, kam Neal zwischen zwei Meetings nach Hause und fand seine Tochter am Küchentisch vor. Sie schluchzte hemmungslos und sagte, sie wolle nicht mehr leben. Er wusste nicht, was er ihr darauf entgegnen sollte, hatte Angst, das Falsche zu sagen. So sagte er seine weiteren Termine ab, machte Kaffee und Sandwiches und setzte sich einfach zu ihr. Sie verließ das Haus weinend, bevor ihre Mutter zurückkam.

»Wir wissen nicht, was wir tun sollen«, erzählte Neal den Mitarbeitern und Mitarbeiterinnen der Studie. »Wir versuchen, für sie da zu sein, haben aber das Gefühl, irgendwie nichts ausrichten zu können. Ich achte sehr darauf, ihr immer wieder zu sagen, dass ich sie liebe. Im Moment lebt sie allein, ich leihe ihr Geld, wenn sie welches braucht. Sie will das Geld nie nehmen, manchmal bestehe ich aber darauf, weil ich nicht will, dass sie auf der Straße landet. Seit sie ein Kind war, habe ich ihr ungefähr 80 Prozent meiner Aufmerksamkeit geschenkt, weil sie es immer schwer hatte, die anderen Kinder bekamen zusammen nur 20 Prozent. Sie haben sich nie darüber beschwert, aber leicht war es für sie auch nicht. Das ist eben so, nehme ich an.«

Lucys Probleme erschwerten ihr den Übergang ins Erwachsenenleben, doch steckt in ihrer Situation dasselbe Entwicklungsdilemma, vor das sich alle Familien mit jungen Erwachsenen gestellt sehen: Wann sollen die Eltern eingreifen, wann den Dingen ihren Lauf lassen, und welche Art von Unterstützung ist die beste? Dem jungen Erwachsenen bietet sich dasselbe Problem, nur spiegelverkehrt: Wie bekomme ich, was ich brauche, von meinen Eltern, wenn es nicht gut läuft, während ich trotzdem daran arbeite, so erwachsen zu sein, wie ich wahrscheinlich sein sollte?

In jeder Familie gibt es Probleme, die manchmal nicht befriedigend lösbar sind. Im Westen, vor allem in den Vereinigten Staaten, herrscht die Vorstellung vor, alle Probleme müssten lösbar sein. Scheint das nicht der Fall, wenden wir uns häufig ganz von der Schwierigkeit ab. So bleibt uns nur die Wahl zwischen »Ich muss alles tun« und »Ich kann nichts tun.«

Es gibt aber auch einen Mittelweg. Wir haben bislang die Strategie befürwortet, sich Hindernissen zu stellen, statt sie zu meiden, doch bedeutet sich einem Problem zu *stellen* nicht automatisch, es auch *lösen* zu können. Manchmal bedeutet für die Familie da zu sein zu lernen, mit unangenehmen Situationen und Emotionen zurechtzukommen, sie auszuhalten, und es uns selbst zu gestatten, diese Gefühle, denen viele Menschen aus dem Weg gehen, zu fühlen und auszudrücken. Manchmal ist es das Beste, was wir tun können, auf eine weniger absolute und flexiblere Art und Weise zu reagieren – so, wie das Neal und Gail gelungen ist.

Neal und Gail mussten sich entscheiden: Sollten sie nach bestem Wissen und Gewissen in Lucys Leben eingreifen und versuchen, ihre Probleme für sie zu lösen, oder sollten sie sich zurückhalten und Lucy mehr Raum geben, damit sie entweder richtig auf die Nase fiel oder es aus eigener Kraft schaffte? Doch egal wie sie sich entschieden – immer stellten sie sich dabei Lucys Problem, statt es kleinzureden oder gar zu leugnen. Als Lucy sie wegstieß, taten sie es ihr nicht gleich, sondern gaben ihr den Raum, den sie brauchte, und warteten auf eine neue Gelegenheit, ihr zu helfen. Auch Lucys Geschwister unterstützten sowohl sie als auch ihre Eltern. Während der ganzen Zeit, auch als es laut wurde und zu Streitereien kam, zeigte sich die Liebe der Familienmitglieder zueinander immer wieder. Sie blieben alle flexibel, auch wenn keiner von ihnen perfekt war. Manchmal mussten sie sich zurückhalten, manchmal mussten sie eingreifen. Doch sie wandten sich nie ab.

Trotzdem fragte sich Neal, ob das, was sie taten, die richtige Strategie war. Die Frage war alles andere als leicht zu beantworten, und so machte sich Neal Sorgen, dass er zu Lucys Elend sogar noch beitrug.

»Können Sie mir aus professioneller Sicht etwas dazu sagen?«, fragte Neal einmal einen Interviewer der Studie, der 30 Jahre jünger war als er selbst, in einem Gespräch über seine Tochter. »Kann ich sonst noch irgendetwas für sie tun? Glauben Sie, dass ich etwas falsch gemacht habe?«

Es ist ganz normal, dass sich Eltern sowohl für das Scheitern als auch für die Erfolge ihrer Kinder verantwortlich fühlen, selbst wenn viel davon außerhalb ihres Einflussbereichs liegt. Häufig haben Eltern Schuldgefühle, wenn es ihren Kindern nicht gut geht. Und manchmal sind diese Schuldgefühle ein weiterer Grund, sich von Problemen abzuwenden, es fällt uns allen schwer, mit solchen Emotionen umzugehen. Es war mutig von Neal, eine Frage zu stellen, mit der sich viele Eltern herumschlagen, wenn ihre Kinder Schwierigkeiten im Leben haben: *Ist es meine Schuld?*

Es gelang Neal nie, die Frage ganz für sich zu beantworten – er stellte sie sich noch, als Lucy 30, 40 und älter war, immer noch Höhen und Tiefen in ihrem Leben hatte, zeitweise obdachlos war und mit der Sucht kämpfte.

Es stimmt, dass die Kindheit wichtig ist, dass die Erziehung wichtig ist, doch entscheidet kein Einzelelement in unserem Leben über unsere Zukunft. Eltern können sich die Entwicklung ihrer Kinder weit weniger selbst zuschreiben – sowohl im positiven als auch im negativen Sinn –, als sie glauben. Angeborenes und Anerzogenes, Anlage und Umwelt, Eltern und Gleichaltrige – all das ist eng miteinander verwoben, all das hat uns zu den Erwachsenen geformt, die wir heute sind. Einen ganz bestimmten Grund dafür auszumachen, warum ein Mensch die Probleme hat, die er hat, ist nicht immer möglich. Alles, was wir tun können, ist, uns unseren Emotionen zu stellen, so wie Neal das getan hat, und zwar so tapfer, wie wir nur irgend können, und dann so gut wie möglich mit der Situation umzugehen.

Korrigierende Erfahrungen

Was also tun, wenn die Erfahrungen, die wir in unserer Kindheit gemacht haben, bitter oder sogar traumatisch waren? Gibt es auch Hoffnung für diejenigen, die im Gegensatz zu Neal ausschließlich schlechte Erfahrungen gemacht haben?

Die Antwort auf diese Frage lautet ganz entschieden: Ja! Es gibt Hoffnung. Das gilt für jeden, egal ob die Person nun eine schwierige Kindheit hatte oder gegenwärtig Probleme hat. Die Kindheit ist nicht die einzige Zeit im Leben, in der Erfahrungen nachhaltig prägend sein können. Alles, was wir erleben, egal wann, kann Einfluss darauf haben, was wir von anderen erwarten. Es kommt häufig vor, dass sich eine starke positive Erfahrung korrigierend auf eine frühere negative Erfahrung auswirkt. Sind wir beispielsweise mit einem dominanten Vater aufgewachsen, pflegen wir vielleicht später eine enge Freundschaft mit jemandem, dessen Vater sich komplett anders verhält. Weil der Vater dieses Freundes unsere schlimmsten Erwartungen nicht erfüllt, kann sich unser Standpunkt subtil verändern. Dann sind wir vielleicht offener für andere Möglichkeiten.

Solche Erfahrungen machen wir die ganze Zeit, ob uns das nun bewusst ist oder nicht. So gesehen ist das Leben eine einzige fortwährende Gelegenheit, Erfahrungen zu machen, die unsere Haltung korrigieren. Den richtigen Partner zu finden beispielsweise kann Annahmen und Erwartungen, die wir in der Kindheit entwickelt haben, entscheidend korrigieren. Auch eine Therapie kann hilfreich sein, teilweise durch die Verbindung zu einem einfühlsamen, zuverlässigen Erwachsenen.

Zudem sind solche korrigierenden Erfahrungen keine reine Glückssache. Gelegenheiten, unsere Sicht der Welt zu ändern, bieten sich immer – nur lassen wir die meisten einfach vorübergehen. Hinsichtlich unserer Erwartungen und persönlichen Meinungen haben wir oft einen Tunnelblick, sodass uns diese manchmal subtilen Gelegenheiten nicht erreichen können. Es gibt jedoch eine Reihe von einfachen (wenn auch nicht leichten!) Dingen, die wir tun können, um unsere Fähigkeit, das zu sehen, was wirklich geschieht, zu schulen. So sind wir eher in der Lage, die Vorteile der korrigierenden Erfahrungen zu genießen.

Zunächst einmal können wir schwierige Gefühle bewusst wahrnehmen, statt zu versuchen, sie zu ignorieren. Dazu, sich Herausforderungen zu stellen, gehört es auch, die eigenen emotionalen Reaktionen als nützliche Informationen zu betrachten und nicht als etwas, das beiseitegeschoben werden sollte.

Zweitens können wir uns Erfahrungen, die positiver sind als erwartet, bewusst machen. Vielleicht stellen Sie bei einer Familienfeier, vor der Sie sich seit Monaten fürchten, plötzlich fest, dass Sie mehr Spaß haben als gedacht.

Drittens können wir versuchen, andere bei guten Taten zu »erwischen«, genauso wie Sie das vielleicht schon bei Ihrem Partner getan haben. Die meisten Menschen sind extrem versiert darin zu bemerken, wenn andere sich nicht wie gewünscht verhalten – umgekehrt funktioniert das eher nicht. Gute Autofahrer nehmen wir selten wahr, schlechte dafür umso öfter. Daraus lernen wir, schlechtes Fahren zu erwarten, um darauf vorbereitet zu sein. Dasselbe gilt für das Leben im Allgemeinen. Versuchen Sie doch einmal, mitunter auch gute Fahrer, gute Menschen wahrzunehmen.

Unser letzter und wirkungsvollster Tipp ist, schlicht offen für die Möglichkeit zu bleiben, dass Menschen sich anders verhalten, als wir es von ihnen erwarten. Je bereitwilliger wir uns von anderen überraschen lassen, desto eher nehmen wir wahr, wenn sie etwas tun, das unseren Erwartungen nicht entspricht. Dies ist besonders wichtig innerhalb der Familie.

Wie sehen wir unsere Familie?

Jeder von uns macht sich Bilder von der eigenen Familie, die wir uns selbst dann wieder und wieder bestätigen: Meine ältere Schwester kommandiert andere gern herum … Mein Vater macht mir das Leben schwer … Meinem Mann fällt nie etwas an mir auf …

Wir nennen das die Immer-Nie-Falle: »Immer gibst du anderen recht … Nie hörst du mir zu …«. Die Erfahrungen mit den Mitgliedern unserer Familie beginnen so früh im Leben, dass die Erwartungen, die wir an Beziehungen stellen, sehr tief sitzen und alles, was passiert, und sei es noch so geringfügig, in die eingeprägte Form gepresst wird. Wir müssen uns daran erinnern, dass nicht nur wir, sondern auch die anderen in unserer Familie wachsen und sich im Laufe des Lebens verändern; doch wenn wir nie an unseren Überzeugungen zweifeln, können wir das nicht sehen.

- Heute hat mein Vater mich angerufen – da er immer erwartet, dass ich mich bei ihm melde, ist das ein großer Schritt für ihn.
- Heute hat meine Tochter ihrem Bruder bei den Hausaufgaben geholfen. Das hätte ich nicht erwartet – ich muss mich nachher noch bei ihr dafür bedanken.
- Meine Schwiegermutter war nicht immer für mich da, doch neulich, als mein Kind krank war, war sie es. Sie bemüht sich – und das ist wichtig.

In Kapitel 5 haben wir eine Meditationsübung erwähnt, die dabei hilft, unsere alltägliche Aufmerksamkeit und Achtsamkeit zu steigern. Ebenso nützlich ist diese Übung für die Interaktion mit unserer Familie. Sie besteht darin, sich die folgende Frage zu stellen: Was (an diesem Gegenstand / an dieser Situation / an diesem Menschen) habe ich noch nie zuvor bemerkt?

Man kann sich diese Frage ebenso gut im Zusammenhang mit einer Beziehung wie bezüglich einer Umgebung stellen. Was an meiner Beziehung zu diesem Menschen habe ich noch nie zuvor bemerkt? Was ist mir bislang entgangen?

Wenn Sie bei der nächsten Familienfeier neben Ihrem Schwager sitzen, der dauernd verkündet, jeder, wirklich jeder müsse in der Lage sein, einen Computerprogrammiercode zu schreiben, oder in die Fänge einer Tante geraten, die nur von ihren ach so süßen Schoßhündchen redet, wiederholen Sie die Frage innerlich wie ein Mantra, zumindest in den ersten paar Minuten (mehr kann man von Ihnen nicht verlangen). Was an diesem Menschen habe ich noch nie zuvor bemerkt? Vielleicht sind Sie überrascht von dem, was Sie beobachten.

Denn eines ist sicher: Niemanden, dem wir im Leben begegnen, können wir je ganz kennen – es gibt immer etwas zu entdecken. Nehmen wir diese Eindrücke ernst, kann dies Vorurteile zurechtrücken, die unsere Beziehungen zu den Menschen, die wir am längsten kennen – zu unserer Familie –, belastet haben.

Familienbande: Warum sie die Mühe wert sind

Manchmal hat es den Anschein, als sei unsere Familie beständiger, als sie wirklich ist; wir glauben, unsere Familie werde immer da sein und immer so wie jetzt sein. Doch während die einzelnen Mitglieder von einer Lebensphase in die nächste übergehen, verändern sich mit ihnen auch die Rollen, die sie spielen, und häufig ist der *Zeitpunkt*, zu dem diese Veränderung von uns unbemerkt stattfindet, auch der Zeitpunkt, an dem sich Probleme entwickeln. Jugendliche brauchen nicht die Art von Aufmerksamkeit, die sie im Alter von zwei Jahren gebraucht haben. Eltern und Großeltern brauchen mit 80 mehr Hilfe als mit 60. Frischgebackene Mütter brauchen die Unterstützung der Familie, aber nicht immer deren Rat. Manchmal müssen wir uns fragen, welche die angemessene *Rolle* ist, die wir für diesen Menschen in diesem Stadium des Familienlebens spielen sollten.

Jeder Mensch hat ein anderes Wissen, andere Fähigkeiten und Erfahrungen, und auf diese unterschiedlichen Formen des Familien-»Schatzes« können wir in Zeiten der Veränderung zurückgreifen. Der Bruder, der es als Kind geschafft hat, über Mobbing wegzukommen, kann vielleicht Ihrem kleinen Sohn helfen, der gerade dasselbe durchmacht. Um jedoch die Vorteile dieser Art von »Schatz« nutzen zu können, müssen wir in Kontakt miteinander bleiben. Und vielleicht müssen wir um diese Hilfe, um einen Rollenwechsel bitten.

Abgesehen von neuen Herausforderungen, die sich durch sich

verändernde Rollen ergeben, können Familien im Laufe der Zeit aus mehr oder weniger wichtigen Gründen auseinanderdriften. Selbst eine kleinere Meinungsverschiedenheit kann dazu führen, dass man sich weniger sieht, was wiederum zum Ende einer wichtigen Familienbeziehung führen kann. Zieht eine Verwandte weg, kann die Entfernung möglicherweise bedeuten, dass sich die ganze Familie nicht mehr so häufig trifft. Erinnern Sie sich an die Gleichung »Wie viel Zeit bleibt uns noch« aus Kapitel 4. Wenn es schon bei Freunden, die sich relativ oft sehen, wenig Zeit ist, wie viel weniger ist es dann bei Familienmitgliedern, die sich eher selten sehen? Ein paar Tage im gesamten restlichen Leben? Beziehungen am Laufen zu halten erfordert Mühe. Ist der Grund für den mangelnden Kontakt kein geografischer, sondern ein emotionaler, bedeutet die Verbindung aufrechtzuerhalten vielleicht die Bereitschaft, sich mit Gefühlen von Schuld, Traurigkeit oder sogar Feindseligkeit auseinanderzusetzen.

Wie bereits erwähnt, ist das komplexe emotionale Gerüst jeder Familie einzigartig. Unsere Familie beeinflusst uns auf eine Art und Weise, auf die andere Beziehungen dies nicht tun. Wir haben eine gemeinsame Geschichte, gemeinsame Erfahrungen, gemeinsames Blut. Wir können einen Menschen, den wir schon unser ganzes Leben lang kennen, nicht ersetzen. Noch wichtiger ist, dass wir einen Menschen, der *uns* schon unser ganzes Leben lang kennt, nicht ersetzen können. Es ist die Mühe also wert, diese Beziehungen trotz aller Probleme zu pflegen und zu bereichern, dranzubleiben und die positiven Dinge an ihnen wertzuschätzen. Bob denkt an einen Augenblick in einer Zeit zurück, in der er als junger Mann unglaublich wütend auf seine Eltern war. Damals hat ihn ein Onkel beiseitegenommen und gesagt: Ich weiß, dass du stinksauer bist. Aber denke immer daran, dass niemand sich je mehr um dich sorgen wird als deine Eltern.

Der weitere Weg

Wie bereits hingewiesen, ist es wichtig, offen für korrigierende Erfahrungen zu bleiben, die immer dann geschehen, wenn wir sie am wenigsten erwarten. Darüber hinaus können wir unsere Familienbande aber auch aktiv stärken. Natürlich muss das, was für die eine Familie funktioniert, noch lange nicht für eine andere funktionieren. Trotzdem gibt es einige allgemeine Prinzipien, mit denen die Verbindung sowohl zur unmittelbaren als auch zur erweiterten Familie gepflegt werden können.

Fangen Sie bei sich selbst an. Welche automatischen Reaktionen im Zusammenhang mit Ihrer Familie laufen bei Ihnen immer wieder ab? Urteilen Sie aufgrund vergangener Erfahrungen und verschließen sich so der Möglichkeit, dass etwas ganz anderes geschieht?

Eine einfache Übung, die uns allen gelingt, ist wahrzunehmen, wenn wir uns jemanden anders wünschen, als er ist. Was wäre, wenn ich ihn einfach so lassen würde, wie er ist, ohne über ihn zu urteilen? Was wäre in diesem Augenblick dann anders? Einen Menschen so anzuerkennen, wie er ist, und ihn dort abzuholen, wo er ist, kann eine tiefe Verbundenheit schaffen.

Routine ist wichtig. In Kapitel 7 haben wir erwähnt, dass eine Möglichkeit, die Beziehung zum Partner zu beleben, darin besteht, gelegentlich aus der Routine auszubrechen. Das kann zwar auch für Familien hilfreich sein, denen der ewig gleiche Trott zu schaffen macht, doch tatsächlich *definieren* sich Familienbeziehungen gerade durch Regelmäßigkeit. Das gilt für diejenigen, deren Mitglieder unter einem Dach leben, vor allem aber für die Verwandtschaft, die nicht zusammenwohnt. Regelmäßige Treffen, Essen, Anrufe, Mails, SMS oder andere Nachrichten schweißen die Familie zusammen. Während sich das Leben verändert und komplizierter wird, halten *neue Rituale* die Familienverbindungen intakt, die ansonsten verkümmern würden. Familien, in denen Taufen, der Ramadan oder Bar beziehungsweise Bat Mizwas gefeiert werden, tun sich oft leichter, Kontakt zu halten, doch mit der zunehmenden Säkularisierung ist es schwierig, einen Ersatz für diese religiösen Anlässe zu finden.

Hier können die sozialen Medien hilfreich sein. Ein regelmäßiger Kontakt online ist besser als gar keiner. Am wirkungsvollsten ist dieser, wenn man sich dabei auch noch sieht – oft sagen Mimik und Körpersprache doch mehr als tausend Worte. Insbesondere während der Lockdowns der Covid-19-Pandemie rettete die Videokonferenz vielen Menschen das Familienleben.

Wir tun jedoch gut daran, uns zu erinnern, dass die sozialen Medien lediglich die Illusion eines *bedeutsamen* Kontakts erzeugen, während dieser eigentlich oberflächlich ist. In körperlicher Anwesenheit eines anderen Menschen entstehen schwer erklärliche und subtile Gefühlsströmungen zwischen den Anwesenden. Die vertrauten Gespräche, die Rachel DeMarco mit ihrem Vater Leo geführt hat (siehe Kapitel 5), hätten vielleicht nicht stattgefunden, wenn die beiden nicht im selben Raum gesessen hätten, bei gedämpftem Licht und mit der Familienkatze auf dem Schoß.

Zudem enthalten tägliche Routinen mitunter Gelegenheiten, uns mit der unmittelbaren Familie zu verbinden, die wir sonst übersehen würden. Eine der wirkungsvollsten dieser Routinen ist gleichzeitig eine der simpelsten und ältesten: das gemeinsame Essen.

Jede Ausrede, sich in der Familie zu versammeln und zu reden, ist hilfreich, und mittlerweile deuten wissenschaftliche Forschungen darauf hin, dass dies für Kinder besonders von Vorteil ist.[166] Man hat herausgefunden, dass das regelmäßige Abendessen mit der Familie mit einem besseren Notendurchschnitt und größeren Selbstwertgefühl sowie gleichzeitig einer geringeren Häufigkeit von Drogenmissbrauch, ungewollten Schwangerschaften und Depressionen verbunden ist. Vieles deutet zudem darauf hin, dass das Essen zu Hause häufiger zu gesünderen Ernährungsgewohnheiten führt. In manchen Kulturen sind die gemeinsamen Mahlzeiten das Kernstück des Familienlebens, in der westlichen Welt aber essen die Menschen öfter allein als jemals zuvor. In den USA nehmen Erwachsene etwa die Hälfte ihrer Mahlzeiten allein ein[167] – eine Menge verpasste Chancen, sich mit anderen Menschen zu verbinden. Das regelmäßige gemeinsame Abendessen in der Familie ist eine fantastische Gelegenheit, sich auszutauschen und gegenseitig auf dem Laufenden zu halten. Und selbst wenn die Routine manchmal nervt, so erfüllt sie doch den wichtigen Zweck, jedem in der Familie das Gefühl zu vermitteln, nicht allein zu sein. Dabei können Erwachsene kleinen Kindern vormachen, wie man sich im Gespräch abwechselt, wie man sich ausreden lässt und einander interessiert zuhört, während im Gegenzug die Erwachsenen durch die Kinder von neuen kulturellen Trends erfahren. Auch die Bedeutung des schlichten Beisammenseins sollte nicht unterschätzt werden, selbst wenn man dabei nicht groß miteinander redet. Manchmal werden wichtige Informationen nicht durch das, was gesagt wird, weitergegeben, sondern dadurch, wie es sich *anfühlt,* mit anderen im selben Raum zu sein. Die Kommunikation, die zwischen Menschen an verschiedenen Orten stattfindet, kann kaum mit dem mithalten, was in gemeinsamen 15 Minuten an einem Tisch kommuniziert wird. Ist ein gemeinsames Familienabendessen nicht möglich, kann das Frühstück denselben Zweck erfüllen. Jeder Mensch muss essen, und wir sollten es so oft wie möglich gemeinsam tun.

Denken Sie schließlich immer daran, dass jedes Familienmitglied seinen eigenen *verborgenen Schatz* hat – einzigartige Dinge, die nur dieser bestimmte Mensch in die Familie einbringen kann, die auf den ersten Blick jedoch nicht immer zu erkennen sind. Denken Sie beispielsweise an Großeltern, die über ein ganzes Leben an Erfahrungen verfügen. Ihr Gefühl für Generationsidentität sowie dafür, wie die Familie in der Vergangenheit mit Schwierigkeiten umgegangen ist, und die wahre Fundgrube an Familiengeschichte, die sie darstellen, können uns eine Sichtweise auf die Gegenwart ermöglichen, die anderweitig nicht möglich wäre. Familiengeschichten tragen entscheidend zur Bindung untereinander und zum Aufrechterhalten der Verbindungen bei.[168] Haben Sie nicht auch Fragen, die

Sie älteren Familienmitgliedern stellen wollen, bevor es zu spät dafür ist? Was wollen Sie Ihren Kindern mitteilen? Ältere Verwandte nach Familiengeschichten zu fragen stellt eine gute Möglichkeit dar, miteinander in Kontakt zu bleiben. Kurze Videos, Filme und Fotos können sehr wichtig sein, vor allem nach dem Tod eines Familienmitglieds. Es entstehen ständig neue Arten, die Familiengeschichte zu bewahren – wir sollten sie nutzen.

Doch nicht nur die Erinnerungen der älteren Generationen sind wertvoll, auch die Kindheitserinnerungen der Geschwister können wichtig für uns sein. Erwachsene Kinder danach zu fragen, wie sie sich an ihre Kindheit erinnern, kann uns neue Perspektiven schenken, einen neuen Blick auf die eigenen Erfahrungen als Mutter oder Vater. Gemeinsame Erinnerungen vertiefen Verbindungen.

In gewisser Weise ist die Harvard Study ein großes Experiment dieser Art von Familienforschung. Wenn wir eine bestimmte Akte öffnen und dabei das nostalgische Gefühl bekommen, als blätterten wir in einem Familienfotoalbum, geschieht dies im Geist der Forschung. Sie aber brauchen weder Fördergelder noch die Unterstützung einer akademischen Institution, um Ihre Familienschätze zu heben. Sie brauchen lediglich Neugier und Zeit. Dabei stoßen Sie vielleicht auf Überraschungen, gute wie schlechte, die das Verständnis Ihrer Familie jedoch auf jeden Fall bereichern werden.

Neal McCarthys Kinder haben sich seine Erinnerungen zunutze gemacht und mehrfach mit ihrem Vater über sein früheres Leben gesprochen. Er erzählte ihnen nicht alles – zumindest anscheinend nicht so viel wie den Mitarbeiterinnen und Mitarbeitern der Harvard Study –, aber genug, um sie wissen zu lassen, dass er viel Schönes, aber auch viel Schlimmes erlebt hatte.

Am Ende jedoch sahen sie das Wichtigste mit eigenen Augen: Als ihr Vater eine Familie gründete, lief er vor den damit einhergehenden Problemen nicht davon, wiederholte also nicht in Endlosschleife, was seine Kindheit so schwierig gemacht hatte. Sondern er schenkte seiner Familie seine beständige Präsenz und Aufmerksamkeit. Auch von eigenen Fehlern wandte er sich nicht ab. Er war immer da. Als man sie fragte, welchen Rat sie der folgenden Generation geben würde, antwortete Neals Tochter Linda ganz im Sinne ihres Vaters: »Ich würde ihr raten, nie zu vergessen, was im Leben wirklich wichtig ist. Es geht nicht darum, wie viel Geld du hast. Das habe ich von meinem Vater gelernt. Es geht um den Menschen, der er für mich, für mein Kind, für meine Schwestern und meinen Bruder, für seine sieben Enkel war. Und wenn ich nur halb so bin wie er, bin ich absolut in Ordnung.«

9
Gute Arbeitsbeziehungen

> »Bewerte die Tage nicht nach der Ernte, die du erzielst/einholst, sondern nach den Samen, die du ausgesät hast.«[169]
>
> WILLIAM ARTHUR WARD

Harvard-Study-Fragebogen, 1979

F: Wenn Sie genug Geld hätten, um nicht mehr arbeiten zu müssen, würden Sie dann mit dem Arbeiten aufhören? Was würden Sie stattdessen tun?

Im Verlauf der nächsten 24 Stunden werden Milliarden von Menschen überall auf der Welt morgens aufstehen und zur Arbeit gehen. Einige werden sich an eine Tätigkeit machen, von der sie sich ihr ganzes Leben lang gewünscht haben, sie zu verrichten. Die meisten aber werden kaum eine oder gar keine Wahl haben hinsichtlich der Art von Arbeit oder des Geldes, das sie damit verdienen. Der Zweck des Arbeitens besteht für die meisten Menschen darin, den eigenen Lebensunterhalt und/oder den der Familie zu sichern. Henry Keane, einer der Harvard-Study-Teilnehmer aus der Innenstadt von Boston, arbeitete fast sein ganzes Leben lang in einer Automobilfabrik in Michigan – nicht weil er gern Autos baute, sondern um damit seine Familie zu ernähren. Er wuchs arm auf und begann früh zu arbeiten. Er genoss nicht dieselben Vorteile wie die Männer, die in Harvard studiert hatten – John Marsden (Kapitel 2) etwa oder Sterling Ainsley (Kapitel 4) –, und er verdiente auch nicht annähernd so viel Geld wie sie. Und trotzdem war Henry viel glücklicher, als John und Sterling es je waren. Wie Henry so hatten auch die meisten anderen Studienteilnehmer aus der Bostoner Innenstadt kaum Einfluss darauf, welchen Beruf sie ergriffen. Sie arbeiteten härter, verdienten weniger und setzten sich später zur Ruhe als die Teilnehmer, die studiert hatten. All diese Aspekte hatten sicherlich Auswirkungen auf ihre Gesundheit und ihr Wohlergehen. Dennoch waren die bessere Bezahlung und der höhere Status, den die Uniabsolventen genossen, keine Garantie für ein gelungenes, glückliches Leben. Viele Teilnehmerinnen und Teilnehmer der Harvard Study hatten »Traumjobs« – in der medizinischen Forschung, als erfolgreiche Schriftstellerin, als wohlhabender Wall-Street-Broker – und waren bei der Arbeit trotzdem nicht glücklich. Umgekehrt gab es Teilnehmer aus der Innenstadt von Boston, die »unwichtige« oder schwierige Jobs hatten, diese aber dennoch befriedigend und erfüllend fanden. Warum? Welches Mosaiksteinchen fehlte den anderen?

In diesem Kapitel geht es um einen wichtigen Aspekt der Arbeit, den viele Menschen häufig übersehen, unabhängig davon, wie sie sich ihren Lebensunterhalt verdienen: Unsere Arbeitsbeziehungen haben Einfluss auf unser Leben. Diese Beziehungen sind, wie bereits erwähnt, nicht nur wichtig für unser Wohlbefinden, sie gehören auch zu den Aspekten unseres Arbeitslebens, die wir bis zu einem gewissen Grad selbst beeinflussen und die uns den Alltag potenziell erleichtern können. Wir mögen nicht immer die Wahl haben, wie wir unseren Lebensunterhalt verdienen, doch wir können uns unsere Arbeit so einrichten, dass sie für uns funktioniert.

Zwei Tage in Lorens Leben

Stellen wir uns zwei Tage im Leben einer berufstätigen Frau – nennen wir sie Loren – vor, die bei der Arbeit auf eine Reihe von Herausforderungen trifft. Es sind ganz gewöhnliche Herausforderungen, mit denen wir, Bob und Marc, häufig konfrontiert werden, sowohl im Leben der Studienteilnehmer als auch in unserer klinischen Praxis.

Seit sechs Monaten ist Loren für eine ärztliche Abrechnungsstelle tätig, die für mehrere Praxen zuständig ist. Ihre Kolleginnen und Kollegen, die alle in abgetrennten Abteilen des Großraumbüros um sie herum sitzen, sind nett, wenngleich sie sie nicht besonders gut kennt. Tag für Tag wünscht sich Loren nichts sehnlicher, als die letzte Abrechnung fertigzustellen und nach Hause gehen zu können, wo ganz andere Herausforderungen auf sie warten. Doch pünktlich mit der Arbeit aufzuhören ist in letzter Zeit schwierig geworden, weil ihre Firma neue Kunden angenommen hat. Außerdem schaufelt ihr ihr unmittelbarer Vorgesetzter seit Monaten die eigene Arbeit auf den Schreibtisch, setzt ihr unrealistische Termine und beschuldigt sie, zu langsam zu arbeiten. Heute ist ihr Vorgesetzter eine Stunde früher nach Hause gegangen, während sie selbst zwei Überstunden macht.

Als sie nach Hause kommt, essen ihr Mann und ihre beiden Töchter, 9 und 13 Jahre alt, gerade zu Abend. Es gibt Pizza – zum dritten Mal in dieser Woche. Loren kocht gern für die Familie, sie liebt es, sich beim Kochen mit den Kindern auszutauschen. Diese Woche aber war das nicht möglich, und die Strategie ihres Mannes besteht darin, sich in der Küche aufs Minimum zu beschränken. Sie bittet ihn immer darum, wenigstens noch einen Salat als Beilage zuzubereiten. Das hat er auch dieses Mal nicht getan. Loren geht darüber hinweg.

Erschöpft und immer noch in Arbeitskleidung setzt sie sich zu ihnen, um wenigstens ein bisschen Zeit mit der Familie zu genießen.

Ihre Töchter reden eine Zeit lang von der Schule, doch Loren schwirrt immer noch die Arbeit im Kopf herum, und so hört sie ihnen kaum zu. Ihr Mann scrollt auf seinem Smartphone. Sie hat vor einer Weile mit ihm gesprochen, weil sie sich nach einem neuen Job umsehen will – er rät ihr zu –, seitdem aber hat sich nichts getan. Heute Abend fehlt ihr einfach die Energie, das Thema aufzuwärmen. Stattdessen denkt sie daran, wie viel heute im Büro liegen geblieben ist und dass sie morgen wahrscheinlich wieder Überstunden machen muss. Ihre ältere Tochter fragt Loren, ob sie sie an diesem Wochenende nach Minneapolis fahren kann, weil sie dort shoppen … »Darüber sprechen wir am Freitag«, schneidet Loren ihr das Wort ab, »wenn ich wieder vernünftig denken kann.« Als die Pizza vertilgt ist, stehen alle vom Tisch auf. Loren hat kein Stück abbekommen. So knabbert sie an etwas übrig gebliebenem Rand herum und macht sich einen Teller Suppe. Ein Tag wie so ziemlich jeder andere. Und morgen würde es wieder so sein.

Es ist verständlich, dass wir unser Arbeitsleben und unser »echtes« Leben als getrennt voneinander sehen. Wie Loren haben viele Menschen das Gefühl, die beiden Dinge existierten in völlig unterschiedlichen Erfahrungswelten. Wir arbeiten, um zu leben. Selbst diejenigen, die das Glück haben, eine Arbeit verrichten zu können, die sie leidenschaftlich gern tun, halten Arbeitsleben und Leben für separate Kategorien und haben wie andere auch Schwierigkeiten mit der Work-Life-Balance.

Doch übersehen wir hier nicht etwas? Ist die Trennung, die wir wahrnehmen, hilfreich oder hinderlich auf unserem Weg zu einem guten Leben? Was, wenn der Wert der Arbeit – auch solcher Arbeit, die wir nicht gern tun – nicht nur in der Bezahlung läge, sondern auch in dem Lebendigkeitsgefühl, das uns der Arbeitsplatz schenkt, und in dem Vitalitätsgefühl, das wir in der Verbundenheit mit anderen Menschen erleben? Was, wenn selbst der gewöhnlichste Arbeitstag echte Gelegenheiten böte, unser Leben und ein Gefühl der Verbundenheit mit unserer Umwelt zu verbessern?

Am nächsten Tag wirkt Lorens Kollege Javier gestresst. Sogar gestresster als Loren selbst. Er sitzt an seinem Schreibtisch und hat seine Kopfhörer auf, doch kann Loren ihn immer wieder seufzen hören und bekommt mit, dass er sehr oft auf sein Smartphone sieht. Loren und Javier kennen sich nicht besonders gut, trotzdem fragt sie ihn, ob alles in Ordnung ist.

Am Tag zuvor hat Javier einen Unfall gehabt, selbst verschuldet. Allen geht es gut, doch sein Auto ist in der Werkstatt, und seine Versicherung deckt ein Selbstverschulden nicht ab. Ein neues Auto kann er sich nicht leisten, noch nicht einmal die Reparatur des alten, aber anders als mit dem Auto kommt er nicht ins Büro. Heute hat ihn sein Mitbewohner mitgenommen, eine Dauerlösung ist das jedoch nicht.

»Fährt das Auto noch?«

»Gerade so – auf die Autobahn kann ich damit aber nicht.«

»Mein Mann ist Karosseriemechaniker und auch im Motorsport tätig. Wenn du dein Auto zu uns nach Hause kriegst, kann er es für wenig Geld so zusammenflicken, dass es zumindest wieder richtig fährt.«

»Ich glaube, das kann ich mir nicht leisten.«

»Wenn dir egal ist, wie es hinterher aussieht, ist das ganz billig oder kostet gar nichts. Du musst vielleicht ein paar Ersatzteile kaufen und einen Kasten Bier spendieren. Vertrau mir: Der Mann kann aus einem Haufen Schrott ein Auto zusammenbauen. Bring's zu uns rüber. Er schuldet mir was.«

Loren und Javier unterhalten sich zum ersten Mal überhaupt richtig miteinander. Seit Monaten arbeiten sie Seite an Seite, nahmen aber an, sie hätten nichts gemeinsam. Sie ist 15 Jahre älter als er, er spielt gern Videospiele, und so blieb jeder lieber für sich. Loren erzählt Javier, wie schwer sie mit der Arbeit vorankommt, woraufhin er ihr erzählt, dass er in Onlineforen die Diskussion über die veraltete Software, die sie benutzen, mitverfolgt. Er fragt sie, womit genau sie Schwierigkeiten hat, und sieht sofort, dass ein wichtiger Teil ihrer Arbeit mit einer neuen Software automatisiert werden kann.

»Gib mir eine Minute.« Er setzt sich an ihren Schreibtisch. Zehn Minuten später erledigt die Software Arbeit, für die Loren Stunden gebraucht hätte. Vor lauter Erleichterung fängt sie fast an zu weinen.

Es stellt sich heraus, dass beide das analoge Ablagesystem – die Ordner nehmen eine ganze Wand im Büro ein – wenig effizient und bei der Arbeit sogar eher hinderlich finden. Javier erzählt Loren, er habe vor Kurzem in einem ähnlichen Büro gearbeitet, in dem das Ablagesystem anders gehandhabt wurde.

Sie gehen gemeinsam zum Chef und überzeugen diesen davon, dass ein anders organisiertes Ablagesystem die Produktivität im Büro enorm steigern würde. Er beauftragt sie, einen Plan auszuarbeiten, mit dem die Veränderung umgesetzt werden kann, ohne dass dabei die Abläufe gestört werden. Die Umstrukturierung müsste phasenweise vor sich gehen, nach der regulären Bürozeit, und würde eine Menge Arbeit bedeuten. Funktionierte aber schließlich alles, dürften sie die Überstunden abfeiern.

Als Loren am darauffolgenden Tag ins Büro kommt, liegt eine Papiertüte auf ihrem Schreibtisch mit einem Sauerteigbrot darin. Javier hat es mithilfe einer Kultur, die auf Generationen zurückgeht, selbst gebacken. Sie ist ungeheuer beeindruckt, dass ein so junger Mann sein eigenes Brot bäckt.

»Wo das herkommt, gibt's noch mehr!«, entgegnet er ihr lachend.

An diesem Abend arbeitet Loren wieder länger, aber nicht so lange wie zuvor. Sie ruft ihren Mann an und bittet ihn darum, mit dem Abendessen auf sie zu warten – sie möchte Sandwiches mit frischem Sauerteigbrot machen.

Hier sind gleich mehrere wichtige Ereignisse geschehen. Zunächst einmal hat sich Loren mit einem Kollegen angefreundet – etwas, das sie nie für möglich gehalten hätte. Die Teamarbeit, die sich daraus ergab, die gemeinsame Erfahrung, minderte ihren Stress bei der Arbeit beinahe augenblicklich. Danach kämpften sie Seite an Seite. Und sie war nicht nur froh, weil sie *Hilfe* bekam, sondern auch weil sie ihrerseits einem anderen Menschen *helfen konnte*.

Zum anderen hat sich ein sinnstiftendes Projekt entwickelt, das die tägliche Routine belebte und dessen Ergebnisse Lorens Arbeitsleben besser und einfacher machten. Loren beteiligte sich nun aktiv am Büroumfeld und arbeitete auf etwas hin, das sie selbst mitgestaltete. Zudem sorgten die Ereignisse dafür, dass Lorens Bemühungen in einem *Bezug* standen – ein immens wichtiger Punkt. Denn Leistung ist am sinnhaftesten, wenn sie auf einen Sachverhalt bezogen ist. Wenn das, was wir tun, für andere wichtig ist, ist es uns selbst auch wichtiger. Wie Loren und Javier arbeiten wir vielleicht in einem Team, das uns das Gefühl von Zugehörigkeit vermittelt, oder wir tun etwas, von dem andere einen direkten Vorteil haben; beides stellt eine Art von sozialem Engagement dar. Ein weiterer Vorteil ist die Zufriedenheit, die wir verspüren, wenn wir persönliche Erfolge mit Freunden und der Familie teilen können.

Darüber hinaus wurde durch die Freundschaft, die sich zwischen Loren und Javier entwickelte, Lorens *Arbeit* nun ein wenig zu einem sinnerfüllteren Teil ihres *Lebens*. Das Angebot, das Auto von ihrem Mann reparieren zu lassen, und das selbst gebackene Brot wirken auf den ersten Blick zwar wie einmalige Gesten, doch tatsächlich öffnen solche Aufmerksamkeiten die Tür zwischen zwei Welten – durch die positive Aspekte des Lebens in die Arbeit fließen und umgekehrt.

Wir können uns unsere Kolleginnen und Kollegen selten aussuchen. Das scheint zunächst ein Nachteil zu sein, verschafft uns andererseits aber auch die Gelegenheit, Menschen näher kennenzulernen, die wir außerhalb der Arbeit nie getroffen hätten. Dann stellen wir wie Loren und Javier vielleicht fest, dass wir zwar unterschiedlich sind, aber ähnlich denken und fühlen.

Arbeit versus Leben? Oder nur ... Leben?

Überall auf der Welt verbringen Erwachsene den Großteil ihres Lebens mit Arbeiten. Aufgrund von wirtschaftlichen, kulturellen und anderen Faktoren gibt es zwar Unterschiede zwischen den Nationen, doch unabhängig vom Land macht die Arbeit dennoch einen bedeutenden Teil unserer Wachstunden aus.

In Großbritannien haben Berufstätige eine durchschnittliche Arbeitszeit. Die meisten Arbeitsstunden im Jahr fallen in Kambodscha an, laut einer Umfrage aus dem Jahr 2017 unter 66 Ländern. Die wenigsten Arbeitsstunden jährlich sind in Deutschland dokumentiert.[170] Ein 80-Jähriger oder eine 80-Jährige in Großbritannien hat in seinem oder ihrem bisherigen Leben durchschnittlich 8800 Stunden mit Freunden, 9500 Stunden mit dem Partner und mehr als 112.000 Stunden (13 Jahre!) mit Arbeiten verbracht.[171] In den USA sieht diese Aufteilung ganz ähnlich aus. 63 Prozent aller US-Amerikaner und US-Amerikanerinnen im Alter von 16 Jahren und darüber gehören zur bezahlten Arbeiterschaft.[172] Darüber hinaus leisten viele Menschen wichtige unbezahlte Arbeit, indem sie Kinder großziehen und ihre Angehörigen pflegen. Das summiert sich auf Abermillionen von Arbeitsstunden jeden Tag.

Als sie 70 oder 80 wurden, bedauerten einige Teilnehmerinnen und Teilnehmer der Harvard Study, in ihrem Leben so viel gearbeitet zu haben. Es gibt da diesen Spruch, dass sich auf dem Totenbett wohl niemand wünscht, mehr Zeit im Büro verbracht zu haben. Ein Satz, in dem viel Wahrheit steckt.

»Ich wünschte, ich hätte mehr Zeit mit der Familie verbracht. Ich habe viel gearbeitet, genau wie mein Vater, der war ein richtiger Workaholic. Und ich fürchte, mein Sohn ist auch einer.«

James, 81 Jahre

»Ich wünschte, ich hätte viel mehr Zeit mit meinen Kindern und weniger mit der Arbeit verbracht.«

Lydia, 78 Jahre

»Ich habe wahrscheinlich härter gearbeitet, als ich hätte sollen. Ich habe gute Arbeit geleistet, aber das hat mich auch viel gekostet. Ich habe nie Urlaub gemacht. Ich habe mir selbst zu viel abverlangt.«

Gary, 80 Jahre

Mit diesen Gedanken haben viele Menschen zu kämpfen. Wir müssen arbeiten und unsere Familie ernähren, gleichzeitig aber zieht uns die Arbeit von unseren Partnern und Kindern weg. Vielleicht erwarten Sie nun, dass wir Ihnen raten, weniger zu arbeiten und sich mehr auf Ihre Familie und andere Beziehungen zu konzentrieren, und vielleicht ist das auch genau das, was Sie brauchen. Doch erfordert das komplexe Zusammenspiel von Arbeit, Freizeit, Beziehungen, Familienleben und Wohlbefinden nuanciertere Lösungen. Unsere Arbeitszeit hat Einfluss auf unsere Zeit zu Hause, und unsere Zeit zu Hause hat Einfluss auf unsere Arbeitszeit. Es sind die Beziehungen an beiden Orten, die die Grundlage des Zusammenspiels bilden. Gerät es ins Ungleichgewicht, liegt das manchmal daran, wie wir unsere Beziehungen an dem einen oder dem anderen Ort gepflegt haben.

Michael Dawkins, Bauingenieur und Studienteilnehmer, bedauerte ebenfalls, so viel Zeit mit der Arbeit verbracht zu haben, obwohl er auf seine Arbeit sehr stolz war und sie für ihn den Sinn des Lebens ausmachte. »Ich liebe es, Dinge zu erschaffen, Neues zu lernen und Veränderungen an mir selbst zu beobachten«, erzählte er uns. »Ich finde es befriedigend, Projekte zu Ende zu bringen und Anerkennung für das, was ich tue, zu bekommen. Das vermittelt mir ein gutes Gefühl.« Und trotzdem bedauerte er die Art und Weise, wie er seine Zeit zu Hause verbracht hatte, und die Auswirkungen, die sein Engagement bei der Arbeit auf seine Ehe gehabt hatte. »Man merkt nicht immer, was man versäumt. Auch zu Hause ist man mit anderen Dingen beschäftigt. Und wenn einem das eines Tages klar wird, ist es zu spät.«

Andere Studienteilnehmerinnen und -teilnehmer wiederum engagierten sich ebenfalls sehr für ihre Arbeit und fühlten sich in dem komplexen Zusammenspiel von Arbeit und Familienleben trotzdem pudelwohl. Henry Keane beispielsweise. Er erzählte den Mitarbeitern und Mitarbeiterinnen der Studie zwar nie viel von den Autos, die er baute, dafür aber umso mehr von den guten Beziehungen, die er zu den Kollegen hatte. Sie waren wie eine zweite Familie für ihn. Seine Frau Rosa arbeitete 30 Jahre lang als Lohnbuchhalterin und hatte ein ähnlich gutes Verhältnis zu ihrem Kollegium. Henry und sie veranstalteten oft große Grillpartys für alle, die sie von der Arbeit her kannten. Und es ist schwer vorstellbar, dass daraus nicht mindestens ein glückliches neues Paar hervorging.

Ein anderes Beispiel ist Leo DeMarco, unser Highschool-Lehrer, der mehrere Beförderungen in die Verwaltungsebene ablehnte, weil er weiter als Lehrer tätig sein wollte – so viel Freude bereitete ihm seine Arbeit mit den Lernenden und seinem Kollegium. Seine Familie wünschte sich oft, er würde mehr Zeit zu Hause verbringen, doch die Zeit, die sie dann miteinander verbrachten, war ausgesprochen wertvoll und die starken Familienbande nicht zu leugnen.

Rebecca Taylor, eine Teilnehmerin der Student Council Study, machte eine andere Erfahrung mit dem komplexen Zusammenspiel von Arbeit, Privatleben und Beziehungen, die recht verbreitet ist. Im Alter von 46 Jahren zwangen Rebecca widrige Umstände zu kämpfen. Nachdem ihr Mann ganz plötzlich die Familie verlassen hatte, ließ sie sich scheiden und war nun alleinerziehende Mutter von zwei Kindern. Sie arbeitete Vollzeit als Pflegekraft in einem Krankenhaus in Illinois. Ihr Sohn, 10, und ihre Tochter, 15, waren durch die Trennung vom Vater am Boden zerstört, Rebecca tat ihr Bestes, um wieder etwas Stabilität ins Familienleben zu bringen. Dabei jedoch rieb sie sich zwischen der Situation zu Hause und ihrer verantwortungsvollen Arbeit auf. Nie reichte die Zeit, ihr Tag hätte auch 48 Stunden lang sein können.

»Alles, was ich tue, versuche ich, so gut wie nur irgend möglich zu machen«, erzählte sie einem Interviewer zwei Jahre nachdem ihr Mann die Familie verlassen hatte. »Doch im Moment schaffe ich es gerade eben, mich über Wasser zu halten. Ich mache dreimal in der Woche eine Fortbildung, um mich zusätzlich zu qualifizieren. Deshalb habe ich, wenn ich nach Hause komme, nur noch Zeit zu kochen, mich auf die Fortbildung vorzubereiten und vielleicht noch ein bisschen Hausarbeit zu erledigen, bevor ich erschöpft ins Bett falle. Die Kinder kommen dabei viel zu kurz. Ich weiß, dass sie wissen, wie gestresst ich bin, aber das hilft ihnen auch nicht weiter. Im Augenblick beherrscht die Arbeit mein Leben. Nur so kommen wir finanziell zurecht. Das ist jetzt keine Tragödie, ich will es nicht zu dramatisch machen. Aber ich arbeite nonstop, und das Geld reicht gerade eben so. Manchmal will ich einfach nur alles hinschmeißen.«

Rebeccas Kinder waren jedoch auch für sie da, und das verlieh ihr in dieser aussichtslos scheinenden Situation das Quäntchen Kraft, das sie so dringend brauchte. »Manchmal komme ich nach Hause, und die Kinder haben schon die Wäsche gemacht, den Müll rausgebracht und angefangen, das Abendessen zu kochen. Sie geben sich beide viel Mühe. Sie wissen, dass wir alle in einem Boot sitzen. Das ist eine große Erleichterung für mich, es bringt uns einander näher. Mein Sohn ist erst zehn, er hängt noch sehr an mir. Er folgt mir überall hin, wenn ich zu Hause bin, und wir bringen uns gegenseitig auf den neuesten Stand, was an diesem Tag so alles passiert ist. Er erzählt mir viel, und ich versuche, ihm immer zuzuhören. Das ist manchmal nicht leicht, wenn ich einen wirklich harten Tag hatte.«

Der Ausstrahlungseffekt, den die Arbeit auf unser Leben zu Hause hat, bereitet vielen Menschen Sorge. Wir haben alle mal einen schlechten Tag bei der Arbeit. Eine Meinungsverschiedenheit mit einem Kollegen, mangelnde Anerkennung, Diskriminierung aufgrund des Geschlechts oder eines anderen Aspekts unserer Identität, Anforderungen, denen wir beim besten Willen nicht gerecht werden können … All dies kann zu negativen Emotionen führen, die wir mit nach Hause nehmen. Liegt unsere Hauptpflicht zu Hause bei der Kindererziehung können dort ebenfalls negative Gefühle entstehen, die uns auch dann noch begleiten, wenn die Sprösslinge im Bett sind und die endlose Liste an Aufgaben im Haushalt abgearbeitet ist.

Welche Auswirkungen haben diese emotionalen Strömungen auf andere Bereiche unseres Lebens? Unser Partner und unsere Familie haben kaum eine Vorstellung davon, wie wir uns fühlen, wenn wir von der Arbeit nach Hause gehen, und doch sind sie diejenigen, die dann alles abbekommen.

Den Ärger mit nach Hause tragen

In den 1990er-Jahren, als es mit der Beziehung zu seiner Freundin ernst wurde, machte Marc sich bezüglich seiner eigenen Work-Life-Balance Sorgen. Er arbeitete mehr als je zuvor und machte sich nicht nur Gedanken darüber, dass er zu wenig Zeit mit den Menschen, die ihm am Herzen lagen, verbrachte, sondern auch darüber, dass die gemeinsame Zeit mit diesen Menschen zu sehr von den Emotionen beeinflusst wurde, die mit seiner Arbeit zu tun hatten.

Angeregt durch diese persönlichen Sorgen begann Marc, wie es in der psychologischen Forschung häufig geschieht, sich bei der Arbeit damit zu beschäftigen, die Zeit zu untersuchen, die Menschen bei der Arbeit verbringen, insbesondere darüber, welche Auswirkungen sie auf den Rest des Lebens hat. Er führte eine Studie durch, um zu bestimmen, wie stark sich ein schwieriger Arbeitstag auf die Partnerschaft auswirken kann.[173]

Er gab Paaren mit kleinen Kindern Fragebogen mit nach Hause, die sie über mehrere Tage hinweg jeweils am Ende des Arbeitstages und vor dem Schlafengehen ausfüllen sollten. Mit der Studie versuchte Marc die Frage zu beantworten, wie es die Beziehung zum Partner beeinflusst, wenn man von der Arbeit verärgert nach Hause kommt.

Die Ergebnisse waren wenig überraschend: War der Arbeitstag hart, gingen die Paare abends anders miteinander um. Bei Frauen war ein schwieriger Tag vorwiegend mit einem wütenderen Verhalten verbunden, bei Männern mit dem emotionalen Rückzug von der Partnerin.

Eine Reihe von Studienteilnehmern, vor allem die Männer, sagten, sie ließen den Arbeitsstress normalerweise am Arbeitsplatz zurück. Allerdings zeigte die Studie, dass wir, selbst wenn wir glauben, die Arbeit am Arbeitsplatz zu lassen, die Emotionen dennoch mit uns nach Hause nehmen, manchmal unbewusst. Eine barsche Antwort auf eine freundliche Frage, das Abschalten vor dem Fernseher oder dem Computer, das Gespräch über die Probleme eines anderen, das kürzer als sonst ausfällt … Wir wären überrascht, wie sehr unsere Emotionen aus dem Job unser Leben zu Hause färben. Kommt der Partner jedoch verärgert nach Hause, geben wir meist ihm dafür die Schuld: Lass es nicht an mir aus!

Wenn sich Gefühle von der Arbeit auf eine enge Beziehung übertragen, bleibt uns nichts anderes übrig, als uns ihnen zu stellen. Einige der Techniken aus Kapitel 6 (zur Anpassung an Emotionen) und Kapitel 7 (in der Beziehung zum Partner oder zur Partnerin) sind hier ebenfalls nützlich. Denn meist entwickelt sich aus diesen Emotionen heraus eine Abwärtsspirale: Einer kommt verärgert nach Hause und zieht sich vom Partner zurück oder ist ungeduldig mit ihm. Der Partner reagiert negativ auf dieses veränderte Verhalten, worauf der andere wiederum negativ reagiert, und so weiter. Und der Abend ist nicht mehr zu retten.

Sich aus dieser negativen Spirale herauszukämpfen ist schwierig, aber nicht unmöglich. In erster Linie müssen wir uns unseren Emotionen direkt stellen. Wir fühlen, was wir fühlen, müssen es aber nicht zulassen, dass sie jedes Mal die Oberhand über uns gewinnen. Sind wir diejenige Person, die verärgert nach Hause kommt, müssen wir zuerst *erkennen* und *akzeptieren*, dass wir verärgert sind. Wir müssen uns klarmachen, dass die Verärgerung ihren Auslöser in der Arbeit hat. Haben wir uns diese Fakten bewusst gemacht, kann es entgegen unserer Erwartung hilfreich sein, uns einen Augenblick Zeit zu nehmen – im Auto auf dem Parkplatz vor dem Büro, in der Bahn auf dem Weg nach Hause, zu Hause unter der Dusche – und die Emotionen, ohne sie zu bewerten, bewusst zu fühlen. Wir müssen dabei nicht alle Gründe für die Gefühle noch einmal aufwärmen, all die Ungerechtigkeiten, die uns widerfahren sind, denn das würde uns nur wieder in eine Abwärtsspirale führen. Und die entgegengesetzte Taktik – der Versuch, die Emotionen zu ignorieren oder sie vor dem Partner zu verbergen – steigert ihre Intensität und unsere körperliche Erregung häufig noch.[174] Stattdessen besteht der erste, hilfreichste Schritt darin, uns unsere Gefühle uns selbst gegenüber einzugestehen.

Ebenfalls nützlich in diesem Zusammenhang sind die Erkenntnisse aus Kapitel 5, in dem es um Aufmerksamkeit ging. Kommen wir verärgert nach Hause, ist oft das Einzige, woran wir denken, die Arbeit. Zu diesem Zeitpunkt können wir jedoch wahrscheinlich nicht viel an dem ändern, was uns ursprünglich verärgert hat. Um uns von dem Gedanken abzulenken, könnten wir versuchen, unsere Umgebung wahrzunehmen, ihre Geräusche, ihre Beschaffenheit. Fragen Sie Ihren Partner: »Wie war *dein* Tag?«, und hören Sie aufmerksam zu. All das ist natürlich leichter gesagt als getan. Es erfordert Übung.

Kommt umgekehrt Ihre Partnerin verärgert nach Hause und behandelt Sie gereizt oder unaufmerksam, können ähnliche Strategien helfen. Schaffen Sie es, darauf nicht negativ zu reagieren, könnten Sie kurz innehalten und herauszufinden versuchen, was bei Ihrer Partnerin los ist. Atmen Sie tief durch und stellen Sie ihr die einfache Frage: »Wie war dein Tag?« Oder verändern Sie sie, damit sie nicht wie eine Floskel wirkt: »Du hattest einen harten Tag, oder? Erzählst du mir, was passiert ist?«

Es ist unvermeidlich, dass wir bei der Arbeit auch einmal schlechte Tage haben (oder mehrere schlechte Tage hintereinander).[175] Doch können wir vielleicht an den Gründen, warum wir diese schlechten Tage haben, etwas ändern? Manchmal rühren die schwierigen Emotionen von der Art der Aufgaben selbst her, ebenso häufig aber von der Art der Beziehungen im Job – ob es sich dabei nun um einen problematischen Kollegen, eine allzu fordernde Chefin oder ewig unzufriedene Kunden handelt. Meist halten wir unsere Arbeitsbeziehungen für in Stein gemeißelt. Das müssen sie jedoch nicht sein. Viele der Techniken, über die wir im Zusammenhang mit der Familie und dem Partner gesprochen haben, lassen sich auf unsere Beziehungen im Kollegium ebenso anwenden. Auch das W.I.S.E.R.-Modell aus Kapitel 6 ist bei der Interaktion mit Kolleginnen und Kollegen hilfreich.

Im Fall von Victor Mourad, einem unserer Studienteilnehmer aus der Innenstadt von Boston, kam der Stress, den er empfand, nicht von einer schwierigen Arbeitsbeziehung, einem anstrengenden Chef etwa, sondern von einem Problem, das in der modernen Arbeitswelt weit verbreitet ist: mangelnde sinnerfüllte Interaktion. Anders ausgedrückt: Victor war am Arbeitsplatz einsam.

Eine andere Art von Armut

Victor wuchs als Sohn syrischer Einwanderer im North End von Boston auf. Seine war eine von mehreren arabischsprachigen Familien der Harvard Study. Sein Viertel war damals stark von italienischen Einwanderern geprägt, weshalb sich Victor als Kind oft fehl am Platz fühlte.[176] In jedem Interview, das wir im Laufe seines Lebens mit ihm führten, fiel er den Mitarbeiterinnen und Mitarbeitern der Study als sowohl hochintelligent als auch chronisch unsicher auf. Tatsächlich glaubte er, weniger intelligent als fast alle seine Bekannten zu sein. Wenn ein Mitschüler die Schule schwänzte oder von zu Hause weglief, glaubte Victor, der betreffende Schüler sei eben zu klug für die Schule oder mutiger, als er selbst es war.

»Victor ist ein zugewandter, offener, liebenswerter Junge, der sich um alles in seiner Umgebung kümmert«, erzählte einer seiner Lehrer aus der mittleren Jahrgangsstufe uns. »Aber er ist auch ein Nervenbündel.« Zwischen 20 und 30 hatte Victor eine Reihe von Gelegenheitsjobs, danach gründete sein Cousin ein kleines Fuhrunternehmen, das den Nordosten der USA bediente, und bot Victor eine Stelle an. Victor lehnte zunächst ab, überlegte es sich aber noch einmal, nachdem er geheiratet hatte und die Firma seines Cousins zu florieren und zu expandieren begann.

»Ich dachte, na ja«, so Victor, »ich verbringe gern Zeit allein. Da hört sich Lastwagenfahren gar nicht so schlecht an.«

Einige Jahre später stieg Victor zum Partner in der Firma auf und wurde am Gewinn beteiligt, obwohl er weiter Lastwagen fuhr. Er war stolz darauf, anständig zu verdienen und seiner Frau sowie seinen Kindern einen hohen Lebensstandard bieten zu können, doch minderte dieser Stolz nicht sein Gefühl der Einsamkeit. Manchmal war er tagelang von zu Hause weg, Freunde, mit denen er sich regelmäßig hätte treffen können, hatte er nicht. Der eine Mensch bei der Arbeit, den er gut kannte – sein Cousin –, war ein Choleriker, und sie waren häufig unterschiedlicher Meinung darüber, wie die Firma geführt werden sollte. 20 Jahre nachdem er begonnen hatte, Lastwagen zu fahren, erzählte Victor uns, dass sein Verdienst ihn daran gehindert hatte, sich etwas Neues zu suchen, wenngleich die Arbeit zu einer großen Last in seinem Leben geworden war. »Wenn ich den Mut dazu hätte, würde ich aufhören«, vertraute er einem Interviewer der Studie an. »Doch jemand wie ich kann nicht kündigen, aus finanziellen Gründen. Ich glaube, ich werde bis zum Sankt-Nimmerleins-Tag in dieser Tretmühle stecken.«

Wie Victor haben viele Menschen hinsichtlich der Arbeit nicht immer die Wahl. Unsere Lebensumstände und finanziellen Bedürfnisse können die Optionen, die wir haben, enorm verringern, und so kommt es häufig vor, dass wir uns in einem Beruf wiederfinden, der alles andere als erfüllend ist. Es ist kein Zufall, dass viele der am wenigsten befriedigenden Jobs auch zu denen gehören, die mit der größten Einsamkeit verbunden sind. Dazu gehören beispielsweise das Lastwagenfahren, der nächtliche Sicherheitsdienst und bestimmte Arten von Nachtarbeit. Mittlerweile gibt es aber auch immer mehr einsame Jobs in neu entstandenen, stark technologisierten Branchen. Menschen, die beispielsweise als Selbstständige im Paketdienst, im Lieferservice und in anderen Unternehmen arbeiten, haben meist gar keine Kolleginnen und Kollegen. Der Online-Einzelhandel ist mittlerweile zu einer riesigen Industrie mit Millionen von Arbeitskräften geworden, doch selbst das Verpacken und Sortieren in der Auftragsabwicklung, wo es jede Menge Mitarbeiter und Mitarbeiterinnen gibt, kann sehr einsam sein. Die Arbeit muss so schnell gehen und die Center sind so groß, dass viele Beschäftigte in derselben Schicht einander nicht einmal beim Namen kennen, und von sinnerfüllter Interaktion kann erst recht nicht die Rede sein.

Daneben gibt es natürlich noch die grundlegende und uralte Arbeit Kinder großzuziehen – ein Job, der so schwer und einsam sein kann wie jeder andere. Kann man sich stundenlang mit keinem anderen Erwachsenen unterhalten, und das Tag für Tag, kann das schon langweilig und nervtötend sein.

Fühlen wir uns bei der Arbeit einsam, bedeutet das, dass das für den Großteil der Zeit, die wir wach verbringen, gilt. Das schlägt sich irgendwann auch auf unsere Gesundheit nieder. Wie bereits erwähnt, erhöht Einsamkeit das Sterberisiko ebenso sehr wie Rauchen oder starkes Übergewicht.[177] Wer sich bei der Arbeit also einsam fühlt, sollte sich soweit möglich Gelegenheiten schaffen, mit anderen Kontakt aufzunehmen. Für Eltern mit kleinen Kindern könnten Verabredungen zum Spielen oder Besuche auf dem Spielplatz im Park – für die Eltern manchmal ebenso wichtig wie für die Kinder – eine solche Gelegenheit darstellen. Lagerarbeiterinnen und -arbeiter könnten sich vor oder nach ihrer Schicht mit den Kollegen und Kolleginnen austauschen. Selbstständigen könnten kleine Interaktionen mit anderen positive Momente und ein zumindest vorübergehendes Gefühl der Gemeinschaft bescheren (in Kapitel 10 werden wir näher darauf eingehen, wie wichtig diese »kleinen« Interaktionen sind). Wer sein Wohlbefinden bei der Arbeit steigern will, muss das bewusst und mit Bedacht tun – von allein geschieht das wahrscheinlich nicht.

Allerdings betrifft Einsamkeit bei der Arbeit nicht nur diejenigen, die einsame Jobs haben. Selbst Menschen, die in ausgesprochen sozialen Berufen tätig sind, können sich ohne sinnerfüllte Verbindungen zu den Kolleginnen und Kollegen unglaublich einsam fühlen.

Das Meinungsforschungsunternehmen Gallup führt seit 30 Jahren Umfragen am Arbeitsplatz[178] durch, und eine der Fragen, die zu den größten Kontroversen geführt hat, lautet: Haben Sie eine beste Freundin / einen besten Freund am Arbeitsplatz?

Manche Manager und Angestellte halten die Frage für irrelevant oder finden sie absurd, und manchmal werden Freundschaften am Arbeitsplatz ausgesprochen kritisch beäugt. Plaudern die Beschäftigten miteinander und fühlen sie sich bei der Arbeit augenscheinlich wohl, mag der eine oder andere daraus schließen, dass Arbeit und Produktivität darunter erheblich litten.

Tatsächlich ist das Gegenteil der Fall. Studien belegen, dass Menschen, die einen guten Freund am Arbeitsplatz haben, *engagierter* sind als Menschen, die nicht mit einer Kollegin oder einem Kollegen befreundet sind.[179] Dieser Effekt tritt besonders prägnant bei Frauen in Erscheinung, die doppelt so engagiert arbeiten, wenn sie die genannte Frage mit Ja beantworten.

Bei der Suche nach einer Stelle spielen Bezahlung und gesundheitliche Bedingungen häufig eine größere Rolle als die Arbeitsbeziehungen – wenngleich diese sich nicht minder erheblich auf unsere Gesundheit auswirken können. Positive Arbeitsbeziehungen führen zu geringerem Stress, gesünderen Angestellten und weniger Tagen, an denen wir verärgert nach Hause kommen. Anders ausgedrückt: Sie machen uns glücklicher.[180]

Ungleichheit am Arbeitsplatz und zu Hause

Sich um positive Beziehungen am Arbeitsplatz zu bemühen ist jedoch mit ganz eigenen Fallstricken verknüpft; insbesondere Gruppen, die von der Gesellschaft ohnehin ausgegrenzt werden, hatten schon immer mit zusätzlichen Belastungen und Problemen am Arbeitsplatz zu kämpfen. Zu Beginn des 20. Jahrhunderts wurden in Boston beispielsweise Einwanderer aus den armen Gegenden Europas und des Nahen Ostens ausgegrenzt, die wiederum einen großen Teil der innerstädtischen Harvard-Study-Gruppe ausmachten. Ebenso gehörten die Frauen der Student Council Study dazu, und auch heute noch sind es überwiegend Frauen sowie People of Color, die sich anhaltenden Widerständen am Arbeitsplatz ausgesetzt sehen. Angesichts des herrschenden Machtgefälles und Vorurteile ist es schwierig, echte Freundschaften einzugehen.

»Im Moment mache ich mir große Sorgen«, vertraute Rebecca

Taylor, die zuvor erwähnte Student-Council-Study-Teilnehmerin, einem Interviewer 1973 an, »weil das Krankenhaus mehrere Schwestern entlassen will und ich eine von ihnen sein könnte. Ich habe neulich zufällig ein Gespräch unter Ärzten mit angehört, in dem sich alle einig waren, dass das ja wohl kein großes Problem darstelle, weil die Krankenschwestern mit ihren Ehemännern zu Hause alle ein doppeltes Einkommen hätten. Da bin ich dazwischengefahren – ich musste einfach: ›Also ehrlich! Sie haben keine Ahnung, wovon Sie da sprechen! Sie reden, als hätte niemand irgendeine Verantwortung! Als säßen wir alle im selben Boot.‹ Ich war wirklich stinksauer. Mit dieser Art von Einstellung muss ich mich Tag für Tag auseinandersetzen, und meines Wissens ist man in der Verwaltung derselben Meinung. Ich könnte wirklich meinen Job verlieren. Und was ich dann machen soll – keine Ahnung.«

Als Psychologin auf einem von Männern dominierten Gebiet machte auch Mary Ainsworth – die Entwicklerin des »Unbekannte Situation«-Experiments, das wir im Zusammenhang mit der kindlichen Bindung in Kapitel 7 erwähnt haben – Erfahrungen mit Sexismus am Arbeitsplatz.[181] In den frühen 1960er-Jahren waren sie und ihre Kolleginnen an der Johns Hopkins University gezwungen, in einem separaten Speiseraum zu Mittag zu essen, und die Vergütung der Frauen fiel deutlich geringer aus als die der männlichen Mitarbeiter. An der Queen's University in Kanada hatte man sie als Forscherin abgelehnt – aus dem schlichten Grund, weil sie eine Frau war. Die Wissenschaft der Psychologie und dieses Buch würden heute ganz anders aussehen, wäre Ainsworth nicht drangeblieben.

Viele Fortschritte sind an der Arbeitsfront überall auf der Welt gemacht worden, dennoch bleiben Ungleichheiten und Ungerechtigkeiten bestehen. In Amerika hat sich die Rolle der Frau als Arbeitskraft seit den 1960er-Jahren signifikant verändert. Frauen sind in vielfältigeren Berufen beschäftigt denn je, zudem arbeiten sie länger. Mit einer entsprechenden Veränderung der Rolle der Frau zu Hause ist dies jedoch nicht einhergegangen. In ihrem 1989 erschienenen Buch *The Second Shift* zeigt Arlie Hochschild auf, dass die Verantwortlichkeiten von Frauen zu Hause, vor allem von liierten Frauen mit Kindern, im Großen und Ganzen dieselben geblieben sind – trotz Veränderungen auf dem Arbeitsmarkt.[182]

Mehr als 30 Jahre später gelten für Frauen und Männer hinsichtlich der Verantwortlichkeiten im Haushalt immer noch unterschiedliche Erwartungen und sind oft Gegenstand der Paartherapie. Häufig glauben die Männer, sie leisteten zu Hause einen ebenso großen Beitrag wie die Frauen – und ganz sicher einen viel größeren als die Männer der Generation vor ihnen –, obwohl das in vielen Fällen nicht stimmt. Vielleicht kocht die Frau das Abendessen, und der Mann räumt das Geschirr in die Spülmaschine ein: Ersteres dauert eine Stunde, Letzteres wenige Minuten. Die Frau hilft dem Kind bei den Hausaufgaben, der Mann liest ihm vor dem Schlafengehen eine Gutenachtgeschichte vor: Ersteres dauert eine halbe, Letzteres eine Viertelstunde. Zwar ist jede Beziehung anders, doch liegt die Hauptlast der Hausarbeit statistisch gesehen immer noch bei den Frauen.[183]

Die Diskriminierung von Frauen hört beim Verlassen des Hauses nicht auf. Die MeToo-Bewegung hat dringend erforderliche Aufmerksamkeit auf sexuellen Missbrauch und sexuelle Belästigung im Zusammenhang mit Hierarchien am Arbeitsplatz gelenkt. Doch auch auf einer harmloseren Ebene, auf der Sex nicht involviert ist, kann es riskant sein, Beziehungen zu anderen, die sich auf einer anderen Autoritätsebene befinden, zu pflegen. Was übrigens für Frauen *und* Männer gilt. Ein Machtgefälle neigt dazu, alle möglichen Beziehungen in eine Schieflage zu bringen und letztlich zu verderben.

Ellen Freund, die Frau eines First-Generation-Studienteilnehmers, arbeitete in der Zulassungsstelle einer Universität. Dort erfuhr sie, wie gefährlich ein Machtgefälle sein kann. Als wir sie 2006 fragten, ob sie etwas im Leben bedauerte, antwortete sie:

Ja, das tue ich tatsächlich. Das ist schon zig Jahre her, aber ich erzähle es Ihnen trotzdem. Einige Jahre nachdem ich begonnen hatte, für die Universität zu arbeiten, hatte ich vier oder fünf Kolleginnen, die alle ungefähr in meinem Alter waren. Genau genommen waren sie mir unterstellt, aber wir wurden gute Freundinnen. Wir waren ständig in Kontakt. Dann bat der neue Dekan der Zulassungsstelle mich darum, ihm eine vertrauliche Einschätzung aller Mitarbeiterinnen und Mitarbeiter zu geben – ihre Stärken und ihre Schwächen. Das tat ich auch und war absolut ehrlich dabei. Allerdings hielt mich die Bürochefin daraufhin für eine Verräterin: Sie kopierte meine Mitteilung und legte sie jeder einzelnen Mitarbeiterin auf den Schreibtisch. Danach habe ich nie wieder eine enge Freundschaft zu irgendjemandem an der Universität gepflegt. Aber das verfolgt mich bis zum heutigen Tag. Was ich getan habe, hat unserer Freundschaft ein Ende gesetzt. Sie haben mir das nie vorgeworfen, wir haben nie darüber gesprochen. Vielleicht weil sie wussten, dass das, was ich über sie gesagt hatte, stimmte. Ich habe mich um Fairness bemüht. Wahrscheinlich hat meine Einschätzung ihre Stellung nicht gefährdet – unsere Freundschaft aber hat sie zerstört.

Auf die Frage, ob sie es nach diesem Vorfall absichtlich vermieden hatte, Freundschaften am Arbeitsplatz zu schließen, erwiderte Ellen: »Absolut, ja. Ich wollte nur noch einen möglichst rein beruflichen Kontakt zu den Kolleginnen und Kollegen haben. Ich wollte nicht von persönlichen Beziehungen beeinflusst werden und auch nicht diesen Eindruck erwecken.«

Ellen entschied sich dafür, gar keine Bekanntschaften am Arbeitsplatz zu pflegen, um ihre »persönlichen Beziehungen« von den »Arbeitsbeziehungen« zu trennen. Diese Strategie ist weit verbreitet und verständlich. Minimieren wir unsere sozialen Kontakte und den Grad, bis zu dem wir uns unseren Kolleginnen und Kollegen gegenüber öffnen, minimieren wir auch bestimmte Probleme am

Arbeitsplatz. Dies kann aber gleichzeitig neuen Schwierigkeiten den Weg ebnen, dem Gefühl der Abkopplung und Einsamkeit beispielsweise. In Ellens Fall bestimmte ihre Entscheidung über ihr gesamtes restliches Arbeitsleben – und sie bereute ihre Entscheidung letztlich. Was hätte sie stattdessen tun können? Sie hätte sich dem Problem stellen können: Sie hätte mit ihren Kolleginnen sprechen und herausfinden können, ob die verletzten Gefühle geheilt werden konnten. Dadurch hätte sie vielleicht an zumindest einigen der Freundschaften festhalten können, die für sie so wichtig gewesen waren.

Solche Entscheidungen wirken sich auf mehr als eine Weise auf den Arbeitsplatz aus. Zum einen kann eine solche Distanziertheit die Qualität der Leistung erheblich mindern, zum anderen kann sie den Wissenstransfer und das Wachstum vor allem junger Mitarbeiter behindern. Schließlich ist auch eine der wertvollsten Arbeitsbeziehungen eine, die mit einem Machtungleichgewicht einhergeht: die zwischen Mentor und Schützling.

Mentorenschaft und die Kunst der generationenübergreifenden Kommunikation

Als unser Highschool-Lehrer Leo DeMarco jung war, träumte er davon, Romanschriftsteller zu werden. Am Ende musste dieser Traum seiner Leidenschaft fürs Lehren weichen, und er fand es beinahe ebenso erfüllend, seinen Schülerinnen und Schülern dabei zu helfen, ihren Traum vom Schreiben zu verfolgen. »Andere zu ermutigen«, so Leo, »war wichtiger, als es selbst zu tun.«

Wie alle Lehrer befand sich Leo in der einzigartigen Position, einen Beruf zu haben, in dem er anderen ein Mentor sein konnte. Allerdings gibt es in jedem Beruf Anfängerinnen und Anfänger sowie diejenigen, die schon lange dabei sind. Die Mentorenschaft kann sowohl für die ratgebende als auch für die ratsuchende Person nützlich sein. Als Mentor können wir generativ sein, also Verantwortung für die nachfolgende Generation übernehmen. Es ist schon eine ganz besondere Freude, seinen Einfluss und sein Wissen an die nächste Generation weiterzugeben. Wir lassen andere an dem, was wir im Berufsleben bekommen oder uns *gewünscht* haben, teilhaben. Im Gegenzug haben wir an der Energie und dem Optimismus der jüngeren Kolleginnen und Kollegen teil und profitieren von den frischen Ideen, die sie oft mitbringen. Die Schützlinge wiederum entwickeln ihre Fähigkeiten schneller und kommen so rascher voran, als müssten sie sich alles selbst aneignen. Manche Berufe kommen ohne diese Art von Beziehung gar nicht aus, sie wären ohne die Instruktionen einer erfahreneren ausbildenden Person gar nicht möglich. Die Beziehung zu pflegen kann für Mentor und Mentee gleichermaßen bereichernd sein.

Wir, Bob und Marc, haben ebenfalls von einer ganzen Reihe von Mentoren profitiert, die nicht nur unsere Karriere, sondern auch unser Leben geprägt haben. Bisweilen haben wir uns auch gegenseitig als Mentor unterstützt.

Als wir uns kennenlernten, war Bob offiziell Marcs Chef, da er das Programm leitete, in dem Marc sein Psychologiepraktikum absolvierte. Marc ist zwar mehr als zehn Jahre jünger als Bob, hinsichtlich der Forschungsausbildung aber weiter als er fortgeschritten. Kurz nach dem ersten Treffen beschloss Bob, sich für ein Stipendium zu bewerben, das auch ihm die Forschung ermöglichen würde. Er war bereits etablierter klinischer Psychiater und Pädagoge – in die Forschung zu gehen würde bedeuten, seinen administrativen Posten aufzugeben und ganz von vorn zu beginnen. Einige Kollegen rieten ihm davon ab, es sei zu spät dafür und der Wechsel zu schwierig. Bob tat es trotzdem. Doch er hatte ein Problem: Ein wichtiger Teil der Stipendiumsbewerbung bestand in komplizierten statistischen Analysen – böhmische Dörfer für Bob. Also bot er Marc seine Freundschaft und die lebenslange Versorgung mit Schokokeksen an, sollte Marc sich bereit erklären, ihm bei den Analysen zu helfen.

Die Beziehung war komplex: Bob war Marcs Chef und zeigte sich in gewisser Weise verletzlich, wenn er seinen Untergebenen um Hilfe bat. Allerdings war auch Marc verletzlich, da Bob erheblich älter und ranghöher war und viel mehr Sicherheiten hatte. Dennoch lernten wir voneinander. In die eine Richtung floss statistisches Wissen, in die andere jahrelange Erfahrung auf anderen Gebieten. Am Ende wurde Bob das Stipendium gewährt, und er ging in die Forschung (wenngleich Marc von Bob seit Jahren schon keinen Schokokeks mehr bekommen hat).

Während wir älter werden und vom Mentee zum Mentor, vom Lernenden zum Lehrenden übergehen, entstehen immer neue Möglichkeiten der Verbindung, manchmal dort, wo wir sie nie vermutet hätten. Die jüngere Generation zu fördern und Weisheit sowie Erfahrung mit anderen zu teilen gehört zum natürlichen Fluss des Arbeitslebens dazu und macht fast jeden Beruf erfüllender. Die Befriedigung, die wir daraus ziehen, Verantwortung für die nächste Generation zu übernehmen, macht unsere Arbeit erfreulicher.

Veränderungen im Arbeitsleben

Während wir von einer Lebensphase in die nächste übergehen, ist auch unser Arbeitsleben von Veränderungen betroffen. Sei es, dass wir befördert werden, eine Kündigung erhalten, den Arbeitgeber oder gar den Beruf wechseln oder pausieren, um Kinder großzuziehen. Bei jeder größeren Veränderung ist es hilfreich, innezuhalten und den neuen Lebensabschnitt gewissermaßen aus der Vogelperspektive zu betrachten: Inwiefern werden meine *Beziehungen* in der Arbeitswelt und darüber hinaus von der derzeitigen Veränderung beeinflusst? Wie kann ich die Verbindung zu den Menschen, die mir wichtig sind, aufrechterhalten? Gibt es vielleicht neue Möglichkeiten der Verbindung, die ich bislang noch übersehen habe?

Eine der Veränderungen im Arbeitsleben mit den größten Auswirkungen ist gleichzeitig auch eine der letzten: der Ruhestand. Dieser schwierige Übergang geht vor allem auch mit Veränderungen hinsichtlich unserer Beziehungen einher. Das »ideale« Sich-zur-Ruhe-Setzen – man hat sein ganzes Leben lang in ein und demselben Beruf, vielleicht sogar für ein und dieselbe Firma gearbeitet, bekommt die volle Rente und führt fortan ein Leben in Muße – war schon immer eine Seltenheit (und existiert in unserem Zeitalter so gut wie nicht mehr).

Im Rahmen der Harvard Study wurden den Teilnehmerinnen und Teilnehmern häufig Fragen zum Ruhestand gestellt. Ein Großteil der befragten Männer beharrte darauf, dass diese Möglichkeit für sie nie infrage käme: »Zur Ruhe setzen? Nein!«, lautete ihre Antwort. Während einige sich nicht zur Ruhe setzen *wollten,* befürchteten andere, für das Alter reiche das Geld nicht aus. Wieder andere konnten sich ein Leben ohne Arbeit nicht vorstellen. Bei manchen Teilnehmern war es extrem schwierig, den Arbeitsstatus überhaupt zu bestimmen. Viele weigerten sich, darüber nachzudenken, ließen die Fragen zum Ruhestand auf den Fragebogen aus oder gaben an, sie seien im Ruhestand, obwohl sie weiter fast Vollzeit arbeiteten – für sie, so schien es, war der Ruhestand eine Art Geistesverfassung.

Setzen wir uns zur Ruhe, kann es schwierig sein, uns neue Quellen des Sinns zu erschließen. Das ist aber entscheidend! Diejenigen, die im Ruhestand am besten zurechtkommen, konnten die sozialen Verbindungen, die sie am Arbeitsplatz so lange über Wasser hielten, durch neue Freundschaften ersetzen. Auch bei denen, denen die Arbeit keinen Spaß gemacht hat und die nur arbeiteten, um sich und/oder ihre Familie zu ernähren, kann eine riesige Lücke im Leben entstehen, wenn diese wichtige Struktur des Tages wegfällt.

Ein Teilnehmer antwortete auf die Frage, was er an seiner Arbeit in der Arztpraxis, die er fast 50 Jahre lang geführt hatte, am meisten vermisste: »Absolut gar nichts [an der Arbeit selbst]. Ich vermisse die Menschen und die Freundschaften.«

So ähnlich erging es Leo DeMarco auch. Kurz nach seiner Pensionierung bekam er zu Hause Besuch von einem Interviewer, der Folgendes in seinen Aufzeichnungen festhielt:

> Ich fragte Leo, was er am Ruhestand am schwierigsten fand, und er antwortete, dass er seine Kolleginnen und Kollegen vermisste und versuchte, mit ihnen in Kontakt zu bleiben. »Es tut einfach gut, quatschen zu können.« Es machte ihm immer noch Spaß, darüber zu sprechen, worum es beim Unterrichten eigentlich ging. »Es ist wunderbar, wenn man jemandem dabei helfen kann, sich Fähigkeiten anzueignen.« Dann fuhr er fort: »Zu unterrichten ist im Grunde eine Verpflichtung für die gesamte Menschheit.« Jungen Menschen etwas beizubringen brächte »den ganzen Prozess des Erkundens und Erforschens in Gang«. Kleine Kinder wüssten, wie man spielt, und »der erziehende Erwachsene muss sich daran erinnern«. Das sei schwer für Jugendliche und Erwachsene, wegen der anderen »Verpflichtungen« im Leben.

Das war, wie gesagt, kurz nach Leos Pensionierung, als er immer noch herauszufinden versuchte, was es für ihn bedeutete, nun nicht mehr zu unterrichten. Er blickte auf sein Berufsleben zurück und dachte darüber nach, wie es ihn beeinflusst hatte und was genau er daran vermisste. Dass Erwachsene sich erinnern müssten, wie man spielt, beschäftigte ihn zu dieser Zeit selbst sehr. Jetzt, da die Arbeit nicht mehr der Mittelpunkt seines Lebens war, konnte das Spielen wieder wichtiger werden.

Für viele Menschen bedeutet die Arbeit auf einer tieferen emotionalen Ebene den Punkt, an dem wir uns selbst wichtig fühlen – für unsere Kolleginnen, unsere Kundinnen, ja sogar unsere Familie, die wir mit unserer Arbeit ernähren. Entfällt dieses Gefühl der eigenen Bedeutung, müssen wir es durch ein anderes Gefühl ersetzen, durch neue Möglichkeiten, Teil von etwas Größerem zu sein.

Dafür ist Henry Keane ein gutes Beispiel. Durch Veränderungen in der Fabrik, in der er arbeitete, wurde er abrupt in den Ruhestand gezwungen. Ganz plötzlich hatte er ungeheuer viel Zeit und Energie übrig, also sah er sich nach einer ehrenamtlichen Tätigkeit um, die ihm das Gefühl vermittelte, noch immer nützlich zu sein. Zunächst half er in einem Pflegeheim für Kriegsveteranen aus, dann engagierte er sich bei American Legion und Veterans of Foreign Wars. Zudem hatte er nun mehr Zeit für seine Hobbys, das Restaurieren von Möbeln und den Skilanglauf. Doch all das reichte ihm noch nicht. Irgendetwas fehlte immer noch.

»Ich muss arbeiten!«, erzählte er uns im Alter von 65 Jahren. »Nichts allzu Schweres, aber ich hoffe, ich finde ein paar Jobs, mit denen ich beschäftigt bin und die noch ein bisschen Geld einbringen. Mir wird erst jetzt klar, wie sehr ich es liebe zu arbeiten und Menschen um mich zu haben.«

Dabei ging es nicht in erster Linie ums Geld – Henry bekam eine anständige Pension und war zufrieden damit –, sondern vielmehr darum, dass das Geldverdienen die Tätigkeiten irgendwie wertvoller machte. Jemandem war die Aufgabe so wichtig, dass er dafür bezahlte. Jeder muss seinen eigenen Weg finden, wie er für andere bedeutsam sein kann.

Zudem lehrt uns Henrys Erkenntnis, Menschen um sich haben zu wollen, eine andere wichtige Lektion – nicht über den Ruhestand, sondern über Arbeit an sich: Die Menschen, mit denen wir arbeiten, sind von Bedeutung. Von Zeit zu Zeit sollten wir uns am Arbeitsplatz umsehen und unseren Kolleginnen und Kollegen, die unser Leben bereichern, Wertschätzung entgegenbringen. Häufig ist die Arbeit mit so vielen finanziellen Sorgen verbunden, mit so viel Stress und Befürchtungen, dass die Beziehungen, die wir dort knüpfen, manchmal nicht zu ihrem Recht kommen. Wir erkennen meist erst dann, wie wichtig unsere Arbeitsbeziehungen für uns sind, wenn wir keine mehr haben.

Veränderungen in der Art der Arbeit selbst

Nordöstlich von Philadelphia, nicht weit von dem Ort entfernt, an dem Marc wohnt, liegt ein großes Grundstück, das früher ein familiengeführter Bauernhof war. Kühe grasten dort auf grünen Weiden. Nach Ausbruch des Zweiten Weltkriegs wurde die Farm an die Regierung der USA verkauft und in einen riesigen Industriekomplex umgewandelt, wo Artilleriegeschosse und Flugzeugprototypen produziert wurden. Wo früher Kühe zu sehen gewesen waren, befanden sich nun Gebäude und Pisten, Lastwagen und eben Flugzeuge. Nach dem Krieg wurden dort bis in die späten 1990er-Jahre verschiedene Produkte hergestellt, anschließend wurde das Gelände erneut verkauft und in einen Golfplatz umgestaltet. Um das Gelände herum entstanden Häuser, und statt eines Gewerbegebiets konnten die Menschen, die dort wohnten, nun Bäume, Fairways und Golfcarts sehen, wenn sie aus dem Fenster blickten. Jetzt, 30 Jahre später nach weiteren wirtschaftlichen Entwicklungen, ist der Golfplatz ebenfalls verkauft und wird zum Zeitpunkt, in dem wir das Buch schreiben, zu einem UPS-Sortierzentrum umgewandelt.[184] Schon bald werden die Fairways und Golfcarts durch ein gewaltiges Lager und Lieferfahrzeuge ersetzt sein. Diese Entwicklung ist alles andere als ein Einzelfall: Überall im Land, in jedem Wirtschaftssektor, finden derartige Veränderungen statt.

Die prägendste Zeit unserer Teilnehmer aus der Innenstadt von Boston, vom Kleinkindalter bis etwa zwölf Jahre, erlebten sie während der Weltwirtschaftskrise. Damals war finanzielle Sicherheit alles andere als selbstverständlich, und dieser Umstand hatte erheblichen Einfluss darauf, wie die Studienteilnehmer ihr späteres Arbeitsleben führten. Für sie ging es bei der Arbeit häufig weniger darum, bequem leben zu können, sondern vielmehr darum, größere Katastrophen abzuwenden.

Die wirtschaftlichen Herausforderungen, vor die diese Teilnehmer sich gestellt sahen, sind auch heute noch angesichts der ökonomischen, ökologischen und technologischen Umwälzungen relevant, die die nähere Zukunft unvorhersehbar machen. Die Unsicherheit, die Henry Keane oder Wes Travers empfanden, als sie um kostenloses Essen anstanden, steht in einem direkten Zusammenhang mit der Unsicherheit, die ein Kind der Generation Z empfunden haben mag, als seine Familie während der Finanzkrise 2008 ihr Zuhause verlor, oder mit der junge Menschen heute nach der Covid-19-Pandemie zu kämpfen haben.

Trotz unseres technischen Fortschritts verrichten viele Menschen ausgesprochen zermürbende Tätigkeiten und haben Mühe, ihre grundlegenden Bedürfnisse zu erfüllen. Der in den Himmel gelobte Wohlstand, den man sich mit der Allgegenwart des Computers und dem Anbruch des Informationszeitalters erhofft hatte, ist auf ganz bestimmte Sektoren und Menschen beschränkt, während andere Arbeitnehmer schlechter dran sind als jemals zuvor. Neue Technologien verändern, wie oft wir mit anderen bei der Arbeit interagieren. Künstliche Intelligenz ersetzt Jobs und Arbeitskräfte durch automatisierte Systeme und schafft dadurch mehr Interaktion mit Maschinen und weniger mit Menschen. Durch Fortschritte in der Kommunikationstechnologie ist es in Branchen wie dem Handel, den Medien und der Bildung immer üblicher geworden, aus der Ferne zu arbeiten. Darüber hinaus sorgt das Gefühl, immer erreichbar sein zu müssen, dafür, dass sich die Arbeit in das Privatleben schleicht. Gelinde gesagt hat das Nachdenken darüber, wie sich diese Veränderungen auf unsere soziale Fitness auswirken, nicht gerade oberste Priorität. Doch gehört der Zustand unserer Beziehungen zu den wichtigsten Faktoren für unsere Gesundheit und unser Wohlbefinden.

In Kapitel 5 haben wir darauf hingewiesen, dass die Zeit, die jedem von uns bleibt, sowohl eine endliche Ressource als auch unbestimmbar ist. Wenn wir unser Leben in vollen Zügen genießen wollen – und wie gesagt verbringen wir den Großteil unseres Lebens mit der Arbeit –, sollten wir uns bewusst machen, dass die

Arbeit ein *wichtiger Ort der Sozialisierung und Verbindung* ist.[185] Veränderungen in der Natur der Arbeit ziehen unweigerlich Veränderungen des Alltags nach sich.

Das hätte uns die Covid-19-Pandemie nicht klarer vor Augen führen können. Plötzlich waren Millionen von Menschen zu Hause eingeschlossen, arbeitslos, beurlaubt oder zum Homeoffice gezwungen und stellten ebenso plötzlich fest, wie sehr sie die Menschen, die sie sonst jeden Tag um sich gehabt hatten, vermissten. Wir wurden von unseren Kolleginnen und Kollegen, von den Kunden und Kundinnen getrennt.[186] Bob und Marc beispielsweise nutzten Videokonferenzen, um zu unterrichten, mit den Kollegen zusammenzuarbeiten und sogar in der Therapie, was ausgesprochen gewöhnungsbedürftig war. Es war zwar besser als nichts, aber eben nicht mehr wie vorher.

Es ist unvermeidlich, dass die technische Entwicklung weiterhin fortschreitet.[187] Aufgrund der wirtschaftlichen Vorteile – ein Büro kostet Geld – und aufgrund der Vorteile, die flexiblere Arbeitszeiten und weniger Pendeln für den Arbeitnehmer haben, werden sicherlich immer mehr Stellen die Möglichkeit einräumen, zumindest teilweise aus der Ferne zu arbeiten. Das mag finanziell und logistisch auch sinnvoll sein, doch wie wird es sich auf das Wohlbefinden der Arbeitenden auswirken?

Einerseits können die Folgen positiv sein, indem es wie erwähnt zu einer größeren Flexibilität und mehr Zeit mit der Familie führt. Insbesondere berufstätige Eltern, die nun öfter zu Hause sind und die sich keinen Babysitter leisten können, könnten davon profitieren, ebenso wie diejenigen, die einen sehr weiten und beschwerlichen Weg zur Arbeit haben.

Aber auch hier gibt es eine Kehrseite der Medaille. Die Arbeit zu Hause trennt uns von wichtigen Sozialkontakten am Arbeitsplatz. Vielleicht fühlen wir uns anfänglich befreit und wohl in der neuen, praktischen Situation, doch wie wir in Kapitel 5 gesehen haben, werden die potenziell großen Verluste durch neue technologische

Fortschritte häufig von den Vorteilen verschleiert. Zwar sind weitere Studien erforderlich, aber wahrscheinlich wird diese Abnahme des persönlichen Kontakts am Arbeitsplatz die geistige Gesundheit und das Wohlbefinden der Arbeitenden früher oder später deutlich negativ beeinflussen. Zu Hause arbeitende Eltern haben möglicherweise den Vorteil, ihrer Familie mehr zur Verfügung zu stehen, aber sie sind dadurch auch einer größeren Belastung ausgesetzt: Sie müssen sich um Arbeit und Kinder gleichzeitig kümmern. Es liegt auf der Hand, dass diese Belastung für berufstätige Mütter und diejenigen, die kein Geld für eine zusätzliche Kinderbetreuung haben, besonders groß sein wird.

Angesichts all dieser Veränderungen sollten wir uns fragen, wie sie sich auf unsere *soziale Fitness* auswirken werden. Wenn Automatisierung bedeutet, dass wir mehr mit Maschinen und weniger mit Menschen interagieren, gibt es dann eine Möglichkeit, neue soziale Umgebungen am Arbeitsplatz zu kultivieren? Wenn immer mehr Menschen von zu Hause aus arbeiten, wodurch können wir den persönlichen Kontakt am Arbeitsplatz dann ersetzen?

Unser Gehirn ist darauf ausgerichtet, Neues zu entdecken und Gefahren zu erkennen, und reagiert deshalb natürlich besonders stark auf die Wunder neuer Technologien sowie auf die Belastungen am Arbeitsplatz. Verglichen mit diesen beiden Faktoren treten die subtileren Strömungen positiver Beziehungen, so wichtig sie für unser Wohlbefinden auch sind, eher in den Hintergrund. Wenn unsere Beziehungen – sowohl die bei der Arbeit als auch die zu Hause – in diesem neuen Arbeitsumfeld gedeihen sollen, müssen wir uns um sie kümmern. Wir sind die Einzigen, die das können. Wenn wir das nicht tun und es die Harvard Study in 80 Jahren noch gibt, dann blickt die heute jüngste Generation mit über 80 auf die Frage, ob sie etwas in ihrem Leben bedauere, vielleicht zurück und erkennt wie einige unserer First-Generation-Teilnehmer, dass ihr etwas sehr Wichtiges abhandengekommen ist.

Das Beste aus der Arbeitszeit machen

Wir glauben oft, wir hätten alle Zeit der Welt, um Veränderungen vorzunehmen, alle Zeit der Welt, um herauszufinden, wie wir unser Arbeitsleben verbessern oder eine Balance zwischen Arbeit und Freizeit herstellen können. *Wenn* diese Sache, dieses Problem erst erledigt ist, habe ich Zeit, darüber nachzudenken. Morgen ist auch noch ein Tag. Allerdings können fünf oder zehn Jahre wie im Flug vergehen. Alle zehn bis zwanzig Jahre haben wir persönliche Interviews mit unseren Teilnehmerinnen und Teilnehmern durchgeführt. Das scheint auf den ersten Blick ein langer Zeitraum zu sein, doch wann immer wir um ein neues Interview baten, kam es den Befragten so vor, als sei das letzte Interview erst gestern gewesen.

In Kapitel 5 haben wir über die Illusion gesprochen, dass uns immer Zeit bleiben wird für die Dinge, die getan werden müssen, sowie darüber, dass wir in Wirklichkeit nur den gegenwärtigen Augenblick haben. Stellen wir uns immer wieder vor, wir hätten später noch Zeit, sehen wir uns eines Tages vielleicht um und erkennen, dass es kein Später mehr gibt. Dann werden die meisten *Jetzt* bereits vergangen sein.

Wenn Sie also morgen aufstehen und sich auf den Weg zur Arbeit machen, dann lassen Sie sich doch einmal die folgenden Fragen durch den Kopf gehen:

- Mit wem bei der Arbeit habe ich am meisten Spaß? Wen schätze ich am meisten wert? Was schätze ich an diesem Menschen wert? Mache ich ihm meine Anerkennung deutlich?
- Wer ist auf irgendeine Art und Weise anders als ich? (Wer denkt anders, hat einen anderen Hintergrund, hat ein anderes Fachwissen?) Was kann ich von dieser Person lernen?
- Wenn ich einen Konflikt mit einem Kollegen oder einer Kollegin habe, was kann ich dann tun, um ihn zu mildern? Könnte das W.I.S.E.R.-Modell mir helfen?

- Welche Art von Kontakt vermisse ich bei der Arbeit? Wie könnte ich solche Verbindungen oder Kontakte schaffen?
- Wie gut kenne ich meine Kolleginnen und Kollegen? Gibt es jemanden, den ich gern besser kennen würde? Wie kann ich Kontakt zu dieser Person aufnehmen? Vielleicht suchen Sie sich dafür die Person aus, mit der Sie am wenigsten gemeinsam zu haben scheinen. Seien Sie neugierig und fragen Sie die Person etwas, vielleicht über ein Familienfoto auf dem Schreibtisch, ob die Person ein Haustier hat oder über das T-Shirt, das sie bei der Arbeit trägt.

Auf dem Weg nach Hause überlegen Sie, wie Sie sich fühlen und ob die Erlebnisse dieses Tages Ihre Freizeit beeinflussen könnten. Vielleicht ist der Einfluss insgesamt ja ein positiver. Ist das nicht der Fall, können Sie dann kleine Veränderungen vornehmen? Würden zehn Minuten oder eine halbe Stunde allein, ein kurzer Spaziergang oder eine Runde schwimmen, bevor Sie nach Hause gehen, helfen? Würde es helfen, wenn Sie für eine gewisse Zeit Ihr Smartphone ausschalteten, damit sich die Arbeit nicht in Ihrer Freizeit breitmacht?

Manchmal würden wir lieber alles andere machen als arbeiten. Trotzdem sind die Arbeitsstunden eine wichtige Gelegenheit, soziale Kontakte aufzunehmen und zu pflegen. Viele der glücklichsten Männer und Frauen der Harvard Study hatten eine positive Beziehung zu ihrer Arbeit und ihren Arbeitskollegen, ob sie nun Autoreifen verkauften, Kindererzieherinnen waren oder Patienten operierten. Sie waren in der Lage, eine Balance zwischen Arbeit und Freizeit herzustellen (wenn auch erst nach einigen Anlaufschwierigkeiten und mit Kompromissen). Sie verstanden, dass alles mit allem verbunden war.

»Wenn ich auf mein Arbeitsleben zurückblicke«, erzählte Ellen Freund, die Universitätsangestellte, uns im Jahr 2006, »wünsche ich mir manchmal, ich hätte den Menschen, die für oder um mich herum arbeiteten, mehr und den anstehenden Problemen weniger Aufmerksamkeit geschenkt. Ich habe meine Arbeit geliebt. Wirklich. Aber ich war, glaube ich, eine schwierige, ungeduldige, fordernde Chefin. Jetzt wo Sie fragen, wünschte ich, ich hätte alle ein bisschen besser gekannt.«

Unser Leben wartet nicht zu Hause auf uns, wenn wir aus der Tür treten und zur Arbeit gehen. Es steht nicht am Straßenrand, wenn wir auf den Fahrersitz unseres Lastwagens klettern. Es späht nicht durch das Fenster der Klasse, wenn wir unsere neuen Schülerinnen und Schüler begrüßen. Jeder Arbeitstag ist eine wichtige persönliche Erfahrung, und in dem Maß, in dem wir ihn mit Beziehungen anreichern können, in dem Maß profitieren wir auch von ihm. Denn auch die Arbeit ist Leben.

10 Alle Freunde sind wichtig

»Meine Freunde sind mein ›Besitz‹. Vergib mir also meine Gier danach, sie zu horten.«[188]

EMILY DICKINSON

»Ohne Freundschaft möchte niemand leben, …«[189]

ARISTOTELES, *NIKOMACHISCHE ETHIK*

Harvard-Study-Fragebogen, 1989

F: Denken Sie an Ihre zehn besten Freunde (Familie und nahe Verwandte ausgeschlossen). Wen würden Sie jeweils welcher der folgenden Kategorien zuordnen?
(1) Enge Freundschaft; wir teilen Freud und Leid.
(2) Freundschaft; wir haben viele gemeinsame Interessen.
(3) Zwanglose Freundschaft; wir treffen uns eher zufällig.

Als Louie Daly etwa Mitte 50 war, wurde er von einem Interviewer nach seinen ältesten Freunden gefragt. »Ich fürchte, ich habe gar keine Freunde«, antwortete er. »Der engste Freund, den ich je hatte, war ein Bursche namens Morris Newman. In meinem ersten Jahr an der Uni haben wir zusammengewohnt. Es war Mo, der mich für Jazz begeisterte, diese Art von Musik liebe ich bis heute. Wir waren ein Jahr lang wirklich eng befreundet, bis er von der Uni geflogen ist. Wir haben uns danach noch etwa zehn Jahre geschrieben, doch plötzlich kamen von ihm keine Briefe mehr. Vor fünf Jahren vermisste ich Mo irgendwie und beauftragte eine Detektei für 500 Dollar damit, ihn zu suchen. Die fand ihn auch, und so schrieben wir uns wieder. Eines Tages, rund drei Monate später, ging ich zum Briefkasten und fischte einen Brief heraus – nicht von Mo, sondern von seinem Anwalt, der mir mitteilte, dass Mo ganz plötzlich verstorben war.«

Wen würde Louie jetzt anrufen, wenn er ein Problem hatte? »Ach«, erwiderte er, »ich bin ein selbstgenügsamer Mensch. Ich brauche andere nicht so sehr.«

Leo DeMarco antwortete ganz anders. Als er von einem Interviewer nach seinem besten Freund gefragt wurde, entgegnete er wie aus der Pistole geschossen: »Das ist Ethan Cecil.« Die beiden kannten einander seit der Grundschule und waren noch immer eng befreundet. Ethan wohnte ein paar Autostunden von Leo entfernt und besuchte ihn von Zeit zu Zeit. Dann setzten sie sich hin und redeten. Als Leo von dieser Freundschaft sprach, klingelte sein Telefon. Er ging ran und unterhielt sich eine Weile sehr lebhaft mit dem Anrufer. Als er aufgelegt hatte, sagte er: »Das war Ethan!«

Was bedeutet ein Freund für uns, wenn wir erwachsen sind? Was bedeutet es, ein Freund zu *sein?* Wie wichtig sind Freundschaften in unserem Leben wirklich?

Für Kinder sind Freundschaften häufig der Mittelpunkt ihres Lebens, teilweise deswegen, weil sie so intensiv sind. Die Stärke der Verbindung zwischen zwei eng befreundeten Kindern (oder Jugendlichen) bekommt einzig Konkurrenz von der Intensität des Verletztseins, wenn die Freundschaft aus irgendeinem Grund auseinanderbricht. Fühlen wir uns geliebt, wärmt ein Zugehörigkeitsgefühl unser Herz. Umgekehrt hinterlässt es tiefe Wunden, wenn wir das Gefühl haben, uns wurde Unrecht getan, oder wir wurden schikaniert.

Mit zunehmendem Alter verändern wir uns, und in der Folge verändern sich auch die Verbindungen zu unseren Freundinnen und Freunden. Im jungen Erwachsenenalter wichtige Freundschaften verkümmern vielleicht, wenn wir heiraten oder Kinder bekommen. Ebenso gut können sie aber auch wieder präsenter werden, wenn wir Schwierigkeiten in der Ehe haben oder den Verlust eines geliebten Menschen verkraften müssen.

Das ist ganz normal. Doch abgesehen vom natürlichen Auf und Ab des Lebens hat jeder Mensch auch eine gewohnheitsmäßige Herangehensweise an Freundschaften, die uns meist nicht bewusst ist. Wir investieren in eine Freundschaft, was wir eben in sie investieren, nicht, was sie braucht. Während das Leben mit zunehmendem Alter immer hektischer wird, müssen wir uns unsere Zeit gut einteilen. Häufig stehen Freundschaften ganz unten auf der Prioritätenliste. Verantwortlichkeiten gegenüber Familie und Arbeit haben Vorrang vor einem Anruf bei einer alten Freundin oder einem Kaffee mit einem neuen Freund oder dem regelmäßigen Spieleabend. Uns ist wohl klar, wie wichtig es ist, Freunde zu haben, aber es gibt immer noch etwas, das wichtiger ist.

Tatsächlich sind unsere Freunde auch im Erwachsenenalter wichtiger für unsere Gesundheit und unser Wohlbefinden, als wir glauben. Es ist erstaunlich, wie stark sich Freundschaften auf unser Leben auswirken können, angesichts der geringen Aufmerksamkeit, die wir ihnen manchmal schenken. Freunde bauen uns auf, wenn wir niedergeschlagen sind, sie verbinden uns mit unserer eigenen Geschichte und – das ist vielleicht das Wichtigste – sie bringen uns zum Lachen. Manchmal können wir nichts Besseres für unsere Gesundheit tun, als Spaß zu haben.

Jahrhundertelang haben sich Philosophen und Philosophinnen mit den profunden Auswirkungen der Freundschaft beschäftigt. Der römische Philosoph Seneca schrieb, der Wert der Freundschaft reiche weit darüber hinaus, was unsere Freunde für uns tun könnten. Wir brauchen Freunde nicht nur, um jemanden zu haben, der an unserem Bett sitzt, wenn wir krank sind, oder der uns rettet, wenn wir in Not geraten. »Jeder, der bei einer Freundschaft nur an die eigenen Interessen denkt, macht einen großen Fehler«, so Seneca. »Wozu aber schließen wir dann Freundschaften? Um jemanden zu haben, für den wir sterben können, dem wir ins Exil folgen können.«[190]

Was Seneca hier meint, ist, dass der Nutzen einer Freundschaft manchmal nicht auf den ersten Blick erkennbar ist. Vielleicht messen wir deshalb dieser Art von Beziehung so wenig Bedeutung bei. Gute Freundschaften reiben sich uns nicht immer unter die Nase, sie buhlen nicht um unsere Aufmerksamkeit. Manchmal treten sie still in den Hintergrund unseres Lebens und verblassen allmählich.

Das muss aber nicht so sein. Sehen wir genauer hin, fällt uns vielleicht auf, dass uns ganz einfache, potenziell sehr schöne Gelegenheiten, unseren Freunden Aufmerksamkeit zu schenken und unser soziales Universum zu beleben, entgangen sind. Manchmal liegen diese Chancen, die unsere Lebensqualität entscheidend verbessern könnten, direkt vor unserer Nase. Freundschaften *fordern* es vielleicht nicht ein, dass wir uns um sie kümmern, sie kümmern sich andererseits aber auch nicht um sich selbst.

Wertvolle Begleiter auf schwierigen Wegen

Als wir, Bob und Marc, uns vor 30 Jahren zum ersten Mal begegneten, war unser Kontakt hauptsächlich beruflich. Einmal in der Woche aßen wir gemeinsam zu Mittag und sprachen über Themen wie statistische Modelle, Forschungsmethoden und Studiendesigns. Doch obwohl es in unseren Gesprächen in erster Linie um berufliche Angelegenheiten und manchmal auch Büropolitik und anderen Klatsch und Tratsch ging, hatten wir beide zunehmend das Gefühl, den anderen besser kennenlernen zu wollen. Deshalb trafen wir uns weiterhin jede Woche zum Mittagessen – auch wenn es nichts Offizielles zu besprechen gab. Dafür sprachen wir über alles mögliche andere: die Familie, unsere Hobbys, Kindheitserinnerungen.

Irgendwann beschlossen wir, uns zu viert – Bob, Marc und unsere jeweiligen Ehefrauen – zum Abendessen zu verabreden. Zum Glück waren sich auch Jennifer, Bobs Frau, und Joan, Marcs Frau, sympathisch. Sie mussten sich zwar die eine oder andere Ausführung über statistische Analysen anhören, trugen dies aber mit Fassung, und so wurden wir in relativ kurzer Zeit gute, wenn auch noch nicht enge Freunde. Nachdem wir uns einmal einige Monate lang nicht zum Abendessen verabredet hatten, luden Bob und Jennifer Marc und Joan zu sich ein. Zu dieser Zeit war Joan zum ersten Mal schwanger; das Baby sollte in knapp vier Wochen kommen, sie und Marc waren deshalb mächtig nervös. Da Bob und Jennifer damals schon zwei kleine Söhne hatten, erhofften sich Marc und Joan diesbezüglich einige Ratschläge von ihnen.

Am späten Donnerstagnachmittag vor dem geplanten Abendessen aber bekam Marc einen panischen Anruf von Joan. Bei der Routineuntersuchung an diesem Tag hatte ihr Frauenarzt ihr gesagt, sie müsse unverzüglich ins Krankenhaus, um einen Kaiserschnitt vornehmen zu lassen. Marc stürzte aus seinem Büro und rannte Bob dabei fast um.

»Es geht um Joan und das Baby«, erzählte er atemlos. »Ein Rettungswagen bringt sie gerade ins Krankenhaus.«

Als Marc im Krankenhaus ankam, fand er Joan an Überwachungsgeräte angeschlossen vor, sie hatte starke Schmerzen. Die Ärzte erklärten ihm, Joan leide an einer lebensbedrohlichen Form von Präeklampsie. Ihre Leber drohte zu versagen, ihr Blutdruck ging durch die Decke, ständig fragte sie Marc und die Schwestern, ob er schon wieder gesunken war. Marc und Joan erinnern sich noch gut daran, wie die Ärzte ihnen mitteilten, Mutter und Baby würden wahrscheinlich sterben, holte man das Kind nicht sofort per Kaiserschnitt.

Während Joan für die OP vorbereitet wurde, rief Marc Bob an, um ihn kurz über den Stand der Dinge zu informieren. Bob bot Marc an, jederzeit zu ihm ins Krankenhaus zu kommen, um ihm Gesellschaft zu leisten. Es ging an diesem Abend alles viel zu schnell, als dass Bob es tatsächlich rechtzeitig zu Marc ins Krankenhaus hätte schaffen können, doch allein das Angebot tat ihm ungeheuer gut. Marcs und Joans Eltern wohnten beide sehr weit weg, da war ein guter Freund mehr als vonnöten.

Der Kaiserschnitt verlief komplikationslos, Marc war bei Joan, als ihr gemeinsamer Sohn zur Welt kam. Beide waren unendlich erleichtert, als Joans Blutdruck schließlich wieder zu sinken begann. Beim ersten Schrei – eigentlich mehr ein Quieken – ihres Sohnes weinten die Eltern vor Freude. Er war zwar einen Monat zu früh auf die Welt gekommen und wog nur knapp viereinhalb Pfund, war ansonsten aber gesund. Joan und Marc waren so erschöpft, dass sie sich noch nicht einmal auf einen Namen für das Baby einigen konnten. Marc rief bei Bob an, überbrachte ihm die gute Nachricht und sagte, sie wollten alle drei nun versuchen zu schlafen.

Am nächsten Tag sagte Bob alle seine Termine ab und fuhr zu Joan, Marc und dem Baby, das Jacob heißen sollte, ins Krankenhaus.

Joan erholte sich nur langsam, konnte nach fünf Tagen aber schließlich entlassen werden.

Die Tage sind in Marcs Erinnerung derart verschwommen, dass er erst viel später erkannte, wie wichtig es für ihn gewesen war, Bob in dieser Zeit um sich zu haben, auch wenn er nicht viel für Joan hatte tun können. Plötzlich war Marc bewusst, dass es bei seiner Freundschaft mit Bob nicht nur um Statistik und Forschung und nette Verabredungen zum Abendessen ging. Bob war für ihn und Joan da, wenn es drauf ankam, und er würde für Bob da sein, wenn er ihn brauchte.

Die Geschichte ist nur eine von vielen in unserer Freundschaft, die heute, 26 Jahre später, zu diesem Buch geführt hat. Wenn Sie an die schwierigeren Zeiten in Ihrem Leben denken, fallen Ihnen vielleicht ähnliche Geschichten ein. Schlägt das Schicksal zu – und das tut es früher oder später –, sind es häufig unsere Freunde, die uns zur Seite stehen, die uns in stürmischen Zeiten helfen.

Die Macht der Freundschaft ist nicht nur der Stoff, von dem Anekdoten oder philosophische Betrachtungen erzählen, auch die Wissenschaft belegt sie. Freunde lindern unsere Wahrnehmung von Kummer und Leid, durch sie erscheinen uns widrige Ereignisse weniger widrig, als wir sie ohne sie empfinden würden. Freunde können die Auswirkungen und Dauer extremen Stresses entscheidend verringern. Nicht dass wir den Stress nicht mehr spüren würden – doch ermöglichen es uns Freunde, besser mit ihm umzugehen. Und weniger Stress sowie eine bessere Stressbewältigung führen zu einer geringeren körperlichen Belastung.

Mit anderen Worten: Freunde sorgen dafür, dass wir gesund bleiben oder zumindest gesünder.

In Kapitel 2 haben wir uns mit einem im Jahr 2010 von Julianne Holt-Lunstad und anderen durchgeführten Überblick über 148 Studien und zahlreiche weitere Daten beschäftigt, mit dem sie die Auswirkungen sozialer Verbindungen auf Gesundheit und Lebenslänge analysierten.[191] Unter diesen 148 Studien gab es eine ganze Reihe, die sich speziell auf die Freundschaft konzentrierten. Hier einige ihrer Ergebnisse:

- In einer groß angelegten Längsschnittstudie aus Australien fand man heraus, dass Menschen über 70 mit dem stärksten Netzwerk an Freunden eine 22 Prozent geringere Wahrscheinlichkeit aufwiesen, während des Studienzeitraums (zehn Jahre) zu sterben, als diejenigen Teilnehmerinnen und Teilnehmer mit dem schwächsten Freundesnetzwerk.[192]
- In einer Längsschnittstudie mit 2835 Krankenschwestern, die an Brustkrebs litten, fand man heraus, dass Frauen mit zehn oder

mehr Freundinnen und/oder Freunden eine viermal höhere Wahrscheinlichkeit zu überleben aufwiesen als Frauen, die keine engen Freunde hatten.[193]

- In einer schwedischen Längsschnittstudie mit über 17.000 Männern und Frauen im Alter zwischen 29 und 74 fand man heraus, dass gefestigtere soziale Verbindungen das Sterberisiko insgesamt über einen Zeitraum von sechs Jahren um fast ein Viertel verringerten.[194]

Die Liste ließe sich beinahe endlos fortführen. Freundschaften haben deshalb einen messbaren Effekt auf den Körper, weil unser Körper braucht, was Freundschaften ihm geben. Das menschliche Bedürfnis nach Freunden und der Kooperation, die mit diesen Beziehungen einhergeht, ist ein wichtiges Teilchen des evolutionären Puzzles, das uns zu einer so erfolgreichen Spezies gemacht hat. Freunde zu haben, einer Gruppe anzugehören, steigert die Überlebenswahrscheinlichkeit. Das gilt auch heute noch, in unserem stressigen Umfeld wirken sich unsere Freunde schützend auf unsere Gesundheit aus. Ganz gleich, wie stark, wie unabhängig, wie autark wir sind – biologisch sind wir immer noch auf Freundschaften ausgerichtet. Kommt es hart auf hart, profitieren selbst die Harten von Freundschaften.

Eine wahre Krisenfundgrube

In gewisser Weise eignet sich die Harvard Study ganz besonders dazu, den Zusammenhang zwischen Freundschaft und Widrigkeiten im Leben zu untersuchen, da sie eine wahre Fundgrube an Krisensituationen darstellt. Alle First-Generation-Teilnehmer haben die Weltwirtschaftskrise miterlebt. Fast alle Probanden aus der Bostoner Innenstadt stammten aus gelinde gesagt bescheidenen und manchmal sogar tragischen Verhältnissen, und auch einige Mitglieder der Harvard-College-Gruppe wuchsen unter ökonomisch oder sozial schwierigen Bedingungen auf. Wie bereits erwähnt, kämpften aus dieser Unikohorte 89 Prozent der Teilnehmer im Zweiten Weltkrieg, rund die Hälfte davon war in tatsächliche Kampfhandlungen verwickelt. Viele der Befragten aus der Innenstadt von Boston, die ein paar Jahre jünger waren, waren im Koreakrieg. Einige der Studienteilnehmer fanden sich in Situationen wieder, in denen sie töten mussten, um nicht selbst getötet zu werden. Einige von ihnen mussten mitansehen, wie ihre Kameraden getötet wurden. Einige hatten nach dem Krieg zu Hause mit einer Erkrankung zu kämpfen, die mittlerweile als Posttraumatische Belastungsstörung (PTBS) in die Lehrbücher eingegangen ist.

Welche Rolle spielten Freundschaften angesichts all dieser Tragödien und Zeiten der Not? Können auch wir aus den Erfahrungen, die unsere Befragten in puncto Freundschaft gemacht haben, lernen?

Aus den Aufzeichnungen, in denen die Teilnehmer aus erster Hand von ihren Kampferlebnissen und der Verbundenheit mit ihren Kameraden berichten, geht Folgendes hervor: Diejenigen, die engere Freundschaften zu ihren Kameraden pflegten und in Einheiten mit großem Zusammenhalt dienten, wiesen eine geringere Wahrscheinlichkeit auf, nach dem Krieg Symptome einer PTBS zu entwickeln. Anders ausgedrückt: Ihre Freundschaften wirkten sich wie eine schützende Rüstung aus. Gute und verlässliche Freunde zu haben half diesen Männern durch eine sehr schwierige Zeit.

Einige dieser Freundschaften hielten ein Leben lang an. Wir fragten die Teilnehmer, wie viel Kontakt sie nach dem Krieg noch zu ihren Kameraden hatten. Manche von ihnen schrieben sich immer noch Weihnachtskarten, telefonierten gelegentlich oder besuchten sich gegenseitig. Manche hielten sogar den Kontakt zur Ehefrau des Kameraden aufrecht.

Die meisten allerdings verloren die Verbindung zu den ehemaligen Kameraden irgendwann, ebenso wie zu anderen Freunden. Die

Schwierigkeiten setzten sich im Leben fort, doch nun mussten sich die Befragten ihnen ohne die Unterstützung enger Freunde stellen. Es gibt Studienteilnehmer – einer davon ist Neal McCarthy aus Kapitel 8 –, die im Krieg waren und an Kampfhandlungen teilgenommen hatten, uns jedoch berichteten, die größten Herausforderungen seien ihnen im Zivilleben begegnet. Scheidungen, Unfälle, der Tod der Ehefrau oder eines Kindes und andere schmerzliche Erlebnisse lasteten auf ihren Schultern. Mit zunehmendem Alter aber verloren sie ihre Freunde aus den Augen, sodass sie mit all diesen Erlebnissen ohne die Hilfe von Freunden zurechtkommen mussten. Im Krieg hatten sie noch jemanden gehabt, an den sie sich hatten wenden können, mit dem sie ihr Leid hatten teilen können. Das war nun nicht mehr der Fall.

Wenn Freundschaften verkümmern

Beim Blättern durch die Studienaufzeichnungen trifft man schon recht bald auf Teilnehmer, die im späteren Leben bedauerten, wie sich ihre Freundschaften entwickelt hatten. Es gibt zwar auch Fälle extremer Isolation und Einsamkeit – Sterling Ainsley (Kapitel 4) etwa oder Victor Mourad (Kapitel 9) –, doch finden sich in der Harvard Study häufiger Fälle, die von einem gewöhnlicheren Gefühl der Unverbundenheit berichten. Einige der Befragten waren mit zunehmendem Alter von immer weniger engen Freunden umgeben. Nach dem Zustand ihrer Freundschaften gefragt – eine Gelegenheit, die sich außerhalb der Studie nur selten ergab –, behaupteten sie fast immer, ihr Mangel an engen Freundschaften sei ihrer Autarkie und Unabhängigkeit geschuldet. Gleichzeitig jedoch äußerten viele den Wunsch, mehr enge Freunde zu haben.

»Viele Männer wie ich bedauern, nicht mehr enge Freunde gehabt zu haben«, vertraute uns ein Teilnehmer an. »Ich hatte nie einen wirklich engen Freund. Meine Frau hat mehr Freunde als ich.«

Von solchen Erfahrungen ist in den Studienaufzeichnungen zwar häufiger die Rede, insbesondere bei Männern, doch gibt es kaum Belege für die Überzeugung, Männer seien irgendwie auf emotionale Unabhängigkeit und stoischen Gleichmut »programmiert« und stünden Nähe grundsätzlich ablehnend gegenüber. Eher wahrscheinlich ist, dass diese Herangehensweise an Freundschaften (und Beziehungen im Allgemeinen) in erster Linie das Ergebnis kultureller Kräfte ist. Beispielsweise unterscheiden sich Freundschaftsmuster unter Angehörigen der LGBTQ+-Community häufig von denen heterosexueller Menschen. Zudem gibt es große Generationsunterschiede in der Art und Weise, wie Männer mit zunehmendem Alter ihre Sozialkontakte pflegen.

Forschungen zufolge sind die Unterschiede in den Freundschaftsmustern von Männern und Frauen tatsächlich relativ klein. Das belegt etwa eine Reihe von Längsschnittstudien, in denen männliche Heranwachsende verschiedener Herkunft enge Freundschaften auf eine Art und Weise pflegten, die weitverbreiteten Geschlechtsstereotypen unbedingt widerspricht. Die Psychologin Niobe Way beispielsweise beschäftigte sich mit Freundschaften zwischen schwarzen, lateinamerikanischen und asiatisch-amerikanischen Jugendlichen und Jungen im Teenageralter, die wie unsere Studienteilnehmer aus der Innenstadt von Boston in bescheidenen Verhältnissen in einer Großstadt aufgewachsen sind.

»Geheimnisse teilen und über alles miteinander reden können – so definierten die Jungen in meinen Studien einen besten Freund«[195], schrieb Way. Dazu ein Beispiel:

> Erstsemester Mark erzählt: »[Mein bester Freund] kann mir alles sagen, genauso wie ich ihm alles sagen kann. Ich weiß auch immer alles über ihn … Wir sind immer total entspannt, haben keine Geheimnisse voreinander. Wir erzählen uns gegenseitig von unseren Problemen.« Eddie, ein Zweitsemester, sagt: »Das ist wie ein Band, wir haben Geheimnisse. Wenn mir irgendetwas

wichtig ist, kann ich es ihm erzählen, und er macht sich nicht darüber lustig. Familienprobleme zum Beispiel.« Mit Freunden, so die Jungen, spielten sie Basketball oder Videospiele – mit besten Freunden konnten sie reden und Geheimnisse teilen.

Beim Wechsel der Jungen ins späte Heranwachsenden- und frühe Erwachsenenalter verlieren die Freundschaften häufig ein wenig an Ungezwungenheit, sie werden zurückhaltender. Manche dieser Veränderungen finden als Reaktion auf die sich verändernden Lebensumstände und sowohl bei Männern als auch bei Frauen statt. Hier kommen Jobs und romantische Beziehungen den Freundschaften in die Quere. Bei Männern sind allerdings oft zusätzliche, sehr mächtige kulturelle Kräfte am Werk. In vielen Kulturen gilt es als Zeichen zunehmender Männlichkeit, sich unabhängig zu geben, und emotionale Nähe zu Freunden des gleichen Geschlechts gilt umgekehrt als Zeichen mangelnder Männlichkeit. So geht mit der Zeit die Vertrautheit zwischen den Freunden verloren.

Die Freundschaft zwischen jungen Mädchen ist sicherlich ihren ganz eigenen Zwängen und Einschränkungen unterworfen, allerdings wird hier im Gegensatz zu den Jungen in zahlreichen Kulturen von den Mädchen erwartet, diese engen Freundschaften auch über das Teenageralter hinaus aufrechtzuerhalten. Diese Erwartungen können für die Nähe im späteren Leben zwar förderlich sein, sie haben aber auch zur Folge, dass Frauen im Umgang mit emotionalen Problemen in engen Beziehungen die größere Last tragen.

1987 bekamen die Teilnehmer der First Generation von den Mitarbeiterinnen und Mitarbeitern der Harvard Study einen Fragebogen. Falls die Befragten verheiratet waren, wurde ein zweiter Fragebogen an die jeweiligen Ehefrauen versandt. An einem waren wir damals besonders interessiert: an den Freundschaften der Paare.

Den Männern wurde folgende Frage gestellt: Wie zufrieden sind Sie mit der Anzahl und Qualität (Nähe) Ihrer Freundschaften (Ihre Frau zählt nicht)? 30 Prozent der Befragten gaben an, unzufrieden zu sein und sich mehr und nähere Freundschaften zu wünschen. Von den Frauen hingegen, denen eine ähnliche Frage gestellt wurde, waren nur 6 Prozent unzufrieden mit der Anzahl und Qualität ihrer Freundschaften.

Etwa zur selben Zeit leistete die Soziologin Lillian Rubin wertvolle Arbeit mit der Untersuchung der Frage, warum Männer und Frauen einen anscheinend so unterschiedlichen Umgang mit Freundschaften pflegen.

Frauen, so Rubin, halten den Kontakt zu ihren Freundinnen und Freunden besser als Männer. Auch die Natur ihrer Verbindung ist anders: Bei Männern sind Freundschaften um Aktivitäten herum organisiert, während es Frauen vor allem auf die emotionale Nähe ankommt, darauf, sehr persönliche Gedanken und Gefühle miteinander zu teilen. Frauen pflegen Freundschaften gewissermaßen von Angesicht zu Angesicht, die Männer eher Seite an Seite.

Diese Beobachtungen werden zwar durch verschiedene andere Studien gestützt, doch seit immer mehr zu diesem Thema geforscht wurde, hat sich Folgendes deutlich herauskristallisiert: Die Geschlechtsunterschiede zwischen dem, was Männer und was Frauen in Freundschaften suchen, sind kleiner, als man angesichts unserer kulturellen Vorgaben erwarten würde.[196]

So zeigen Studien beispielsweise, dass Frauen zwar generell mehr als Männer von Freundschaften erwarten – vor allem hinsichtlich des vertrauten Austauschs untereinander –, dass dieser Unterschied allerdings nicht signifikant ist. In der Psychologie bedeuten kleine Unterschiede zwischen zwei Gruppen, dass die Überschneidung zwischen den beiden eher die Regel und nicht die Ausnahme ist. Im Ganzen belegen die Forschungen, dass die meisten Menschen unabhängig von ihrer Geschlechtsidentifikation sich eine ganz ähnliche Nähe und Vertrautheit von ihren jeweiligen Freunden wünschen und diese auch brauchen.

Freundschaften: Der beste Beweis

Wenn wir den Studienteilnehmern einen Fragebogen mit der Post zuschicken, bekommen sie diesen nicht einfach nur mit einem Rücksendeumschlag – sie bekommen noch einen freundlichen Brief von unseren Mitarbeitern und Mitarbeiterinnen dazu. So hat sich im Laufe der Jahre eine große Menge an Korrespondenz angehäuft, und selbst ein rasches Überfliegen dieser Korrespondenz enthüllt, welch tiefe Verbindungen dabei entstanden sind. In den Köpfen der First-Generation-Teilnehmer hat sich vor allem ein Name als synonym mit der Harvard Study festgesetzt, weil sie sie unterschrieben hat: Lewise Gregory Davies.

Die gelernte Sozialarbeiterin schloss sich der Studie in ihren allerersten Tagen an, als Arlie Bock gerade erst mit seinen Forschungen begonnen hatte. Als sich die Untersuchungen allmählich ausdehnten, wurde Lewise mehr und mehr in den Kontakt zu den Teilnehmern involviert. Sie kannten ihren Namen, schrieben ihr persönliche Mitteilungen zu den Neuigkeiten in ihrem Leben (auch wenn das alles in den Fragebogen Platz gefunden hätte), und wenn sie den Fragebogen nicht fristgerecht zurücksandten, meldete sich Lewise bei ihnen und erinnerte sie freundlich daran. Lewise betrachtete die Teilnehmer als ihre Freunde, wenn nicht als zweite Familie. Viele von ihnen füllten die Fragebogen aus und willigten in Interviews ein, weil sie sich Lewise persönlich verpflichtet fühlten und ihr gegenüber loyal sein wollten.

Schließlich setzte sich Lewise zur Ruhe, doch nach dem Tod ihres Mannes begann sie, ihre Freunde von der Studie zu vermissen, also kehrte sie zurück und führte ihre Arbeit fort. Dem persönlichen Engagement für die Harvard Study, dem von Lewise und auch anderen, ist es zu verdanken, dass uns fast 90 Prozent der Teilnehmerinnen und Teilnehmer über acht Dekaden hinweg erhalten geblieben sind. Sie wussten, dass sie nicht nur für die Studie und die Forschung – die sie größtenteils nie zu Gesicht bekamen – wichtig waren, sondern auch für Lewise. Als sie sich 1983 endgültig zur Ruhe setzte, schrieb sie eine kurze Notiz an alle Studienteilnehmer und -teilnehmerinnen, in der sie ihnen ein letztes Mal für eine der prägendsten Erfahrungen in ihrem Leben dankte:

> *Liebe Freunde,*
> *in all diesen Jahren lag mir die Freundschaft mit euch und euren Familien immer ungeheuer am Herzen. Die Erinnerungen daran strahlen wie ein heller Stern in meinem Leben. Eure Treue und Hingabe an die Studie haben mich zutiefst bewegt. Mögen die Jahre, die vor uns liegen, reich an Glück und Erfüllung für euch und eure Liebsten sein.*
>
> *Eure ergebene, alte Freundin*
> *Lewise*

Die Beziehung mag auf den ersten Blick unwichtig gewesen sein. Viele der Teilnehmerinnen und Teilnehmer haben Lewise nur ein oder zwei Mal persönlich getroffen, manche haben sie nie kennengelernt. Dennoch war sie ein Teil ihres Lebens und viele schätzten sich glücklich, sie gekannt zu haben. Oberflächlich betrachtet also mag die Beziehung zu ihr unbedeutend erschienen sein, in Wirklichkeit aber sie war alles andere als das. Wie Rosa Keane aus Kapitel 9 pflegte auch Lewise gute Arbeitsbeziehungen und entwickelte sich dabei weiter. Gäbe es diese kleinen Verbindungen und die damit verknüpften flüchtigen, aber positiven Gefühle nicht, gäbe es heute vermutlich die Harvard Study nicht mehr.

Die Bedeutung »unwichtiger« Beziehungen

Als wir Henry Keane, Rosas Mann, fragten, wie er einen wahren Freund definieren würde, gab er eine Antwort, der wahrscheinlich viele Menschen zustimmen würden:

»Ein wahrer Freund ist jemand, auf dessen Kameradschaft und Hilfe man immer zählen kann, wenn man sie braucht.«

Diese Art von Freundschaft würde man in der Sozialwissenschaft als »starke Bindung« bezeichnen. Sie verbindet uns mit Menschen, die zuverlässig für uns da sind, wenn etwas schiefläuft, die uns wieder aufrichten, wenn wir niedergeschlagen sind, und die wir unsererseits in schwierigen Zeiten unterstützen würden. Beim Stichwort »wichtige Freunde« würden sicherlich viele an diese Menschen denken.

Allerdings muss eine wertvolle Beziehung nicht notwendigerweise auch eine sein, bei der man einen sehr häufigen und engen Kontakt pflegt. Tatsächlich ist nur wenigen Menschen bewusst, dass einige unserer förderlichsten Verbindungen Beziehungen zu Menschen sein können, mit denen wir *nicht gerade viel Zeit verbringen oder die wir nicht unbedingt gut kennen*. Selbst Interaktionen mit völlig Fremden können versteckte Vorteile in sich bergen.

Denken wir nur an eine der häufigsten und schlichtesten Interaktionen überhaupt: den Kauf einer Tasse Kaffee. Wenn Sie in ein Café gehen, wie oft beginnen Sie dann ein Gespräch mit der Bedienung? Wie oft fragen Sie mit echtem Interesse, wie das Geschäft an diesem Tag läuft? Vielleicht tun Sie das, vielleicht auch nicht, doch wie dem auch sei, Sie würden diese Art von Interaktion wahrscheinlich nicht als »wichtig« bezeichnen. Aber stimmt das? Spielen solche Interaktionen nicht vielleicht doch eine Rolle?

In einer faszinierenden Studie[197] wurden die Teilnehmerinnen und Teilnehmer (die alle einen Kaffee bestellten) in zwei Gruppen aufgeteilt: Eine Gruppe wies man an, mit der Person hinter dem Tresen zu interagieren, die andere sollte so effizient wie möglich sein. Wie beim »Fremde im Zug«-Experiment aus Kapitel 2 stellte sich heraus, dass diejenigen, die lächelten, Blickkontakt herstellten und anderweitig sozial mit der Bedienung – einer völlig fremden Person – interagierten, sich hinterher besser fühlten und ein größeres Zugehörigkeitsgefühl hatten als diejenigen, die ihren Kaffee kauften und Schluss. Kurzum: Der kurze freundliche Austausch mit der fremden Person war einfach erhebend.

Derlei kleine Augenblicke können sich ausgesprochen positiv auf unsere Stimmung auswirken und dabei helfen, den Alltagsstress auszugleichen. Eine nervige S-Bahn-Fahrt zur Arbeit kann durch eine kurze Unterhaltung mit dem Sicherheitsdienst des Bürogebäudes entscheidend abgemildert werden. Das Gefühl der Unverbundenheit kann sich durch ein Hallo zu demjenigen, der die Post bringt, in Luft auflösen. Diese Sorte winzig kleiner Interaktion kann uns Energie für den ganzen Tag schenken. Gewöhnen wir uns an, nach Gelegenheiten für die kleinen »Stimmungsaufheller« zu suchen, kann das mit der Zeit weitreichende Folgen haben – nicht nur für uns, auch für unser soziales Netzwerk insgesamt. Studien zufolge kann wiederholter beiläufiger Kontakt die Entstehung enger Freundschaften fördern.[198] Und manchmal kann selbst der beiläufigste Kontakt uns ganz neue Erfahrungsbereiche eröffnen.

Die lange Reichweite »schwacher« Bindungen

Flüchtige Freundschaften werden in ihrer Wirkungsmacht häufig unterschätzt. Weder widmen wir ihnen viel Zeit noch wirken sie sich ganz offensichtlich auf unser Leben aus. Allerdings gibt es mittlerweile zahlreiche wissenschaftliche Belege dafür, wie vorteilhaft diese Verbindungen für uns sind, die in den Sozialwissenschaften als »schwache Bindungen« bezeichnet werden. (Wir finden den Ausdruck weniger passend, sind die Verbindungen meist doch alles andere als schwach). An diese Menschen wenden wir uns vielleicht nicht, wenn wir in Not sind, trotzdem geben sie uns im Alltag das gute Gefühl, Teil einer größeren Gemeinschaft zu sein.

Der Soziologe Mark Granovetter führte bedeutende Forschungen durch, die zeigen, wie entscheidend diese flüchtigen Verbindungen für uns sind.[199] Die Menschen, die wir gewissermaßen nur peripher kennen, so Granovetter, bilden signifikante Brücken zu neuen sozialen Netzwerken. Dadurch wird es möglich, kreative und überraschende Ideen auszutauschen, an neue Informationen zu gelangen und Chancen zu nutzen. So belegt Granovetter beispielsweise, dass Menschen, die flüchtige Kontakte pflegen, leichter eine bessere Arbeitsstelle finden. Nimmt die Komplexität eines sozialen Systems zu, können viel mehr unterschiedliche Dingen geschehen. Flüchtige Verbindungen können auch zu einem weiter gefassten Sinn der eigenen Gemeinschaft führen. Je mehr wir mit den Menschen außerhalb unserer »Blase« sprechen, je mehr wir uns mit ihnen verbinden und je freundlicher wir den Kontakt zu ihnen gestalten, desto empathischer können wir sein, wenn es zu Konflikten kommt.

Sehen Sie sich noch einmal Ihr soziales Universum aus Kapitel 4 an. Falls Sie keine Zeichnung angefertigt haben, können Sie auch kurz über Ihr »Freundesuniversum« und die Interaktion nachdenken, die Sie tagtäglich haben. Haben Sie Beziehungen, die Sie mit anderen sozialen Gruppen verbinden? Haben Sie Freunde, durch die Sie neue Haltungen kennenlernen? Haben Sie Möglichkeiten oder Gelegenheiten, die »schwachen« Bindungen in Ihrem sozialen Universum zu kultivieren?

Diese flüchtigen Beziehungen sind auch die flexibelsten; häufig kommen und gehen sie im Fluss unseres Lebens. Die Verbindung der Harvard-Study-Teilnehmer zu Lewise Gregory und den anderen Mitarbeiterinnen und Mitarbeitern der Studie wurde dadurch jahrelang aufrechterhalten, dass sie sich systematisch um die Befragten bemühten – eine Art von Aufmerksamkeit, die entferntere oder flüchtigere Beziehungen nicht bekommen.

In Kapitel 3 haben wir darüber gesprochen, wie sich unsere Beziehungen im Verlauf unseres Lebens verändern, das gilt besonders für Freundschaften. Häufig tun sich Lücken in unserer Freundschaftsstruktur auf, weil sich eine bestimmte Art von Beziehung nicht mehr so leicht in unserem Alltag unterbringen lässt. Wir haben uns von jungen Erwachsenen, die Zeit hatten, die Abende mit Freunden zu verbringen, zu Eltern von kleinen Kindern gewandelt, die kaum einen Augenblick für sich haben. Oder wir sind von viel beschäftigten Angestellten mit einem Terminkalender voller Meetings mit Kolleginnen und Kollegen in die ersehnte Freiheit des Ruhestands übergegangen, in dem wir uns plötzlich aber einsamer fühlen, als wir erwartet hätten. Bei unserem Lauf durchs Leben kann unser Sozialleben nicht immer Schritt halten.

Freundschaften für jede Lebensphase

Wenn Sie an einem Sommertag durch Ihre Stadt oder Ihr Viertel schlendern, können Sie wahrscheinlich an jeder Straßenecke befreundete Menschen in allen Lebensphasen beobachten: Jugendliche, die Basketball oder Fußball spielen, Erwachsene mittleren Alters, die sich auf einen Kaffee treffen oder gemeinsam laufen gehen, Eltern auf dem Spielplatz mit ihren Kindern, die alle etwa im selben Alter sind, oder 80-Jährige, die über einer Partie Schach im Park grübeln.

In welcher Lebensphase wir uns befinden hat großen Einfluss auf die Rolle, die Freundschaften für uns spielen, sowie auf die Art von Freundschaft, die wir zu der jeweiligen Zeit pflegen. Häufig entstehen neue Freundschaften aus bestimmten Lebenssituationen heraus, und häufig helfen sie uns auch dabei, die Probleme in diesen Lebenssituationen zu bewältigen.

Jugendliche knüpfen Verbindungen, indem sie gemeinsam Neues entdecken und ihre Gedanken und Gefühle darüber austauschen. Studenten, mit der intensiven Erfahrung konfrontiert, erstmals auf sich selbst gestellt zu sein, verbünden sich angesichts gemeinsam erlebter Schwierigkeiten und lernen dabei, einander zu vertrauen. Frischgebackene Eltern sehnen sich danach, aus erster Hand etwas über das Großziehen von Kindern zu erfahren; sie suchen nach

Menschen, die kennen, was sie gerade erleben, und an die sie sich wenden können, wenn sie emotionale und praktische Unterstützung brauchen. (Marc und Joan können sich übrigens immer noch auf die Unterstützung von Bob und Jennifer verlassen.) Wie bereits erwähnt, kann anderen zu helfen genauso wichtig für unser Wohlbefinden sein, wie sich helfen zu lassen. Lebensphasenspezifische Verbindungen können sehr stark sein, weil man gemeinsam etwas Prägendes erlebt hat. Verändert sich das Leben dann wieder, und das tut es immer, verblassen die Freundschaften vielleicht. Manchmal aber kann selbst eine kurze Zeit der intensiven Verbindung Freundschaften schmieden, die jahrzehntelang anhalten und sich durch viele weitere Lebensphasen ziehen.

Wir marschieren nicht immer im Gleichschritt mit unseren Freunden durch die verschiedenen Lebensphasen. Wir haben vielleicht Freunde, mit denen wir uns in der Vergangenheit im Einklang befanden, die aber plötzlich nicht mehr zu unserem Leben zu passen scheinen. Wollen wir diese Verbindungen aufrechterhalten, müssen wir uns anstrengen, um die sich auftuende Kluft zu überbrücken und unsererseits zu verstehen, was im Leben dieser Menschen gerade geschieht.

Sehr oft kommt das bei Personen vor, die selbst keinen Partner gefunden haben, deren Freunde aber bereits verheiratet sind und Kinder haben. Diese Singles finden sich plötzlich in einer ganz anderen Welt wieder. In Gesprächen dreht sich jetzt alles um Babys und Windeln, die Menschen ohne Kinder fühlen sich von ihren Freunden vielleicht vernachlässigt. Es ist nicht so sehr Eifersucht, die ihnen zu schaffen macht, als vielmehr das Gefühl, eine Verbindung verloren zu haben, von der man nie geglaubt hätte, sie könne entzweigehen.

Dabei ist es ganz normal, dass beim Übergang von einer Lebensphase in die andere bestimmte Freundschaften verblassen. Sehr vielen Teilnehmenden der Harvard Study – sowohl Männern als auch Frauen – ist gemein, dass ihnen Freunde abhandenkamen, nachdem sie sich zur Ruhe gesetzt hatten. Wie in Kapitel 9 beschrieben, ist für manche Menschen die Arbeit das Fundament ihres sozialen Universums. Fällt dieses Fundament weg, kann die soziale Fitness leiden.

Das passierte auch Pete Mills, einem Uniteilnehmer der Studie. Als er sich von seiner Karriere als Anwalt zurückzog, bemerkte er mit einiger Beunruhigung, dass sein gesamtes Sozialleben um seine Arbeit herum aufgebaut war und dass er nun aktiv werden und neue Sozialkontakte knüpfen musste. In dem Versuch, neue Freundschaften zu schließen, traten er und seine Frau einem Kegelklub bei.

»Ich fragte sie, welchen Freizeitbeschäftigungen sie nachgingen«, hielt eine Interviewerin in ihren Aufzeichnungen fest:

> Am Montagabend, so Pete, hatten sie nach dem Kegeln 20 Leute auf »Drinks und Häppchen« eingeladen, am Freitag waren sechs Leute zum Abendessen bei ihnen. Er schrubbt den Boden, sie wischt Staub.
>
> Ich fragte nach der gemeinsamen Beschäftigung, die ihnen am meisten Spaß machte. »Wir treffen uns gern mit anderen«, war seine Antwort. Die Kegelgruppe trifft sich einmal im Monat, zudem besuchen beide regelmäßig einen Lesekreis. »Sie liest immer zu leise vor, ich nicht«, fügte er verschmitzt hinzu.
>
> Anschließend fragte ich sie nach Verbindungen zu Menschen außerhalb der Familie. »Da gibt es viele«, erwiderte Pete. »Und wir halten den Kontakt zu vielen alten Freunden. Das ist manchmal ganz schön mühsam. Die meisten Menschen machen das nicht, also muss man selbst ran.« Ich fragte ihn nach seinem engsten Freund. Er dachte eine Weile darüber nach und nannte dann ein Paar, mit dem sie regelmäßig ins Museum gingen, mit dem sie Urlaubserlebnisse austauschten und sich gegenseitig Fotos zeigten. »Außerdem gibt es ein paar Leute in der Lesegruppe«, fuhr Pete fort, »zu denen wir engen Kontakt haben.« Er fühlt sich auch seinem »einzig überlebenden Zimmergenossen«

> (von der Uni) nahe, der in Cambridge lebt, gab aber zu, dass er diesen nicht mehr so oft sah. »Wahrscheinlich haben wir unsere engsten Freunde inzwischen hier.« Die meisten davon haben sie in den Jahren kennengelernt, nachdem er sich zur Ruhe gesetzt hatte.

Pete ist ein sehr gutes Beispiel für einen Studienteilnehmer, der aktiv Freunde suchte und Freundschaften aufrechterhielt. Außerdem hatte er absolut recht: Es ist nicht leicht, den Kontakt zu alten Freunden zu halten – vielen Menschen ist dies zu mühsam, oder es ist ihnen egal. Er und seine Frau aber brachten dafür Energie auf und genossen es, sich mit vielen Freunden zu treffen. Nicht alle Menschen sind so. Nicht alle (noch nicht einmal sehr viele) laden mehrmals im Monat 20 Leute zu sich nach Hause ein, und das auch noch gern. Wichtig ist, uns klarzumachen, welche Art von Verbindung zu anderen uns guttut. Pflegen wir diese Verbindungen? Und falls nicht: Was können wir diesbezüglich verbessern?

Der weitere Weg

> »Das Zuhören ist eine unwiderstehlich anziehende und seltsame Sache, eine kreative Kraft … die Freunde, die uns wirklich zuhören, sind die, zu denen wir uns hingezogen fühlen … Hört man uns zu, werden wir erschaffen, dann entfalten wir uns und dehnen uns aus.«[200]
>
> BRENDA UELAND

Freundschaften gehören zu den Bindungen, die am meisten Gefahr laufen, vernachlässigt zu werden. Wieder und wieder konnten wir im Leben der Harvard-Study-Teilnehmer und -Teilnehmerinnen beobachten, wie Freundschaften verkümmerten, weil man ihnen nicht ausreichend Aufmerksamkeit schenkte. Ein Teil dessen, was

Freundschaften so wundervoll macht, ist auch, was sie so zerbrechlich macht: Sie sind freiwillig. Dadurch sind sie im Übrigen nicht weniger bedeutsam. Deshalb müssen wir die Freundschaften, die wir bereits haben, ganz bewusst aufrechterhalten, ebenso wie wir ganz bewusst neue Freundschaften aufbauen müssen.

Eine der häufigsten Fragen, die man uns stellt, lautet: Wie viele Freunde brauche ich? Fünf? Zehn? Einen?

Diese Frage lässt sich nicht beantworten, dafür sind wir einfach zu unterschiedlich. Sie fühlen sich mit zwei sehr guten Freunden vielleicht am wohlsten, vielleicht brauchen Sie aber auch einen ganzen Stall voller Leute, mit denen Sie jeweils etwas anderes unternehmen oder die Sie alle zusammen zu sich nach Hause einladen können. Je nachdem, in welcher Lebensphase Sie sich befinden, brauchen Sie vielleicht auch einmal das eine und ein anderes Mal das andere. Vielleicht suchen Sie sich neue Freunde und Gemeinschaften um Anlässe und Aktivitäten herum, die Ihnen Spaß machen. Um herauszufinden, was für Sie am besten und erfüllendsten ist, müssen Sie ein wenig über sich selbst nachdenken. Im Folgenden geben wir Ihnen einige Hinweise an die Hand, die Ihnen bei dieser Frage weiterhelfen können.

Freundschaften sind ebenso wie Familienbeziehungen anfällig für chronische Konflikte, Langeweile, mangelndes Interesse und fehlende Aufmerksamkeit.

Lernen Sie, Ihren Freunden zuzuhören. Wie Brenda Ueland andeutet, ist das Zuhören für den Zuhörer ebenso gut wie für den, dem zugehört wird. Die Erfahrung eines anderen Menschen wahrhaft in sich aufzunehmen ermuntert sowohl die zuhörende als auch die sprechende Person dazu, sich zu »entfalten« und vielleicht das Schneckenhaus zu verlassen, was das Leben beider meist bereichert. Wir haben alle neuralgische Punkte in unserem Leben, die sehr vertraute Gespräche schwieriger machen, doch lohnt es die Mühe. Beispielsweise sind die Menschen häufig recht verschlossen, wenn es um Krankheiten geht; sie würden zwar gerne darüber reden, fürchten aber, ihren Freunden damit zur Last zu fallen. Oft reicht es schon aus anzudeuten, dass man mehr über das Thema wissen möchte, um diese Tür zu öffnen.

Hört man uns zu, fühlen wir uns verstanden, umsorgt und *wahrgenommen*. Schlicht für einen Freund da zu sein und ihm zuzuhören schafft eine Umgebung, in der man selbst gesehen und gehört wird. Sie müssen allerdings mutig genug sein, Ihren Freunden auch etwas zu geben, dem sie zuhören können. Oft ist es in Freundschaften der Fall, dass der eine eher zuhört und der andere eher spricht. Finden Sie heraus, welcher Typ Sie sind; vielleicht haben Sie Gelegenheit, dieses Ungleichgewicht wieder ins Lot zu bringen. Die stärksten Freundschaften funktionieren in beide Richtungen.

Denken Sie über die Brüche in Ihrem Leben nach. Freundschaften können Verletzungen verursachen, denen wir lange nachhängen. Doch muss ein Bruch zwischen Freunden nicht für immer sein. Manchmal bedarf es schlicht einer Entschuldigung oder eines Friedensangebots – sei es in Form einer kurzen Mitteilung per SMS oder WhatsApp, einer Einladung zum Essen, eines Anrufs zum Geburtstag –, und die Wunde aus der Vergangenheit kann heilen. Manchmal halten wir selbstgerecht mehr an der Verletzung fest, als wir je an der Freundschaft festgehalten haben. Alten Groll loszulassen kann mitunter außerordentlich befreiend sein.

Denken Sie über Ihre sozialen Routinen nach. Mit den Freunden, die wir am häufigsten sehen, fallen wir oft in den immer selben Trott. Wir sprechen über dieselben Dinge, über dieselben Sorgen, immer und immer wieder. Doch wünschen Sie sich von einem bestimmten Freund vielleicht mehr? Können Sie mehr geben? Vielleicht wollen Sie mehr über ihn oder seine Vergangenheit wissen. Oder Sie wollen gemeinsam etwas Neues erkunden.

Wenn Sie das lesen, denken Sie möglicherweise, all das verlange Ihnen zu viel ab. Möglicherweise sind Sie einsam, haben es sich in Ihrer stillen Ecke aber ziemlich gemütlich gemacht. Alte Gewohnheiten sind nur schwer zu ändern, und wir haben alle unsere psychologischen Barrieren, Schüchternheit etwa oder Angst vor größeren Gruppen, die es uns nicht gerade leicht machen, uns aus Umständen zu befreien, die uns eigentlich im Weg stehen. Vielleicht haben Sie auch das Gefühl, es sei zu spät für Sie.

Wenn das so ist, können wir Ihnen versichern, dass Sie damit nicht allein sind. Immer wieder haben wir von unseren Teilnehmerinnen und Teilnehmern gehört, irgendwann im Erwachsenenleben sei es einfach unmöglich, noch etwas an der Natur seiner Freundschaften zu ändern. Erzählte jemand, er sei einsam, fügte er meist hinzu: »Na ja, das muss wohl so sein …« oder: »Wir haben eben alle viel zu viel zu tun, als dass wir uns auch noch wirklich um unsere Freunde kümmern könnten …«. Selbst schriftlichen Antworten auf einem Fragebogen konnten wir manchmal die Resignation des Teilnehmers oder der Teilnehmerin anhören.

Einer dieser Teilnehmer war Andrew Dearing. Tief in seinem Innersten war er davon überzeugt, dass sich sein Leben niemals ändern würde. Wie viele andere Menschen – vielleicht wie Sie – glaubte auch er, dass es zu spät für ihn war.

Es ist zu spät für mich

In den Studienaufzeichnungen zeigte sich Andrew Dearings Leben als schwierig und einsam. Er war ohne Vater aufgewachsen und musste mit seiner Mutter und seinen Geschwistern so oft umziehen, dass er keine dauerhaften Freundschaften schließen konnte. Das setzte sich bis in sein frühes Erwachsenenalter hinein fort; als er heiratete, war er schon 34. Seine Frau kritisierte Andrew häufig, sie hatte wenig Lust, sich an Geselligkeiten jedweder Art zu beteiligen. Sie traf sich nicht gern mit anderen und wollte auch nicht, dass er das tat. Die beiden gingen nie aus, zu Besuch kam auch nur sehr selten jemand. Rückblickend war Andrews Ehe eine der größten Belastungen in seinem Leben.

Das Einzige, was ihn glücklich machte, war seine Arbeit. Er reparierte Uhren und hatte große Freude daran, alte Standuhren und Kuckucksuhren auseinanderzunehmen und sie wieder zum Laufen zu bringen. Wenn ihm die Kunden ihre Uhren brachten, brachten sie auch die Familiengeschichten dazu mit, und Andrew genoss es, den alten Erbstücken neues Leben einzuhauchen. Als wir ihn mit Ende 50 fragten, wann er plante, sich zur Ruhe zu setzen, schrieb er: »Das weiß ich noch nicht so genau. Ich arbeite schon, seit ich acht Jahre alt war. Die Arbeit hat mich am Leben erhalten. Der Ruhestand klingt und fühlt sich an wie das Ende des Weges. Ich würde gerne weiterarbeiten.«

Ansonsten berichtete er immer davon, wenig glücklich und zufrieden zu sein. Im Alter von 45 Jahren versuchte Andrew in einem Augenblick tiefster Verzweiflung, sich das Leben zu nehmen. Auch 20 Jahre später hatte er immer noch zu kämpfen. »Ich habe darüber nachgedacht, mein Leben zu beenden«, schrieb er an den Rand eines der Fragebogen.

Als wir ihn mit Mitte 60 darum baten, über seine engsten Freunde zu schreiben und was sie ihm bedeutet hatten, notierte Andrew schlicht: »Da gibt es niemanden.« Und als wir ihn fragten, was er zu seiner Unterhaltung tat, antwortete er: »Ich tue gar nichts. Ich bin immer zu Hause, wenn ich nicht bei der Arbeit bin.«

Mit 67 hatte sein Sehvermögen so nachgelassen, dass er keine Präzisionsarbeit mehr durchführen konnte und gezwungen war, sich zur Ruhe zu setzen. Kurz darauf machte er zum ersten Mal in seinem Leben eine Therapie. Er sprach darüber, wie einsam er sich fühlte, wie traurig er war, nicht mehr arbeiten zu können. Noch immer schwirrte ihm der Gedanke im Kopf herum, sich das Leben zu nehmen. Der Therapeut fragte ihn, ob er je darüber nachgedacht hatte, seine Frau zu verlassen. Hatte er nicht. Das wäre ihr gegenüber nicht nett, so Andrew. Doch er musste immer wieder an das Gespräch denken, und so ließ er sich ein Jahr später zwar nicht von ihr scheiden, trennte sich aber und suchte sich eine eigene Wohnung.

Nun hatte er sich von den Fesseln seiner Ehe befreit, fühlte sich jedoch einsamer denn je. Aus einer Laune heraus beschloss er, sich im Fitnessklub in der Nähe seiner Wohnung anzumelden und Sport zu treiben, um sich ein wenig abzulenken. Er besuchte das Sportstudio bald jeden Tag und stellte fest, dass auch andere das taten. Eines Tages sprach er einen der anderen Stammgäste an und stellte sich ihm vor.

Drei Monate später kannte Andrew jeden aus dem Klub und hatte mehr Freunde als jemals zuvor. Er freute sich jedes Mal unbändig auf seinen Sport und begann, den einen oder anderen auch außerhalb des Klubs zu treffen. Einige der Leute teilten seine Leidenschaft für alte Filme, und so luden sie sich gegenseitig nach Hause ein, um sich ihre Lieblingsfilme anzusehen.

Einige Jahre später antwortete Andrew in einem der Studienfragebogen auf die Frage, ob er sich manchmal einsam fühle: »Ja, oft.« Schließlich lebte er jetzt allein. Doch auf die Frage, wie erfüllt sein Leben auf einer Skala von 1 bis 7 war, kreuzte Andrew die 7, »fast perfekt«, an. Er fühlte sich zwar noch einsam, führte nun aber ein so erfülltes Leben, dass er sich beinahe kein schöneres vorstellen konnte.

Acht Jahre später, 2010, unterhielt Andrew noch immer enge Kontakte zu denselben Freunden. Er hatte seinen sozialen Kreis noch erweitert und war froh darüber, sein Leben geändert zu haben. Noch Jahre zuvor hatte er auf die Frage, wie oft er das Haus verließ, um sich mit anderen zu treffen, oder wie oft er von anderen Besuch bekam, geantwortet: »Nie«.

Als wir ihm mit über 80 dieselbe Frage stellten, bekamen wir ein »Täglich« zur Antwort.

Weil die Lebensumstände so verschieden sind, weil die Menschen selbst so unterschiedlich sind und sich zudem mit der Zeit noch stark verändern können, lässt sich kaum pauschal sagen, was oder was nicht möglich ist im Leben eines Einzelnen. Andrew war einer der einsamsten Teilnehmer der Studie, und dennoch gelang es ihm, glücklich zu werden. Er änderte seine Gewohnheiten und nahm Kontakt zu anderen auf, wobei er sich selbst so zu einem Teil der Welt machte, dass er sich schließlich wertgeschätzt fühlte.

Wir leben in einer Welt, die nach größerem menschlichem Zusammenhalt hungert. Wir mögen uns manchmal hilflos und verlassen fühlen, allein und über den Punkt hinaus, an dem wir daran noch etwas hätten ändern können. So war es Andrew ergangen. Er hatte schon längst nicht mehr an seine eigene Rettung geglaubt. Doch da hatte er sich geirrt. Es war nicht zu spät für ihn. Denn in Wahrheit ist es nie zu spät.

Zum guten Schluss: Es ist nie zu spät, um glücklich zu sein

Harvard-Study-Fragebogen, 1983

```
F: Jede Beobachtung verändert das Beobachtete.
Welche Veränderungen in Ihrem Leben hat die Har-
vard Study in den vergangenen Jahrzehnten mit sich
gebracht?
```

1941 war Henry Keane 14 Jahre alt und gesund. Er wohnte zwar in einer Gegend, die von Armut geprägt war und in der viele Jugendliche, die er kannte, deshalb in Schwierigkeiten gerieten, doch gelang es Henry, einen anderen Weg einzuschlagen.

Daran interessiert herauszufinden, wie Henry das geschafft hatte, besuchte ein Wissenschaftler der Harvard University Henry in seiner Wohnung, um mit ihm und seinen Eltern über die Teilnahme an einem äußerst innovativen Forschungsprojekt zu sprechen. Man wollte ihn regelmäßig körperlich untersuchen und in bestimmten Abständen mit ihm über sein Leben reden, um Näheres über die Jungen in den ärmsten Vierteln von Boston zu erfahren. Annähernd 500 weitere Jungs in seinem Alter aus anderen Bostoner Stadtteilen wollte man ebenfalls für das Projekt gewinnen, die meisten von ihnen stammten wie Henry selbst aus Einwandererfamilien.

Henrys Eltern waren zunächst skeptisch, doch der Wissenschaftler schien vertrauenswürdig. Also stimmten sie zu.

Einige Jahre zuvor hatten Leo DeMarco und John Marsden, beide 19-jährige Zweitsemester in Harvard, einen Termin im Büro der Student Health Services ausgemacht, um sich dort mit Arlie Bock zu treffen, bei dem sie sich für eine ganz ähnliche Studie anmeldeten. Mit dieser Studie wollte man herausfinden, wie junge Männer ihren Weg im Leben fanden. Nach ihren ersten zweistündigen Interviews sollten die beiden in der darauffolgenden Woche noch einmal vor Ort erscheinen.

»Ich kann mir nicht vorstellen«, so John, »was um alles in der Welt Sie mich noch fragen könnten. Ich hätte nie gedacht, dass es mehr über mich zu wissen gibt, als ich in zwei Stunden erzählen könnte.«

Beide Studien waren auf mehrere Jahre hin angelegt – zehn Jahre vielleicht, wenn man die finanziellen Mittel dafür auftreiben konnte.

Die drei jungen Männer hatten damals noch ihr ganzes Leben vor sich. Sehen wir, Bob und Marc, uns heute die Fotos bei ihren ersten Gesprächen an, können wir nur staunen und verspüren eine ähnliche Nostalgie wie beim Anblick des Fotos eines alten Freundes. Keiner der Teilnehmer wusste, welche Herausforderungen vor ihm lagen, keiner konnte auch nur ahnen, wohin das Leben ihn führen würde.

Andere Mitglieder ihrer Altersgruppe, Jungs genau wie sie selbst, sollten im kommenden Krieg ihr Leben verlieren. Manche von ihnen starben an den Folgen von Alkoholmissbrauch. Manche wurden reich, manche sogar berühmt.

Manche führten ein glückliches Leben. Andere nicht.

Heute, 80 Jahre später, wissen wir, dass Henry und Leo zu ersterer Kategorie gehörten. Sie wuchsen zu verbindlichen, gesunden Männern mit einer positiven, realistischen Weltsicht heran. Sehen wir uns ihre Akten – ihr Leben – an, scheinen zwischen den ganz normalen Zeiten mit Problemen und Kummer Inseln des Glücks auf. Sie verliebten sich, sie beteten ihre Kinder geradezu an, sie fühlten sich in ihrer jeweiligen Gemeinschaft geborgen. Sie führten ein überwiegend gutes Leben, für das sie dankbar waren.

John hingegen gehört zur Gruppe derjenigen, deren Leben anders verlief. Er begann es mit Privilegien, materiellem Wohlstand etwa, und auch er hatte die eine oder andere Glückssträhne. Er war ein brillanter Student, machte seinen Abschluss in Harvard und erfüllte sich den Traum, ein erfolgreicher Anwalt zu werden. Allerdings starb seine Mutter, als er gerade einmal 16 war, und als Kind wurde er viele Jahre lang gemobbt. So entwickelte er mit der Zeit eine Skepsis gegenüber seinen Mitmenschen und gewöhnte sich an, der Welt im Großen und Ganzen negativ zu begegnen. Er hatte Schwierigkeiten, Bindungen aufzubauen, und stieß er auf Probleme, zog er sich instinktiv von den Menschen, die ihm am nächsten standen, zurück. Er heiratete zwei Mal, fühlte sich aber nie wirklich geliebt.

Wie hätten wir John helfen können, könnten wir das Rad der Zeit zurückdrehen zu dem Tag, an dem mit 19 Jahren dieses Foto von ihm aufgenommen wurde? Könnte etwas von dem, das John zu den Entdeckungen der Studie beigetragen hat, ihm helfen, einen besseren Umgang mit seinem Leben zu finden?

Allerdings ergaben sich viele der bedeutendsten Entdeckungen naturgemäß, nachdem die Teilnehmerinnen und Teilnehmer einen Großteil ihres Lebens hinter sich hatten. Sie konnten zu dem Zeitpunkt, zu dem sie es am meisten gebraucht hätten, nicht von unseren Forschungen profitieren.

Und genau deshalb haben wir dieses Buch geschrieben: Damit Sie einen Nutzen aus dem Wissen ziehen können, das den Studienteilnehmern und -teilnehmerinnen nichts mehr genützt hat. Denn eines zeigen die zahlreichen Studien zum Glücklichwerden und -sein – unsere Längsschnittstudie ebenso wie Dutzende andere: Es spielt keine Rolle, wie alt man ist, in welcher Lebensphase man sich befindet, ob man verheiratet ist oder nicht, ob man introvertiert oder extrovertiert ist – jeder Mensch kann seinem Leben eine positive Wendung geben.

John Marsden ist ein Pseudonym. Sowohl sein Beruf als auch andere Merkmale, an denen man ihn erkannt hätte, wurden geändert, um seine Identität zu schützen. Der echte Mensch hinter dem Namen lebt leider nicht mehr. Für ihn ist es zu spät. Doch das ist es für Sie, die Sie dieses Buch lesen, nicht.

Ein Leben unter der Lupe

Häufig wurden wir gefragt, ob unsere Fragen Einfluss darauf hatten, wie die Teilnehmer und Teilnehmerinnen der Harvard Study ihr Leben lebten. Sind die Daten durch eine Art psychologischen Heisenberg-Effekt also verzerrt, veränderte der Akt der Selbstbeobachtung das Leben der Beobachtenden?

An dieser Frage waren Arlie Bock und alle nachfolgenden Studienleiter sowie deren Mitarbeiterinnen und Mitarbeiter sehr interessiert. Einerseits lässt sie sich unmöglich beantworten. Wie heißt es doch so schön? Man kann nicht zweimal in denselben Fluss steigen, denn alles fließt und nichts bleibt. Wir können nicht wissen, wie das Leben eines bestimmten Teilnehmers verlaufen wäre, hätte er nicht an der Studie teilgenommen. Andererseits hatten die Teilnehmer selbst Antworten auf die Frage.

»Ich glaube nicht, dass die Fragen Einfluss auf mein Leben hatten«, war eine der typischeren.

»Höchstens als Gesprächsthema«, war eine andere.

John Marsdens Antwort lautete schlicht: »Nein.«

Joseph Cichy (Kapitel 7) schrieb ebenfalls »Nein« und fügte noch den von ihm vermuteten Grund dafür hinzu: »Ich hatte keinerlei Rückmeldung, die ich als Botschaft für mich hätte deuten können.«

Andere Teilnehmerinnen und Teilnehmer jedoch antworteten, die Fragen hätten sie durchaus zum Nachdenken über ihr Leben gebracht und dafür gesorgt, dass sie sich der Möglichkeit, anders zu leben, öffneten.

»Durch die Studie habe ich mein Leben alle zwei Jahre hinterfragt und neu bewertet«, so ein Teilnehmer.

Ein anderer beschrieb sein Neubewertungsverfahren sogar genauer: »Ich sehe mir alles noch einmal an, stelle gegenwärtige Aktivitäten infrage, mache eine Bestandsaufnahme, werde mir über Richtungen und Prioritäten in meinem Leben klar. Und ich denke über meine Ehe nach, die nach 37 Jahren ein so grundlegender Bestandteil meines Lebens ist, dass ich sie für selbstverständlich halte.«

»Die Fragen bringen mich ein wenig zum Nachdenken«, schrieb Leo DeMarco. »Dann freue ich mich über meine Lebensumstände, beispielsweise über meine wundervolle Frau, die meine Marotten im Großen und Ganzen toleriert. Die Fragen machen mir bewusst, dass es auch andere Lebensumstände gibt, andere Optionen, andere Erfahrungen, die hätten sein können, aber nicht waren.«

Die Tatsache, dass die Fragen der Harvard Study Einfluss auf die Teilnehmenden nahmen, stellt für uns eine wertvolle Lektion dar. Uns nervt man zwar nicht alle zwei Jahre mit Fragen am Telefon; das heißt aber nicht, dass wir nicht auch einen Moment innehalten und uns selbst fragen könnten, wo wir gerade sind und wo wir gern wären. Diese Augenblicke des Nachdenkens können helfen, dass sich der Nebel lichtet und wir einen von vielen Wegen in die Zukunft wählen können.

Doch welchen?

Wir neigen dazu zu glauben, wir wüssten, was uns glücklich macht, was gut und was schlecht für uns ist. Niemand, so glauben wir, kennt uns so gut wie wir uns selbst kennen. Das Problem dabei ist nur, dass wir so gut darin sind, wir selbst zu sein, dass wir nicht immer erkennen, dass es auch Alternativen geben könnte.

Rufen Sie sich noch einmal die Weisheit des Zen-Meisters Shunryu Suzuki ins Gedächtnis: »Im Geist des Anfängers gibt es viele Möglichkeiten, im Geist des Experten nur wenige.«

Sich ehrliche Fragen über sich selbst zu stellen ist der erste Schritt zu der Erkenntnis, dass wir vielleicht keine Experten für das eigene Leben sind. Akzeptieren wir dies und die Tatsache, dass wir vielleicht nicht alle Antworten kennen, eröffnen sich uns neue Möglichkeiten. Und das ist definitiv ein Schritt in die richtige Richtung.

Streben nach Größerem

2005 veranstalteten wir ein Mittagessen für die Studienteilnehmer aus der Bostoner Innenstadt, die zu dieser Zeit bereits über 70 waren. Es gab jeweils einen Tisch für die unterschiedlichen Stadtviertel, die in der Harvard Study vertreten waren. Einige der Probanden kannten sich sogar aus der Schule oder weil sie im selben Viertel aufgewachsen waren. Einige reisten von weither im besten »Sonntagsanzug« an, andere kamen von um die Ecke in der Kleidung, die sie an diesem Tag zufällig trugen. Manche brachten Frau und Kinder mit, die teilweise selbst an der Studie teilnahmen.

Mit welcher Hingabe sich die Teilnehmer der Studie widmeten, erfüllt uns immer wieder mit Ehrfurcht. 84 Prozent unserer First-Generation-Probanden blieben der Harvard Study ihr ganzes Leben lang treu. Eine typische Längsschnittstudie hat eine viel höhere Abbrecherquote und deckt nicht auch nur annähernd die gesamte Lebensspanne ihrer Teilnehmer ab.[201] Hinzu kommt noch, dass auch 68 Prozent der Kinder zustimmten, an der Second-Generation-Studie teilzunehmen – eine erstaunlich hohe Teilnahmerate. Selbst diejenigen Probanden der ersten Generation, die schon seit Langem verstorben sind, leisteten Beiträge, die der Forschung auf Jahre hinaus nützlich sein werden. Sie haben uns Blutproben hinterlassen, die in Kombination mit ihren gesundheitlichen und psychologischen Daten sowie den historischen Aufzeichnungen über die Bostoner Viertel dazu genutzt werden, die medizinischen Langzeiteffekte von Blei und anderen Umweltgiften zu untersuchen.

Gegen Ende ihres Lebens stimmten einige Teilnehmer sogar zu, der Studie ihr Gehirn zu Forschungszwecken zu vermachen. Diesen letzten Willen zu respektieren war nicht immer leicht für die Familien, die in der Trauerphase erhebliche Unannehmlichkeiten auf sich nehmen mussten, um sicherzustellen, dass wir die sterblichen Überreste ihrer Angehörigen auch bekamen. Diesem Engagement ist es zu verdanken, dass das Leben der Teilnehmer auch heute nicht vergessen ist. Ihr Erbe wird weiterleben.

Die Effekte des Projekts beruhten durchaus auf Gegenseitigkeit. Uns, den Generationen von Harvard-Study-Mitarbeiterinnen und -Mitarbeitern, sind die Teilnehmer im Laufe der Zeit immer mehr ans Herz gewachsen, sie haben unser Leben bereichert. Im Gegenzug haben es die Kreativität und das Engagement der Mitarbeiter Hunderten von Familien ermöglicht, Teil einer Untersuchung zu sein, die in der Geschichte der Wissenschaft einzigartig ist. Lewise Gregory aus Kapitel 10, die beinahe von Anfang an für die Studie tätig gewesen war, ist eines der besten Beispiele dafür. Die Teilnehmer füllten die Fragebogen auch in den schwierigsten Zeiten ihres Lebens aus, nicht nur weil sie an die Wissenschaft dahinter glaubten, sondern auch weil sie Lewise und anderen Mitarbeiterinnen und Mitarbeitern treu waren. So kann man sagen, dass eine Studie, die ganz allmählich den Wert von Beziehungen aufdeckte, am Ende selbst durch Bindungen aufrechterhalten wurde.

Mit den Jahren bildeten diese Beziehungen eine Art Gemeinschaft. Einige der Teilnehmer trafen andere Teilnehmer erst sehr spät in ihrem Leben, andere lernten nie welche kennen. Dennoch fühlten sie sich der Studie verbunden. Einige hatten Angst davor, zu viel von sich preiszugeben, und waren zu Beginn der Studie zögerlich, wenngleich sie dabeiblieben. Andere freuten sich auf unsere Anrufe sowie darauf, dass man ihnen zuhörte. Die meisten jedoch waren einfach stolz darauf, Teil von etwas Größerem zu sein. In diesem Sinn sahen sie die Studie als Teil dessen, was sie folgenden Generationen weitergeben konnten, als Teil ihres Abdrucks in der

Welt. Sie vertrauten darauf, dass ihr Leben schließlich Menschen nützlich sein würde, denen sie nie begegnen würden.

Das hat mit einer Frage zu tun, die sich viele Menschen stellen: Bin ich von Bedeutung?

Manche Menschen haben den Großteil ihres Lebens hinter sich und blicken zurück, andere haben noch fast ihr gesamtes Leben vor sich und schauen nach vorn. Uns allen aber, unabhängig vom Alter, hilft es, sich daran zu erinnern, dass es bei der Frage nach der eigenen Bedeutung – zukünftigen Generationen etwas zu vermachen und Teil von etwas Größerem zu sein – nicht nur um persönlich Erreichtes geht, sondern auch darum, was wir anderen Menschen bedeuten. Auch dafür ist es nie zu spät: einen Abdruck zu hinterlassen.

Die Lücken füllen

Im Blick auf die gesamte Menschheitsgeschichte ist die »Wissenschaft vom Glücklichsein« eher jüngeren Datums. Langsam, aber sicher bekommen wir jedoch immer mehr nützliche Antworten auf die Frage, was uns im Leben glücklich macht. Nach und nach tauchen neue Ergebnisse, neue Erkenntnisse und neue Strategien auf, wie sich die Glücksforschung im echten Leben anwenden lässt. Wenn Sie verfolgen wollen, wie wir mit unseren Studien vorankommen, können Sie es auf der Seite von Lifespan Research Foundation (www.lifespanresearch.org) nachlesen.

Eine der größten Herausforderungen dieses Wissenschaftszweigs besteht darin, Ergebnisse im realen Leben umzusetzen. Der Alltag ist nun einmal höchst individuell und lässt sich nicht so ohne Weiteres in irgendeine Schablone pressen. Die Entdeckungen und Thesen, die wir Ihnen in diesem Buch vorgestellt haben, basieren auf Forschung, doch kann die Wissenschaft unmöglich von den Turbulenzen und Widersprüchen in Ihrem Herzen wissen. Wir können nicht ermessen, wie groß die Regung ist, die Sie empfinden, wenn ein bestimmter Freund Sie anruft. Ebenso wenig können wir wissen, was Sie nachts wach hält, was Sie bedauern oder wie Sie Ihrer Liebe Ausdruck verleihen. Die Wissenschaft kann nicht beurteilen, ob Sie Ihre Kinder zu oft oder zu selten anrufen oder ob Sie wieder Kontakt zu einem bestimmten Familienmitglied aufnehmen sollten. Sie kann nicht sagen, ob es besser für Sie ist, sich mit einem Freund bei einer Tasse Kaffee auszusprechen, oder ob Sie mit diesem Freund stattdessen lieber Basketball spielen oder spazieren gehen sollten. Die Antworten auf diese Fragen entstehen nur durch Reflexion, durch das Nachdenken darüber, was für Sie funktioniert. Damit Sie einen Nutzen aus diesem Buch ziehen können, müssen Sie nachspüren, welche Lehren Ihre individuelle Lebenserfahrung für Sie bereithält.

Es gibt aber auch etwas, das die Wissenschaft Ihnen sagen *kann.*

Gute *zwischenmenschliche Beziehungen* machen uns glücklich. Sie halten uns gesund und helfen uns dabei, länger zu leben.

Das gilt für die gesamte Lebensdauer, für alle Kulturen und Kontexte, was bedeutet, dass es mit sehr großer Wahrscheinlichkeit auch für Sie gilt, wie für alle Menschen.

Das dritte B

Nur wenige Dinge beeinflussen unsere Lebensqualität so sehr wie unsere Verbindungen zu anderen. Wie bereits mehrfach erwähnt, ist der Mensch in erster Linie ein *soziales* Wesen. Die Konsequenzen dieser Tatsache sind möglicherweise viel größer, als viele von uns sich vorstellen können.

Die drei Grundfertigkeiten, die jedes Kind lernen sollte – Lesen, Schreiben, Rechnen –, werden manchmal als BB, Basisbildung, bezeichnet. Da diese Basisbildung die Schülerinnen und Schüler auf das Leben vorbereiten soll, möchten wir den beiden B noch ein drittes hinzufügen: das B für *Beziehungen.*

Der Mensch wird nicht mit dem biologischen Trieb zu lesen und zu schreiben geboren, wenngleich diese Fähigkeiten grundlegend für die gesellschaftliche Teilhabe sind. Ebenso wenig kommen wir mit dem Trieb zu rechnen auf die Welt, wenngleich die moderne Welt ohne Mathematik nicht existieren würde. Was uns jedoch angeboren ist, ist der Trieb, uns mit anderen Menschen zu verbinden. Und weil das Bedürfnis, sich zu verbinden, fundamental für ein gelingendes Leben ist, sind wir der Meinung, dass die Kinder in der Schule auch in sozialer Fitness unterrichtet werden sollten. Gleichermaßen sollten soziale Fertigkeiten neben Themen wie Bewegung, Ernährung und anderen Gesundheitsempfehlungen ein Hauptanliegen der Politik sein. Soziale Fitness zu einem zentralen Punkt der Gesundheitserziehung zu machen ist vor allem im Kontext rasant fortschreitender Technologien wichtig, die Einfluss darauf nehmen, wie wir miteinander kommunizieren und unsere Beziehungsfähigkeiten entwickeln.

Es gibt Anzeichen dafür, dass dies allmählich ins öffentliche Bewusstsein dringt. Mittlerweile zeigen Hunderte von Studien, dass sich gute zwischenmenschliche Beziehungen positiv auf unsere Gesundheit auswirken, viele von ihnen haben wir in diesem Buch zitiert. Sogenannte SEL-Kurse (»Social and Emotional Learning«) sollen dabei helfen, die Eigenwahrnehmung zu schärfen, Emotionen zu erkennen, besser mit ihnen umzugehen und Beziehungsfähigkeiten zu verfeinern.[202] Derzeit werden die Kurse in Schulen überall auf der Welt getestet. Über alle Altersstufen, Ethnien, Geschlechter und Klassenzugehörigkeiten hinweg belegen entsprechende Studien, dass die Lernenden, die an den Kursen teilnehmen, verglichen mit denjenigen, die dies nicht tun, einen positiveren Umgang mit Gleichaltrigen, bessere schulische Leistungen, weniger Verhaltensauffälligkeiten, weniger Drogenprobleme und weniger emotionalen Stress haben. Die Kurse sind ein Schritt in die richtige Richtung. Ihre Auswirkungen zeigen, dass es sich bezahlt macht, auf Beziehungen zu achten. Derzeit arbeitet man daran, die Kurse auch Erwachsenen in Organisationen, am Arbeitsplatz oder in Gemeindezentren anbieten zu können.[203]

Stolpersteine auf dem Weg zum guten Leben

Wir leben in einer Zeit der globalen Krisen. Angesichts dessen bekommt die Verbindung zu unseren Mitmenschen eine neue Dringlichkeit. Besonders deutlich wurde das während der Covid-19-Pandemie. Als sich die Erkrankung ausbreitete und die Lockdowns begannen, hatten viele Menschen das Bedürfnis, die für sie wichtigsten Beziehungen zu festigen und ihr Gefühl der Verbundenheit und Sicherheit zu stärken. Während sich die Lockdowns hinzogen, bekamen die Menschen die Auswirkungen der sozialen Isolation auf eine seltsame und manchmal tiefgreifende Weise zu spüren. Unser Körper und unser Geist, untrennbar miteinander verknüpft, reagierten ausgesprochen sensibel auf den Stress der Isolation. Es wirkte sich auf unsere Gesundheit aus, als die Kinder den regelmäßigen Kontakt zu ihren Schulfreunden und den Lehrkräften verloren, als man die Kolleginnen und Kollegen im Büro plötzlich nicht mehr sah, als Hochzeiten verschoben werden und Freundschaften pausieren mussten; und diejenigen, die Zugang zum Internet hatten, mussten sich mit dem Kontakt via Bildschirm zufriedengeben. Auf einmal wurde klar, dass es bei Schulen, Kinos, Restaurants und Sportplätzen nicht nur ums Lernen, um Filme, Essen und Bewegung geht, sondern um Gemeinschaft.

Globale Krisen werden auch weiterhin Einfluss auf unser kollektives Wohlbefinden nehmen. Doch während wir damit kämpfen, wie wir mit diesen Herausforderungen umgehen sollen, müssen wir uns daran erinnern, dass wir alle nur diesen Moment haben, den Ort, an dem wir gerade stehen. Es sind unsere Herangehensweise an jeden einzelnen Augenblick und unsere Verbindungen zu den Menschen, denen wir in unserem Leben begegnen – Familie,

Freunde, Nachbarn und viele mehr –, die letztlich als Bollwerk gegen jegliche Krise dienen.

Als Kinder konnten die Teilnehmerinnen und Teilnehmer der Harvard Study unmöglich wissen, auf welche Schwierigkeiten sie einmal treffen würden, in der Welt und im eigenen Leben. Leo DeMarco hätte den Zweiten Weltkrieg unmöglich kommen sehen können. Henry Keane hätte nichts an der Armut ändern können, die die Weltwirtschaftskrise über seine Familie brachte. Niemand kann wirklich vorhersehen, welche Herausforderungen in der Zukunft auf uns warten. Wir wissen nur, dass sie unvermeidlich kommen werden.

Tausende Geschichten der Harvard Study lehren uns, dass sich das gute Leben durch Müßiggang und Bequemlichkeit allein sicher nicht einstellt. Stattdessen entsteht es, wenn wir uns unvermeidlichen Problemen stellen und jeden einzelnen Augenblick unseres Lebens bewusst leben. Es entsteht in aller Stille, wenn wir lernen, zu lieben und uns dem Geliebtwerden zu öffnen. Es entsteht, wenn wir an unseren Erfahrungen wachsen und in den Höhen und Tiefen, die jedes Leben prägen, eine Gemeinschaft mit unseren Mitmenschen bilden.

Ein letzter Vorschlag

Doch wie bewegen Sie sich nun weiter vorwärts auf Ihrem Weg zu einem guten – glücklichen und erfüllten – Leben? Zunächst indem Sie erkennen, dass dieses gute Leben kein Zielort ist, der am Ende des Weges auf Sie wartet. Das gute Leben sind der Weg selbst und die Menschen, die ihn mit Ihnen zusammen gehen. Dabei können Sie Sekunde für Sekunde entscheiden, auf wen und worauf Sie Ihre Aufmerksamkeit richten. Sie können Ihren Beziehungen Woche für Woche neue Priorität einräumen und sich dafür entscheiden, Zeit mit den Menschen zu verbringen, die Ihnen wichtig sind. In den Leben, die Sie bereichern, und den Beziehungen, die Sie pflegen, können Sie Jahr für Jahr Sinn und Erfüllung finden. Indem Sie durch umsichtige Fragen und hingebungsvolle, echte Aufmerksamkeit Ihre Neugier kultivieren und anderen gegenüber offen sind – der Familie, Ihren Liebsten, Kolleginnen und Kollegen, Freunden, Bekannten, sogar Fremden. So schaffen und untermauern Sie das Fundament für ein gutes Leben.

Doch bevor Sie sich auf den Weg machen, haben wir noch einen letzten Vorschlag für Sie.

Denken Sie an jemanden, nur einen einzigen Menschen, der Ihnen wichtig ist. Jemand, der vielleicht nicht weiß, wie viel er Ihnen wirklich bedeutet. Das könnte Ihr Ehemann oder Ihre Ehefrau sein, Ihre Partnerin oder Ihr Partner, ein Freund oder eine Freundin, eine Kollegin oder ein Kollege, Bruder oder Schwester, ein Elternteil, ein Kind, auch ein Trainer oder eine Lehrerin von früher. Diese Person könnte neben Ihnen sitzen, während Sie dieses Buch lesen oder hören, sie könnte am Spülbecken stehen und das Geschirr abwaschen, sie könnte sich aber auch in einer anderen Stadt oder einem anderen Land befinden. Überlegen Sie, an welchem Punkt ihres Lebens diese Person gerade steht. Womit hat sie zu kämpfen? Denken Sie darüber nach, was sie Ihnen bedeutet, was sie für Sie in Ihrem Leben getan hat. Wo wären Sie ohne diese Person? Wer wären Sie?

Denken Sie jetzt darüber nach, wofür Sie dieser Person danken würden, wenn Sie glaubten, sie nie wiederzusehen.

Und dann – genau jetzt – wenden Sie sich dieser Person zu. Rufen Sie sie an. Sagen Sie ihr, was sie Ihnen bedeutet.

Danksagung

Dieses Buch bekräftigt eine grundlegende Wahrheit: Wir werden durch ein Netz an Beziehungen gehalten, die unserem Leben Sinn verleihen und uns Erfüllung schenken. Wir sind den vielen Menschen, deren Freundlichkeit und Weisheit dieses Buch erst ermöglicht haben, zutiefst dankbar.

Wir, Bob und Marc, begannen unsere Freundschaft und Zusammenarbeit vor fast 30 Jahren im Massachusetts Mental Health Center als wissenschaftliche Mitarbeiter im Labor von Stuart Hauser. Seine Längsschnittstudie mit Heranwachsenden machte uns mit den Schätzen bekannt, die man entdecken kann, wenn man sich mit dem Leben einzelner Menschen beschäftigt. Zudem lehrte uns Stuart, wie wertvoll es ist, anderen beim Erzählen ihrer Geschichten zuzuhören.

Bobs Dozent an der Harvard Medical School, George Vaillant, war der dritte Leiter der Harvard Study of Adult Development. Seine Erkenntnisse bezüglich der Wissenschaft der Entwicklung von Erwachsenen prägten, wie die Welt heute über den Lebenszyklus des Menschen denkt. Seine Bereitschaft, dieses kostbare Längsschnittprojekt einer neuen Generation von Forschenden anzuvertrauen, war ein äußerst großzügiges Geschenk. Selbstverständlich bauen wir auf der Arbeit aller vorangegangenen Leiter auf: Clark Heath, Arlie Bock und Charles MacArthur, die Initiatoren der Harvard-College-Studenten-Kohorte, sowie Eleanor und Sheldon Glueck, die Initiatoren der Studienkohorte aus der Bostoner Innenstadt. Da es kaum eine Forschung ohne finanzielle Förderung gibt, wäre auch die Harvard Study ohne die Unterstützung folgender Institutionen und Personen nicht möglich gewesen: das National Institute of Mental Health, das National Institute on Aging, die W. T. Grant Foundation, das Harvard NeuroDiscovery Center, die Fidelity Foundation, die Blum-Kovler Foundation, die Weil Memorial Charitable Foundation sowie Ken Bartels und Jane Condon.

Ebenso wie beim Großziehen eines Kindes so braucht es auch beim Durchführen einer Längsschnittstudie dieser Tiefe das Engagement und die Geduld eines ganzen Dorfs. Dazu gehörten unter anderem die unermüdlichen Hirten – Lewise Gregory, Eva Milofsky und Robin Western –, die die so ungeheuer wichtige Verbindung zu den Teilnehmerinnen und Teilnehmern der Studie über Jahrzehnte hinweg aufrechterhielten. Und dazu gehört auch heute noch ein wahrer Konvoi an begabten Postdoktoranden, Doktoranden, Studenten und sogar Highschool-Schülern aller Geschlechter, die in Gänze zu nennen den Rahmen dieses Buchs sprengen würde. Ihre Neugier und frischer Blick beleben unsere Arbeit außerordentlich. Die Studie auf die Kinder der ursprünglichen Teilnehmer auszuweiten war nur durch die Führung eines bemerkenswerten Stabs an Kolleginnen und Kollegen möglich: Margie Lachman, Kris Preacher, Teresa Seeman und Ron Spiro. Mithilfe der Ingenieurspräzision und medizinischen Ausbildung unseres Kollegen Mike Nevarez profitiert die Second-Generation-Studie heute von den biologischen Verfahren und digitalen Werkzeugen des 21. Jahrhunderts.

Als Bob 2015 einen TEDx-Vortrag hielt, der weite Kreise zog, wurde deutlich, dass sich viele Menschen sehr dafür interessieren, was die Entwicklungswissenschaft uns über das Gedeihen des Menschen sagen kann. Unser Freund und Kollege John Humphrey hatte die Vision, die Lifespan Research Foundation (www.lifespanresearch.org) zu gründen und zu leiten. Die gemeinnützige Organisation hat es sich zur Aufgabe gemacht, die Erkenntnisse der Lebensspannenforschung zu verbreiten, damit Menschen ein gesünderes Leben voller Sinn und Verbundenheit führen können. Seit seinem Tod im Mai 2022 vermissen wir ihn immer noch sehr, doch lassen wir uns weiter von seiner Energie und seiner Leidenschaft, mit Forschung anderen zu helfen, inspirieren. Gemeinsam mit dem Foundation-Team – John, Marianne Doherty, Susan Friedman, Betsy Gillis, Linda Hotchkiss, Mike Nevarez, Connie Steward und anderen – konnten wir Forschungsergebnisse und wissenschaftliche Informationen zum Thema Glücksforschung, die sich in Fachzeitschriften versteckten, in benutzerfreundliche Werkzeuge für Laien umwandeln.

Dieses Buch ist jedoch auch die Schöpfung eines weiteren Dorfs: Doug Abrams von Idea Architects hatte ebenfalls eine Vision – die sich dann als fast exakt das herausstellte, was dieses Buch geworden ist. Sein Glaube an das Projekt und die Erfahrung des Idea-Architects-Teams – insbesondere von Lara Love, Sarah Rainone und Rachel Neumann – waren ein Wegweiser durch das zunächst undurchdringliche Terrain, ein Buchs über unser Lebenswerk zu schreiben. Rob Pirro steuerte sein profundes Wissen zu den philosophischen Sichtweisen des guten Lebens bei. Zudem hatten wir das Glück, einige immens engagierte Leserinnen des Manuskripts an unserer Seite zu haben: Cary Crall, Michelle Francl, Kate Petrova und Jennifer Stone halfen enorm dabei, unsere Ideen und Wörter auf den Punkt zu bringen.

Bei Simon & Schuster hatten Jonathan Karp und Bob Bender den Mut, in einer Zeit großer globaler Unsicherheit an das Buch zu glauben. Ihre Begeisterung für das Projekt war hochansteckend, und mit erfahrener und sanfter Hand griff Bob mit ebenso großer Sorgfalt wie Weisheit in das Manuskript ein. Johanna Li sorgte für die grafische Gestaltung des Buchs, ebenfalls danken möchten wir dem Korrektor Fred Chase. Saliann St-Clair, Jemma McDonagh, Brittany Poulin und Camilla Ferrier von der Marsh Agency sowie Caspian Dennis und Sandy Violette von Abner Stein halfen dabei, das Buch mittels internationaler Lizenzen in der Welt zu verbreiten. Auch den über 20 Lizenznehmern sind wir sehr dankbar dafür, dass sie das Buch einem breiteren Publikum zugänglich machen.

Auch andere haben an das Projekt geglaubt. Ohne die konstante Ermutigung von Tal Ben-Shahar, Arthur Blank, Richard Layard, Vivek Murthy, Laurie Santos, Guy Raz, Jay Shetty, Tim Shriver und Carol Yu hätten wir vielleicht kalte Füße bekommen. Sehr früh bei dem Projekt unterstützt haben uns auch unsere Kolleginnen und Kollegen Angela Duckworth, Eli Finkel, Ramon Florenzano, Peter Fonagy, Julianne Holt-Lunstad und Dominik Schoebi, alles ausgezeichnete Beispiele dafür, wie man wissenschaftliche Erkenntnisse verständlich und wirkungsvoll nach außen trägt.

Mark Hitz stand von Anfang an im Mittelpunkt des Projekts. Der scharfe und empathische Beobachter menschlicher Erfahrungen und ungeheuer begabte und subtile Autor begleitete uns in einer Welt, die komplett neu für ihn war. Er brachte ein Ohr für die Musik der Sprache mit, die Sie im gesamten Buch hören können. Mit den Geschichten aus Unmengen von Studienaufzeichnungen half er uns dabei, wissenschaftlichen Erkenntnissen Leben einzuhauchen – und das mit einer Beharrlichkeit und Geduld, die nur aus seinem tiefempfundenen Respekt für die Menschen hinter den Geschichten heraus entstehen konnten. Dafür werden wir Mark ewig dankbar sein.

Doch unser größter Dank gilt den Frauen und Männern, die an der Harvard Study of Human Development teilgenommen haben oder noch immer teilnehmen. Aber was sagt man Generationen von Menschen, die uns ihre Lebensgeschichte anvertrauten, damit der Mensch schließlich zu einem besseren und bereichernden Verständnis seiner selbst gelangen kann? Sie haben nicht nur der Wissenschaft, sondern uns allen ein Geschenk gemacht. Sie erinnern uns daran, wie großzügig der Mensch sein kann und wie entscheidend wichtig es ist, dass wir unser gemeinsames Menschsein wertschätzen. Eines ist sicher: Wir können nicht genug sagen, hoffen aber, dass dieses Buch ein klein wenig zum Ausdruck bringt, wie dankbar wir sind.

Bob

Ob es nun Glück oder Karma ist – wie wir die Menschen finden, die unser Leben prägen, ist ein wundervolles Mysterium. Ich hatte das Glück, zahlreiche gute Mentoren zu haben. Professor Barbara Rosenkrantz hat mich dafür begeistert, staubigen historischen Dokumenten radikale Neugier entgegenzubringen. Phil Isenberg, Carolynn Maltas, John Gunderson und eine ganze Armee toller Lehrerinnen und Lehrer aus dem klinischen Bereich brachten mir bei, dieselbe Neugier den Lebensgeschichten der Menschen entgegenzubringen, die aufgrund von psychischen Problemen zu mir kommen. Avery Wiseman ist für mich ein Vorbild als psychoanalytische Gelehrte, Tony Kris und George Fishman halfen mir dabei, klinische Praxis und empirische Forschung in ein und demselben erfüllenden Arbeitstag zu vereinen. Dan Buie und Jil Windsor gehören zu den kostbaren Seelen, die anderen – auch mir – das Gefühl vermitteln, wahrhaft gesehen zu werden, und dabei das Beste in ihnen zum Vorschein bringen.

Über vier Jahrzehnte hatte ich das Vergnügen, mit Hunderten junger Erwachsener zusammenzuarbeiten, die Psychiater werden wollten. Unsere gemeinsame Leidenschaft dafür herauszufinden, wie der Mensch tickt, lässt mich auf eine Zukunft hoffen, in der es immer jemanden zum Reden geben wird. Ich treffe jeden Tag Menschen in meiner Psychotherapiepraxis, und ihr Mut, über ihre größten Ängste zu sprechen, hat mir gezeigt, dass es praktisch unendlich viele Wege zu einem guten, erfüllten Leben gibt.

Die Zen-Meditation ist ein weiterer Weg, mit dem ich die Erfahrung, ein Mensch zu sein, erkunde – ein wirklich lebensverändernder Weg. Meine Mit-Zen-Lehrer David Rynick und Michael Fieleke demonstrieren mir immer wieder, was es heißt, Augenblick für Augenblick furchtlos präsent zu sein. Durch die Dharma-Übertragung hat mir meine Lehrerin Melissa Blacker ein unschätzbar wertvolles und zeitloses Instrument, zum Leben zu erwachen, anvertraut. Ich will es auf alles, dem ich begegne, anwenden.

Die Psychiatrieabteilung des Massachusetts General Hospital in Boston ist nach wie vor das berufliche Zuhause meiner Forschung, meines Lehrens und Schreibens. Maurizio Fava, Jerry Rosenbaum und John Herman gehören neben der Fakultät des Program in Psychodynamics zu den vielen Menschen, die es so aufregend und lohnenswert machen, Teil dieser Gemeinschaft an Klinikern und Wissenschaftlern zu sein.

John Makinson brachte seine skurrilen Weisheiten und enormen Publikationserfahrungen in diese neue Phase unserer nun schon 50 Jahre bestehenden Freundschaft ein, die nie aufhört, mich zu überraschen und zu erfreuen. Arthur Blank wusste, dass ich dieses Buch schreiben musste, lange bevor mir das selbst klar war. Er bestand auf seine liebenswürdige und wertschätzende Art darauf, dass die Erkenntnisse, die wir in der Fachliteratur festgehalten hatten, auch einem breiteren Publikum zugänglich gemacht werden müssten. John Bare hatte eine glasklare Vorstellung davon, wie dies zu bewerkstelligen wäre.

Nicht zuletzt hat die Familie, in die ich geboren wurde, mich und dieses Buch geprägt. Mein Vater David war der interessierteste Mensch, den ich je kennengelernt habe – endlos fasziniert von den Erfahrungen eines jeden, der seinen Weg kreuzte. Meine Mutter Miriam veranschaulichte Empathie und Verbundenheit in allem, was sie tat, und Marks – mein Bruder – Sinn für Familiengeschichte lehrte mich, wie wichtig es ist festzuhalten, wo wir im Leben gewesen sind. Seit nun schon 36 Jahren ist meine Frau, Jennifer Stone, das Zentrum meiner Welt: kluge Ratgeberin in klinischen Angelegenheiten, sorgfältige Redakteurin, Kumpel und Partnerin, die Erziehung zur freudvollen Zusammenarbeit macht. Meine beiden Söhne lehren mich, necken mich und machen mich demütig – Daniel mit seinem analytischen Geist, bei dem mir manchmal die Kinnlade herunterfällt, und David mit seiner spielerischen Energie und seinen scharfen Einsichten, die meine Ansichten über die Welt immer wieder durchschütteln.

Und dann wäre da natürlich noch mein Co-Autor Marc Schulz. Wir erzählen die Geschichte unserer Freundschaft in diesem Buch, das allerdings wird drei Jahrzehnten von wöchentlichen Treffen, Familienbesuchen und Reisen zu Tagungen rund um die Welt alles andere als gerecht. Bei einem typischen wöchentlichen Anruf reicht die Bandbreite unserer Gesprächsthemen von Schulproblemen der Kinder über Situationen im Klinikalltag, die uns Rätsel aufgeben, bis zu den besten statistischen Techniken, mit denen man den Zusammenhang zwischen Kindheitstrauma und Erwachsenengesundheit analysieren kann. Einen Freund wie ihn, dessen Fähigkeiten meine eigenen ergänzen und erweitern, werde ich vermutlich nicht noch einmal finden – ein Glücksfall, den ich niemals für selbstverständlich halte.

All diese Menschen erinnern mich jeden Tag daran, dass das gute Leben auf guten Beziehungen basiert.

Marc

Dieses Buch baut buchstäblich auf den Verbindungen auf, die zu unserem großen Glück unser Leben prägten. Ich wuchs mit der Unterstützung liebender Eltern und Großeltern auf, die mich dazu ermutigten, die Welt zu erkunden und Freude in ihr zu finden. Meine Mutter ist eine versierte Fotografin. Sie brachte mir bei, wie wichtig es ist, andere zu beobachten und ihnen aufmerksam zuzuhören, von ihr habe ich meine Leidenschaft, mich kreativ zu betätigen. Auch welche Freude es bereitet, ein Lehrer und Mentor für andere zu sein, zeigte sie mir. Von meinem Vater habe ich die Begierde, zu lernen und Wissen dazu zu nutzen, Ereignisse im eigenen Leben und darüber hinaus zu verstehen. Aber auch für die kleinen Albernheiten des Lebens hatte er durchaus etwas übrig – eine Affinität, die ich ebenfalls mit ihm teile. Zudem hatte ich Glück, unglaublich unterstützende und liebevolle Stiefeltern zu haben, auch sie haben mein Leben immens bereichert.

Meine Großeltern, insbesondere Gladys und Hank, waren mir

als Kind große Vorbilder, ich bin ihnen für ihre Ermutigung und ihren Glauben an mich sehr dankbar. Meine Eltern und Großeltern haben mir jeder auf seine Weise vorgemacht, wie man mit Problemen im Leben umgeht und Beziehungen Priorität einräumt. Darüber hinaus habe ich drei ganz außergewöhnliche Geschwister, die mir Gelegenheit gaben, von verschiedenen Standpunkten aus etwas über Familie und das Leben zu lernen. Julie, Michael und Suzanne – ich danke euch von Herzen, dass ihr immer für mich da gewesen seid.

Enge Freunde aus der Kindheit und Studienzeit vermittelten mir, wie wichtig starke Verbindungen sind und wie man diese über geografische Barrieren und sich verändernde Lebensumstände hinweg aufrechterhalten kann. David Hagen, den ich schrecklich vermisse, ist einer jener alten Freunde, die wahrhaft verkörperten, was es bedeutet, Menschen miteinander zu verbinden und lebensbejahend zu sein.

Erstmals offiziell beschäftigte ich mich unter soziologischen, anthropologischen, politiktheoretischen und philosophischen Aspekten mit dem Thema des guten Lebens als Student – zu einer Zeit, zu der ich eben erst meinen eigenen Weg im Leben suchte. Die Professoren Jerry Himmelstein und George Kateb halfen mir geduldig dabei herauszufinden, wie ich das Gelesene entschlüsseln konnte, und ermunterten mich dazu, in neue und interessante Richtungen zu denken.

Trotz meiner damaligen Unsicherheit beschloss ich, klinische Psychologie an der University of California in Berkeley zu studieren. Rückblickend war dies eine der besten Entscheidungen meines bisherigen Lebens. Ich lernte auf eine ganz neue Art und Weise etwas über das Gedeihen und Schwierigkeiten des Menschen. Mit Menschen zu arbeiten und herauszufinden, wie ich ihnen am besten dabei helfen konnte, das zu erreichen, was sie erreichen wollten, ließ mich in einem Maß wachsen, für das ich auf ewig dankbar sein werde. Tief empfundenen Dank schulde ich auch einer Reihe von außergewöhnlichen Mentoren und klinischen Supervisoren während der Graduate School und der nachfolgenden klinischen Ausbildung. Phil und Carolyn Cowan waren dabei wichtig: Sie brachten mir ungeheuer viel über Forschung, klinische Arbeit, Beziehungen und das Leben im Allgemeinen bei, beispielsweise wie wichtig es ist, zuzuhören und sich wirklich für die Erfahrungen anderer Menschen zu interessieren. Dick Lazarus war ein ungewöhnlich scharfsinniger und kreativer Denker. Er und die Cowans zeigten mir, wie man schwer zu quantifizierende, zentrale Elemente des Lebens wie Emotionen und Beziehungen erforscht. Ihre Weisheit und die vieler anderer Lehrerinnen und Lehrer durchdringen die Seiten dieses Buchs.

Bryn Mawr ist nun schon seit mehr als 25 Jahren meine akademische Heimat, und ich empfinde es als enormes Privileg, Teil einer solch pulsierenden und unterstützenden Lerngemeinschaft sein zu dürfen. Mein Dank gilt den Kolleginnen und Kollegen innerhalb und außerhalb des Fachbereichs Psychologie für ihre Unterstützung und ihr Engagement für Lehre und Forschung. Kim Cassidy hat mich seit Anbeginn meiner Reise in Bryn Mawr begleitet, ich danke ihr für ihre Ermutigung und Freundschaft in all diesen Jahren. Die Zusammenarbeit außerhalb der Psychologie mit Michelle Francl, Hank Glassman und Tim Harte hat mein Denken erweitert und zu den Ideen in diesem Buch beigetragen.

Im Laufe der Jahre hatte ich das Vergnügen, Hunderte von außergewöhnlichen Studentinnen und Studenten in allen Phasen der Ausbildung zu unterrichten und eng mit ihnen zusammenzuarbeiten. Die Verbindungen zu ihnen haben mein Leben auf eine Weise bereichert, die schwer zu beschreiben ist. Ich danke euch allen, vor allem den Studierenden vor und nach ihrem Abschluss, die mit mir gemeinsam geforscht und dabei geholfen haben, neue Ideen zu entwickeln oder alte zu schärfen. Ein besonderes Dankeschön gebührt Kate Petrova, mit der ich annähernd fünf Jahre zusammenarbeiten durfte und die viele meiner Gedanken in diesem Buch verfeinert hat. Zudem hat Kate dabei geholfen, die nächste Forschungsphase der Harvard Study zu planen. Mahek Nirav Shah war sehr hilfreich dabei, das Material und die Lebensgeschichten für dieses Buch herauszusuchen.

Mit Bob an diesem Buch zu arbeiten hat mir ebenso viel Freude bereitet wie alle Projekte und Abenteuer, die wir in fast 30 Jahren gemeinsam bewältigt und bestanden haben. Bobs Mischung aus Intelligenz, Einsicht, Kreativität, Freundlichkeit und Kompetenz ist wahrhaft atemberaubend. Ich bin unendlich glücklich, schon so lange sein Freund und Kollege zu sein. In unserer Zusammenarbeit und Freundschaft haben wir Höhen erreicht, die ich allein mit Sicherheit nie erreicht hätte.

Meine Frau und meine beiden Söhne sind die wichtigsten Menschen in meinem Leben. Jacob und Sam waren immer die beste Ablenkung von der Arbeit, die man sich vorstellen kann. Sie sind zu gütigen und rücksichtsvollen jungen Männern herangewachsen, die mich und meine Frau mit Freude und Stolz erfüllen. Jacob interessiert sich sehr für die Erfahrungen anderer Menschen sowie für große moralische und ethische Fragen, und ich kann über seine Gabe, komplizierte Ideen einfach zu vermitteln, nur staunen. Sam bemerkt Muster und Verbindungen, die andere nicht bemerken; er liebt es, jeden Tag mehr über die Natur zu lernen. Meine Beziehung zu ihnen und die Dinge, die sie mir beigebracht haben, haben dieses Buch besser gemacht.

Joan ist mir seit drei Jahrzehnten eine ganz außergewöhnliche Gefährtin. Sie hat mich in meinen Zielen unterstützt, mein Selbstvertrauen gestärkt, wenn es ins Schlingern geriet, und mehr Freude in mein Leben gebracht, als ich verdient habe. Ihre Freundlichkeit, ihre Intelligenz und ihr gesunder Menschenverstand haben mir dabei geholfen, mich auf das zu konzentrieren, was wirklich wichtig ist. Mit Joan eine Familie zu gründen war das beste Projekt meines Lebens, und ich freue mich darauf, mit ihr gemeinsam durch das zu steuern, was auch immer das Leben noch für uns bereithält.

Literatur

Ainsworth, Mary D. »Reflections by Mary D. Ainsworth«. In: *Models of Achievement: Reflections of Eminent Women in Psychology*, Agnes N. O'Connell und Nancy Felipe Russo (Hrsg.). New York: Columbia University Press (1983).

Aknin, L., et al. »Mental Health During the First Year of the COVID-19 Pandemic: A Review and Recommendations for Moving Forward«. *Perspectives on Psychological Science* (Januar 2022). https://doi.org/10.1177/17456916211029964.

Allen, Joseph P., et al. »Longitudinal Assessment of Autonomy and Relatedness in Adolescent-Family Interactions as Predictors of Adolescent Ego Development and Self-Esteem«. *Child Development* 65, Nr. 1 (1994): 179–194. https://doi.org/10.2307/1131374.

Allibone, Samuel Austin. »Prose Quotations from Socrates to Macauley«. Philadelphia: J.B. Lippincott (1880).

Arendt, Hannah. *The Human Condition*, 2. Aufl. Chicago: University of Chicago Press (1958/1998), dt. Übersetzung: *Vita Activa oder Vom tätigen Leben.*

Aristoteles. *Nicomachean Ethics* 1.5, W.D. Ross, übersetzt von Kitchener, Ontario: Batoche Books (1999), dt. Übersetzung: *Nikomachische Ethik.*

Armour, Philip, et al. »The COVID-19 Pandemic and the Changing Nature of Work: Lose Your Job, Show Up to Work, or Telecommute?« RAND Corporation, Santa Monica, CA (2020). https://www.rand.org/pubs/research_reports/RRA308-4.html.

Arrett, Jeffrey J. »Emerging Adulthood: A Theory of Development from the Late Teens Through the Twenties«. *American Psychologist* 55 (2000): 469–480.

Bailey, Marlon M. *Butch Queens Up in Pumps*. Ann Arbor: University of Michigan Press (2013).

Baldwin, T.W. *William Shakespeare's Small Latine and Lesse Greeke*. Urbana, ILL (1944).

Baltes, Paul B. »On the Incomplete Architecture of Human Ontogeny«. *American Psychologist* 52 (1997): 366–380.

Bancroft, Anne. *The Wisdom of the Buddha: Heart Teachings in His Own Words*. Boulder, CO: Shambala (2017).

Bandura, Albert. »The Psychology of Chance Encounters and Life Paths«. *American Psychologist* 37, Nr. 7 (1982): 747–755. https://doi.org/10.1037/0003-066X.37.7.747.

Barreto, Manuela, et al. »Loneliness Around the World: Age, Gender, and Cultural Differences in Loneliness«. *Personality and Individual Differences* 169 (2020): 110066. doi:10.1016/j.paid.2020.110066.

Barrick, Elyssa M., Alixandra Barasch und Diana Tamir. »The Unexpected Social Consequences of Diverting Attention to Our Phones«. *PsyArXiv* (18. Oktober 2020). doi:10.31234/osf.io/7mjax.

Bianchi, Suzanne M., et al. »Who Did, Does or Will Do It, and How Much Does It Matter?« *Social Forces* 91, Nr. 1 (September 2012): 55–63. https://doi.org/10.1093/sf/sos120.

Birkjaer, Michael, und Micah Kaats. »Does Social Media Really Pose a Threat to Young People's Well-being?« Nordic Council of Ministers (2019). http://dx.doi.org/10.6027/Nord2019-030.

Bohlmeijer, Ernst Thomas, Peter M. ten Klooster und Martine Fledderus. »Psychometric Properties of the Five-Facet Mindfulness Questionnaire in Depressed Adults and Development of a Short Form«. *Assessment* 18, Nr. 3 (2011): 308–320. https://doi.org/10.1177/1073191111408231.

Bonanno, G.A., et al. »The Importance of Being Flexible: The Ability to Both Enhance and Suppress Emotional Expression Predicts Long-Term Adjustment«. *Psychological Science* 15 (2004): 482–487. http://dx.doi.org/10.1111/j.0956-7976.

Bonanno, George, und Charles L. Burton. »Regulatory Flexibility:

An Individual Differences Perspective on Coping and Emotion Regulation«. *Perspectives on Psychological Science* 8, Nr. 6 (2013): 591–612. https://doi.org/10.1177/1745691613504116.

Bosma, Hans, et al., »Low Job Control and Risk of Coronary Heart Disease in Whitehall II (Prospective Cohort) Study«. *BMJ* 314 (1997): 558–565.

Bromfield, Richard. *Playing for Real*. Boston: Basil Books (1992).

Buchholz, Laura. »Exploring the Promise of Mindfulness as Medicine«. *Journal of the American Medical Association* 314, Nr. 13 (Oktober 2015): 1327–1329. doi:10.1001/jama.2015.7023.PMID 26441167.

Buschman, Timothy J., et al. »Neural Substrates of Cognitive Capacity Limitations«. *PNAS* 108, Nr. 27 (Juli 2011): 11252–11255. https://doi.org/10.1073/pnas.1104666108.

Byron, Ellen. »The Pleasures of Eating Alone«. *Wall Street Journal*, 2. Oktober 2019. https://www.wsj.com/articles/eating-alone-loses-its-stigma-11570024507.

Cacioppo, John T., Stephanie Cacioppo und Dorret I. Boomsma. »Evolutionary Mechanisms for Loneliness«. *Cognition and Emotion* 28, Nr. 1 (2014): 3–21. doi:10.1080/02699931.2013.837379.

Cacioppo, John, und William Patrick. *Loneliness: Human Nature and the Need for Social Connection*. New York: Norton (2008).

Cacioppo, John T., und Stephanie Cacioppo. »The Phenotype of Loneliness«. *European Journal of Developmental Psychology* 9, Nr. 4 (2012): 446–452. doi:10.1080/17405629.2012.690510.

Cacioppo, John T., et al. »The Chicago Health, Aging and Social Relations Study«. In: *The Science of Subjective Well-Being*, Michael Eid und Randy J. Larsen (Hrsg.). New York: Guilford Press (2008). Kapitel 13, 195–219.

Cacioppo, John T., und Stephanie Cacioppo. »The Population-Based Longitudinal Chicago Health, Aging, and Social Relations Study (CHASRS): Study Description and Predictors of Attrition in Older Adults«. *Archives of Scientific Psychology* 6, Nr. 1 (2018): 21–31.

Carnegie, Dale. *How to Win Friends and Influence People*. New York:

Simon & Schuster (1981), dt. Übersetzung: *Wie man Freunde gewinnt,* Frankfurt: S. Fischer.

Carroll, Lewis. *Through the Looking-Glass, and What Alice Found There.* London: Macmillan and Co. (1872), dt. Übersetzung: *Alice hinter den Spiegeln.*

Carstensen, Laura L. »The Influence of a Sense of Time on Human Development«. *Science* 312, Nr. 5782 (2006): 1913–1915. doi:10.1126/science.1127488.

Carstensen, Laura L., D.M. Isaacowitz und S.T. Charles. »Taking Time Seriously: A Theory of Socioemotional Selectivity«. *American Psychologist* 54, Nr. 3 (1999): 165–181. doi:10.1037//0003-066x.54.3.165.

Caspi, A., und T.E. Moffitt. »The Continuity of Maladaptive Behavior: From Description to Understanding in the Study of Antisocial Behavior«. In: Wiley series on personality processes. *Developmental Psychopathology 2, Risk, Disorder, and Adaptation,* D. Cicchetti und D.J. Cohen (Hrsg.). Hoboken, N.J.: John Wiley & Sons (1995).

Chakkarath, Pradeep. »Indian Thoughts on Psychological Human Development«. In: *Psychology and Psychoanalysis in India,* G. Misra (Hrsg.). New Delhi: Munshiram Manoharlal Publisher (2013): 167–190.

Chamie, Joseph. »The End of Marriage in America?« *The Hill,* 10. August 2021. https://thehill.com/opinion/finance/567107-the-end-of-marriage-in-america.

Coan, James, Hillary S. Schaefer und Richard J. Davidson. »Lending a Hand: Social Regulation of the Neural Response to Threat«. *Psychological Science* 17, Nr. 12 (2006): 1032–1039. doi:10.1111/j.1467-9280.2006.01832.x.

Coan, James. »Why We Hold Hands: Dr. James Coan at TEDxCharlottesville 2013«. TEDx Talks, 25. Januar 2014. https://www.youtube.com/watch?v=1UMHUPPQ96c.

Cohen, Leonard. *The Future.* Sony Music Entertainment (1992).

Cohen, Shiri, et al. »Eye of the Beholder: The Individual and Dyadic Contributions of Empathic Accuracy and Perceived Empathic Effort to Relationship Satisfaction«. *Journal of Family Psychology* 26, Nr. 2 (2012): 236–245. doi:10.1037/a0027488.

Cohn, Deborah A., et al. »Working Models of Childhood Attachment and Couple Relationships«. *Journal of Family Issues* 13, Nr. 4 (1992): 432–449.

Coltrane, Scott. »Research on Household Labor: Modeling and Measuring the Social Embeddedness of Routine Family Work«. *Journal of Marriage and Family* 62, Nr. 4 (2000): 1208–1233. http://www.jstor.org/stable/1566732.

Cox, Rachel Dunaway. *Youth into Maturity.* New York: Mental Health Materials Center, 1970.

Crick, N.R., und K.A. Dodge. »A Review and Reformulation of Social-Information Processing Mechanisms in Children's Development«. *Psychological Bulletin* 115 (1994): 74–101.

Cronin, Christopher J., und William N. Evans. »Excess Mortality from COVID and Non-COVID Causes in Minority Populations«. *Proceedings of the National Academy of Sciences* 118, Nr. 39 (September 2021): e2101386118. doi: 10.1073/pnas.2101386118.

Curtis, Gemma. »Your Life in Numbers«. Creative Commons License, 29. September 2017 (zuletzt geändert am 28. April 2021). https://www.dreams.co.uk/sleep-matters-club/your-life-in-numbers-infographic/.

Czeisler, Mark É., et al. »Mental Health, Substance Use, and Suicidal Ideation During the COVID-19 Pandemic«. *Morbidity and Mortality Weekly Report,* Vereinigte Staaten, 24.–30. Juni 2020: 1049–1057. http://dx.doi.org/10.15585/mmwr.mm6932a1.

Dalai Lama. »Economics, Happiness, and the Search for a Better Life«. *dalailama.com,* Februar 2014. https://www.dalailama.com/news/2014/economics-happiness-and-the-search-for-a-better-life.

Dickinson, Emily. »Dickinson letter to Samuel Bowles (Letter 193)«. *Letters from Dickinson to Bowles Archive* (1858). http://archive.emilydickinson.org/correspondence/bowles/l193.html.

Donne, John. *Devotions Upon Emergent Occasions: Together with Death's Duel.* Ann Arbor: University of Michigan Press (1959).

Dworkin, Jordan. D., et al. »Capturing Naturally Occurring Emotional Suppression as It Unfolds in Couple Interactions«. *Emotion* 19, Nr. 7 (2019): 1224–1235. https://doi.org/10.1037/emo0000524.

Eid, Michael, und Randy J. Larsen (Hrsg.). *The Science of Subjective Well-Being.* New York: Guilford Press (2008).

Emerson, Ralph Waldo. »Gifts« (1844). In: *Essays and English Traits.* The Harvard Classics (1909–1914). https://www.bartleby.com/5/113.html.

Emerson, Ralph Waldo. *Essays.* Boston: James Munroe & Co. (1841).

Emerson, Ralph Waldo. *Letters and Social Aims.* London: Chatto & Windus (1876), dt. Übersetzung: *Neue Essays.*

Epley, Nicholas, und Juliana Schroeder. »Mistakenly Seeking Solitude«. *Journal of Experimental Psychology* 143, Nr. 5 (2014): 1980–1999. doi:10.1037/a0037323.

Erikson, Erik, und Joan M. Erikson. *The Life Cycle Completed: Extended Version.* New York: Norton (1997).

Erikson, Erik. *Childhood and Society.* New York: Norton (1950).

Erikson, Erik. *Identity and the Life Cycle.* New York: International Universities Press (1959).

Fallows, James. »Linda Stone on Maintaining Focus in a Maddeningly Distractive World«. *The Atlantic,* 23. Mai 2013. https://www.theatlantic.com/national/archive/2013/05/linda-stone-on-maintaining-focus-in-a-maddeningly-distractive-world/276201/.

Farson, Richard, und Ralph Keyes. *Whoever Makes the Most Mistakes.* New York: Free Press (2002).

Fiese, Barbara H. *Family Routines and Rituals.* New Haven: Yale University Press (2006).

Fiese, Barbara H., et al. »A Review of 50 Years of Research on Naturally Occurring Family Routines and Rituals: Cause for Celebration?« *Journal of Family Psychology* 16, Nr. 4 (2002): 381–390. https://doi.org/10.1037/0893-3200.16.4.381.

Finkel, Eli J. *The All-or-Nothing Marriage: How the Best Marriages Work.* New York: Dutton (2017).

Fishel, Anne K. »Harnessing the Power of Family Dinners to Create Change in Family Therapy«. *Australian and New Zealand Journal of Family Therapy* 37 (2016): 514–527. doi:10.1002/anzf.1185.

Fraiberg, Selma, et al. »Ghosts in the Nursery: A Psychoanalytic Approach to the Problems of Impaired Infant-Mother Relationships«. *Journal of American Academy of Child Psychiatry* 14, Nr. 3 (1975): 387–421.

Fung, Helene H., und Laura L. Carstensen. »Sending Memorable Messages to the Old: Age Differences in Preferences and Memory for Advertisements«. *Journal of Personality and Social Psychology* 85, Nr. 1 (2003): 163–178.

Gable, Shelly L. »Approach and Avoidance Social Motives and Goals«. *Journal of Personality* 74 (2006): 175–222.

Giattino, Charlie, Esteban Ortiz-Ospina und Max Roser. »Working Hours«. *ourworldindata.org,* 2013/2020. https://ourworldindata.org/working-hours.

Giles, L.C., et al. »Effects of Social Networks on 10 Year Survival in Very Old Australians: The Australian Longitudinal Study of Aging«. *Journal of Epidemiology and Community Health* 59 (2004): 547–579.

Granovetter, Mark S. »The Strength of Weak Ties«. *American Journal of Sociology* 78, Nr. 6 (1973): 1360–1380.

Grant, Adam. »Friends at Work? Not So Much«. *New York Times,* 4. September 2015. https://www.nytimes.com/2015/09/06/opinion/sunday/adam-grant-friends-at-work-not-so much.html?_r=2&mtrref=undefined&gwh=52A0804F85EE4EF9D01AD22AAC839063&gwt=pay&assetType=opinion.

Griffin, Sarah C., et al. »Loneliness and Sleep: A Systematic Review and Meta-analysis«. *Health Psychology Open* 7, Nr. 1 (2020): 1–11. doi:10.1177/2055102920913235.

Gross, James J. »Emotion Regulation: Affective, Cognitive, and Social Consequences«. *Psychophysiology* 39, Nr. 3 (2002): 281–291. doi:10.1017/s0048577201393198.

Gross, James. J., und Robert W. Levenson. »Emotional Suppression: Physiology, Self-report, and Expressive Behavior«. *Journal of Personality and Social Psychology* 64, Nr. 6 (1993): 970–986. https://doi.org/10.1037/0022-3514.64.6.970.

Gustavson, Kristin, et al. »Attrition and Generalizability in Longitudinal Studies: Findings from a 15-Year Population-Based Study and a Monte Carlo Simulation Study«. *BMC Public Health* 12, Artikel Nr. 918. (2012) doi:10.1186/1471-2458-12-918.

Hall, Jeffrey A. »How Many Hours Does It Take to Make a Friend?« *Journal of Social and Personal Relationships* 36, Nr. 4 (April 2019): 1278–1296. https://doi.org/10.1177/0265407518761225.

Hall, Jeffrey A. »Sex Differences in Friendship Expectations: A Meta-Analysis«. *Journal of Social and Personal Relationships* 28, Nr. 6 (September 2011): 723–747. https://doi.org/10.1177/0265407510386192.

Hammond, Claudia. »Who Feels Lonely? The Results of the World's Largest Loneliness Study«. BBC Radio 4, Mai 2018. https://www.bbc.co.uk/programmes/articles/2yzhfv4DvqVp5nZyxBD8G23/who-feels-lonely-the-results-of-the-world-s-largest-loneliness-study.

Hanh, Thich Nhat. *The Miracle of Mindfulness: An Introduction to the Practice of Meditation.* Boston: Beacon Press (2016), dt. Übersetzung: *Das Wunder der Achtsamkeit: Einführung in die Meditation.*

Harris, Judith Rich. *The Nurture Assumption: Why Children Turn Out the Way They Do.* New York: Free Press (1998).

Hawkley, Louise C., und John T. Cacioppo. »Loneliness Matters: A Theoretical and Empirical Review of Consequences and Mechanisms«. *Annals of Behavioral Medicine: A Publication of the Society of Behavioral Medicine* 40, Nr. 2 (2010): 218–227. doi:10.1007/s12160-010-9210-8.

Hayes, Steven C., et al. »Measuring Experiential Avoidance: A Preliminary Test of a Working Model«. *The Psychological Record* 54, Nr. 4 (2004): 553–578. https://doi.org/10.1007/BF03395492.

Healy, Kieran. »Income and Happiness«. *Kieran Healy* (Blog). 26. Januar 2021. https://kieranhealy.org/blog/archives/2021/01/26/income-and-happiness/.

Helson, R., et al. »The Growing Evidence for Personality Change in Adulthood: Findings from Research with Inventories«. *Journal of Research in Personality* 36 (2002): 287–306.

Hill-Soderlund, Ashley L., et al. »Parasympathetic and Sympathetic Responses to the Strange Situation in Infants and Mothers from Avoidant and Securely Attached Dyads«. *Developmental Psychobiology* 50, Nr. 4 (2008): 361–376. doi:10.1002/dev.20302.

Hochschild, Arlie Russell, und Anne Machung. *The Second Shift*. New York: Penguin (1989/2012).

Hoffmann, Jessica D., et al. »Teaching Emotion Regulation in Schools: Translating Research into Practice with the RULER Approach to Social and Emotional Learning«. *Emotion* 20, Nr. 1 (2020), 105–109. https://doi.org/10.1037/emo000 00649.

Holmes, Thomas H., und Richard H. Rahe. »The Social Readjustment Rating Scale«. *Journal of Psychosomatic Research* 11, Nr. 2 (1967), 213–218. https://doi.org/10.1016/0022-3999(67)90010-4.

Holt-Lunstad, Julianne, Timothy B. Smith und J. Bradley Layton. »Social Relationships and Mortality Risk: A Meta-analytic Review«. *PLoS Medicine* 7, Nr. 7 (2010): e1000316. https://doi.org/10.1371/journal.pmed.1000316.

Holt-Lunstad, Julianne, et al. »Loneliness and Social Isolation as Risk Factors for Mortality: A Meta-Analytic Review«. *Perspectives on Psychological Science* 10, Nr. 2 (2015): 227–237. doi:10.11 77/1745691614568352.

House, James S., et al. »Social Relationships and Health«. *Science New Series* 241, Nr. 4865 (Juli 1988): 540–545.

Howard, Jane. *Families*. New York: Simon & Schuster (1998).

Huang, Grace Hui-Chen, und Mary Gove. »Confucianism and Chinese Families: Values and Practices in Education«. *International Journal of Humanities and Social Science* 2, Nr. 3 (Februar 2012): 10–14. http://www.ijhssnet.com/journals/Vol_2_No_3_February_2012/2.pdf.

Hwang, Tzung-Jeng, et al. »Loneliness and Social Isolation During the COVID-19 Pandemic«. *International Psychogeriatrics* 32, Nr. 10 (2020): 1217–1220. doi:10.1017/S1041610220000988.

Impett, E.A., et al. »Moving Toward More Perfect Unions: Daily and Long-term Consequences of Approach and Avoidance Goals in Romantic Relationships«. *Journal of Personality and Social Psychology* 99 (2010): 948–963.

IPSOS. »2020 Predictions, Perceptions and Expectations« (März 2020).

IWG. »The IWG Global Workspace Survey«. International Workplace Group (März 2019). https://assets.regus.com/pdfs/iwg-workplace-survey/iwg-workplace-survey-2019.pdf.

Jaffe, Sara. »Queer Time: The Alternative to ›Adulting‹«. *JStor Daily*, 10. Januar 2018. https://daily.jstor.org/queer-time-the-alternative-to-adulting/.

Jeffrey, Karen, et al. »The Cost of Loneliness to UK Employers«. New Economics Foundation, Februar 2017. https://neweconomics.org/uploads/files/NEF_COST-OF-LONELINESS_DIGITAL-Final.pdf.

Jeste, Dilip V., Ellen E. Lee und Stephanie Cacioppo. »Battling the Modern Behavioral Epidemic of Loneliness: Suggestions for Research and Interventions«. *JAMA Psychiatry* 77, Nr. 6 (2020): 553–554. doi:10.1001/jamapsychiatry.2020.0027.

Jha, Amishi, et al. »Deploying Mindfulness to Gain Cognitive Advantage: Considerations for Military Effectiveness and Wellbeing«. *NATO Science and Technology Conference Proceedings* (2019): 1–14. http://www.amishi.com/lab/wp-content/uploads/Jhaetal_2019_HFM_302_DeployingMindfulness.pdf.

Johnson, Sue. *Love Sense: The Revolutionary New Science of Romantic Relationships*. New York: Little, Brown (2013).

Kahneman, Daniel, und Amos Tversky. »Prospect Theory: An Analysis of Decision Under Risk«. *Econometrica* 47 (1979): 263–291.

Kahneman, Daniel, und Angus Deaton. »High Income Improves Evaluation of Life but Not Emotional Well-being«. *Proceedings of the National Academy of Sciences* 107, Nr. 38 (September 2010): 16489–16493. doi:10.1073/pnas.1011492107.

Kiecolt-Glaser, Janice K. »WEXMED Live: Jan Kiecolt Glaser«. 6. Oktober 2016, Ohio State Wexner Medical Center. Video, 14:52. https://www.youtube.com/watch?v=hjUW2YC1OYM.

Kiecolt-Glaser, Janice K., et al. »Slowing of Wound Healing by Psychological Stress«. *Lancet* 346, Nr. 8984 (November 1995): 1194–1196. doi:10.1016/s0140-6736(95)92899-5.

Killgore, William D.S., et al. »Loneliness: A Signature Mental Health Concern in the Era of COVID-19«. *Psychiatry Research* 290 (2020): 113117. doi: 10.1016/j.psychres.2020.113117.

Killingsworth, Matthew. »Experienced Well-Being Rises with Income, Even Above $75,000 Per Year«. *Proceedings of the National Academy of Sciences of the United States of America* 118, Nr. 4 (2021): e2016976118. doi:10.1073/pnas.2016976118.

Killingsworth, Matthew, und Daniel T. Gilbert. »A Wandering Mind Is an Unhappy Mind«. *Science* 330, Nr. 6006 (2010): 932. doi:10.1126/science.1192439.

Krause, Sabrina, et al. »Effects of the Adult Attachment Projective Picture System on Oxytocin and Cortisol Blood Levels in Mothers«. *Frontiers in Human Neuroscience* 8, Nr. 10 (2016): 627. doi:10.3389/fnhum.2016.00627.

Kroenke, Candyce H., et al. »Social Networks, Social Support, and Survival After Breast Cancer Diagnosis«. *Journal of Clinical Oncology* 24, Nr. 7 (2006): 1105–1111. doi:10.1200/JCO.2005.04.2846.

Kross, Ethan, Ozlem Ayduk und W. Mischel. »When Asking ›Why‹ Does Not Hurt. Distinguishing Rumination from Reflective Processing of Negative Emotions«. *Psychological Science* 16, Nr. 9 (2005): 709–715. doi:10.1111/j.1467-9280.2005.01600.x.

Kross, Ethan, et al. »Facebook Use Predicts Declines in Subjective Well-being in Young Adults«. *PLoS ONE* 8, Nr. 8 (2013): e69841.

Kross, Ethan, und Ozlem Ayduk. »Self-Distancing: Theory, Research, and Current Directions«. *Advances in Experimental Social Psychology* 55 (2017): 81–136. https://doi.org/10.1016/bs.aesp.2016.10.002.

Kross, Ethan. *Chatter*. New York: Crown (2021).

Kumashiro, M., und X.B. Arriaga. »Attachment Security Enhancement Model: Bolstering Attachment Security Through Close Relationships«. In: *Interpersonal Relationships and the Self-Concept*, B. Mattingly, K. McIntyre und G. Lewandowski Jr. (Hrsg.). (2020). https://doi.org/10.1007/978-3-030-43747-3_5.

La Fontaine, Jean de. *The Complete Fables of Jean de La Fontaine*. Norman R. Shapiro (Hrsg.). Urbana: University of Illinois Press (2007).

Lazarus, Richard S., und Susan Folkman. *Stress, Appraisal, and Coping*. New York: Springer (1984).

Lazarus, Richard S. *Emotion and Adaptation*. New York: Oxford University Press (1991).

Lee, Ellen, et al. »High Prevalence and Adverse Health Effects of Loneliness in Community-Dwelling Adults Across the Lifespan: Role of Wisdom as a Protective Factor«. *International Psychogeriatrics* 31, Nr. 10 (2019): 1447–1462. doi:10.1017/S1041610218002120.

L'Engle, Madeleine. *Walking on Water: Reflections on Faith and Art*. New York: Convergent (1980).

Levesque, Amanda. »The West End Through Time«. *Mit.edu* (Frühjahr 2010). http://web.mit.edu/aml2010/www/throughtime.html.

Levinson, Daniel. *The Seasons of a Woman's Life*. New York: Random House (1996).

Luo, Ye, und Linda J. Waite. »Loneliness and Mortality Among Older Adults in China«. *The Journals of Gerontology: Series B* 69, Nr. 4 (Juli 2014): 633–645. https://doi.org/10.1093/geronb/gbu007.

Lyubomirsky, Sonja, Kennon M. Sheldon und David Schkade. »Pursuing Happiness: The Architecture of Sustainable Change«. *Review of General Psychology* 9, Nr. 2 (2005): 111–131. doi:10.1037/1089-2680.9.2.111.

Magan, Christopher. »Isolated During the Pandemic Seniors Are Dying of Loneliness and Their Families Are Demanding Help«, *Twin Cities Pioneer Press,* 19. Juni 2020. https://www.twincities.com/2020/06/19/isolated-during-the-pandemic-seniors-are-dying-of-loneliness-and-their-families-are-demanding-help/.

Mann, Annamarie. »Why We Need Best Friends at Work«. Gallup (Januar 2018). https://www.gallup.com/workplace/236213/why-need-best-friends-work.aspx.

Manner, Jane. »Avoiding eSolation in Online Education«. In: *Proceedings of SITE 2003 – Society for Information Technology and Teacher Education International Conference,* C. Crawford, et al. (Hrsg.). Albuquerque: Association for the Advancement of Computing in Education (AACE) (2003): 408–410.

Marmot, Michael G., et al. »Contribution of Job Control and Other Risk Factors to Social Variations in Coronary Heart Disease Incidence«. *Lancet* 350 (1997): 235–239.

Matthews, Timothy, et al. »Lonely Young Adults in Modern Britain: Findings from an Epidemiological Cohort Study«. *Psychological Medicine* 49, Nr. 2 (Januar 2019): 268–277. doi:10.1017/S0033291718000788. Epub 24. April 2018.

McAdams, Kimberly, Richard E. Lucas und M. Brent Donnellan. »The Role of Domain Satisfaction in Explaining the Paradoxical Association Between Life Satisfaction and Age«. *Social Indicators Research* 109 (2012): 295–303. https://doi.org/10.1007/s11205-011-9903-9.

McGraw, A.P., et al. »Comparing Gains and Losses«. *Psychological Science* 21 (2010): 1438–1445.

Moors, A., et al. »Appraisal Theories of Emotion: State of the Art and Future Development«. *Emotion Review* 5, Nr. 2 (2013): 119–124. doi:10.1177/1754073912468165.

Murayama, Kou. »The Science of Motivation«. *Psychological Science Agenda* (Juni 2018). https://www.apa.org/science/about/psa/2018/06/motivation.

Neugarten, Bernie. »Adaptation and the Life Cycle«. *The Counseling Psychologist* 6, Nr. 1 (1976): 16–20. doi:10.1177/001100007600600104.

Nevarez, Michael, Hannah M. Lee und Robert J. Waldinger. »Friendship in War: Camaraderie and Posttraumatic Stress Disorder Prevention«. *Journal of Traumatic Stress* 30, Nr. 5 (2017): 512–520.

Nielsen Report. »Q1 2018 Total Audience Report« (2018). https://www.nielsen.com/us/en/insights/report/2018/q1-2018-total-audience-report/.

Novick, Tessa K., et al. »Health-Related Social Needs and Kidney Risk Factor Control in an Urban Population«. *Kidney Medicine* 3, Nr. 4 (2021): 680–682.

Oberst, Ursula, et al. »Negative Consequences from Heavy Social Networking in Adolescents: The Mediating Role of Fear of Missing Out«. *Journal of Adolescence* 55 (2015): 51–60. https://doi.org/10.1016/j.adolescence.2016.12.008.

Okumura, S. *Realizing Genjokoan: The Key to Dogen's Shobogenzo*. Boston: Wisdom Publications (2010).

Olsson, Craig A., et al. »A 32-Year Longitudinal Study of Child and Adolescent Pathways to Well-being in Adulthood«. *Journal of Happiness Studies* 14, Nr. 3 (2013): 1069–1083. doi:10.1007/s10902-012-9369-8.

Orben, A. »The Sisyphean Cycle of Technology Panics«. *Perspectives on Psychological Science* 15, Nr. 5 (2020): 1143–1157. https://doi.org/10.1177/1745691620919372.

Orth-Gomér, Kristina, und J.V. Johnson. »Social Network Interaction and Mortality. A Six Year Follow-up Study of a Random Sample of the Swedish Population«. *Journal of Chronic Diseases* 40, Nr. 10 (1987): 949–957. doi:10.1016/0021-9681(87)90145-7.

Overall, Nickola C., und Jeffry A. Simpson. »Attachment and Dyadic Regulation Processes«. *Current Opinion in Psychology* 1 (2015): 61–66. https://doi.org/10.1016/j.copsyc.2014.11.008.

Overstreet, R. Larry. »The Greek Concept of the ›Seven Stages of Life‹ and Its New Testament Significance«. *Bulletin for Biblical Research* 19, Nr. 4 (2009): 537–563. http://www.jstor.org/stable/26423695.

Park, Soyoung Q., et al. »A Neural Link Between Generosity and Happiness«. *Nature Communications* 8, Nr. 15964 (2017). https://doi.org/10.1038/ncomms15964.

Parker, Kim, et al. »Marriage and Cohabitation in the U.S.«. Pew Research Center (November 2019).

Pearson, Helen. *The Life Project*. Berkeley: Soft Skull Press (2016).

Petrova, Kate, und Marc S. Schulz. »Emotional Experiences in Digitally Mediated and In-Person Interactions: An Experience-Sampling Study«. *Cognition and Emotion* (2022): https://doi.org/10.1080/02699931.2022.2043244.

Petrova, Kate, et al. »Self-Distancing and Avoidance Mediate the Links Between Trait Mindfulness and Responses to Emotional Challenges«. *Mindfulness* 12, Nr. 4 (2021): 947–958. https://doi.org/10.1007/s12671-020-01559-4.

Platon. *The Symposium*, Christopher Gill (Übers.). London: Penguin (1999), dt. Übersetzung: *Das Symposion*.

Pressman, S.D., et al. »Loneliness, Social Network Size, and Immune Response to Influenza Vaccination in College Freshmen«. *Health Psychology* 24, Nr. 3 (2005): 297–306. doi:10.1037/0278-6133.24.3.297.

Puleo, Stephen. *The Boston Italians: A Story of Pride, Perseverance and Paesani, from the Years of the Great Immigration to the Present Day*. Boston: Beacon Press (2007).

Rheault, Magali. »In U.S., 3 in 10 Working Adults Are Strapped for Time«. Gallup, 20. Juli 2011. https://news.gallup.com/poll/148583/working-adults-strapped-time.aspx.

Riordan, Christine M., und Rodger W. Griffeth. »The Opportunity for Friendship in the Workplace: An Underexplored Cons-

truct«. *Journal of Business Psychology* 10 (1995): 141–154. https://doi.org/10.1007/BF02249575.
Roberts, Max, Eric N. Reither und Sojoung Lim. »Contributors to the Black-White Life Expectancy Gap in Washington, D.C.«. *Scientific Reports* 10, Artikel Nr. 13416 (2020). https://doi.org/10.1038/s41598-020-70046-6.
Roder, Eva, et al. »Maternal Separation and Contact to a Stranger More than Reunion Affect the Autonomic Nervous System in the Mother-Child Dyad: ANS Measurements During Strange Situation Procedure in Mother-Child Dyad«. *International Journal of Psychophysiology* 147 (2020): 26–34. https://doi.org/10.1016/j.ijpsycho.2019.08.015.
Rogers, Carl. *On Becoming a Person*. Boston: Houghton Mifflin (1961).
Rogers, Kenny. »You Can't Make Old Friends«. Track 1 von Kenny Rogers, *You Can't Make Old Friends*. Warner Music Nashville (2013).
Ruavieja. »Ruavieja Commercial 2018 (English subs): #WeHaveToSeeMoreOfEachOther«. 20. November 2018. https://www.youtube.com/watch?v=kma1bPDR-rE.
Rung, Ariane L., et al. »Work-Family Spillover and Depression: Are There Racial Differences Among Employed Women?« *SSM-Population Health* 13 (2020): 100724. https://doi.org/10.1016/j.ssmph.2020.100724.
Saffron, Inga. »Our Desire for Quick Delivery Is Bringing More Warehouses to Our Neighborhoods«. *Philadelphia Inquirer*, 21. April 2021. https://www.inquirer.com/real-estate/inga-saffron/philadelphia-amazon-ups-distribution-fulfillment-land-use-bustleton-residential-neighborhood-dhl-office-industrial-parks-20210421.html.
Sandstrom, Gillian M., und Elizabeth W. Dunn. »Is Efficiency Overrated?: Minimal Social Interactions Lead to Belonging and Positive Affect«. *Social Psychological and Personality Science* 5, Nr. 4 (Mai 2014): 437–442. https://doi.org/10.1177/1948550613502990.

Sandstrom, Gillian M., und Erica J. Boothby. »Why Do People Avoid Talking to Strangers? A Mini Meta-analysis of Predicted Fears and Actual Experiences Talking to a Stranger«. *Self and Identity* 20, Nr. 1 (2021): 47–71. doi:10.1080/15298868.2020.1816568.

Schulz, Marc, und Richard S. Lazarus. »Emotion Regulation During Adolescence: A Cognitive-Mediational Conceptualization«. In: *Adolescence and Beyond: Family Processes and Development*, P.K. Kerig, M.S. Schulz und S.T. Hauser (Hrsg.). London: Oxford University Press (2012).

Schulz, M.S., et al. »Coming Home Upset: Gender, Marital Satisfaction and the Daily Spillover of Workday Experience into Marriage«. *Journal of Family Psychology* 18 (2004): 250–263.

Schulz, Marc S., P.A. Cowan und C.P. Cowan. »Promoting Healthy Beginnings: A Randomized Controlled Trial of a Preventive Intervention to Preserve Marital Quality During the Transition to Parenthood«. *Journal of Clinical and Consulting Psychology* 74 (2006): 20–31.

Seneca. *Letters from a Stoic*, übersetzt von Robin Campbell (New York: Penguin, 1969/2004), S. 49 f., dt. Übersetzung: *Epistulae Morales ad Lucilium*.

Sennett, Richard, und Jonathan Cobb. *The Hidden Injuries of Class*. New York: Knopf (1972).

Shankar, Aparna, et al. »Social Isolation and Loneliness: Relationships with Cognitive Function During 4 Years of Follow-up in the English Longitudinal Study of Ageing«. *Psychosomatic Medicine* 75, Nr. 2 (Februar 2013): 161–170. doi:10.1097/PSY.0b013e31827f09cd.

Sharif, M.A., C. Mogilner und H.E. Hershfield. »Having Too Little or Too Much Time Is Linked to Lower Subjective Well-being«. *Journal of Personality and Social Psychology*. Advance online publication (2021). https://doi.org/10.1037/pspp 0000391.

Sheehy, Gail. *New Passages: Mapping Your Life Across Time*. New York: Ballantine (1995).

Smith, C.A. »Dimensions of Appraisal and Physiological Response in Emotion«. *Journal of Personality and Social Psychology* 56, Nr. 3 (1989): 339–353. https://doi.org/10.1037/0022-3514.56.3.339.

Someshwar, Amala. »War, What Is It Good for? Examining Marital Satisfaction and Stability Following World War II«. Dissertation, Bryn Mawr College (2018).

Spangler, Gottfried, und Michael Schieche. »Emotional and Adrenocortical Responses of Infants to the Strange Situation: The Differential Function of Emotional Expression«. *International Journal of Behavioral Development* 22, Nr. 4 (1998): 681–706. doi:10.1080/016502598384126.

Steinbeck, John. *Travels with Charley: In Search of America*. New York: Penguin (1997), dt. Übersetzung: *Die Reise mit Charley: Auf der Suche nach Amerika*.

Suzuki, Shunryu. *Zen Mind, Beginners Mind: Informal Talks on Zen Meditation and Practice*. Boulder, CO: Shambala Publications (2011).

Tan, Pia. »The Taming of the Bull. Mind-Training and the Formation of Buddhist Traditions«. http://dharmafarer.org/wordpress/wp-content/uploads/2009/12/8.2-Taming-of-the-Bull-piya.pdf (2004).

Tarrant, John. *The Light Inside the Dark: Zen, Soul, and the Spiritual Life*. New York: HarperCollins (1998).

Taylor, Rebecca D., et al. »Promoting Positive Youth Development Through School-Based Social and Emotional Learning Interventions: A Meta-Analysis of Follow-up Effects«. *Child Development* 88, Nr. 4 (Juli/August 2017): 1156–1171. https://doi.org/10.1111/cdev.12864.

Thompson, Derek. »The Myth That Americans Are Busier Than Ever«. *www.theatlantic.com*, 21. Mai 2014. https://www.theatlantic.com/business/archive/2014/05/the-myth-that-americans-are-busier-than-ever/371350/.

Thoreau, Henry David. *The Writings of Henry David Thoreau (Journal 1, 1837–1846)*. Hrsg. von Bradford Torrey. Boston: Houghton Mifflin (1906), dt. Übersetzung: *Tagebuch I*.

Twenge, Jean M., et al. »Generational Differences in Young Adults' Life Goals, Concern for Others, and Civic Orientation, 1966–2009«. *Journal of Personality and Social Psychology* 102, Nr. 5 (Mai 2012): 1045–1062. doi:10.1037/a0027408.

Ueland, Brenda. »Tell Me More«. *Ladies' Home Journal*, November 1941.

U.S. Bureau of Labor Statistics (abgerufen im Oktober 2021). https://data.bls.gov/timeseries/LNS11300000.

U.S. Department of Health and Human Services, Centers for Disease Control and Prevention, National Center for Chronic Disease Prevention and Health Promotion, Office on Smoking and Health. »The Health Consequences of Smoking – 50 Years of Progress: A Report of the Surgeon General«. Atlanta (2014). https://www.cdc.gov/tobacco/data_statistics/sgr/50th-anniversary/index.htm.

Vaillant, George. *Aging Well*. Boston: Little, Brown (2002).

Vaillant, George. *Triumphs of Experience*. Cambridge: Harvard University Press (2015).

Vaillant, George, und K. Mukamal. »Successful Aging«. *American Journal of Psychiatry* 158 (2001): 839–847.

Verduyn, Philippe, et al. »Passive Facebook Usage Undermines Affective Well-being: Experimental and Longitudinal Evidence«. *Journal of Experimental Psychology: General* 144, Nr. 2 (2015): 480–488. https://doi.org/10.1037/xge0000057.

Verduyn, Philippe, et al. »Do Social Network Sites Enhance or Undermine Subjective Well-being? A Critical Review«. *Social Issues and Policy Review* 11, Nr. 1 (2017): 274–302.

Vespa, Jonathan. »The Changing Economics and Demographics of Young Adulthood, 1975–2016«. United States Census Bureau (April 2017). https://www.census.gov/content/dam/Census/library/publications/2017/demo/p20-579.pdf.

Vlahovic, Tatiana A., Sam Roberts und Robin Dunbar. »Effects of Duration and Laughter on Subjective Happiness Within Different Modes of Communication«. *Journal of Computer-Mediated Communication* 17, Nr. 4 (Juli 2012): 436–450. https://doi.org/10.1111/j.1083-6101.2012.01584.x.

Waldinger, Robert J., und Marc S. Schulz. »Facing the Music or Burying Our Heads in the Sand?: Adaptive Emotion Regulation in Midlife and Late Life«. *Research in Human Development* 7, Nr. 4 (2010): 292–306. doi:10.1080/15427609.2010.526527.

Waldinger, Robert J., und Marc S. Schulz. »What's Love Got to Do with It? Social Functioning, Perceived Health, and Daily Happiness in Married Octogenarians«. *Psychology and Aging* 25, Nr. 2 (Juni 2010): 422–431. doi:10.1037/a0019087.

Waldinger, Robert J., und Marc S. Schulz. »The Long Reach of Nurturing Family Environments: Links with Midlife Emotion-Regulatory Styles and Late-Life Security in Intimate Relationships«. *Psychological Science* 27, Nr. 11 (2016): 1443–1450.

Waldinger, Robert J., et al. »Reading Others' Emotions: The Role of Intuitive Judgments in Predicting Marital Satisfaction, Quality and Stability«. *Journal of Family Psychology* 18 (2004): 58–71.

Wallace, David Foster. »David Foster Wallace on Life and Work«. *Wall Street Journal*, 19. September 2008. https://www.wsj.com/articles/SB122178211966454607.

Wang, Wendy. »More Than One-Third of Prime-Age Americans Have Never Married«. *Institute for Family Studies Research Brief* (September 2020). https://ifstudies.org/ifs-admin/resources/final2-ifs-single-americansbrief2020.pdf.

Way, Niobe. »Boys' Friendships During Adolescence: Intimacy, Desire, and Loss«. *Journal of Research on Adolescence* 23, Nr. 2 (2013): 201–213. doi:10.1111/jora.12047.

Weil, Simone. *Gravity and Grace*. New York: Routledge (2002), dt. Übersetzung: *Schwerkraft und Gnade*.

Werner, Emmy, und Ruth S. Smith. *Overcoming the Odds: High Risk Children from Birth to Adulthood*. Ithaca: Cornell University Press (1992).

Werner, Emmy E., und Ruth S. Smith. *Journeys from Childhood to Midlife: Risk, Resilience, and Recovery*. Ithaca: Cornell University Press (2001).

Werner, Emmy E., und Ruth S. Smith. »An Epidemiologic Perspective on Some Antecedents and Consequences of Childhood Mental Health Problems and Learning Disabilities (A Report from the Kauai Longitudinal Study)«. *Journal of American Academy of Child Psychiatry* 18, Nr. 2 (1979): 293.

Werner, Emmy. »Risk, Resilience, and Recovery: Perspectives from the Kauai Longitudinal Study«. *Development and Psychopathology* 5, Nr. 4 (Herbst 1993): 503–515. https://doi.org/10.1017/S095457940000612X.

Whillans, Ashley V., et al. »Buying Time Promotes Happiness«. *PNAS* 114, Nr. 32 (2017): 8523–8527. https://doi.org/10.1073/pnas.1706541114.

Whillans, Ashley. »Time Poor and Unhappy«. *Harvard Business Review*, (2019). https://awhillans.com/uploads/1/2/3/5/123580974/whillans_03.19.19.pdf.

White, Judith B., et al. »Frequent Social Comparisons and Destructive Emotions and Behaviors: The Dark Side of Social Comparisons«. *Journal of Adult Development* 13 (2006): 36–44.

Whitton, Sarah W., et al. »Prospective Associations from Family-of-Origin Interactions to Adult Marital Interactions and Relationship Adjustment«. *Journal of Family Psychology* 22 (2008): 274–286. https://doi.org/10.1037/0893-3200.22.2.274.

Wile, Daniel. *After the Honeymoon: How Conflict Can Improve Your Relationship*. Hoboken, NJ: Wiley & Sons (1988).

Williams, J.M., et al. *The Mindful Way Through Depression*. New York: Guilford Press (2007).

Wilson, Timothy, und Daniel T. Gilbert. »Affective Forecasting«. In: *Advances in Experimental Social Psychology*. Mark P. Zanna (Hrsg.). Bd. 35, S. 345–411. San Diego: Academic Press (2003).

Wilson, Timothy D., und Daniel T. Gilbert. »Affective Forecasting:

Knowing What to Want«. *Current Directions in Psychological Science* 14, Nr. 3 (Juni 2005): 131–134.

Wohn, Donghee Y., und Robert LaRose. »Effects of Loneliness and Differential Usage of Facebook on College Adjustment of First-Year Students«. *Computers & Education* 76 (2014): 158–167. https://doi.org/10.1016/j.compedu.2014.03.018.

Wolf, Anthony. *Get Out of My Life, but First Could You Drive Me and Cheryl to the Mall?* New York: Farrar, Straus & Giroux (2002).

Zagorski, Nick. »Profile of Elizabeth F. Loftus«. *Proceedings of the National Academy of Sciences* 102, Nr. 39 (September 2005): 13721–13723. doi:10.1073/pnas.0506223102.

Zanesco, Anthony P., et al. »Mindfulness Training as Cognitive Training in High-Demand Cohorts: An Initial Study in Elite Military Servicemembers«. *Progress in Brain Research* 244 (2019): 323–354. https://doi.org/10.1016/bs.pbr.2018.10.001.

Anmerkungen

1 Mark Twain schrieb dies in einem Brief an Clara Spauldin am 20. August 1886. https://en.wikiquote.org/wiki/Mark_Twain.

2 Die Informationen über die Umfrage stammen aus Jean M. Twenge et al. (2012), »Generational Differences in Young Adults' Life Goals, Concern for Others, and Civic Orientation«, in: *Journal of Personality and Social Psychology* 102.

3 Der Psychologe Carl Rogers hatte eine ähnliche Vorstellung vom Streben nach einem guten Leben, er stellte es sich als Reise vor. 1961 schrieb er in *On Becoming a Person* (S. 186, auf Deutsch *Entwicklung der Persönlichkeit*): »Das gute Leben ist ein Prozess, kein Zustand. Eine Richtung, kein Ziel.«

4 Elizabeth Loftus von der University of Washington hat auf diesem Gebiet ausgiebig geforscht. Ihr Profil sowie eine Zusammenfassung ihrer Arbeiten zur »Verzerrung der Erinnerung« finden Sie in Nick Zagorski (2005): »Profile of Elizabeth F. Loftus«, in: *PNAS*.

5 Kontrollierte Experimente mit einer randomisierten (zufällig ausgewählten) Berücksichtigung unterschiedlicher Bedingungen stellen eine weitere wichtige Methode dar, Gesundheit und Verhalten des Menschen zu untersuchen. Normalerweise finden Experimente nur über kürzere Zeiträume statt, sie können aber auch dazu genutzt werden, um bestimmte Phänomene über einen längeren Zeitraum hinweg zu beobachten.

6 Siehe Kristin Gustavson et al. (2012), »Attrition and Generalizability in Longitudinal Studies«, in: *BMC Public Health*.

7 Sie ist abgesehen von den Teilnehmenden an der Harvard-Studie die einzige Person in diesem Buch, deren Name geändert wurde – ebenfalls um ihre Privatsphäre zu schützen.

8 Vier der fünf außergewöhnlichen Studien wurden vom Centre for Longitudinal Studies am University College London durchgeführt

(https://cls.ucl.ac.uk/cls-studies/). Die Wissenschaftsjournalistin Helen Pearson schrieb 2016 ein Buch über die Studien: *The Life Project*.

9 Siehe Olsson et al. (2013), »A 32-Year Longitudinal Study of Child and Adolescent Pathways to Well-Being in Adulthood«, in: *Journal of Happiness Studies* 14.

10 Emmy E. Werner (1993), »Risk, Resilience, and Recovery«, in: *Development and Psychopathology*.

11 John T. Cacioppo und Stephanie Cacioppo (2018), »The Population-Based Longitudinal Chicago Health, Aging, and Social Relations Study«, in: *Archives of Scientific Psychology*.

12 Tessa K. Novick et al. (2021), »Health-Related Social Needs and Kidney Risk Factor Control in an Urban Population«, in: *Kidney Medicine*, 3.

13 Die ursprünglichen Daten und Studienmaterialien wurden erst vor Kurzem wiederentdeckt und werden derzeit im Rahmen der Harvard Study of Adult Development für die zukünftige Archivierung aufbereitet. Die Student Council Study ist von Dr. med. Earl Bond designt und initiiert worden, fortgeführt wurde sie von Dr. Rachel Dunaway Cox. Cox' Buch *Youth into Maturity* (1970) dokumentiert die Studie.

14 Ye Luo und Linda J. Waite (2014), »Loneliness and Mortality Among Older Adults in China«, in: *The Journals of Gerontology: Series B* 69.

15 Erkenntnisse aus der Mills Study (R. Helson et al., 2002, »The Growing Evidence for Personality Change in Adulthood«, in: *Journal of Research in Personality* 36.), die wir früher in diesem Kapitel bereits zitiert haben, belegen, dass sich die Persönlichkeit auch im Erwachsenenalter weiterentwickelt.

16 John Cacioppo und William Patrick (2008), *Loneliness: Human Nature and the Need for Social Connection*.

17 Siehe George Vaillant und K. Mukamal (2001), »Successful Aging«, in: *American Journal of Psychiatry* 158.

18 Siehe Waldinger und Schulz (2010), »What's Love Got to Do with It? Social Functioning, Perceived Health, and Daily Happiness in Married Octogenarians«, in: *Psychology and Aging* 25.

19 HANDLS-Studie: Tessa K. Novick et al. (2021), »Health-Related Social Needs«, in: *Kidney Medicine* 3, CHASRS-Studie: John T. Cacioppo et al. (2008), »The Chicago Health, Aging, Social Relations Study«, in: *The Science of Subjective Well-Being*. Dunedin-Studie: Olsson et al. (2013), »A 32-Year Longitudinal Study«, in: *Journal of Happiness Studies* 14.

20 Richard Farson und Ralph Keyes (2002), *Whoever Makes the Most Mistakes.*

21 John T. Cacioppo et al. (2014), »Evolutionary Mechanisms for Loneliness«, in: *Cognition and Emotion* 28.

22 Nicholas Epley und Juliana Schroeder (2014), »Mistakenly Seeking Solitude«, in: *Journal of Experimental Psychology* 143.

23 Siehe beispielsweise Timothy D. Wilson und Daniel T. Gilbert (2005), »Affective Forecasting: Knowing What to Want«, in: *Current Directions in Psychological Science* 14; und Wilson und Gilbert (2003), »Affective Forecasting«, in: *Advances in Experimental Social Psychology* 35.

24 Genau darauf wollen Daniel Kahneman und Amos Tversky mit ihrer bahnbrechenden Forschung und Theorie (»Prospect Theory«) hinaus. Kahneman wurde für seine Arbeit sogar mit dem Nobelpreis ausgezeichnet. Siehe Daniel Kahneman und Amos Tversky (1979), »Prospect Theory: An Analysis of Decision Under Risk«, in: *Econometrica* 47. Siehe auch A.P. McGraw et al. (2010), »Comparing Gains and Losses«, in: *Psychological Science 21,* und Gillian M. Sandstrom und Erica J. Boothby (2021), »Why Do People Avoid Talking to Strangers? A Mini Meta-analysis of Predicted Fears and Actual Experiences Talking to a Stranger«, in: *Self and Identity* 20.

25 Aus Wallaces 2005 gehaltener Rede vor den Absolventinnen und Absolventen des Kenyon College, zitiert in: »David Foster Wallace on Life and Work«, *Wall Street Journal,* 19. September 2008. Dt. Ausgabe: *Das hier ist Wasser,* Kiepenheuer & Witsch 2012, S. 9. Übersetzung von Ulrich Blumenbach.

26 Dies schrieb Aristoteles in Kapitel 5 seiner *Nikomachischen Ethik* 350 vor Christus. Das Zitat ist online in der englischen Übersetzung von W. D. Ross zu finden: http://classics.mit.edu//Aristotle/nicomachaen.html.

27 Das Originalzitat von Benjamin Franklin steht auf Seite 128 von Samuel Austin Allibones 1880 erschienenem Buch *Prose Quotations from Socrates to Macaulay.*

28 Das Originalzitat stand am 1. Mai 2009 als Post auf Maya Angelous Facebook-Seite.

29 Der Psychologe Abraham Maslow hat ein Modell der menschlichen Bedürfnisse entwickelt, die sogenannte Maslowsche Bedürfnishierarchie, die oft als in fünf Abschnitte unterteilte Pyramide oder als in fünf Abschnitte unterteiltes Dreieck dargestellt wird. Der unterste Abschnitt ist körperlichen Grundbedürfnissen wie Nahrung, Was-

ser und Schlaf vorbehalten, der oberste der »Selbstverwirklichung« und der mittlere den »sozialen Bedürfnissen« (Zugehörigkeitsgefühl, Freundschaft, Liebe etc.). Das Modell ist zwar dafür kritisiert worden, dass es die Selbstverwirklichung so betont, doch hat sich der Grundgedanke – dass die bedeutsamsten Lebensbereiche von grundlegenderen Bedürfnissen abhängen – in vielen Jahren der Forschung absolut bewahrheitet. Jede ehrliche Antwort auf die Frage *Was ist im Leben wirklich wichtig?* muss sich zuerst den körperlichen Bedürfnissen und der Sicherheit widmen. Wir glauben, Maslows dritter Abschnitt, die »sozialen Bedürfnisse«, befindet sich deshalb an der richtigen Stelle, weil er die zentrale Position im Modell einnimmt.

30 Siehe den 2010 erschienenen Artikel von Daniel Kahneman und Angus Deaton: »High Income Improves Evaluation of Life but Not Emotional Well-being«, in: *Proceedings of the National Academy of Sciences* 107.

31 Das Durchschnittseinkommen einer Familie in den USA im Jahr 2010, als Kahnemans und Deatons Studie veröffentlicht wurde, betrug laut der Federal Reserve Bank of St Louis 78.180 Dollar: https://fred.stlouisfed.org/series/MAFAINUSA646N.

32 Ein bemerkenswertes Beispiel dafür betrifft die Kontrolle über das Arbeitsleben, die in weniger angesehenen Berufen weniger ausgeprägt ist: In den britischen Whitehall-Längsschnittstudien korrelierte der Grad an Kontrolle über die Arbeitszeiteinteilung und den Lohn oder das Gehalt deutlich mit dem Gesundheitszustand – die Arbeiter und Arbeiterinnen, die weniger Kontrolle hatten, wiesen auch einen schlechteren Gesundheitszustand auf. Siehe dazu Michael G. Marmot et al. (1997), »Contribution of Job Control and Other Risk Factors to Social Variations in Coronary Heart Disease Incidence«, in: *Lancet* 350. Siehe auch Hans Bosma et al. (1997), »Low Job Control and Risk of Coronary Heart Disease in Whitehall II (Prospective Cohort) Study«, in *BMJ* 314.

33 Eine denkwürdige Studie von Matthew Killingsworth stellt diese Schlussfolgerung infrage. Zwar fühlen sich die Probanden und Probandinnen in dieser Studie laut eigenen Aussagen immer besser, je weiter das jährliche Einkommen über 75.000 Dollar steigt, allerdings steigt ihr Wohlbefinden nicht proportional zum Einkommen an. Siehe dazu Killingsworth (2021) und Kieran Healys Blogeintrag vom 26. Januar 2021.

34 Siehe Kahneman und Deaton (2010) »High Income Improves Evalua-

tion of Life but Not Emotional Well-being«. *Proceedings of the National Academy of Sciences* 107.

35 Richard Sennett und Jonathan Cobb (1972), *The Hidden Injuries of Class.*

36 Siehe Philippe Verduyn et al. (2015), »Passive Facebook Usage Undermines Affective Well-being: Experimental and Longitudinal Evidence«, in: *Journal of Experimental Psychology: General* 144. Siehe auch Judith B. White et al. (2006), »Frequent Social Comparisons and Destructive Emotions and Behaviors: The Dark Side of Social Comparisons«, in: *Journal of Adult Development* 13.

37 In der einen oder anderen Form taucht dieses Gebet heute häufig bei den Anonymen Alkoholikern und in anderen Zwölf-Schritte-Programmen auf.

38 Siehe James S. House et al. (1988), »Social Relationships and Health«, in: *Science New Series* 241.

39 Diese Unterschiede gibt es auch heute noch. In den USA leben Weiße 3,6 Jahre länger als Schwarze (Max Roberts, Eric N. Reither und Sojoung Lim, 2020, »Contributors to the Black-White Life Expectancy Gap in Washington D.C.«, in: *Scientific Reports* 10), und die Lebenserwartung für 2016 geborene US-Amerikaner beträgt 78,7 Jahre, während die Lebenserwartung in Finnland 81,4 Jahre beträgt. Die Daten stammen von https://data.worldbank.org/indicator/SP.DYN.LE00.FE.IN?end=2019&locations=FI&start=2001.

40 Julianne Holt-Lunstad et al. (2010), »Social Relationships and Mortality: A Meta-analytic Review«, in: *PLoS Medicine* 7.

41 U.S. Department of Health and Human Services, Centers for Disease Control and Prevention, National Center for Chronic Disease Prevention and Health Promotion, Office on Smoking and Health: »The Health Consequences of Smoking – 50 Years of Progress: A Report of the Surgeon General«. Atlanta: 2014. https://www.cdc.gov/tobacco/data_statistics/sgr/50th-anniversary/index.htm

42 2015 veröffentlichten Julianne Holt-Lunstad und ihre Kolleginnen und Kollegen eine weitere Metaanalyse, die belegt, dass soziale Isolation und Einsamkeit beide mit einer höheren Sterbewahrscheinlichkeit verbunden sind. Siehe Holt-Lunstad et al. (2015), »Loneliness and Social Isolation as Risk Factors for Mortality: A Meta-analytic Review«, in: *Perspectives on Psychological Science* 10.

43 Hier drei Forschungsbeispiele, um die Vielfalt der Stichproben zu ver-

deutlichen, die den Zusammenhang zwischen Sozialkontakten und (körperlicher wie seelischer) Gesundheit aufzeigen:

In der Studie Healthy Aging in Neighborhoods of Diversity Across the Life Span (HANDLS), die in Baltimore mit einer Kohorte von 3720 schwarzen und weißen Erwachsenen im Alter zwischen 35 und 64 Jahren durchgeführt wurde, berichteten die Teilnehmer, die eine größere Unterstützung aus dem sozialen Umfeld angaben, auch von weniger Depressionen. Novick et al. (2021), »Health Related Social Needs«, in: *Kidney Medicine* 3.

In der Geburtskohortenstudie aus Dunedin, Neuseeland, sagten gute Sozialkontakte in der Jugend ein Wohlbefinden im Erwachsenenalter besser vorher als akademische Erfolge. Olsson et al. (2013), »A 32-Year Longitudinal Study«, in: *Journal of Happiness Studies* 14.

In der Chicago Health, Aging, and Social Relations Study (CHASRS), einer repräsentativen Studie mit Einwohnern aus Chicago, gaben diejenigen, die sich in zufriedenstellenden Beziehungen befanden, an, glücklicher zu sein. John Cacioppo et al. (2018), »The Population-Based Longitudinal Chicago Health, Aging, and Social Relations Study«, in: *Archives of Scientific Psychology* 6.

44 Diese Schätzung stammt aus der Arbeit von Sonja Lyubomirsky et al. (2005), »Pursuing Happiness: The Architecture of Sustainable Change«, in: *Review of General Psychology* 9.

45 Wallace (2018), »David Foster Wallace on Life and Work«, in: *Wall Street Journal*.

46 Hannah Arendt (1958), *The Human Condition*.

47 Jean de La Fontaine: *Sämtliche Fabeln*. Anaconda, S. 365. Die deutsche Übersetzung von Ernst Dohm erschien zuerst 1877.

48 Zu den Lebensphasenmodellen der Griechen siehe R. Larry Overstreet (2009), »The Greek Concept of the ›Seven Stages of Life‹ and Its New Testament Significance«, in: *Bulletin for Biblical Research* 19. Zum Ursprung der shakespeareschen Lebensakte siehe T.W. Baldwin (1944), *William Shakespeare's Small Latine and Lesse Greeke*.

49 Eine Zusammenfassung dazu finden Sie unter https://www.pressreader.com/nigeria/thisday/20201204/281977495192204.

50 Siehe Pia Tan (2004), »The Taming of the Bull«.

51 Siehe Pradeep Chakkarath (2013), »Indian Thoughts on Psychological Human Development«, in: *Psychology and Psychoanalysis in India*.

52 Näher ausgeführt wurde diese Vorstellung in verschiedenen Publikationen, darunter auch in den folgenden Büchern: Erik Erikson (1950), *Childhood and Society;* Erik Erikson (1959), *Identity and The Life Cycle;* und Erik Erikson und Joan M. Erikson *The Life Cycle Completed: Extended Version.*

53 Siehe Bernice Neugarten (1976), »Adaptation and the Life Cycle«, in: *The Counseling Psychologist* 6.

54 Siehe Sara Jaffe (2018), »Queer Time«, in: *JStor Daily.*

55 Zusätzlich zu den oben aufgeführten Arbeiten von Joan und Erik Erikson und Bernice Neugarten hier eine kleine Auswahl an Artikeln und Büchern über den menschlichen Lebenszyklus: Gail Sheehy (1996), *New Passages: Mapping Your Life Across Time;* David Levinson (1996), *The Seasons of a Woman's Life;* George Vaillant (2002), *Aging Well;* und Paul B. Baltes (1997), »On the Incomplete Architecture of Human Ontogeny«, in: *American Psychologist* 52.

56 Bromfields Metapher des Drahtseils und das Zitat stammen aus seinem 1992 erschienenen Buch *Playing for Real,* S. 180 f.

57 Siehe Wolf (2002), *Get Out of My Life, but First Could You Drive Me and Cheryl to the Mall?*

58 Siehe Joseph Allen et al. (1994), »Longitudinal Assessment of Autonomy and Relatedness in Adolescent-Family Interactions as Predictors of Adolescent Ego Development and Self-Esteem«, in: *Child Development* 65.

59 Das Zitat stammt aus Rachel Dunaway Cox' 1970 erschienenem Buch über die Student Council Study, *Youth into Maturity,* S. 231.

60 Die Teilnehmerin zitiert folgende Mark Twain zugeschriebene Anekdote: »Als ich 14 war, war mein Vater so unwissend, dass ich es in der Nähe des alten Mannes kaum aushielt. Als ich dann aber 21 war, war ich erstaunt darüber, wie viel er in sieben Jahren gelernt hatte.«

61 Jeffrey Arnett (2000), »Emerging Adulthood: A Theory of Development from the Late Teens Through the Twenties«, in: *American Psychologist* 55.

62 Jonathan Vespa (2017), »The Changing Economics and Demographics of Young Adulthood, 1975–2016«, in: United States Census Bureau.

63 Helene H. Fung und Laura L. Carstensen (2003), »Sending Memorable Messages to the Old: Age Differences in Preferences and Memory for Advertisements«, in: *Journal of Personality and Social Psychology* 85.

64 Dies hat Laura Carstensen im Rahmen ihrer »Sozioemotionalen Selektivitätstheorie« festgestellt und in ihren Arbeiten zahlreiche Belege

dafür angeführt. Siehe beispielsweise Laura Carstensen et al. (1999), »Taking Time Seriously: A Theory of Socioemotional Selectivity«, in: *American Psychologist* 54. Siehe auch Carstensen (2006), »The Influence of a Sense of Time on Human Development«, in: *Science* 312.

65 Siehe Carstensen (1999), »Taking Time Seriously«, in: *American Psychologist* 54.

66 Siehe Albert Bandura (1982), »The Psychology of Chance Encounters and Life Paths«, in: *American Psychologist* 37.

67 Siehe A. Caspi und T.E. Moffitt (1995), »The Continuity of Maladaptive Behavior: From Description to Understanding in the Study of Antisocial Behavior«, in: *Developmental Psychopathology* 2.

68 John Steinbeck (1962): *Travels with Charley. In Search of America*, S. 38.

69 Kiecolt-Glaser ist eine der weltweit führenden Expertinnen auf dem Gebiet der Auswirkungen von Stress auf das Immunsystem. Sie berichtet von ihren Forschungen und ihren persönlichen Erfahrungen mit der Pflege von Angehörigen in folgendem WexMed Talk (2016): https://www.youtube.com/watch?v=hjUW 2YClOYM. Die Ergebnisse zur Pflege von Angehörigen und Wundheilung sind in folgendem Artikel festgehalten: Kiecolt-Glaser et al. (1995), »Slowing of Wound Healing by Psychological Stress«, *Lancet* 346.

70 Zu den Auswirkungen der Einsamkeit siehe Louise Hawkley und John Cacioppo (2010), »Loneliness Matters: A Theoretical and Empirical Review of Consequences and Mechanisms«, in: *Annals of Behavioral Medicine* 40, und Cacioppo und Cacioppo (2012), »The Phenotype of Loneliness«, in: *European Journal of Developmental Psychology* 9. John Cacioppos und William Patricks 2008 erschienenes Buch über Einsamkeit – *Loneliness: Human Nature and the Need for Social Connection* – richtet sich an ein allgemeineres Publikum und fasst die Studienlage zusammen.

71 S.D. Pressman et al. (2005), »Loneliness, Social Network Size, and Immune Response to Influenza Vaccination in College Freshmen«, in: *Health Psychology* 24.

72 Aparna Shankar et al. (2013), »Social Isolation and Loneliness: Relationships with Cognitive Function During 4 Years of Follow-up in the English Longitudinal Study of Ageing«, in: *Psychosomatic Medicine* 75.

73 Sarah C. Griffin et al. (2020), »Loneliness and Sleep: A Systematic Review and Meta-analysis«, in: *Health Psychology Open* 7.

74 Holt-Lunstad et al. (2010), »Social Relationships and Mortality Risk: A Meta-analytic Review«, in: *PLoS Medicine.*

75 Holt-Lunstad et al. (2015), »Loneliness and Social Isolation as Risk Factors for Mortality: A Meta-Analytic Review«, in: *Perspectives on Psychological Science* 10.

76 Timothy Matthews et al. (2019), »Lonely Young Adults in Modern Britain: Findings from an Epidemiological Cohort Study«, in: *Psychological Medicine* 49.

77 Die Studie, als »BBC Loneliness Experiment« bekannt, wird von Claudia Hammond zusammengefasst: »Who Feels Lonely? The Results of the World's Largest Loneliness Study«, BBC Radio 4, Mai 2018, https://www.bbc.co.uk/programmes/articles/2yzhfv4DvqVp5nZyxBD8G23/who-feels-lonely-the-results-of-the-world-s-largest-loneliness-study. Ein wissenschaftlicher Artikel zu den Schlüsselergebnissen der Studie ist der folgende: Manuela Barreto et al. (2021), »Loneliness Around the World: Age, Gender, and Cultural Differences in Loneliness«, in: *Personality and Individual Differences* 169. Die Ergebnisse der Studie lassen auch darauf schließen, dass es in Gesellschaften mit individualistischeren statt kollektivistischeren Werten häufiger zu Einsamkeit kommt und dass Männer häufiger als Frauen von ihr betroffen sind. Dies wird in einem 2018 erschienenen Artikel von Matthews et al. zusammengefasst. Natürlich ist es wichtig anzumerken, dass diese Korrelationsergebnisse auch darauf hinweisen könnten, dass schlechtere Bewältigungsstrategien, psychische Probleme und gesundheitsschädliche Verhaltensweisen zur Einsamkeit beitragen. Wahrscheinlich arbeiten die kausalen Prozesse in beide Richtungen.

78 Karen Jeffrey et al. (2017), »The Cost of Loneliness to UK Employers«, in. New Economics Foundation.

79 IPSOS (März 2020), »2020 Predictions, Perceptions and Expectations«, S. 39.

80 Ellen Lee et al. (2019), »High Prevalence and Adverse Health Effects of Loneliness in Community-Dwelling Adults Across the Lifespan: Role of Wisdom as a Protective Factor«, in: *International Psychogeriatrics* 31.

81 Dilip Jeste et al. (2020), »Battling the Modern Behavioral Epidemic of Loneliness: Suggestions for Research and Interventions«, in: *JAMA Psychiatry* 77.

82 Eine Zusammenfassung der evolutionären Einflüsse auf unser Sozialverhalten findet sich in John Cacioppo et al. (2014), »Evolutionary Mechanisms for Loneliness«, in: *Cognition and Emotion* 28.

83 Wirkungsvoll vor Augen geführt wird eine solche Hochrechnung in einer Werbung für einen spanischen Kräuterlikör aus dem Jahr 2018: »Ruavieja Commercial 2018 (English subs): #WeHaveToSee MoreOfEachOther«, Ruavieja, 20. November 2018.

84 Nielsen-Bericht (2018), »Q1 2018 Total Audience Report«.

85 Siehe Waldinger und Schulz (2010), »What's Love Got to Do with It? Social Functioning, Perceived Health, and Daily Happiness in Married Octogenarians«, in: *Psychology and Aging* 25(2): 422–431.

86 »You Can't Make Old Friends«, Kenny Rogers, *You Can't Make Old Friends,* Warner Music Nashville, 2013.

87 Die Zahlen stammen aus einem Bericht von Wendy Wang (2020), dem Daten vom U.S. Census und aus nationalen Umfragen zugrunde liegen: »More Than One-Third of Prime-Age Americans Have Never Married.«

88 Siehe dazu Kou Murayama (2018), »The Science of Motivation«, in: *Psychological Science Agenda.*

89 Der Dalai Lama auf der American-Enterprise-Institute-Tagung »Economics, Happiness, and the Search for a Better Life« im Februar 2014.

90 Soyoung Q. Park et al. (2017), »A Neural Link Between Generosity and Happiness«, in: *Nature Communications* 8.

91 Zur diesbezüglichen Forschung siehe die Arbeiten von Nickola Overall und Jeffrey Simpson (2014), »Attachment and Dyadic Regulation Processes«, in: *Current Opinion in Psychology* 1; Deborah Cohen et al. (1992), »Working Models of Childhood Attachment and Couple Relationships«, in: *Journal of Family Issues* 13; und M. Kumashiro und B. Arriaga (2020), »Attachment Security Enhancement Model: Bolstering Attachment Security Through Close Relationships«, in: *Interpersonal Relationships and the Self-Concept.*

92 Ralph Waldo Emerson (1876), *Letters and Social Aims,* S. 280.

93 Dieses Zitat stammt aus Emerson's Essay über Geschenke und ist übernommen aus der Great Books Online Version von Bartleby.com der Harvard Classics edition von Ralf Waldo Emerson (1844): *Essays and English Traits,* S. 2.

94 Die Fragen stammen aus dem »Short Form of the Five Facets of Mindfulness Questionnaire« (FFMQ-SF), entwickelt von Ernst Thomas Bohmeijer et al. (2011), »Psychometric Properties of the Five-Facet Mindfulness Questionnaire in Depressed Adults and Development of a Short Form«, in: *Assessment* 18.

95 Siehe Simone Weil, *Gravity and Grace* (2002).

96 Siehe John Tarrant, *Licht im Herzen der Dunkelheit*, 1998.

97 Ashley V. Whillans et al. (2017), »Buying Time Promotes Happiness«, in: *PNAS* 114. Siehe dazu auch einen populärwissenschaftlicheren Artikel über Zeitdruck und Unzufriedenheit von Ashley Whillans, (2019), »Time Poor and Unhappy«, in: *Harvard Business Review*.

98 Charlie Giattino et al. (2013), »Working Hours«. Siehe auch Derek Thompson (2014), »The Myth That Americans Are Busier Than Ever«, in: *theatlantic.com*.

99 Magali Rheault (2011), »In U.S., 3 in 10 Working Adults Are Strapped for Time«, Gallup.

100 Mehr zur subjektiven Natur unseres Freizeitgefühls: M.A. Sharif et al. (2021), »Having Too Little or Too Much Time Is Linked to Lower Subjective Well-being«, in: *Journal of Personality and Social Psychology*. Die Verfasser des Artikels haben herausgefunden, dass die Menge an Freizeit, die wir haben, nicht der einzige Faktor ist, der eine Rolle spielt; ebenfalls sehr wichtig ist, *was* wir mit dieser Zeit tun.

101 Siehe Matthew Killingsworth und Daniel T. Gilbert (2010), »A Wandering Mind Is an Unhappy Mind«, in: *Science* 330.

102 Siehe Matthew Killingsworth und Daniel T. Gilbert (2010), »A Wandering Mind Is an Unhappy Mind«, in: *Science* 330, no. 6006.

103 Timothy J. Buschman et al. (2011), »Neural Substrates of Cognitive Capacity Limitations«, in: *PNAS* 108.

104 James Fallows (2013), »Linda Stone on Maintaining Focus in a Maddeningly Distractive World«, in: *The Atlantic*.

105 Zu damaligen Sorgen hinsichtlich des technologischen Fortschritts siehe A. Orben (2020), »The Sisyphean Cycle of Technology Panics«, in: *Perspectives on Psychological Science* 15.

106 Hier zwei Beispiele aus unserer eigenen Forschung, die Zusammenhänge zwischen Beziehungserfahrungen in der Kindheit und dem Funktionieren späterer Beziehungen zeigen: Robert J. Waldinger und Marc S. Schulz (2016), »The Long Reach of Nurturing Family Environments: Links with Midlife Emotion-Regulatory Styles and Late-Life Security in Intimate Relationships«, in: *Psychological Science* 27 und Sarah W. Whitton et al. (2008), »Prospective Associations from Family-of-Origin Interactions to Adult Marital Interactions and Relationship Adjustment«, in: *Journal of Family Psychology* 22.

107 Dieses Forschungsgebiet wird rasch immer größer. Siehe z. B. zusätz-

liche relevante Arbeiten von Kate Petrova und Marc Schulz (2022), »Emotional Experiences in Digitally Mediated and In-Person Interactions: An Experience-Sampling Study«, in: *Cognition and Emotion*; Tatiana A. Vlahovic et al. (2012), »Effects of Duration and Laughter on Subjective Happiness Within Different Modes of Communication«, in: *Journal of Computer-Mediated Communication* 17; Donghee Y. Wohn und Robert LaRose (2014), »Effects of Loneliness and Differential Usage of Facebook on College Adjustment of First-Year Students«, in: *Computers & Education* 76; und Verduyn et al. (2017), »Do Social Network Sites Enhance or Undermine Subjective Well-being? A Critical Review«, in: *Social Issues and Policy Review* 11.

108 Christopher Magan (2020), »Isolated During the Pandemic Seniors Are Dying of Loneliness and Their Families Are Demanding Help«, in: *Twin Cities Pioneer Press.*

109 Zu den Auswirkungen der Covid-19-Pandemie auf Einsamkeit und geistige Gesundheit siehe Tzung-Jeng Hwang et al. (2020), »Loneliness and Social Isolation During the COVID-19 Pandemic«, in: *International Psychogeriatrics* 32; Mark E. Czeisler et al. (2020), »Mental Health, Substance Use, and Suicidal Ideation During the COVID-19 Pandemic«, in: *Morbidity and Mortality Weekly Report*; William D.S. Killgore et al. (2020), »Loneliness: A Signature Mental Health Concern in the Era of COVID-19«, in: *Psychiatry Research* 290; und Christopher J. Cronin und William N. Evans (2021), »Excess Mortality from COVID and Non-COVID Causes in Minority Populations«, in: *Proceedings of the National Academy of Sciences* 118. Trotz der unbestrittenen Auswirkungen der Lockdowns ist das Thema der Einsamkeit während der gesamten Pandemie komplex und die Studienlage nicht völlig einheitlich. Eine Überblicksstudie etwa legt nahe, dass sich die Einsamkeit während des ersten Jahrs der Pandemie global im Durchschnitt nicht erhöht hat: L. Aknin et al. (2021), »Mental Health During the First Year of the COVID-19 Pandemic: A Review and Recommendations for Moving Forward«, in: *Perspectives on Psychological Science.*

110 Siehe dazu Verduyn et al. (2015), »Passive Facebook Usage Undermines Affective Well-being: Experimental and Longitudinal Evidence« in: *Journal of Experimental Psychology: General* 144; und Ethan Kross et al. (2013), »Facebook Use Predicts Declines in Subjective Well-Being in Young Adults«, in: *PLoS ONE.*

111 P. Verduyn et al. (2015), »Passive Facebook Usage Undermines Affective Well-being: Experimental and Longitudinal Evidence«, in: *Journal of Experimental Psychology: General* 144.

112 Michael Birkjaer und Micah Kaats (2019), »Does Social Media Really Pose a Threat to Young People's Well-being?, Nordic Council of Ministers«

113 Siehe dazu Verduyn et al. (2015), »Passive Facebook Usage Undermines Affective Well-being: Experimental and Longitudinal Evidence«, in: *Journal of Experimental Psychology: General* 144; und die Studie von Ursula Oberst et al. (2015) mit mehr als 1400 Jugendlichen aus Lateinamerika: »Negative Consequences from Heavy Social Networking in Adolescents: The Mediating Role of Fear of Missing Out«, in: *Journal of Adolescence* 55.

114 Elyssa M. Barrick et al. (2020), »The Unexpected Social Consequences of Diverting Attention to Our Phones«, in: *PsyArXiv.*

115 Thich Nhat Hanh (2009), *Das Wunder der Achtsamkeit,* Theseus. Übersetzung von Sylvia Wetzel, Neubearbeitung von Karen Siebert.

116 Laura Buchholz (2015), »Exploring the Promise of Mindfulness as Medicine«, in: *Journal of the American Medical Association* 314.

117 J.M. Williams et al. (2007), *The Mindful Way Through Depression.*

118 Siehe Anthony P. Zanesco et al. (2019), »Mindfulness Training as Cognitive Training in High-Demand Cohorts: An Initial Study in Elite Military Servicemembers«, in: *Progress in Brain Research* 244. Siehe auch Amishi Jha et al. (2019), »Deploying Mindfulness to Gain Cognitive Advantage: Considerations for Military Effectiveness and Well-being«, in: *NATO Science and Technology Conference Proceedings.*

119 Bei dieser Studie (Cohen et al., 2012) war die Hälfte der Paare offiziell verheiratet, die anderen befanden sich in langjährigen Beziehungen miteinander. 31 Prozent waren nach der Highschool oder davor von der Schule abgegangen, 29 Prozent waren People of Color. Siehe Shiri Cohen et al. (2012), »Eye of the Beholder: The Individual and Dyadic Contributions of Empathic Accuracy and Perceived Empathic Effort to Relationship Satisfaction«, in: *Journal of Family Psychology* 26.

120 Diese Liedzeilen des Musikers und Dichters Leonard Cohen stammen aus dem Lied *Anthem* vom Album *The Future* (1992). Cohens Lyrik hat viele Wegbereiter und ist wahrscheinlich inspiriert von Ralph Waldo Emersons »There is a crack in every thing God has made« aus *Essays,* S. 88.

121 George Vaillant (2015), *Triumphs of Experience,* S. 50.

122 Originalzitat: »You can't stop the waves, but you can learn to surf« in: Jon Kabat-Zinn (1994), *Wherever You Go, There You Are.* Dt. Ausgabe: *Im Alltag Ruhe finden.*

123 Zwei Beispiele für entsprechende Studien sind Shelly L. Gable (2006), »Approach and Avoidance Social Motives and Goals«, in: *Journal of Personality* 74, und E. A. Impett et al. (2010), »Moving Toward More Perfect Unions«, in: *Journal of Personality and Social Psychology* 99.

124 Siehe dazu u. a. Waldinger und Schulz (2010), »Facing the Music or Burying our Heads in the Sand«, *Research in Human Development* 7.

125 Richard S. Lazarus vertritt in *Emotion and Adaptation* (1991) die These, dass jede Reaktion auf eine Schwierigkeit an die Anforderungen der Situation angepasst sein muss. Ebenfalls sehr eloquent setzt sich George Bonanno in seiner Forschung für die Vorteile flexibler Bewältigungsstrategien ein; siehe beispielsweise Bonanno und Burton (2013), »Regulatory Flexibility: An Individual Differences Perspective on Coping and Emotion Regulation«, in: *Perspectives on Psychological Science* 8, und Bonanno et al. (2004), »The Importance of Being Flexible: The Ability to Both Enhance and Suppress Emotional Expression Predicts Long-Term Adjustment«, in: *Psychological Science* 15. Auf den Thesen von Lazarus und Bonanno aufbauend konnten wir (Dworkin et al., 2019, »Capturing Naturally Occurring Emotional Suppression as It Unfolds in Couple Interactions«, in: *Emotion* 19) den Zusammenhang zwischen flexiblem Verhalten in Beziehungsproblemgesprächen und Zufriedenheit in der Beziehung belegen.

126 Siehe dazu Lazarus (1991) *Emotion and Adaptation* und Moors et al. (2013), »Appraisal Theories of Emotion: State of the Art and Future Development«, in: *Emotion Review* 5.

127 Dieses Zitat stammt aus dem Jahr 135 n. Chr. aus Epiktets Schrift *Enchiridion.* Elizabeth Carter (http://classics.mit.edu/Epictetus/epicench.html) übersetzt es etwas anders: »Nicht die Dinge an sich beunruhigen den Menschen, sondern die Prinzipien und Urteile, die er sich über die Dinge gebildet hat.«

128 In ihrem 2017 erschienenen Buch *The Wisdom of the Buddha: Heart Teachings in His Own Words* (S. 7) schreibt Anne Bancroft dieses Zitat der buddhistischen Schrift Samyutta Nikaya zu.

129 Das Modell basiert auf bereits bestehenden Modellen zur emotionalen Reaktion und zum Umgang mit Herausforderungen, etwa von Lazarus und Folkman (1984) *Stress, Appraisal, and Coping,* und Crick und

Dodge (1994), »A Review and Reformulation of Social-Information Processing Mechanisms in Children's Development«, in: *Psychological Bulletin* 115.

130 Diese These ist Bestandteil mehrerer einflussreicher Emotionstheorien, beispielsweise taucht sie auch in Lazarus' bahnbrechender Arbeit *Emotion and Adaptation* (1991) auf. Eine Zusammenfassung findet sich etwa bei Schulz und Lazarus (2012), »Emotion Regulation During Adolescence: A Cognitive-Mediational Conceptualization«, in: *Adolescence and Beyond: Family Processes and Development.*

131 Siehe Shohaku Okumura, *Realizing Genjokoan: The Key to Dogen's Shobogenzo.*

132 Die Vorteile der Selbstdistanzierung sind Thema einer Reihe von Studien von Ethan Kross und Ozlem Ayduk. Siehe beispielsweise Kross' Buch *Chatter* (2021) sowie eine Zusammenfassung relevanter Studien bei Kross, Ayduk und Mischel (2005), »When Asking ›Why‹ Does Not Hurt. Distinguishing Rumination from Reflective Processing of Negative Emotions«, in: *Psychological Science* 16.

133 Das Originalzitat stammt aus Shunryu Suzukis Buch *Zen Mind, Beginner's Mind* (2010, S. 1).

134 Siehe den Artikel von Michael Nevarez, Hannah Yee und Robert Waldinger (2017), »Friendship in War: Camaraderie and Posttraumatic Stress Disorder Prevention«, in: *Journal of Traumatic Stress* 30.

135 Siehe die Dissertation von Someshwar (2018), »War, What Is It Good for? Examining Marital Satisfaction and Stability Following World War II«.

136 Madeleine L'Engle (1980), *Walking on Water. Reflections on Faith and Art*, New York: Convergent, S. 182/183.

137 Platon, *Das Symposion*, englische Übersetzung von Christopher Gill (London: Penguin, 1999), S. 22–24.

138 Die Zahlen stammen aus Joseph Chamie (2021), »The End of Marriage in America?«, in: *The Hill*, und Kim Parker et al. (2019), »Marriage and Cohabitation in the U.S.«, in: Pew Research Center.

139 Scheinbar teilten James und Maryanne auch eine Affinität für Lewis Carroll:

»Nun plaudern wir«, das Walross sprach,
und schaut sich freundlich um,
»von Schuhen – Schiffen – Siegellack –

von Kraut und Königtum,
und ob ein Wildschwein Flügel hat,
und wenn's sie hat, warum?«
»Das Walross und der Zimmermann«

Lewis Carroll, *Alice hinter den Spiegeln,* http://martininbroda.blogspot.com/2012/09/das-walro-und-der-zimmermann-see-stucke.html, 7.02.2023

140 Siehe dazu Hills-Soderlund et al. (2008), »Parasympathetic and Sympathetic Responses to the Strange Situation in Infants and Mothers from Avoidant and Securely Attached Dyads«, in: *Developmental Psychobiology* 50, Spangler et al. (1998) »Emotional and Adrenocortical Responses of Infants to the Strange Situation: The Differential Function of Emotional Expression«, in: *International Journal of Behavioral Development* 22, und Order et al. (2020)

141 James Coan präsentierte seine Ergebnisse bei einem TEDx Talk 2013 in Charlottesville, Virginia: »Why We Hold Hands«. Festgehalten hat er sie in Coan et al. (2006), »Lending a Hand: Social Regulation of the Neural Response to Threat«, in: *Psychological Science* 17.

142 Wissenschaftlich unterstützt wird diese Schlussfolgerung durch vielfältige Quellen, darunter jene, die Denken und Emotionen sowie emotionale Erregtheit verbinden (z. B. Smith, 1989, »Dimensions of Appraisal and Physiological Response in Emotion«, in: *Journal of Personality and Social Psychology* 56). Siehe dazu auch Krause et al. (2016), »Effects of the Adult Attachment Projective Picture System on Oxytocin and Cortisol Blood Levels in Mothers«, in: *Frontiers in Human Neuroscience* 8, und den Zusammenhang zwischen körperlichen Reaktionen von Müttern und Gedanken an bestimmte Menschen im zwischenmenschlichen Kontext.

143 Siehe Lazarus, *Emotion and Adaptation.*

144 Siehe Zusammenfassung in Waldinger et al. (2004), »Reading Others' Emotions: The Role of Intuitive Judgments in Predicting Marital Satisfaction, Quality and Stability«, in: *Journal of Family Psychology* 18.

145 In dieser Studie verglichen wir zudem die Einschätzungen der »Laien« mit denen von Experten und fanden große Übereinstimmungen.

146 Der Großteil der relevanten Forschung und Thesen zur Rolle der Unterschiede beim Hervorrufen starker Emotionen bei Paaren stammt aus der Paartherapie. Siehe beispielsweise Sue Johnson (2013),

The Revolutionary New Science of Romantic Relationships, Daniel Wile (2008), *After the Honeymoon: How Conflict Can Improve Your Relationship*, und Schulz, Cowan und Cowan (2006), »Promoting Healthy Beginnings: A Randomized Controlled Trial of a Preventive Intervention to Preserve Marital Quality During the Transition to Parenthood«, in: *Journal of Clinical and Consulting Psychology* 74.

147 Daniel Wile (1988), *After the Honeymoon. How Conflict Can Improve Your Relationship*, Hoboken, N.

148 Beziehungen (vor allem die Beziehung zum Partner) spielen eine wesentliche Rolle dabei, wie glücklich oder unglücklich wir zu einem bestimmten Zeitpunkt im Leben sind: Zum Zusammenhang zwischen Beziehungszufriedenheit und allgemeiner Lebenszufriedenheit im Laufe der Zeit siehe den Längsschnittstudienartikel von McAdams et al. (2012), »The Role of Domain Satisfaction in Explaining the Paradoxical Association Between Life Satisfaction and Age«, in: *Social Indicators Research* 109.

149 1967 entwickelten Thomas Holmes und Richard Rahe eine Skala zum Messen von Stress im Zusammenhang mit Veränderungen im Leben. Sie berücksichtigte Ereignisse wie das Heiraten, das Antreten einer neuen Stelle, Schwangerschaft, den Tod eines engen Freundes und den Eintritt in den Ruhestand. Jedes Ereignis wurde einer »Lebensveränderungseinheit« von 0 bis 100 zugeordnet. Dabei stellte sich heraus, dass die Menschen, bei denen diese Zahl im gesamten Verlauf des Lebens höher war, mehr an körperlichen Erkrankungen litten. Die Skala ist in vielen Kulturen und bei ganz unterschiedlichen Menschen angewendet worden und hat sich mit den Jahren als ausgesprochen nützlich erweisen. Interessant ist, dass die Skala nicht darauf basiert, wie »negativ« oder »positiv« ein Ereignis ist, sondern darauf, wie groß die Veränderung ist, die das Ereignis mit sich bringt. Holmes und Rahe, »The Social Readjustment Rating Scale«, in: *Journal of Psychosomatic Research* 11.

150 Siehe dazu beispielsweise Schulz, Cowan und Cowan (2006), »Promoting Healthy Beginnings: A Randomized Controlled Trial of a Preventive Intervention to Preserve Marital Quality During the Transition to Parenthood«, in: *Journal of Clinical and Consulting Psychology* 74.

151 Das Zitat stammt aus Thoreaus *Tagebuch I*, S. 88 (Eintrag vom 25. Juli 1839).

152 Siehe beispielsweise Kross (2021), *Chatter*, sowie Kross und Ayduk

(2017), »Self-Distancing: Theory, Research, and Current Directions«, in: *Advances in Experimental Social Psychology* 5. Zum Zusammenhang zwischen Selbstdistanzierung und Achtsamkeit siehe auch Petrova et al. (2021), »Emotional Experiences in Digitally Mediated and In-Person Interactions: An Experience-Sampling Study«, in: *Cognition and Emotion.*

153 Jane Howard (1998): *Families*, S. 234

154 Siehe Levesque, »The West End Through Time«, *Mit.edu.* Viele der West-End-Viertel unserer Teilnehmerinnen und Teilnehmer sowie andere Gegenden von Boston wurden in der Zeit der Stadterneuerung, die in den 1950er-Jahren begann, abgerissen und ähneln den Orten, die sie einst waren, heute nicht mehr. Zu den Veränderungen im West End im Laufe der Zeit siehe: http://web .mit.edu/aml2010/www/through time.html.

155 Sigmund Freud und viele Anhänger der Psychoanalyse betonten die Rolle der frühkindlichen Erfahrungen bei der Entwicklung der Erwachsenenpersönlichkeit. Ein 1998 erschienenes Buch von Judith Rich Harris *(The Nurture Assumption: Why Children Turn out the Way They Do)* hingegen entfachte eine öffentliche Debatte über das Ausmaß, in dem die frühkindliche Umgebung das spätere Funktionieren prägt. Darin behauptet sie, dass sich der Großteil des Zusammenhangs zwischen frühkindlicher Umgebung und späterem Funktionieren durch genetische Einflüsse erklären lässt. Die Debatte hält an.

156 Das Originalzitat von John Donne findet sich auf Seite 108 f. in: *Devotions Upon Emergent Occasions: Together with Death's Duel.*

157 Siehe dazu beispielsweise Huang und Gove (2012), »Confucianism and Chinese Families: Values and Practices in Education«, in: *International Journal of Humanities and Social Science* 2.

158 Marlon M. Bailey, *Butch Queens Up in Pumps.*

159 Marlon M. Bailey, *Butch Queens Up in Pumps*, S. 5.

160 Über die Auswirkungen unseres Kindheitserbes schrieb Selma Fraiberg, eine US-amerikanische Psychoanalytikerin und Sozialarbeiterin, 1975 einen einflussreichen Artikel: »Ghosts in the Nursery. A Psychoanalytic Approach to the Problems of Impaired Infant-Mother Relationships«, in: *Journal of American Academy of Child Psychiatry* 14.

161 Emmy Werner und Ruth S. Smith fassen diese Forschungen in zwei Büchern zusammen: *Overcoming the Odds: High Risk Children from Birth to Adulthood* (1992) und *Journeys from Childhood to Midlife: Risk, Resilience, and Recovery* (2001).

162 Emmy E. Werner und Ruth S. Smith, »An Epidemiologic Perspective on Some Antecedents and Consequences of Childhood Mental Health Problems and Learning Disabilities (A Report from the Kauai Longitudinal Study)«, in: *Journal of American Academy of Child Psychiatry* 18, S. 293.

163 Zusammengefasst in Werner (1993), »Risk, Resilience, and Recovery: Perspectives from the Kauai Longitudinal Study«, in: *Development and Psychopathology* 5.

164 Werner und Smith (1979), »An Epidemiologic Perspective on Some Antecedents and Consequences of Childhood Mental Health Problems and Learning Disabilities (A Report from the Kauai Longitudinal Study)«, in: *Journal of American Academy of Child Psychiatry* 18.

165 Belege dafür finden sich in Waldinger und Schulz (2016), »The Long Reach of Nurturing Family Environments: Links with Midlife Emotion-Regulatory Styles and Late-Life Security in Intimate Relationships«, in: *Psychological Science* 27.

166 Eine Zusammenfassung dieser Ergebnisse findet sich in Anne Fishel (2016), »Harnessing the Power of Family Dinners to Create Change in Family Therapy«, in: *Australian and New Zealand Journal of Family Therapy* 37.

167 Siehe Ellen Byron (2019), »The Pleasures of Eating Alone«, in: *Wall Street Journal*.

168 Barbara Fiese beschäftigt sich mit der Bedeutung des Erzählens von Familiengeschichten und anderer Rituale in ihrem 2006 erschienenen Buch *Family Routines and Rituals* sowie in einem Artikel, den sie 2002 gemeinsam mit Kolleginnen und Kollegen verfasst hat: »A Review of 50 Years of Research on Naturally Occurring Family Routines and Rituals: Cause for Celebration?«, in: *Journal of Family Psychology* 16.

169 Der Ursprung dieses Zitats ist nicht eindeutig geklärt. Häufig wird es auch Robert Louis Stevenson zugeschrieben, doch es ist wahrscheinlicher, dass William Arthur Ward der Urheber ist. Unter https://quoteinvestigator.com/2021/06/23/seeds/#note-439819-1 können Sie eine Diskussion über den Zitatursprung nachlesen.

170 Charlie Giattino et al. (2013), »Working Hours«, in: *ourworldindata.org*.

171 Derlei Zeitaufteilungsumfragen wurden in zahlreichen Ländern durchgeführt. In den USA erfragt das Bureau of Labor Statistics im Rahmen des American Time Use Survey (ATUS) regelmäßig die Menge an Zeit, die die Menschen mit verschiedenen Tätigkeiten verbringen.

Die Ergebnisse der Umfragen werden oft als Ausgangsdaten für Hochrechnungen für den gesamten Verlauf des Lebens genutzt. Natürlich variieren die Schätzungen je nach Ausgangsdaten und Hochrechnungsmethode. Unser Beispiel stammt von einem Post von Gemma Curtis aus dem Jahr 2017, der im April 2021 aktualisiert wurde. Curtis (2017), »Your Life in Numbers«. Creative Commons License.

172 U.S. Bureau of Labor Statistics (abgerufen im Oktober 2021), https://data.bls.gov/time series/LNS11300000.

173 Eine Zusammenfassung der Studie findet sich in Schulz et al. (2004), »Coming Home Upset: Gender, Marital Satisfaction and the Daily Spillover of Workday Experience into Marriage«, in: *Journal of Family Psychology* 18.

174 James Gross et al. haben aufschlussreiche Studien zu der Frage durchgeführt, wie sich das Verbergen von Emotionen vor anderen auf den eigenen Körper auswirkt. Siehe dazu beispielsweise Gross und Levenson (1993), »Emotional Suppression: Physiology, Self-report, and Expressive Behavior«, in: *Journal of Personality and Social Psychology* 64, sowie Gross (2002), »Emotion Regulation: Affective, Cognitive, and Social Consequences«, in: *Psychophysiology* 39. Ihre Ergebnisse weisen darauf hin, dass bei dem Versuch, Emotionen vor anderen zu verbergen, unser Herz-Kreislauf-System mit Anzeichen von Erregung reagiert, dass wir beispielsweise vermehrt schwitzen. Andere Studien (z.B. Hayes et al., 2004, »Measuring Experiential Avoidance: A Preliminary Test of a Working Model«, in: *The Psychological Record* 54) belegen, dass wiederholte Versuche, starke negative Emotionen zu ignorieren oder zu meiden, häufig dazu führen, dass sich die Emotionen sowie die damit verbundenen Probleme zusätzlich noch verstärken.

175 Manche Menschen sind aufgrund ihres gesellschaftlichen oder wirtschaftlichen Status anfälliger dafür, dass sich Negatives aus der Arbeit auf ihr Wohlbefinden auswirkt. Eine von Rung et al. in Louisiana durchgeführte Studie beispielsweise deutet darauf hin, dass schwarze Frauen besonders anfällig dafür sind, Schlechtes aus der Arbeit mit nach Hause zu nehmen. Rung et al. (2020), »Work-Family Spillover and Depression: Are There Racial Differences Among Employed Women?«, in: *SSM – Population Health* 13.

176 Zur Geschichte der italienischen Immigranten in Boston siehe Stephen Puleo (2007), *The Boston Italians*.

177 Siehe dazu die Metaanalyse von Julianne Holt-Lunstad et al. (2010),

»Social Relationships and Mortality Risk: A Meta-analytic Review«, in: *PLoS Medicine* 7.

178 Haben Sie eine beste Freundin / einen besten Freund am Arbeitsplatz: Annamarie Mann (2018), »Why We Need Best Friends at Work«, Gallup.

179 Siehe die Ergebnisse von Annamarie Mann (2018) für Gallup und eine Studie (1995) von Christine Riordan und Rodger Griffeth, die sich mit den Zusammenhängen zwischen Freundschaften am Arbeitsplatz und Zufriedenheit sowie Engagement bei der Arbeit beschäftigt. Riordan und Griffeth (1995), »The Opportunity for Friendship in the Workplace: An Underexplored Construct«, in: *Journal of Business Psychology* 10.

180 Siehe Mann (2018), »Why We Need Best Friends at Work«. Gallup, einen Artikel von Adam Grant (2015), »Friends at Work? Not So Much«, in der *New York Times* und die Studie von Riordan und Griffeth (1995), »The Opportunity for Friendship in the Workplace: An Underexplored Construct«, in: *Journal of Business Psychology* 10.

181 Darüber sowie über andere Erfahrungen in ihrem Leben schrieb Mary Ainsworth in: Agnes N. O'Connell und Nancy Felipe Russo (Hrsg., 1983), *Models of Achievement: Reflections of Eminent Women in Psychology.*

182 Siehe dazu Arlie Hochschilds Buch (1989/2012), *The Second Shift*, und einen Bericht von Scott Coltrane (2000), »Research on Household Labor: Modeling and Measuring the Social Embeddedness of Routine Family Work«, in: *Journal of Marriage and Family* 62, der ähnliche Trends und Diskriminierungen dokumentiert.

183 Siehe dazu beispielsweise die Arbeiten von Bianchi et al. (2012), »Who Did, Does or Will Do It, and How Much Does It Matter?«, in: *Social Forces* 91.

184 Inga Saffron (2021), »Our Desire for Quick Delivery Is Bringing More Warehouses to Our Neighborhoods«, in: *Philadelphia Inquirer*. Zu diesen Veränderungen siehe auch: https://www.inquirer.com/philly/blogs/inq-phillydeals/ne-phila-ex-budd-site-sold-for-18m-to-cdc-for-warehouses-20180308.html; https://www.workshoptheworld.com/northeast/budd.html; und https://philadelphianeighborhoods.com/2019/10/16/northeast-residents-look-to-city-for-answers-about-budd-site-development/.

185 Siehe Adam Grant (2015), »Friends at Work? Not So Much«, in: *New York Times*.

186 Siehe dazu den Bericht von Philip Armour et al. für die RAND Corporation, (2020), »The COVID-19 Pandemic and the Changing Nature of Work: Lose Your Job, Show Up to Work, or Telecommute?«, RAND Corporation.

187 Mehr zu den Veränderungen bestimmter Arten von Arbeit und deren Auswirkungen siehe: »The IWG Global Workspace Survey« (2019).

188 Emily Dickinson (1858) in einem Brief an Samuel Bowles.

189 Aristoteles, *Nikomachische Ethik*, Anaconda Verlag, S. 210. Übersetzung von Dr. theol. eug. Rolfes, Leipzig, Verlag von Felix Meiner 1911.

190 Das Zitat von Seneca findet sich in seinen *Epistulae Morales ad Lucilium*.

191 Siehe dazu den Artikel von Holt-Lunstad et al. (2010), »Social Relationships and Mortality Risk: A Meta-analytic Review«, in: *PLOS Medicine* 7.

192 Siehe L.C. Giles et al. (2004), »Effects of Social Networks on 10 Year Survival in Very Old Australians: The Australian Longitudinal Study of Aging«, in: *Journal of Epidemiology and Community Health* 59.

193 Siehe Candyce Kroenke et al. (2006), »Social Networks, Social Support, and Survival After Breast Cancer Diagnosis«, in: *Journal of Clinical Oncology* 24.

194 Siehe Kristina Orth-Gomer und J.V. Johnson (1987), »Social Network Interaction and Mortality. A Six Year Follow-up Study of a Random Sample of the Swedish Population«, in: *Journal of Chronic Diseases* 40.

195 Das Zitat stammt aus einem Artikel (2013, S. 202) von Niobe Way, »Boys' Friendships During Adolescence: Intimacy, Desire, and Loss«, in: *Journal of Research on Adolescence* 23.

196 Siehe dazu beispielsweise Jeffrey Halls Review und Metaanalyse (2011) zu Geschlechtsunterschieden bei Erwartungen, die an Freundschaften gestellt werden, in 36 getrennten Studien mit insgesamt 8825 Probandinnen und Probanden, »How Many Hours Does It Take to Make a Friend?«, in: *Journal of Social and Personal Relationships* 36. Laut seiner Metaanalyse fallen diese Geschlechtsunterschiede für gewöhnlich klein aus, d.h., es gibt mehr Überschneidungen als Abweichungen. Die Probandinnen erwarteten durchschnittlich zwar etwas mehr von ihren Freundschaften, doch betrug die Überschneidung insgesamt mehr als 85 Prozent.

197 Siehe Gillian M. Sandstrom und Elizabeth U. Dunn (2014), »Is Efficiency Overrated?: Minimal Social Interactions Lead to Belonging and Positive Affect«, in: *Social Psychological and Personality Science* 5.

198 Siehe dazu beispielsweise Jeffrey Hall (2019), »How Many Hours Does It Take to Make a Friend?«, in: *Journal of Social and Personal Relationships* 36.

199 Granovetters klassische Arbeit zu den sogenannten schwachen Bindungen ist: (1973), »The Strength of Weak Ties«, in: *American Journal of Sociology* 78.

200 Brenda Ueland (1941), »Tell Me More«, in: *Ladies' Home Journal.*

201 Siehe dazu eine Studie von Kristin Gustavson et al. aus dem Jahr 2012: »Attrition and Generalizability in Longitudinal Studies: Findings from a 15-Year Population-Based Study and a Monte Carlo Simulation Study«, in: *BMC Public Health* 12.

202 Rebecca Taylor et al. bieten in einer Metaanalyse von 2017 einen Überblick über SEL-Maßnahmen: »Promoting Positive Youth Development Through School-Based Social and Emotional Learning Interventions: A Meta-Analysis of Follow-up Effects«, in: *Child Development* 88. Hoffman et al. stellen in einem Artikel von 2020 eine Beispiel-SEL-Maßnahme vor: »Teaching Emotion Regulation in Schools: Translating Research into Practice with the RULER Approach to Social and Emotional Learning«, in: *Emotion* 20.

203 Wir (Bob und Marc) setzen uns für diese Art der Erwachsenenbildung im Rahmen der Lifespan Research Foundation (www.lifespanresearch.org/) ein. Auf der in diesem Buch zitierten Forschung aufbauend haben wir zwei fünfteilige Kurse entwickelt, die zu einem glücklicheren und erfüllteren Leben führen sollen. Der »Road Maps for Life Transitions«-Kurs (www.lifespanresearch.org/course-for-individuals/) wendet sich an Erwachsene in allen Lebensphasen, während der »Next Chapter«-Kurs (www.lifespanresearch.org/next-chapter/) speziell auf Teilnehmerinnen und Teilnehmer im Alter zwischen 50 und 70 Jahren ausgerichtet ist.